校级规划教材

中国法律史

Chinese History of Law

主　编｜龙大轩

副主编｜吕志兴　袁春兰

撰稿人｜龙大轩　秦　涛　梁　健　吕志兴
按撰写章节先后为序｜袁春兰　周欣宇　孙德鹏

法律出版社
——北　京——
始创于1954年

好书，同好老师和好学生分享

作者简介与分工

龙大轩 西南政法大学二级教授，博士生导师及国家“万人计划”教学名师，央视《法律讲堂》主讲人；撰写序一、序二及第一章。

秦　涛 西南政法大学博士，讲师；央视《法律讲堂》主讲人；撰写第二章、第三章及第四章。

梁　健 西南政法大学博士，讲师；撰写第五章、第八章。

吕志兴 西南政法大学教授，博士生导师；撰写第六章、第七章。

袁春兰 西南政法大学副教授，硕士生导师；撰写第九章。

周欣宇 西南政法大学副教授，硕士生导师；撰写第十章。

孙德鹏 西南政法大学副教授，硕士生导师；撰写第十一章。

序一　为什么要学习中国法律史

中国法律史，讲述的是中国数千年法律制度与法律思想变化发展的历史，是高等法学教育的必修课程之一。从学科门类而言，法律史学是法学之下的二级学科，中国古代并无这一学科，乃是近代以来伴随着法律制度转型而产生的，为法学与历史学交叉而成。清末著名法学家沈家本（1840—1913年）为开创者，其《历代刑法考》则为代表作。1902年清政府颁行《钦定京师大学堂章程》，将“中国古今历代法制考”“中国历代刑律考”等课程列为法律学必修科目，标志着法律史作为一门独立学科得以诞生。该学科的历史虽然不过百余年，然其研究的内容却源远流长，远自上古的法律起源，中至法律制度的演变轨迹，今及法制的变化走向，皆在其视野之中。前后跨度达数千年，信息量大，知识点多。

作为法科学生的重要课程，中国法律史说起来似乎“高大上”，但在教学实践中，总免不了“坐冷板凳”的命运，难受学生青睐。想起一个笑话：小明期末考试结束，老爹剋他说：“你的历史考试，咋得的0分？”小明一脸无辜地回答：“考的都是我出生以前的事，我怎么知道呢？”可见，人的行为惯性往往是只关注眼前而漠视过去，学习法律也同样如此。现行的刑法、民法、经济法、诉讼法以及其他种种部门法，不但在现实生活中很有用，甚至还可以拿来“挣大钱”（据统计，法治发达国家的律师都是高收入人群，莘莘学子莫不趋之若鹜）；法律史讲的都是过去的“法”，既不必奉它为言行举止的准则，又不能用它作处理案件的依据，似乎并无多大用处，“门前冷落鞍马稀”也就顺理成章。

然而，《庄子·人间世》有言：“人皆知有用之用，而莫知无用之用也。”人们都知道有用的东西的用处，却不知道无用的东西也有它的用处。一个木匠带着徒弟来到齐国，看到社庙前有一棵大栎树，树冠大得可以为数千头牛遮荫，树干要上百人才能合围。徒弟们被吸引住眼球，舍不得离开。木匠批评他们说:“这树看起来高大,其实没用。做栋梁容易被虫蛀,做车船不牢固,做棺材腐烂得快。有什么好看的,走咧!”当晚栎树神给木匠托梦说:“你怎么知道我没用呢?正是因为我无用,所以不被人砍伐,才长到今天这样高大,供万人膜拜,成为神树。无用之用,方为大用。”上自天地万物,下及人间万象,莫不透显出这样的规律,诸多看似无用的事物和现象背后,却潜藏着巨大的能量:如水,应该是天底下最柔软的东西,却能滴水穿石,发起威来再坚固的防洪大坝也拦它不住;又如数字,不过是一串串符号而已,一旦善于用它来进行计算,就能造出高科技产品带着人类上天入地。把这样的道理落实到法学领域也一样,看似无用的法律史学,也有它独到的用处。我们认为,学习法律史主要有以下三方面的价值:

一是知识价值。法学是一门系统的知识体系,如果只掌握今天的法律制度而不懂得过去,那么我们法学的知识结构就是不完整的。就像认识一个人,如果我们只知道他今天的样子,不熟悉他过往的历史,那么我们对这个人的认识肯定不全面,所作出的判断也难免会发生偏差。如刘邦,如果只关注当了皇帝以后的他,绝对是英明神武的印象,完美得恐怕连肚脐眼都不长。宋代文学家苏辙评价:“夫古之英雄,唯汉高帝为不可及也夫。”殊不知年轻时期的刘邦,一身泼皮习气,别人也是可以轻佻地喊他一声“刘老幺”的,连他自己都对他老爸说:“您老人家以前总说我是个无赖,不务正业,不像二哥那样爱学习、爱劳动。您看看现在的财富,是我的多呢还是二哥的多?”认识人尚且要了解他的过去,才能做出准确评判,学习法律也必须要学习它的历史。唯其如此,对法学所涉及的各个知识点,我们才能既知其然,又知其所以然。

譬如今日诉讼中的双方当事人,法律术语称作“原告”“被告”,过去也有着专门的称谓,叫作“两造”。“造”就是到的意思。《尚书·吕刑》中说:“两造具备”,翻译成现代汉语即原、被告双方必须到庭,和现行民事诉讼法的要求完全一致。假如你今后在担任诉讼代理的工作中,撰写辩护词时一味地使用“原告”“被告”来表达自己的意思,这固然没有问题,但难免显得单调乏味;如果能适时地更换成“两造”来代替,既能表达自己想说的辩护意见,又会显得更有知识厚度,或许还能令人高看一眼,何乐而不为?现在关押等待审判的犯罪嫌疑人的场所叫看守所,关押已经审判正在服刑的罪犯的场所叫监狱,在过去则统称为“囹圄”,如果你为某位蒙冤之人写申诉材料,偶尔也使用一下“身陷囹圄”的成语，就会显得更有文采，让冷静无情的法律意见变得更有人文温度。

当然，法律史的知识力量不仅在于教会学生能使用几个文雅词汇，更在于能帮助学生加深对现有法律知识的认知和理解。现在民事经济往来中常常用到的合同，古代叫作契约。远古时没有文字，人与人之间要进行交易，往往使用“刻木立信”的方法。假设穿越到尧舜时期，我用一条牛和你换五头羊，咱俩就需要找一块木头，用刀在上面刻上几道印迹，大概是“三”这个样子；再用刀把木头从中间一分两半，变成“丰”这个样子。然后你拿一半，我拿一半，作为双方的交易凭证。所以“契”这个字，左上方为“丰”，右上方有“刀”，下面原本是个“木”，写成“栔”，后来把“木”写成“大”，就有了今天见到的“契”。用牛换羊，首先，双方要愿意；其次，牛的价值比羊大，所以要一换五才公平；最后，双方必须保证自己的家畜是健康的，不能骗人，如果事后你发现换来的牛有病，根本无法干农活，就可以凭刻有印记的那一半木头来找我理论，或诉至部落头领决断。可见，过去契约的精神与当代民法自愿、公平、诚信的原则，完全能够互通互释。诚如《圣经》所说，“已有之事，后必再有；已行之事，后必再行。日光之下，并无新事”。

二是文化价值。文化和知识是两个不同层面的概念。当人们把文化当名词看待，往往会将它与知识等同，以为书读得多，学的知识多，文化就高；书读得少，学的知识少，文化就低。其实不然。有的人学了不少知识，但不能消化，不能运用，又有何益？一秀才读了几年书便不说人话，他要去买柴禾，喊道：“荷薪者过来。”卖柴人不知是啥意思，但明白“过来”之意，担着柴禾来到秀才面前。秀才问道：“其价几何？”卖柴人估计“几”字恐怕是讲价，报了个价格。秀才说：你这担薪，“外实而内虚，烟多而焰少，请损之”。卖柴人一句都没听懂，只好担柴而去，一桩买卖就此泡汤。因而文化这一概念，更重要的是动词，即“文而化之”，就是用文来化人。

《周易》说：“观乎人文，以化成天下。”这应该是文化概念早期的源头。其中的“文”，通皱纹的“纹”。人在年幼的时候就没有皱纹，也没有相应的知识、智慧、经验、教训，就像一张白纸；但随着年龄的增长，历经学习、工作、成功、失败等种种磨砺，便积累了相应的知识、智慧、经验、教训，同时也有了皱纹。所以，“文”就是人类社会知识、智慧、经验、教训的积淀，用这种文去教化天下，天下人也因此而发生了变化，便是文化。每一个人都是文而化之的产物,你接触了不同的文,就会变成不同的人。我们用老祖宗在几千年法制实践中积累的“文”去教育学生,学生也因此而发生变化,法律史学的文化价值便显现出来。

在中华法律的变化发展中,积累了不可胜数的优秀法律文化。家庭之中,法律以维护孝道为要旨。孝既要求物质上的赡养,又强调精神上的敬养。夏朝开始就有了不孝罪。《孝经》说:“五刑之属三千,而罪莫大于不孝。”汉朝以后直到清朝,统治者无不宣称“以孝治天下”。在这样的法制环境里,孝道作为一种“文”,逐渐“化”人人的心灵,形成相应的文化现象,有了“百善孝为先”的说法。当今法律虽然只设定子女有赡养父母的义务,不关注精神上的孝敬,但通过法律史的教学,当人们耳闻目染了历史上的孝道之文,也会在不知不觉中发生变化,向着国家确立的“孝老爱亲”目标渐行渐进。

庙堂之上,法律以促成廉明清正的风气为依归。中国早期词典《广雅》说:“廉,稜也。”“稜”通“棱”。做人也好,做官也罢,总得要有点棱角,不能太圆滑。廉不光是指廉洁自律,还喻指刚直不阿、坚持原则。汉文帝时的廷尉张释之就是一个代表。当时的廷尉是最高审判机关的长官,相当于今天最高法院院长。汉文帝坐马车外出视察,路过中渭桥。一人从桥洞下突然走出来,马受惊狂奔,汉文帝吓得龙颜失色,恨不得说声“给我拉出去毙啦!”冲撞皇帝车驾的行为,依照汉律规定构成犯跸罪。张大法官负责审理此案,得知该当事人原本是到桥下躲避皇帝车驾,等了很久,听到没有动静才出来,没想到刚好撞上皇帝的车驾,并非故意行为,于是提出“一人犯跸,当罚金”的法律意见。汉文帝暴怒:“这家伙害得我差点摔死,怎么能罚几个钱就算了?”没想到张释之居然直杠杠地说:“法律就是这么规定的,您老人家偏要加重处罚,那法律还有什么信用可言?”文帝听了无言以对,只好说了句:“廷尉当是也。”古话说“舍得一身剐,敢把皇帝拉下马”,看来绝不仅仅是喝醉了酒时说的大话,历史上还真有敢怼皇帝的官员,甚至还层出不穷,清官海瑞等人便是其中典型。学生在书本中接触这样的人和事多了,对刚直的德行心向往之,其品质和气质也会潜移默化,一批又一批品学兼优的法律人才遂在润物无声中养成。

三是借鉴价值。地球人都知道学习历史的现实意义,在于“古为今用”。最经典的论述,当数唐太宗李世民“以史为镜,可以知兴替”的警句,以及革命先哲列宁同志“忘记过去就意味着背叛”的名言。然而,过去交通基本靠走，今天则可以日行万里；过去治安基本靠狗，今天到处都有“天眼”摄像头，令作奸犯科之人无处藏身；过去通讯基本靠吼，今天却有了千里眼、顺风耳，远隔重洋也能看得清楚、听得明白。“萧瑟秋风今又是，换了人间。”古今变化太多，过去的事怎么可能为现在所用呢？那是因为外在的人物事，虽然会随时代变化而变化，而背后潜藏的道理是不变的。当我们今天碰上难题不知所措时，可以看看古人是怎么处理类似问题的，从而把其中的道理、原理拎出来，找出解决问题的方法。落实到法律生活之中，也同样如此，从法律原则、制度的设计，到执法、司法技术的运用，都能在历史中找到启示。

如正当防卫的法律制度，在近几十年的实践中就碰到了难题。依照刑法理论，正当防卫是以不法侵害行为的存在为前提而实施的防卫行为，讲起来都是头头是道，用起来却处处为难，往往会变成这样的三部曲：当凶手拿刀对准你的时候，你不能防卫，因为不法侵害还没有发生；当凶手的刀已经刺进你身体不动的时候，你不能防卫，因为不法侵害已经停止；当凶手的刀从你身体里抽走的时候，你不能防卫，因为不法侵害已经结束。按照这样的制度设计，活生生的人必须用冷冰冰的电脑来计算：自己应该在什么时间、从什么方位、用多大的力度进行防卫，才能达到法律的要求，否则就可能惹上法律之祸。正因如此，司法实务中诸多案件的防卫者往往被定性为防卫过当，或故意伤害而追究刑事责任，虽然体现了严格依法办事的精神，却大大背离了民众的常情常理。其实，要解决这样的难题，我们的祖先早已留下丰富的智慧。《尚书》就有“与其杀不辜，宁失不经”的刑法原则：如果严格按照法律办事，有可能会滥及无辜，宁愿不按法律常规办事，而需进行必要的变通。律条有限而情状无穷，在纷繁复杂的法律实践中，变通是必要的甚至是非常重要的，机械执法司法只能使法律的生命力大打折扣。有了这样的历史镜鉴，处理类似案件就能取得很好的效果。2018 年 8 月 27 日，江苏昆山宝马男刘某持刀恣意砍杀电动车主于某，后刀滑落在地，于某抢刀进行反击。刘某身中数刀，因失血过多而死。针对这样的案件，如果严格按照法律程序办理：公安机关先立案侦查，检察机关再审查起诉，然后由人民法院开庭审判，即便于某最后被判定为正当防卫而当庭释放，其本人恐怕已被羁押一年半载矣。“迟到的正义不是正义”，这势必影响社会大众对法律的信任度。可喜的是，公安机关立案之后，检察机关打破常规提前介入调查；到 9 月 1 日，公安机关便发出通告，认定于某的行为属于正当防卫，不负刑事责任。案件处理前后费时不过六天,既快捷又大合民心,取得了良好的社会效果。

现在的民事诉讼,特别注重调解。通过调解结案的案件,当事人不能上诉,这对及时化解矛盾、维护社会稳定大有裨益。在这方面,我们的老祖宗也摸索出很多巧妙的方法,值得借鉴。比如,清朝有位官员名叫陆陇其,处理民间纠纷往往出人意料。有兄弟俩争财产,告到衙门。陆大人说:“今天开庭,你们两兄弟先对呼五十遍,再来审案子。”面对法官大人提出的要求,当事人自然要接受,弟对兄喊:“哥哥”;兄对弟唤:“弟弟”。不到五十遍,不知是想起了童年的好时光,还是回忆到旧日的伤心事,两人竟泪流满面,抱头痛哭,当即决定不再打官司。如此审案,无不令人拍案叫绝。这样的司法审判艺术,用今天的话说便是“打亲情牌”,若能创造性地加以转化,用于当下的家事审判工作,也必然是有效的。

鉴于以上三大价值,同学们、朋友们,当你翻开《中国法律史》的课本时,完全可以淡定地告诉自己:“无用之用,方为大用!”然后在法律的茫茫史海中尽情畅游,直到百年以前、千年以前……

斯为序。

龙大轩

书于西南政法大学天高鸿苑寓所

2020年2月26日

序二　“八字”法律史概略

诗曰：“删繁就简三秋树，领异标新二月花。”中国法律史上下五千年，时间跨度虽长，却可以用八个字勾勒其发展脉络。

一、礼刑

“礼”“刑”二字，反映了夏商西周时期的法律制度与法律思想。

《道德经》云：“道可道，非常道；名可名，非常名。”可以言说清楚的道，就不是那个恒常不变的道了；可以用名称表达完全的名，就不是那个恒常不变的名了。所以任何事物的名称都是会发生变化的，法律之名也一样，今日名曰“法律”的，以前不一定都叫这个名，以后也许还会换一个叫法。夏商西周的法律制度，既不叫“法”，也不叫“律”，而名曰“礼”和“刑”。

礼是行为规范。它告诉人可以怎么做，不能怎么做，必须怎么做，相当于现代法律的授权性规范、禁止性规范和义务性规范。其内容包括吉、凶、军、宾、嘉五类，又有“经礼三百，曲礼三千”的说法；礼的运行往往与乐相配，故合称“礼乐”，用以调整国家政治军事和个人言行举止。礼的性质，既不是我们今天所说的单纯的法律，也不是单纯的道德。《礼记·曲礼》说：“道德仁义，非礼不成。教训正俗，非礼不备。分争辨讼，非礼不决。君臣上下，父子兄弟，非礼不定。宦学事师，非礼不亲。班朝治军，莅官行法，非礼威严不行。祷祠祭祀，供给鬼神，非礼不诚不庄。”可见当时的礼，涉及法制、道德、教育、军事、祭祀等多方面，既用来解决纠纷，具有法律的性质；又可以拿来教化民众，具有道德的特征。近代著名学者严复在翻译西方启蒙思想家孟德斯鸠的《法意》时说：“西人所谓法者，实兼中国之礼典。”礼兼具西学意义上的道德与法律双重含义。

刑为制裁手段。违反礼的行为，则用刑来惩治。《后汉书·陈宠传》说：“礼之所去，刑之所取，失礼则入刑，相为表里。”光有礼没有刑，礼就像一只没长牙齿的老虎，毫无威慑力，也就不会被人普遍遵循。正如法人类学者耶林所说，“没有任何强制力的法律徒有虚名”。[1] 礼的约束力要靠刑的强制力加以保证；光有刑没有礼，刑要么会因没有准确的适用对象而变得无用武之地，要么会将所有行为胡乱纳入其打击范围而变成杀人机器，因而刑的适用又必须以礼的精神作指导。夏商之刑有五，曰墨（脸上刺字）、劓（割鼻子）、膑（剔掉膝盖骨）、宫（男子去势，女子幽闭）、大辟（死刑）；西周承之，略有改变，曰墨、劓、剕（锯脚）、宫、大辟。“五刑”之下，或伤人肌肤，或残人肢体，或取人性命，不得不慎，故有相应的罪名加以引导，亦有刑法原则进行规制，以保证刑罚的使用能做到不偏不倚、不轻不重、不枉不纵，追求中庸、中和的理想境界。

二、法律

“法”“律”二字，展示了春秋战国到秦朝法律制度与法律思想的演变。

历史进入春秋战国，社会动荡、秩序大乱，出现“礼崩乐坏”的局面，以前的礼失去了应有的法律调控功能。如何治理国家和社会，诸子百家，各异其说。儒家主张德治。孔子曰：“为政以德，譬如北辰，居其所而众星拱之。”[2]法家主张法治，提倡“任法而治”“垂法而治”“缘法而治”[3]。值此群雄“争于气力”[4]的乱世，战争频仍，儒家思想不受青睐，法家理论得其时运，大多数诸侯国皆依法家思路进行法制改革，将以前用来保障礼施行的刑罚，从礼当中抽出来，制定成专门的刑书、刑鼎，作为治国重器。

公元前536年，法家先驱郑国执政子产将国家的法典铸刻在彝器（青铜做的礼器）上，并向老百姓公布，史称“铸刑书”。公元前513年，晋国进行了改革，赵鞅向民众征收一鼓铁（480斤），铸了一个铁鼎，将刑书的文字刻在鼎上，公之于众，史称“铸刑鼎”。其他诸侯国也进行了类似的改革。到战国时期，法家鼻祖的李悝（约公元前455年至公元前395年），在魏国主持变法，他在搜集、整理各诸侯国公布的刑书、刑鼎的基础上，编纂了《法经》，一种崭新的行为规范——“灋”登上了历史舞台。约在公元前4世纪中叶，商鞅以李悝《法经》为蓝本，根据秦国的实际国情进行法制改革，将“法”改为“律”。《唐六典》称：“商鞅传《法经》，改法为律。”

---

〔1〕［美］E. 博登海默：《法理学—法哲学及其方法》，华夏出版社1987年版，第371页。

〔2〕《论语·为政》。

〔3〕分见《商君书》之《慎法》《壹言》《君臣》篇。

〔4〕《韩非子·五蠹》。

当法或律出现以后，以前的礼被抛弃在法律之外，不再用国家强制力来保障实施，转由社会舆论、良心自律进行约束，礼遂变成了道德。法律与道德由此分开。

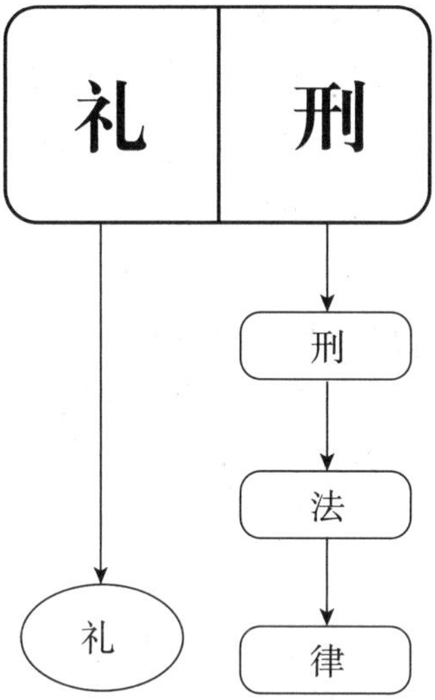

法律与道德分手而别后，法治成为时代的最强音。及至秦灭六国，“海内为郡县，法令由一统”，[5]奉行“专任刑法”“纯任法治”“弃礼任法”的治国策略，实则为只讲法律，不顾道德的单纯法治，与今日之法治自不可同日而语。由于缺乏道德的指导、引领，秦法无视孝道伦理，父子之间不讲亲情，“借父耰鉏，虑有德色。母取箕帚，立而谇语。抱哺其子，与公并倨；妇姑不相说，则反唇而相稽”[6]；践踏夫妻情义，强制夫妻之间相互告发犯罪。云梦秦简《法律答问》载：“夫有罪，妻先告，不收。”秦朝奉行法家之法，总是与人的道德情理对着干，失去了民心基础，推行得越彻底失败得越快，前后统治不到 16 年，到公元前 206 年便彻底垮台。

三、礼法

“礼法”二字，描绘了汉朝到清朝两千余年法制度与法思想之特征。

汉朝建立后，统治者总结前朝得失，发现韩、赵、魏三国信奉儒家德治理

---

〔5〕《史记·秦始皇本纪》。

〔6〕贾谊：《治安策》。秦始皇采纳法家代表人物韩非的思想，“君之直臣，父之暴子也……父之孝子，君之背臣也”。（见《韩非子·五蠹第四十九》）将忠孝观念对立起来，不惜用法律来压制孝道伦理，导致家庭亲情淡薄。

论,结果是“夫慕仁义而弱乱者,三晋也”[7];秦朝推行法家的法治理论,导致“仁义不施而攻守之势异也”,[8]最后也落得个二世而亡。诚如司马谈在《论六家要旨》所言,“法家不别亲疏,不殊贵贱,一断于法,则亲亲尊尊之恩绝矣。可以行一时之计,而不可长用也”。[9] 可见,单纯的法治或单纯的德治,皆有其弊端。通过汉初六十余年“无为而治”的实践摸索,到汉武帝“罢黜百家,独尊儒术”时,采纳一代大儒董仲舒的“礼法并用、德主刑辅”主张。

礼在春秋战国时已被破坏,不再具有法律的属性,而沦为纯粹的道德。所谓礼法并用就是依循以儒家德治思想为本、以法家的法治理论为用的思路,将以前被抛弃的礼重新引入到法律中来,实现二者的综合治理。汉朝开始“引礼入法”运动,魏晋南北朝礼法结合得到进一步发展。到唐朝,形成礼法合一的格局,一如《唐律疏议》所说:“德礼为政教之本,刑罚为政教之用。”[10]宋元明清基本沿袭这一治理模式,直到清末向西方学习,才有了质的变化。

在这一模式的治理下,中国形成了一以贯之的礼法社会,历史上出现了一个又一个的盛世,如汉武鼎盛的文治武功,魏晋时的太康之治,南北朝的元嘉之治、太和之治,隋朝的开皇之治,唐朝的贞观之治、开元之治,宋朝的建隆之治、乾淳之治,明朝的永宣之治,清朝的康乾之治,如此等等。诚然,由汉到清这一历史阶段中也有战争和动荡,然治理的时间和战乱时间相比较,前者远远长于后者。尤其值得注意的是,即便是改朝换代,任何一个新的政权建立之后,无不立即回到以前固有的德主刑辅、明刑弼教的路子上去,两千年来没有改变。正因如此,在长期的养育积淀中,形成了一系列优秀的文化传统,如以关羽忠烈千秋形象为代表的忠义文化,以《二十四孝》为典型的孝慈文化,以“人无信不立”为安生立业之道的诚信文化,以“礼之用,和为贵”为处世为人准则的礼让文化,以包拯、海瑞、于成龙等形象为榜样的清官文化,凡此种种,无论在过去还是现在,乃至将来,都是优秀的文化元素,都是值得提倡和发扬的。故清末大理院正卿张仁黼说:“数千年来礼陶乐淑,人人皆知尊

---

〔7〕《韩非子·外储说左上》。

〔8〕贾谊:《过秦论》。

〔9〕《史记·太史公自序》。

〔10〕《唐律疏议·名例》。

君亲上，人伦道德之观念，最为发达，是乃我国之国粹，中国法系即以此。”[11]

四、法治

“法治”二字，展示了近代以来百余年中国人的理想追求。

清末以降，国家走上了道德、法律分而治之的道路，道德的问题归道德约束，法律的问题归法律调整，以法治作为追求目标。

这种模式能够缩小法律打击面，亦利于立法技术的专精，推动了法律制度建设的进步。自1904年成立修订法律馆至今，我们形成了一套以宪法为主干，包括刑事法、民商事法、行政法、经济法、社会法、程序法等七大法律部门在内的新的法律体系，使得我们的法制具有了现代化的格局，可以和世界接轨。然则，由于这样一套法律体系是移植而来，部分领域不能与中国文化相适应，久而久之，难免会出现法律规定与道德情理相冲突的现象。

早在20世纪40年代，著名社会学家费孝通就意识到这一问题。一个汉子因妻子偷人而打伤了奸夫，奸夫反而到县衙门控告本夫构成故意伤害罪。因为自近代以来，采用德法分治模式，通奸行为是道德违规，不再是法律问题。奸夫的行为虽然缺德，但不构成犯罪；本夫打伤奸夫，虽合符国人的常情常理，却侵犯了他人的人身权，为新法所禁止。“这些凭借一点法律知识的败类，却会在乡间为非作恶起来，法律还要去保护他。”[12]合法不合理、合理又不合法，法律与道德的冲突已露出端倪。

及至21世纪，道德与法律的冲突并没随时间的流逝而缓解，反而是愈演愈烈。大致可分两个层级：第一，有的行为明明违反了道德价值，却因为法律没有对其作出规定，就有人去实施了这样的行为；第二，有的行为在法律上虽有规定，但法律对其设置的惩罚很轻，而行为人获取的利益更大，也会有人去实施这样的行为。道德与法律的分离，引发了游走于二者边缘的投机主义现象，“依法缺德”[13]行为日渐肆虐，法律制度因偏离普罗大众的常情常理而变得冰冷无情，这无疑在消解人们对法律的信仰。如何应对这样的法治难题，正是历史赋予的使命。2014年10月，党的十八届四中全会通过《中共中央关于全面推进依法治国若干重大问题的决定》，确定了“坚持依法治国和以

---

[11] 故宫博物院明清档案部汇编：《清末筹备立宪档案史料》，中华书局1979年版，第843页。

[12] 费孝通：《乡土中国　生育制度》，北京大学出版社1998年版，第58页。

[13] 龙大轩：《法象万千：睡龙醒语录》，中国民主法制出版社2011年版，第6—11页。

德治国相结合”的法治建设原则，数千年中国法律史在经历“礼刑”—“法律”—“礼法”—“法治”这四大阶段之后，又进入了一个新的历史时期——“德法时代”。

龙大轩

改于西政致知楼

2020 年 6 月 22 日

目　录

第一章　夏商西周的法律制度

（约公元前21世纪至公元前771年）

中华民族的历史，可以上溯到四五千年前的神话传说时代。依照法人类学“一切人类社会都有其法律制度”[1]的观点，中国法律制度的历史，亦可上溯到这一时期。此时的法表现为习惯法。

约公元前21世纪，中国进入国家社会，自夏、商至周，史称“三代”。这一时期，中国形成了礼刑结合的国家法体系。礼与刑，是三代法制的两大组成部分。

夏朝是我国历史上第一个国家，其法律制度源于原始时代的习惯法，并加以适当改造，以适应阶级社会和国家形态的需要。“有夏服天命。”[2]有夏氏奉行“受命于天”的政治、法律观，认为君王统治全国的权力，是上天授予的。故其法制中，既表现出神权法的价值倾向，又保留了较多的原始习俗残余。

公元前16世纪，商族推翻夏朝建立商朝，定都于亳（今河南商丘），后迁都于殷（今河南安阳），故又称殷或殷商。史称商朝“邦畿千里”，不仅农业、畜牧业和手工业都达到一定水平，而且文化也得到了较大的发展，出现了甲骨文和金文，是我国历史上第一个有文字可考的朝代。“殷人尊神，率民以事神，先鬼而后礼。”[3]商人迷信鬼神，信奉“天命”“天罚”观念。“有殷受天命”[4]，凡遇国家大事，商王都要通过占卜向上帝请求，甚至不惜杀人祭祀，以示对上帝的敬重。“天罚”，即“奉天之命，行天之罚”，也就是依循天意来施行刑罚。甲骨文中“贞：王闻惟辟？”“贞：王闻不惟辟？”就是商王请示神灵

---

〔1〕 参见《大英百科全书》，“原始法”，第1037页。

〔2〕《尚书·召诰》。

〔3〕《礼记·表记》。

〔4〕《尚书·召诰》。

是否用刑的卜辞记录。神权法思想在商朝达到顶峰。

公元前 11 世纪，周族推翻商朝，建立周朝，定都镐京(今陕西西安)，史称西周。在思想史上，西周开启了由“重神”向“重人”转变的划时代里程，提出了“以德配天”说。“皇天无亲，惟德是辅”[5]，上天并不是哪一个部族的祖先，谁有德谁就能获得天命的保佑。如何做到有德，不能单独地只对虚无缥缈的神负责，而应注重民心人事。“民之所欲，天必从之”[6]，民心就是天意，由此推出“明德慎罚”的法制主张。“明德”，就是提倡德治，注重教化；所谓“慎罚”，就是适用刑罚要慎重，根据社会形势变化和各地情况的差异，进行区别对待，执行“刑新国，用轻典；刑平国，用中典；刑乱国，用重典”的刑事政策，以及“刑罚世轻世重”的原则。西周的法制思想已形成一个较为完备的体系，其内容趋于成熟，促进了礼刑结合的法律制度得到进一步发展，并建立起比较完善的司法制度。

公元前 771 年，西北少数民族犬戎攻入镐京，西周灭亡。历史进入春秋时代。

第一节　中国法律的起源

对于一个法律人而言，法律的起源就像寻根问祖的问题一样，无不令人神往，令人心动如颤。夏、商、周三代的法律制度，主要由礼和刑两部分组成，因而探究法律的起源，就是追寻这两者的源头，看看它们在原始社会是什么样。

一、原始人的法

美国有一部著名的法人类学著作，名为《原始人的法》，作者为 E. 霍贝尔。不管你读没读过这本书，只要一看到这部书名，就会想到原始社会也有法，中国也概莫能外。

法人类学的基本观点有二：其一，法是社会生活需要的产物；其二，无论

---

〔5〕《左传·僖公五年》引《周书》。

〔6〕《左传·襄公三十一年》引《泰誓》佚文。

原始社会还是文明社会都有其法律制度。[7] 有了这样的理论指导，我们才能将法律的源头上推到初民社会。也就是说，法律既不是阶级社会所独有的历史现象，也不是国家的专利品。在中国，国家产生之前的神话传说时代，已有其自身的法律制度。

我们的这一提法，和传统法制史教材坚持的“法律是国家社会的产物”观点，有了较大的不同，但和马克思主义法学的基本观点，却并无矛盾。马克思在《摩尔根〈古代社会〉一书摘要》中说：“古代复血仇的习俗……开始于氏族。审讯罪行的法庭和规定刑罚的法律，在氏族社会中出现得很晚。”[8] 氏族是原始社会基本的社会组织和经济单位，这说明，法律的出现是氏族时代的事。马克思又说：“这个由氏族制度向国家的过渡时期，……旧的管理制度已经无能为力，这也就引起了必须由成文法代替习惯法。这个过渡时代延长了数世纪之久。”[9] 这又说明，原始社会氏族时代的法，其形态表现为习惯法。

综合法人类学和马克思主义法学的观点，可以得到这样的结论：在原始社会，已存在氏族、部落习惯法，国家的出现不过是成文法得以制定的前提，而成文法的诞生并不能否定以前习惯法的存在。这一结论，同样适合中国法律起源的历史状况。

《商君书・画策》说，在远古时代，男耕而食，妇织而衣。“刑政不用而治，甲兵不起而王。”[10] 其中透出的信息，不是说远古社会没有法律，而是说法律是有的，只是不用；甲兵也是有的，还是不用。如果我们把法律史的学习、研究方法比作一架超时空的望远镜，回顾远古时段，就会发现，刑法不但有，也要用，只是那时的社会矛盾不如国家社会的矛盾来得剧烈，不过用得较少罢了。在舜担任部落联盟首领时，皋陶“令民皆则禹，不如言，刑从之”。[11] 其意是禹发布命令就是民众的行为准则，不遵从者将受到刑罚的打击。后来禹继承了舜的职位，在一次部落首领会议上，“防风氏后至，禹杀而戮之”。[12] 在这里，我们不但看到了原始社会的法律，还看到了法律的运用。

---

〔7〕［美］E. 霍贝尔：《原始人的法》，贵州人民出版社1992年版，第5—6页。

〔8〕［德］马克思：《摩尔根〈古代社会〉一书摘要》，人民出版社1965年版，第81页。

〔9〕［德］马克思：《摩尔根〈古代社会〉一书摘要》，人民出版社1965年版，第183页。

〔10〕《商君书・画策》。

〔11〕《史记》卷二《夏本纪》。

〔12〕《国语・鲁语下》。

二、礼来源于原始人的祭祀

礼——作为三代法律制度的重要组成部分，在原始社会已初具规模，主要从祭祀中衍生。许慎的《说文解字》云："礼，履也，所以事神致福也。"甲骨文中，礼写作""，象征用高足盘盛放玉石以祭祀祖先和上帝。从文字学上可以看出礼与祭祀有关。《礼记·礼运》说："夫礼之初，始诸饮食，其燔黍捭豚，汙尊而抔饮，蕢桴而土鼓，犹若可以致其敬于鬼神。"这就更进一步阐明了礼起源于人们用饮食供奉鬼神的祭祀活动。

从文明进化的规律来看，远古先民受生产力水平和认识能力的限制，对周围的客观物质世界感到神秘莫测、难以把握。日月星辰、风雨雷电、草木虫鱼、毒蛇猛兽，以及种种自然异象和自然灾害，都不是原始人的心智所能认识、理解，但他们又需要某种解释来消解和慰藉其惶恐不安的心理。通过反反复复的思索、追问，皆无答案，他们不得不认为有超人的力量——神灵存在，并主宰着这一切，所以需要向神灵致以崇敬，以获取他的保佑和赐福。上山打猎要祭山神，下河捕鱼要祭水神；有所斩获则以为是神的保佑，空手而归则认为是心不够诚。《论语·泰伯》说，大禹"菲饮食而致孝乎鬼神"。于是，祭祀便成了远古人群经常性的重要的社会活动。

在原始人频繁的祭祀活动中，礼逐渐形成。著名国学大师王国维对礼作了这样的解释："盛玉以奉神人之器谓之、若，推之而奉神人之酒醴亦谓之醴，又推之而奉神人之事通谓之礼。"〔13〕意思是，礼原本是祭神灵和人鬼的器具，盛有两块玉；后来供祭的酒也叫醴；再后来凡是进行祭祀的一切活动统统叫礼。在祭祀神灵的过程中，形成了允许怎样做的授权性规范、不允许怎样做的禁止性规范以及对违反者如何惩罚的制裁性规范，种种行为规范，构成了"礼"的雏形。这样的礼，已具备了习惯法的属性。

进入国家社会后，统治者对礼寄予了格外的重视，旨在利用它维护宗法社会尊卑贵贱、长幼亲疏之间的等级秩序，礼便由以前的原始习惯法摇身一变而为国家制定法。三代之礼一脉相承，"殷因于夏礼，所损益可知也；周因于殷礼，所损益可知也"。〔14〕夏礼、商礼、周礼分别成为夏朝、商朝、周朝的根本大法。

〔13〕王国维：《观堂集林·卷六·释礼》，中华书局1959年版。
〔14〕《论语·为政》。

图1-1　刘邦祭孔图

此图为明代彩绘绢本《圣迹之图》中的汉高祖幸鲁祭孔图。相传汉高祖十二年（公元前195年）十月，刘邦率大军至淮南平定叛军。胜利后，到了故乡沛县，与乡亲父老欢宴数日。十一月，来到鲁城（曲阜），用太牢（牛、羊、猪三牲，为祭天大礼）祭祀孔子，封孔子九世孙孔腾为奉祀君，并诏诸侯、公、卿、将、相至郡，先谒庙而后从政。刘邦不但开后世帝王祭孔之先河，而且开了后世帝王令地方长官上任前先谒孔庙后从政之先河。

三、刑始于兵

在原始社会，氏族、部落间为争夺生存环境和生活资料，经常发生战争。马克思说："这些村落的居民来自一个血统，有共同的语言和风俗，必须相互遵守法律，在法律上互相帮助，合力攻击和防御。"[15]刑罚诞生于氏族、部落战争的刀光血影之中。正如晋国的范宣子所说，"夫战，刑也"。[16]

受生产力水平低下的限制，早期氏族公社没有必要也没有可能将抓住的战俘留下来，以供自己奴役，而是将他们杀掉，于是有了死刑；随着生产力水平的提高，才可能让俘虏存活下来，以提供无偿劳动，榨取他们的剩余价值；为了防止他们逃跑，便将其鼻子或耳朵割掉，或将脚砍断，于是又有了肉刑。从这里可以看出人类社会初期的刑罚演进规律，最先出现的当是死刑，然后才有了肉刑和其他刑种。随着氏族内部斗争的加剧，当这些惩罚方法逐渐被用来惩处族内违反习俗规则的成员时，死刑、肉刑就转变为习惯法中的刑罚方法，并随其运用的经常化和种类的增多而演化为相应的刑罚制度。《国语·鲁语上》载："大刑用甲兵，其次用斧钺。中刑用刀锯，其次用钻笮。薄

---

〔15〕［德］马克思：《摩尔根〈古代社会〉一书摘要》，人民出版社1965年版，第205页。

〔16〕《国语·晋语六》。

刑用鞭扑。”所谓“大刑用甲兵”，指的就是军事讨伐，即原始时代的氏族战争和部落战争，主要是用来对付外族的；此外的其他刑种，则用来对付族内轻重不同的犯罪行为。

从有关文字资料来看，中国古代的刑，早在神话传说时代已略具体系，而且也能印证“先有死刑后有肉刑”的刑罚发展规律。与炎帝、黄帝同时代的东方“九黎”集团，又称东夷，它的嫡系是苗民。在蚩尤担任该部落联盟首领时，出现了寇贼、鸱义、奸宄、夺攘、矫度等各种犯罪行为，虽然此前的蚩尤部已有了名为“杀”的死刑，但针对这林林总总各不相同的犯罪，单用死刑加以惩罚，恐怕会滥及无辜，于是增加了四种肉刑，根据犯罪的轻重不同而区别对待。《尚书·吕刑》曰：“蚩尤惟始作乱，延及于平民，罔不寇贼、鸱义、奸宄、夺攘、矫度。苗民弗用灵，制以刑，惟作五虐之刑曰法。杀戮无辜，爰始淫为劓刵椓黥。”从此，在死刑（“杀”）的基础上增设了肉刑（“劓、刵、椓、黥”），总共有五种刑罚方法，成为一套较为完整的刑罚体系。

后来，蚩尤部为黄帝部所败，东夷遂与炎黄所代表的华夏集团融合，形成更大的部落联盟，即民族史学中所称的“酋邦”。[17] 蚩尤虽败，而其法不败，酋邦承袭了他的“五虐之刑”，以其作为部落联盟的刑罚体系。《龙鱼河图》载：“蚩尤殁后，天下复扰乱不宁。黄帝遂画蚩尤形象，以威天下。”

蚩尤之刑在酋邦得到了持续的沿用，经黄帝—颛顼—帝喾—唐尧—虞舜，一直传到夏，成为国家社会刑罚制度的前身。《左传·昭公六年》载：“夏有乱政，而作禹刑；商有乱政，而作汤刑；周有乱政，而作九刑。”无论是夏商的墨、劓、膑、宫、大辟，还是西周的墨、劓、刖（又称剕）、宫、大辟五刑体系，都与蚩尤的“五虐之刑”有着直接的渊源。

由上可知，我国早期国家社会——夏、商、周三代法律制度的两大组成部分“礼”与“刑”，与原始人类最重要的两种活动有关，“国之大事，在祀与戎”，[18] 祀即祭祀，戎即战争。中国古代法的源头，正是伴随着祭祀的香火和战争的铁血向我们走来。

---

〔17〕 谢维扬：《中国早期国家形成的具体途径与华夏族的形成》。转引自江应梁主编：《中国民族史》，民族出版社 1990 年版，第 59 页。

〔18〕《左传·成公十三年》。

第二节　夏商西周的礼

孔子在《论语·为政》曾说过："殷因于夏礼，所损益可知也；周因于殷礼，所损益可知也。"可见夏、商、周三代都有礼，且后代的礼是对前代礼的继承和发展。孔子还说："夏礼吾能言之，杞不足征也。殷礼吾能言之，宋不足征也。文献不足故也。"[19]夏、商之礼因年代久远、资料不足，难以考证，但周礼的情况却比较清楚。在此处，我们主要介绍的是周礼的制定、分类、性质和内容，通过这些关键点来窥探三代之礼的全貌。学习三代之礼，便把握了夏、商、周法律制度的主干部分。

一、周公制礼

西周初年，在周公姬旦的主持下，以周族原有的习惯法为基础，结合现实需要，吸收夏、商之礼中的有用部分，制定了一套完备而严谨的典章制度和礼节仪式。这就是《左传·文公十八年》所载的"先君周公制周礼"，后人称为"周公制礼"。周公制礼是西周第一次大的立法活动。

二、周礼的分类

周公所定之礼，依据不同的标准，可作不同的分类。

以内容与形式的关系为标准，礼可分为"本"和"文"两个方面。《礼记·礼器》说："先王之立礼也，有本有文。""本"指精神原则，"文"指礼节仪式。如婚礼，"同姓不婚""父母之命，媒妁之言"等是本，"纳采""问名""纳吉"等则是文。

以数量的多少为标准，礼可分为"五礼"（吉、凶、军、宾、嘉）、"六礼"（冠、婚、丧、祭、乡饮酒、相见）或"九礼"（冠、婚、朝、聘、丧、祭、宾主、乡饮酒、军旅），内容涉及政治、经济、司法、教育、宗教、婚姻、家庭、道德和风俗习惯等各方面，上自国家的根本制度，下至人们的言谈举止、待人接物都有详细的规定，是调整社会生活的行为规范的总和。兹介绍"五礼"分类法。

---

〔19〕《论语·八佾》。

吉礼，是关于祭祀、敬事鬼神的礼仪制度。

凶礼，是关于丧亡殡葬的礼仪制度。

军礼，是关于行军动众的礼仪制度。

宾礼，是关于朝聘盟会的礼仪制度。

嘉礼，是关于婚冠饮宴的礼仪制度。

五礼分类法，对后世影响很大。汉以后各朝制定礼典，无不以此为蓝本。需要专门提及的是，无论哪种礼，在行使的仪式上，都要演奏相应的乐章，礼与乐密不可分，故称“制礼作乐”。礼法制度又可称礼乐制度。

三、周礼的实质

如果说今天的法律制度是以平等为基础的，那么西周的礼法制度则是以差序为基础的。所谓差序，就是强调人与人之间有高低贵贱差别的等级秩序。

礼的实质就是“别”。荀子说：“贵贱有等，长幼有差，贫富轻重皆有称者也。”[20]贵贱、长幼、贫富都是“别”，都是有差别的。《礼记·乐记》说“礼者为异”，异即等级，也就是说，礼所调整的人际关系是不平等的。如何来实现这些等级差别，方法有二。一是“亲亲”，即“亲其亲者”，指必须亲爱自己的亲属，特别是以父权为中心的尊亲属，所谓“亲亲父为大”。二是“尊尊”，即“尊其尊者”，指下级必须尊敬和服从上级，特别是周王，严格遵守上下等级秩序，不得犯上作乱，所谓“尊尊君为首”。周礼就是按这样的方法来划分人们的权利义务的，“名位不同，礼亦异数”。[21] 贵族与庶人有不同的礼，贵族内天子、诸侯、卿大夫、士等也有不同的礼。按礼的规定，不同的贵族在礼节仪式、服饰器具、宫室建筑上都有不同规格，不得随便僭越，以保证贱不妨贵、下不犯上。“亲亲”“尊尊”，是用以维护王权、父权、族权和等级特权的不二法门。

周礼的实质，反映了西周的社会秩序是一种等差秩序。贵族与平民之间，贵族中不同等级之间，有着严格的名分，上下尊卑，各守本分，绝不容许任何人僭越、破坏。若有违背，将受到刑的制裁，所谓“出于礼则入于刑”。因而，礼发挥着“经国家，定社稷，序民人，利后嗣”[22]的重大作用。“安上治民，

---

〔20〕《荀子·富国》。

〔21〕《左传·庄公十八年》。

〔22〕《左传·隐公十一年》。

莫善于礼。”[23]

四、周礼的内容

周礼中的大部分内容,相当于我们今天所说的民事法律制度的内容,如所有权、债权、婚姻、家庭与继承制度等,皆在周礼的范围之内。

(一)土地所有权

土地作为农业社会最主要的生产资料,西周继承了夏、商时代的土地王有制,全国的土地都属周王所有。“溥天之下,莫非王土。”[24]周初“授民授疆土”的大分封,其中一个重要内容就是分封土地。周王只留下王畿由自己直接控制,其他的土地则分赐给诸侯。诸侯亦将部分土地留作自己直辖,其余大部分土地则分赐卿大夫。卿大夫也留部分土地直辖,其余则分给士作为禄田。各级贵族都把土地分配给平民和奴隶耕种。分封者有权向受封者征收贡赋,受封者有义务向分封者缴纳贡赋,从而在全国范围内建立起了“王臣公,公臣大夫,大夫臣士”“公食贡,大夫食邑,士食田,庶人食力”的土地等级占有和剥削制度。

除周王外,各级奴隶主贵族对分封得到的土地,只享有世袭占有、使用和收益的权利,而没有处分土地的权利。土地不能随意处理或买卖,所谓“田里不鬻”。鬻,就是买卖。由于土地都属周王所有,所以从制度上周王既然有权分赐土地,就有权收回土地,往往以削地、夺爵、灭国的形式进行。

西周中期以后,由于生产力的发展和宗法制的逐渐松弛,土地王有观念开始动摇,出现了将土地用作赔偿、出租、赠与和交换的现象,并在事实上已得到法律的承认,各级奴隶主贵族这时事实上已经取得了土地的所有权。如《矢人盘铭》载,矢立具契约用两块田赔偿给散氏;《曶鼎铭》载,贵族匡季盗走了曶的禾十秭,官吏判决匡季用七块田、五个奴隶和三倍的禾赔偿给曶。这些事例说明,西周土地王有的所有权制度正在逐渐解体。

(二)债权

夏、商的债的规定不详。西周的债主要是契约之债。《周礼·天官·小宰》说:“听卖买以质剂”,“听称责(债)以傅别”,即处理买卖纠纷要凭质剂,处理借贷纠纷要用傅别。质剂是买卖契约。大型贸易如奴隶、牛马用长券叫

---

[23]《孝经·广要道章》。
[24]《诗经·小雅·北山》。

"质";小型贸易如兵器、珍宝用短券叫"剂"。傅别是借贷契约。债券剖为两半,合券称"傅",分券称"别";债权人执右券,债务人执左券。

质剂、傅别都不是私契,而是通过国家负责市场的管理人员——"质人"[25]"司约"来签订的。《周礼·秋官·司约》说:"司约掌邦国及万民之约剂。"发生纠纷,可以质剂、傅别为证,见告于官。《周礼·秋官·士师》说:"凡以财狱讼者,正之以傅别、约剂。"故意不履行契约的,要被处以墨刑。

(三)婚姻

婚姻是三代礼制中的重要内容。婚礼相当于我们今天民事法律中所说的婚姻家庭制度。夏朝的婚礼缺乏资料说明。商朝实行多妻制,妻、妾界限不严。贵族实行媵嫁制度,即贵族娶妻时以该女子的妹妹陪嫁或他人送女陪嫁。据《易经》记载,商王帝乙嫁女儿给昌伯时就同时有"娣"随嫁。史籍上还有天子娶后,三国来媵;诸侯娶一国,二国往媵的记载。及至西周,关于婚礼的记载更加详细,大致包括以下几方面内容。

1. 婚姻形式

西周在婚姻上实行一夫一妻制,但贵族可以纳妾,实际上是一夫一妻多妾制。国家还为妻妾定了名号,如《礼记·曲礼》说:"天子有后、有夫人、有世妇、有嫔、有妻、有妾""公侯有夫人、有世妇、有妻、有妾"。这说明贵族名义上虽然只有一个妻子,但妾的数量却没有限制。妻与妾的界限十分严格,这是由宗法继承制决定的。妻生的儿子为嫡子,有政治上的继承权;妾生的为庶出,则没有这种权利。嫡庶无别,嫡长子继承宗祧和权位的原则就无从维持,势必导致整个宗法秩序的混乱。妾往往是通过买卖而来,"买妾不知其姓则卜之"。[26]《孟子·离娄》讲到一个齐国破落的士,时常到墓地乞讨别人供祭的酒肉吃,回家还吹嘘有人请客,以"骄其妻妾",可见贵族一妻多妾是很常见的。

真正实行一夫一妻制的,只有平民,所谓"匹夫匹妇",即"别无媵妾,唯有夫妇相匹而已"。[27]

2. 婚姻条件

周礼中关于婚姻的条件规定,可以从两方面来看。

---

[25] 《周礼·地官·质人》。

[26] 《礼记·曲礼上》。

[27] 《论语·宪问》,"岂若匹夫匹妇之为谅也"疏文。

禁止性条件。即禁止结婚的规定,通行的原则是“同姓不婚”。该原则的确立,一是出于优生的考虑。《左传·僖公二十三年》说:“男女同姓,其生不蕃。”在西周,因姓氏刚刚起源,同姓往往是同宗,血缘关系很近,同姓结婚不利于子女的优生优育和家族的繁衍兴旺。二是基于政治上的原因。《礼记·郊特牲》说:“娶于异姓,所以附远厚别也。”附远,是使异姓贵族来亲附;厚别,是严格维护宗族内部的伦常关系。异姓联姻,可以通过婚姻关系加强与异姓贵族的联系,扩大自己的政治势力并有利于维护宗族内部的伦常关系。此外,西周婚礼中还有“五不娶”的戒条:“逆家子不取,乱家子不取,世有刑人不取,世有恶疾不取,丧妇长子不取。”[28]即女方具有五种情形之一的,男方有权解除婚约。

成立条件。须有“父母之命,媒妁之言”。《诗·齐风·南山》说:“取妻如之何,必告父母。”《诗·伐柯》说:“取妻如何,匪媒不得。”周礼规定“男不亲求,女不亲许。”所以不奉父母之命,没有媒证的婚姻,社会是不承认的,该女子之地位只能比同于媵妾。

3. 婚姻程序

凡正式婚姻的成立,除了要符合条件要求,还要经过严格的程序,即“六礼”。

纳采。男方托媒人向女方求婚。《仪礼·士昏礼》说:“下达纳采,用雁。”

问名。问女方的生辰及其生母的姓氏,一以防止同姓为婚;二以问卜于宗庙,请示吉凶。

纳吉。占卜纳得吉兆,将结果告知女家。

纳征。即纳币,由媒人代男方向女方缴纳聘金。征,成的意思。纳征之后,婚约即告成立,不得反悔。

请期。用占卜之法求得婚日吉时并告知女方,商定婚期。

亲迎。男方去女方家迎亲,新郎、新妇共食牲牢,婚礼结束,婚姻关系正式确立。

(四)家庭

在家庭关系上,周礼以维护父权和夫权为宗旨。

---

〔28〕《大戴礼·本命》。

一家之中,父亲为一家之长,处于至尊地位。子女则处于从属地位。家长对子女不仅有教令权,甚至有生杀予夺之权。《礼记·内则》说:"父母怒不说,而挞之流血,不敢疾怨,起敬起孝。"子女受虐待不能控告,"父子将狱,是无上下也"。家长控制家庭的财产权,父母在世,子女"不有私财"。家长对子女还有主婚权。

夫妻之间,实行男尊女卑,夫权至上。妇女必须绝对服从男人。"幼从父兄,嫁从夫,夫死从子。"[29]对于丈夫,妻子必须坚守从一而终的贞节之道。"一与之齐,终身不改,故夫死不嫁。"[30]丈夫死了,妻子要为其服三年丧,像子女为父服斩衰三年丧一样,在家庭中始终是被支配的角色,"男帅女,女从男",[31]没有独立的人格和地位,一生都在男人的掌控之下。

(五)继承

三代的继承主要是王位和爵位的世袭继承制度。夏朝的王位继承主要实行父死子继的世袭传子制度。夏王权世袭制的确立,是中国进入国家社会的重要标志。商朝的继承法变化较大,商朝中前期兄终弟及和父死子继并行,所谓"大人世及以为礼"[32],即父死子继,兄终弟及,但以兄终弟及为主。商朝共 31 王,兄终弟及者 14 人。因继承人太多,统治集团内部为争夺王位常发生内乱,以致严重削弱统治力量。"自中丁以来,废嫡而更立诸弟子,弟子或争相代立,比九世乱,于是诸侯莫朝。"[33]故从第 27 代商王康丁以后,将兄终弟及为主的继承制改为父死子继。但继承人仍然很多,问题仍旧存在。商末则实行嫡子继承制度,比如商纣王有微子启、仲衍两个兄长,但他却得以继统,原因就在于他是嫡子。商朝继承法的发展趋势是朝继承人范围越来越小的方向发展,但未形成嫡长子继承制度。

西周的继承,主要是宗祧继承。

为了防止统治集团发生内讧,确保贵族的政治、经济利益不致分散,维护宗法等级制度,西周建国之始,就确立了嫡长子继承制度。"立嫡以长不以贤,立子以贵不以长。"[34]意即王位和爵位的继承必须是妻所生的儿子,而不

---

〔29〕《礼记·郊特牲》。
〔30〕《礼记·郊特牲》。
〔31〕《礼记·郊特牲》。
〔32〕《礼记·礼运》。
〔33〕《史记·殷本纪》。
〔34〕《公羊传·隐公元年》。

管他是否有贤德；在众多儿子中选择地位最高贵的继承王位或爵位，而无论他的年龄是否最大。由于王位、爵位继承人同时也是享有祭祀祖先权利的人，因而这种制度被称为宗祧继承。宗祧，就是宗庙和祧庙（远祖之庙），谁是祖宗的嫡系后嗣，谁就享有主祭权。谁享有主祭权，谁就是王位、爵位的当然继承人。财产继承从属于王位和爵位继承，庶子只能由嫡长子分给部分财产，谈不上权利。妇女没有独立的地位，也没有继承权。

第三节　夏商西周的刑

夏、商、周的刑，是三代法律制度又一重要组成部分，它与礼相对应而成。

一、刑的制定

《左传·昭公六年》载："夏有乱政，而作禹刑；商有乱政，而作汤刑；周有乱政，而作九刑。"夏、商、西周初年的统治者，分别制定了禹刑、汤刑、九刑。禹刑、汤刑、九刑分别是夏、商、周各朝的成文刑书。后世经过修订，但名称未变，其内容大致包括刑罚种类、罪名条款、刑法原则等方面。

1. 禹刑

夏朝的刑书之所以命名为禹刑，是为了表示对大禹的崇敬。《隋书·经籍志》说："夏后氏正刑有五，科条三千。"这一记载虽无更直接的史料印证，不可轻信，但却可以帮助我们感悟到禹刑的大致规模，即有比较系统的刑种和相当数量的罪名条款。据东汉著名经学家郑玄对"科条三千"的注释，其中有"大辟二百，膑辟三百，宫辟五百，劓、墨各千"。[35]

2. 汤刑

商朝的汤刑又称殷彝。甲骨文中有"王有作辟"的记载，作辟就是制定法律。《史记·殷本纪》载：汤的孙子太甲暴虐，"不遵汤法，乱德"。《孟子·万章上》载："太甲颠覆汤之典刑。"所谓"汤法""汤之典刑"，就是指的汤刑这一成文刑书。《竹书纪年》说："祖甲二十四年重作汤刑。"可见汤刑在实践中还作过修订。《尚书·多士》说："惟殷先人，有典有册。"《荀子·正名》说：

〔35〕 郑玄注：《周礼·秋官·司刑》。

“刑名从商。”这些记载说明,商朝确实存在汤刑,且有较为成熟的刑名制度,以故为后世效法。

3. 九刑

九刑指西周初年制定的刑书九篇。《逸周书·尝麦篇》载:“维四年孟夏,……王命大正正刑书。……太史策刑书九篇以升授大正。”“大正”指官名,第二个“正”字,乃修改之意。该段文字大意是,周成王四年,王令大正修改刑书,太史便将九篇刑书交给了大正。可见,周成王时已有了现成的刑书。再往前看,《左传·文公十八年》中太史克说:先君周公“作《誓命》曰:‘毁则为贼,掩贼为藏,窃贿为盗,盗器为奸。主藏之名,赖奸之用,为大凶德,有常无赦,在《九刑》不忘。’”可见早在成王之前的周初,已有了《九刑》。所以沈家本就认为:“窃谓《逸周书》言刑书九篇,是周初旧有九篇之名。”〔36〕

九刑早在春秋时期可能就亡佚了,其内容虽难以考定,但理当是较为完备的。可以想象,周初社会秩序稳定,出现“成康之治”的盛世局面,应与九刑的存在有密切关系。“成康之际,天下安宁,刑措四十余年不用。”〔37〕说明当时系统的刑罚是有的,只是因为治安状况良好,少于使用而已。

4.《吕刑》

西周中期,周穆王命大司寇吕侯又制定了一部重要法律——《吕刑》,史称吕侯制刑,是西周又一次大的立法活动。因吕侯又叫甫侯,故《吕刑》又称《甫刑》。

《吕刑》的主要内容是将夏朝已有的赎刑整理完善为赎刑制度。现存《尚书·吕刑》不是一部法典,而是发布《吕刑》时制作的文诰,内容丰富,除介绍《吕刑》的内容,如疑罪罚锾的种类和金额等之外,还广泛涉及制定《吕刑》的背景和理由、西周法制的思想基础、刑事政策、刑罚原则以及诉讼制度等各方面,实际上是对西周法制经验的一次全面性的总结,是我国古代一篇珍贵的法律文献。据统计,先秦文献《左传》《墨子》《荀子》等曾 16 次称引《吕刑》。由此可知,《尚书·吕刑》在春秋战国时期已广为流传。

5. 誓、诰、训、命

夏、商、西周虽然制定有较为系统的“禹刑”、“汤刑”、“九刑”和《吕刑》,但从文献中我们还可以看到,此时期还往往通过发布“誓”“诰”“训”“命”等

〔36〕 沈家本:《历代刑法考》(二)。
〔37〕《史记》卷四《周本纪》。

形式进行立法，如《尚书》中的《甘誓》《汤誓》《泰誓》《牧誓》《康诰》《酒诰》等。

例一，《甘誓》，是夏启在讨伐有扈氏时的誓词。其中有一条命令："左不攻于左，汝不恭命；右不攻于右，汝不恭命；御非其马之正，汝不恭命。用命赏于祖；弗用命戮于社，予则孥戮汝。"即要求甲士在各自的战斗岗位上严格执行命令，英勇杀敌。凡是执行命令，奋勇作战者，就要在先祖神位前给予奖赏；凡是不执行命令的则要在土地神位前处死，其妻子要罚为奴隶。

例二，《汤誓》，是商汤在讨伐夏桀时发布的誓词。其中有"尔不从誓言，予则孥戮汝，罔有攸赦"的规定，意思是对不服从军纪、军令的将士，要将本人连同妻子一起杀掉，决不宽恕。

例三，《康诰》，是西周时周成王任命康叔治理殷商旧地民众的命令。其中有"杀越人于货，暋（强横）不畏死，罔弗憝（痛恨）"的记载。杀人越货也就是后世的"强盗罪"，是人人痛恨的大罪，必须严惩。对这种犯罪西周允许实施正当防卫，规定杀死犯罪行为人无罪。

由上可知，誓、诰、训、命等类，依现代法律术语诠释，属于刑事单行立法的范畴，故将其放在"刑"的部分。

二、刑罚种类

夏、商、西周的刑罚种类，除常用的五刑体系外，还有一些特殊刑种，如族刑、流刑、赎刑、鞭刑、扑刑等。

1. 五刑

《隋书·经籍志》载："夏后氏正刑有五、科条三千。"又《魏书·刑罚志》载："大辟二百，膑辟三百，宫辟五百，劓、墨各千，殷因于夏，盖有损益。"夏、商时的五刑大致相同，为墨、劓、膑、宫、大辟。西周则为墨、劓、刖（又称剕）、宫、大辟："墨罚之属千，劓罚之属千，剕罚之属五百，宫罚之属三百，大辟之罚其属二百。"〔38〕

"五刑"是三代的主要刑罚。

墨，又称"黥"，在脸上刺字、蒙以浸沾墨水之巾，使脸上长有墨色且无法褪掉。

---

〔38〕《尚书·吕刑》。

劓，指割去鼻子。

膑，又称刖，指砍脚或砍腿或撬去膝盖。

宫，指毁坏罪犯的生殖器官、破坏其生殖功能的刑罚。方法是男子去势，女子幽闭。

大辟，即死刑。执行方法有斩、杀、焚、辜、磬、活埋、沉水、杀人沥血、弃市等。商朝的法制以严酷著称，其见于史书的酷刑有醢、脯、炮格、剖心等。

2. 族刑

即对罪犯家属连带施加的刑罚。如夏朝的孥戮，即把罪犯的妻子、子女罚为奴隶。商朝的劓殄，是将罪犯的家人全部杀绝。

3. 流、赎、鞭、扑

《尚书·尧典》中说："象以典刑，流宥五刑，鞭作官刑，扑作教刑，金作赎刑。"此四刑主要用于贵族或同族人。如伊尹曾将太甲放逐于桐，周公流放蔡叔，即使用的流刑。《吕刑》中的"罚锾"即赎刑。

三、主要罪名

夏、商、西周罪名的种类已有相当数量，由于史料阙如、不能备叙，只能择其要者进行介绍。

1. 不孝罪

夏朝即有此罪。从《孝经·五刑》的"五刑之属三千，而罪莫大于不孝"看，不孝为当时最大的犯罪。《吕氏春秋》引《商书》说："刑三百，罪莫重于不孝。"传说伊尹放逐太甲，其中的一个原因就是太甲不明居丧之礼，即不孝。西周则发展为不孝不友罪。《尚书·康诰》说："元恶大憝，矧惟不孝不友。"不孝敬父母，不尊敬兄长，是破坏宗法制度的行为，会因此造成社会秩序的紊乱。所以不孝不友在西周被看作罪大恶极的犯罪，要"刑兹无赦"。

2. 昏、墨、贼罪

《左传》引《夏书》说："昏、墨、贼，杀。皋陶之刑也"，说明这是皋陶制定的刑法，后被夏朝沿用。根据晋国叔向的解释："己恶而掠美为昏"，即自己干了坏事还要掠取别人的美名掩饰罪恶为昏；"贪以败官为墨"，即贪财好利，败坏官纪为墨；"杀人不忌为贼"，即肆无忌惮地随便杀人为贼。犯这些罪的人都要处以死刑。

3. 三风十愆罪

商朝初期,为防止官吏腐化堕落,督促官吏遵守法纪,伊尹制定了禁止"三风十愆"的官刑。"三风",指巫风、淫风、乱风。"十愆"即十种犯罪行为,包括巫风二,恒舞、酣歌;淫风四,淫于货、色、游、畋;乱风四,侮圣言、逆忠直、远耆老、比顽童等。如国君有以上行为,臣下不进行劝谏、阻止,对臣下处以墨刑。一般贵族官吏有这种行为,则要被处以罚金。如《墨子·非乐》载:"汤之官刑有之,曰:'其恒舞于宫,是谓巫风。其刑:君子出丝二卫'。"也就是说,卿士、邦君犯了巫风,要罚丝二束。

4. 弃灰于公道罪

《韩非子》说:"殷之法,弃灰于公道者断其手。"商朝对在公用道路上扔弃灰土、垃圾的行为人,要处以断手之刑。

5. 违抗王命罪

商王盘庚在决定迁都于殷时明确宣布,对敢于反对迁都的庶民要给予极其严厉的制裁。他说:"乃有不吉不迪,颠越不恭,暂遇奸宄,我乃劓殄灭之,无遗育,无俾易种于兹新邑。"[39]意思是谁敢不守正道,胡作非为,不恭奉上命,趁机干坏事,实施各种犯罪,我就要把他们斩尽杀绝,不让他们的劣种遗留在新都。《国语·周语上》说:"犯王命必诛。"《尚书·多方》也有"乃有不用我降尔命,我乃其大罚殛之"的记载。在周朝,违抗王命,不执行王命都要诛杀。如果杀害君王,更是最大的犯罪,要处以撕裂肢体的酷刑。《周礼·夏官·大司马》说:"放弑其君则残之。"残,就是撕裂肢体的刑罚。

6. 犯上作乱罪

即奴隶和平民的反抗行为视为犯罪。"庶民之乱暴力正者,挢诬犯禁者,作言语而不信者,以告而诛之。""力正",指凭强力自以为是;"挢诬",指诈欺诽谤;"作言语而不信",指造谣惑众。凡此种种都是犯上作乱的行为。对于这些犯罪行为都必须上报朝廷,加以诛杀。甚至连奴隶和平民聚集一起,或相互往来的正常活动,也要被怀疑为可能引发暴乱而受到严惩,"凡国聚众庶,则戮其犯禁者以徇;凡奚录聚出入者,则司牧之,戮其犯禁者。"[40]

7. 盗窃罪和拐骗奴隶罪

《尚书·费誓》载:"逾垣墙,窃马牛,诱臣妾,汝则有常刑。"臣妾,指男女

---

〔39〕《尚书·盘庚》。
〔40〕《周礼·秋官·禁暴氏》。

奴隶。对盗窃牛马和拐骗别人奴隶的犯罪,要处之以刑书上规定的刑罚。

8.“变礼异乐”罪、“改变制度”罪

《礼记·王制》说“变礼异乐者为不从。不从者,君流”,“革制度衣服者为畔,畔者君讨”。即对任意更改礼乐制度要处以流放刑和军事讨伐。该两罪主要用于维护周礼稳定,只有诸侯、贵族等特殊主体才能构成该罪。

9.群饮罪

《尚书·酒诰》载:“群饮,汝勿佚,尽执拘以归于周,予其杀。”这是康叔在赴任之前,周公给他的指示。意思是(周人)聚众饮酒,你不要让他们跑掉,要把他们全都逮捕起来,送到京城,让我处死他们。周初统治者认为,商纣王在其统治期间荒淫无度,日夜饮酒作乐,影响及于臣下,贵族也狂饮成风,这是商朝灭亡的教训之一。所以严禁周人群饮。但对殷商遗民则不适用该罪名,而是以教育为主。“勿庸杀之,姑惟教之。”

四、刑法原则

第一,与其杀不辜,宁失不经。这是夏朝的刑法原则。辜是罪的意思,不辜,就是无罪;经,指常规常法。意即司法官宁肯不按常规办事,承担失职的责任,也不要错杀无罪的人,以免冤枉无辜之人。这条原则是“罪疑惟轻”精神的体现,表现了慎刑慎罚的思想主张。但在实践中,夏朝只将该原则适用于同族人的疑罪,对他族人则不予宽贷。

第二,区分故意与过失、惯犯与偶犯。康叔受封时,周公代表周成王作《康诰》,告诫他定罪量刑时要充分考虑犯罪的主观要件,说:“敬明乃罚。人有小罪,非眚,乃惟终,……乃不可不杀。乃有大罪非终,乃惟眚灾,……时乃不可杀。”[41] 眚(音省),过失,非眚就是故意;惟终,惯犯。非终,偶犯;惟眚,过失。这段话,明确了司法官量刑应遵循的两条原则:对非眚惟终,也就是对故意犯罪和惯犯,要从重处理;对非终惟眚,也就是对偶犯和过失犯罪,要从轻发落。

第三,共同犯罪区分首从。《尚书·胤征》载:“歼厥渠魁,胁从罔治。”渠魁均指共同犯罪中的首犯、主犯。罔治,即不处罚。意即对共同犯罪中的首犯、主犯要杀尽,对胁从人员则不予处罚。

---

〔41〕《尚书·康诰》。

第四,上刑适轻下服、下刑适重上服。即触犯重罪但情节轻微者,轻罚;所犯为轻罪但情节恶劣宜于重判者,重罚。适轻、适重,就是指的犯罪情节,其中包括故意或过失,惯犯或偶犯等因素。

第五,罪疑惟轻。罪疑,或称疑罪,指虽有证明某人有罪的证据,但不足;也有证明该人无罪的证据,但也不足,难以确定其是否犯罪,故称疑罪。夏、商两代对疑罪从轻处理,或减或免。西周对疑罪则用罚锾的办法赎免,《吕刑》中的赎刑制度即为此而设。《尚书·吕刑》孔颖达疏:"不与五刑书同,狱官疑不能决,则当正之于五罚,令其出金赎罪。"相对于墨、劓、刖(剕)、宫、大辟五刑,犯罪嫌疑人分别出百锾、二百锾、五百锾、六百锾、千锾,以赎其罪。

第六,用刑适中。《尚书·吕刑》要求司法官判决时,"明启刑书胥占、咸庶中正",中即适中,正即公正。《吕刑》又曰:"士制百姓于刑之中",不轻不重谓之中。

第七,罪人不孥。周文王针对夏商"罪人以族"的原则,提出"罪人不孥"的主张。周公继承这一思想,反对族诛连坐,主张罪止一身,强调:"父子兄弟,罪不相及。"[42]《左传·僖公三十三年》引《尚书·康诰》佚文中又说:"父不慈,子不祇(敬),兄不友,弟不共(恭),不相及也。"

第八,悼耄不刑。《礼记·曲礼上》载,"八十、九十曰耄,七年曰悼。悼与耄,虽有罪不加刑"。意思是80岁以上、7岁以下的人无论犯什么罪,均免于刑事处罚。后世在该原则的基础上形成"矜恤"原则,当今刑法中关于刑事责任年龄的规定亦源于此。

五、礼与刑的关系

礼和刑是夏、商、西周法律体系的两个方面,二者既有共同性,又有区别,彼此相辅相成,互相补充。

(一)礼和刑的共同性

一是评价的标准相同。对于人们行为的态度,凡是礼所允许的,刑也不加禁止;凡是礼所禁止的,必然为刑所不容,进而予以打击。"礼之所去,刑之所取,失礼则入刑。"[43]二是两者相互依存,缺一不可。礼是行为规范,告知人们应该怎样做,不应该怎样做;刑是制裁手段。光有礼没有刑,礼就像一只

---

〔42〕《左传·昭公二十年》引《尚书·康诰》。

〔43〕《后汉书·陈宠传》。

没长牙齿的老虎，毫无威慑力，也就不会被人普遍遵循。正如法人类学者耶林所说，“没有任何强制力的法律徒有虚名”，[44]礼的约束力要靠刑的强制力加以保证；光有刑没有礼，刑要么会因没有准确的适用对象而变得无用武之地，要么会将所有行为胡乱纳入其打击范围而变成杀人机器，因而刑的适用又必须以礼的精神作指导。

(二)礼和刑的区别

一是作用不同。“礼以劝善”，是积极的规矩，着重于教化和预防，可以治本。通过“亲亲”“尊尊”原则，礼确立了人与人之间的等级伦理关系，并使之制度化。“礼达而分定”，以稳定权位继承和财富分配的既定秩序，为国家、社会、家庭、个人提供了全方位的行为规范。所谓礼“禁于将然”，在礼的潜移默化中，人们的言行举止逐渐变得中规中矩，达到“绝恶于未萌，起敬于微渺，使民日徙善远罪而不自知”的效果。如果说礼的作用主要在事前，那么刑的作用则主要在事后，所谓刑“制于已然”。“刑以惩恶”，是事后的处理，是消极的制裁，着重于惩罚，只能治表。

二是适用的对象各有侧重。礼主要是调整贵族内部的关系准则，但这并不是说庶人就没有礼，而是说贵族从礼那里得到的，主要是特权；而庶人从礼那里得到的，主要是义务。从《周礼》《仪礼》《礼记》中可以看到，自周天子至士有一套礼，即所谓“家族礼”。这种礼即是贵族的规范，赋予他们在法律上的特权，这一特权是以血缘为基础的，排除了外族成员，不愿与庶民分享，庶民也没有资格享有这种礼。刑的主要锋芒是针对平民、奴隶和异族的，所谓“刑以治野人”“刑以威四夷”，但并不排除贵族也要受到刑的制裁。《白虎通德论·五刑》说：“礼为有知制，刑为无知设”，并不是说在贵族与庶人之间有一条明确的界限，在线之上的以礼，在线之下的用刑，而是说庶民、奴隶是刑的打击重点。

(三)“礼不下庶人，刑不上大夫”辨正

人们通常将这句话作为庶人无礼、贵族无刑的论据。其实，三代的庶人也有他们的礼，贵族亦要受刑的制裁。先看这句话的原始语境，才能避免断章取义之嫌。

《礼记·曲礼上》：“国君抚式，大夫下之；大夫抚式，士下之；礼不下庶

---

[44] [美]E. 博登海默：《法理学—法哲学及其方法》，邓正来、姬敬武译，华夏出版社 1987 年版，第 371 页。

人。刑不上大夫，刑人不在君侧。”

上段话讲述了人与人相见应该怎样行礼。“式”指车上的横木。“抚式”指一手抓住横木，一手行礼。全文意为：国君与大夫相见，国君行“抚式”礼，大夫要下车来向国君行礼；大夫与士相见，大夫行“抚式”礼，士要下车来向大夫行礼；这种礼不能适用于庶人，因为庶人本来就没车坐，没法“下之”，只需在地上径行其礼即可。

可见，“礼不下庶人”的原意只是指的“抚式礼”这一局部，将其扩大到礼的全部，在逻辑上是不能成立的。庶人也有庶人的礼，在文献中随处可见。《左传·庄公二十三年》载曹刿言：“夫礼，所以整民也。”《礼记·礼器》说：“三代之礼一也，民共由之。”《礼记·坊记》说：“夫礼者，所以章疑别微，以为民坊者也。故贵贱有等，衣服有别，朝廷有位，则民有所让。”这些记载说明，礼也是调整庶民的行为规范。只是庶民不能享用赋予贵族以特权的那些高贵的礼，就像郑玄所说，庶民因忙于劳动，没有空闲也没有条件去讲礼，“遽于事，且不能备物”。[45] 贵族间的礼，需要闲暇的时间和昂贵的礼器，才能做到“郁郁乎文哉！”对此，庶民当然望尘莫及，他们只能遵守与其日常生活紧密相关的礼，如婚礼、丧礼、祭礼等。在妻子的称谓上，他们要讲礼：“天子之妃曰后，诸侯曰夫人，大夫曰孺人，士曰妇人，庶人曰妻。”[46] 在丧亡殡葬上，也要讲礼：“天子死曰崩，诸侯曰薨，大夫曰卒，士曰不禄，庶人曰死。”如此等等。

“刑不上大夫”后紧跟着“刑人不在君侧”一句。分开来读，自会得出贵族不受刑罚制裁的结论；连起来读，则会得到贵族犯罪不受肉刑的信息。一句之差，失之千里。依周礼，诸侯本人去朝见天子叫“朝”，派卿大夫去叫“聘”，一年一小聘，三年一大聘，五年一朝。试想，如果贵族也受肉刑处罚，那么在朝见天子的盛大场面中，将会有些墨面的、跛足的、无鼻的“刑人”出入其间，岂不大煞风景？因之“刑不上大夫”是指贵族犯罪在审判执行时享有不受肉刑惩处的特权，而不是不受刑罚的制裁。《礼记·文王世子》说：“公族无宫刑，不翦其类”，这就明确印证了对犯罪的贵族不得处以宫一类的肉刑，但要换成其他刑罚进行制裁。如周成王之叔父管叔、蔡叔，因参与武庚之乱，就被处死杀戮、流放。

---

〔45〕 郑玄注：《礼记·曲礼》。

〔46〕《礼记·曲礼》。

贵族的法律特权,除了不受肉刑制裁外,还表现在:第一,法外施恩。所谓“五刑三千之科条,不设大夫犯罪之目”,[47]即大夫犯罪,如何定罪量刑没有成文的规定,“轻重不在刑书”,[48]审判时可以灵活处置,加以特殊照顾。第二,诉讼特权。西周诉讼要求双方当事人必须亲自出庭对质,“两造具备,师听五辞”。[49]但大夫以上的贵族及其妻子可以派下属或子弟代理,自己不必亲自到庭,“命夫命妇不躬坐狱讼”,[50]以维护其作为贵族的尊严。第三,执行特殊。贵族犯罪,在执行方法上也享有特权。这一原则在周朝法制中表现得最为突出。“王之同族有罪不即市”,[51]也就是说,贵族犯了死罪,不在公开场合执行死刑。《周礼·秋官·掌囚》载:“有爵者与王之同族,奉而适甸师氏,以待刑杀。”《礼记·文王世子》载:“公族其有死罪,则磬于甸人。”“甸师氏”“甸人”,指管理郊野的小官吏。“磬”,即用绳子将人勒死。可见,被判处死刑的贵族是由专门的官吏在秘密地点将其勒死,绝不搞公开执行,以维护贵族的颜面。

第四节 夏商西周的狱讼制度

一、司法职官的设置

(一)夏朝

夏王是全国最高司法官,掌握生杀予夺的大权。中央司法长官称“大理”,掌管全国性重大案件的审判。地方司法官叫“士”或“理”,掌管辖区内案件的审理。

(二)商朝

商王是最高司法长官,重大案件都由商王裁决。甲骨卜辞的“贞:王闻惟辟”“贞:王闻不惟辟”,就反映了这一事实。中央司法长官为大司寇,其下设正、史等审判官吏,处理中央和地方部分复审案件。商朝开始分封诸侯,地方

---

〔47〕《礼记正义》。
〔48〕郑玄注:《礼记·曲礼上》。
〔49〕《尚书·吕刑》。
〔50〕《周礼·秋官·小司寇》。
〔51〕《周礼·秋官·小司寇》。

分畿内和畿外。畿内司法机关由士掌管,基层称蒙士,辖区内案件由其审理,若遇重大、疑难案件,须上报司寇,由司寇进行复审。畿外由诸侯掌管,对辖区内的案件,诸侯指派司法官审理,不必上报司寇,享有司法自主权。商王对畿外司法机关也基本上不干涉。

商朝的审判主要是以占卜等方式实施的神明裁判,负责占卜的贞人也实际参与了司法审判,这成为商朝司法组织中不可忽略的一部分。

(三)西周

周王是全国最高的审判官,最重大的案件都由周王作最后裁决。在周王的统率之下,西周的司法机关分为:中央、乡遂、诸侯国三部分。

1. 中央司法机关

大司寇是中央最高司法官。《周礼·秋官·大司寇》规定,大司寇的主要任务是"帅其所属而掌邦禁,以佐王刑邦国""掌建邦之三典,以佐王刑邦国,诘四方"。小司寇,是大司寇的副职,负责具体的司法工作。其职责,一是考察地方政治、民情;二是审理案件,适用五刑;三是以"五听"问案;四是掌握"八辟"原则;五是就疑难案件向大臣、官吏、民众征求处理意见;六是编制户籍簿册,供考核统计。士师,是大、小司寇之下的司法官吏,负责具体案件的办理。

此外,大司寇下还设司刑、司刺、司约、司盟、司圜、司隶、掌囚、掌戮等职官,各有分工。司刑,负责对罪犯施加五刑;司刺,负责实行征求意见、宥过失、赦老幼之法;司约,负责民人缔结契约的监督工作;司盟,负责民事纠纷的审理与监督盟誓;掌囚,负责管理羁押犯、待行刑罪犯;掌戮,负责追捕、处置重大现行犯等。

2. 乡遂司法机关

王畿内的地方政权组织,依次划分为乡、遂、县、都、邑等,分别设有乡士、遂士、县士、方士、讶士等,负责各该地区刑、民事案件的审理。"乡士掌国中,各掌其乡之民数而纠戒之。听其狱讼,察其辞。"[52]"遂士掌四郊,各掌其遂之民数,而纠其戒令。听其狱讼,察其辞,辨其狱讼。"[53]可见,乡士、遂士既是行政官,又是司法官。

---

〔52〕《周礼·秋官·乡士》。

〔53〕《周礼·秋官·遂士》。

3. 诸侯国司法机关

诸侯封国的司法机关仿照中央体制设置，设司寇、士师等审理狱讼案件，只是规模小些。基层案件则由乡官处理，如果需要判处刑罚，则提交给士或士师审理。另外，宗族族长对其宗族成员的轻微刑事案件和民事案件也有处理权。

二、诉讼审判制度

（一）夏、商

夏、商时期的诉讼审判制度，以神明裁判最具代表性。当此之时，华夏民族由原始社会进入国家社会，人的认识水平还比较低下，诸多无法认知的自然现象和社会现象，最终都会通过神灵来加以解释，天命神权思想盛行。表现在司法审判领域，当出现一些人力无法解决的疑难案件时，往往假托神灵来进行处理，所以神明裁判盛行。

传说夏朝就用卜筮的方法审理疑难案件。古时占卜，用龟甲叫卜，用蓍草称筮，合称卜筮。当司法官遇到一些仅靠人力无法判明是非的案件时，就邀请贞人用龟甲、蓍草占卜，以求神灵明鉴，然后用卜筮上所显示的图像作为定罪的依据。

商朝统治者崇拜天神，凡事皆用占卜的方式请求神旨，商王几乎是无事不卜，无日不卜。审理案件时，亦以占卜祈求神意，并以甲骨卜辞作为定罪处刑的依据。如“兹人井（刑）不（否）?”的甲骨卜辞，就是卜问对某当事人是否用刑。对卜辞的理解，由贞人来完成，他们假托神意对卜辞作出解释，司法官再根据其解释来决定是否定罪，如何量刑。这是典型的神判制度。

图1－2　占卜用的龟甲和牛胛骨

图为占卜用的龟甲与牛胛骨。夏、商时期，神权法观念盛行。天子以天的代言人自居，通过“巫”来沟通人鬼。每逢用刑，便要通过占卜的形式咨询上天：“兹人井（刑）不（否）?”

（二）西周

关于西周的诉讼审判制度，史料记载非常详细，归纳起来有以下几方面。

1. 告诉

西周的告诉，既可以口头提出，也可以书面提出。西周将案件类型划分为“狱”和“讼”两类。“狱，谓相告以罪名者”，这类大概相当于今天的刑事案件,当事人要缴纳"钧金"(三十斤铜)作为诉讼费。"讼,谓以财货相告者",[54]这类大致相当于今天的民事案件,但败诉方也可能被判刑,所以又不完全等同于现在的民事案件,当事人须交"束矢"(一百支箭)作为诉讼费。诉讼费在案件审结后,退还胜诉方,败诉方不退。收取诉讼费的目的主要是防止妄诉、滥诉。

西周在告诉这一环节,设置了一定的诉讼限制,禁止卑幼控告尊长。《礼记·王制》说:"凡听五刑之讼,必原父子之亲,立君臣之义。"《国语·周语》说:"君臣、父子无狱讼。"坚持控告者,告者有罪。

2. 审理

西周法律要求双方当事人到庭,坐地对质。《尚书·吕刑》曰:"两造具备""师听狱之两辞"。"两造"相当于现代法律术语的原告、被告双方,必须亲自参与。贵族可派臣属为代表人参加诉讼,但如果主审官是周王,任何人都必须出庭。

图1-3 㑇匜(铭)

1975年在陕西省岐山县京当镇董家村出土的盥洗器。这件青铜器底部为四个兽蹄足,盖前端有虎头,口沿下饰窃曲纹,腹底和盖铸有铭文,共计157字,记载了西周晚期判处的一起简单案例。这些铭文是我国迄今发现最早的法律文书,相当于现在的法律判决书。

商周之际以降,"汤武革命"引发了人的反思,以前天命神权思想盛行,然而,受天命而建立的夏政权为何被商汤推翻;为神权所保佑的商政权为何被周武王推翻?于是中国思想史发生了里程碑式的变化,开始怀疑天命神权的存在,开始由"重神"向"重人"转变。西周提出了"以德配天"的政治主张和"明德慎罚"的法制原则,认为只有实施德政、推行良法才能获得民众的拥

〔54〕 郑玄注:《周礼·秋官·司寇》。

护，进而获得上天的庇护。在司法审判领域，也由重神转向重人，注重从人本身来解决问题，神明裁判逐渐淡出，新型审判方式登上历史舞台，出现“五声听狱讼”的审判方法。

《周礼·秋官·小司寇》规定：“以五声听狱讼，求民情：一曰辞听，二曰色听，三曰气听，四曰耳听，五曰目听。”即要求司法官从言辞、神情、呼吸、听觉、目光五方面去了解当事人的心理活动。如果一个人心虚理亏，就会在说话、表情、气息等方面表现出来，司法官据此可以对其口供的真假作出正确判断。“五声听狱讼”的方法虽然简陋、粗糙，却是心理学在司法领域的最早运用，与神明裁判相比是一次大的进步。

为了取得口供并保证口供的真实性，西周在审判方式上还作了一些相关的规定。如允许刑讯。《礼记·月令》规定：“仲春之月……毋肆掠，止狱讼。”“肆”为执行死刑后将罪犯暴尸街头；“掠，谓捶治人”，就是刑讯。既然规定仲春时节不许刑讯，说明在其他时间是允许刑讯的。又如“盟诅”制度。《周礼·司盟》规定：“有狱讼者，则使之盟诅。”当事人要用盟誓的方法来保证其口供的真实性，这是夏商神明裁判在西周的余波。

除了口供，西周审判制度中所涉的证据，还有证人证言、书证、物证、勘验结论。《周礼·地官·小司徒》规定：“凡民讼，以地比正之。地讼，以图证之”；《周礼·秋官·士师》规定：“凡以财狱讼者，正之以傅别、约剂。”地比，指邻人作证，即证人证言；图，指官府所藏地图，与傅别、约剂均为书证。也就是说，一般的纠纷，由邻里作证；地界纠纷，以官府所藏地图为证；因财货引起的狱讼，以傅别、约剂等契约作证。《周礼·秋官·司厉》还规定：“司厉掌盗贼之任器货贿。”任器、货贿，指杀伤人、盗窃等刑事案件的凶器和赃物等，是为物证。《礼记·月令》：“孟秋之月……命理瞻伤、察创、视折、审断，决，狱讼必端平。”伤、创、折、断均是指受伤的程度。意为通过对受伤程度的勘验、检验来搜集证据，所形成的文书，则为勘验结论。

3. 判决

《尚书·吕刑》要求“明启刑书胥占，咸庶中正”，即要求判决时要以刑书为依据，做到量刑不偏不倚。《尚书·康诰》提出要仔细审查犯人的供词和分析案情，“要囚，服念五六日，至于旬时，丕蔽要囚”。“服念”，思考之意；“蔽”，判决之意。即对关押罪犯的案情，短则思考五六天，长则思考十来天，然后再作出判决，方能做到不枉不纵。在法律没有规定时，允许依照以往的现成案例“上下比罪”,即按类推的方法,比附定罪。

4. 上诉

判决书制成后要向犯人宣读,犯人不服可以提出上诉。上诉期限,根据距离京城的远近而各不相同。“凡士之治有期日,国中一旬,郊二旬,野三旬,都三月,邦国期。期内之治听,期外不听。”[55]另据《周礼》记载,西周已有了名为“路鼓”“肺石”的直诉制度。“路鼓”设置在王宫正门之外,庶民可以击鼓鸣冤,由太仆接受申诉,上奏周王。“肺石”即红色石头,设于外朝,有冤屈者可立于肺石之上,经三日由朝士受理,上奏周王。直诉制度为蒙冤之人打开最后一扇告状之门。

5. 司法官责任

西周对司法官选拔有严格标准:“非佞折狱,惟良折狱。”[56]同时还规定了严格的司法官责任制:“五过之疵,惟官、惟反、惟内、惟货、惟来”,犯者,“其罪惟均”[57]。意即司法官若依仗权势、挟嫌报复、有意疵护亲属、收取贿赂、受人请托,导致判案有误者,都以错判之罪追究该司法官责任。

6. 执行

西周创立了类似于后世的徒刑和拘役的刑罚方法。《周礼·秋官·司圜》载:掌管监狱的专职官吏称“司圜”,对于“害人者,弗使冠饰,而加明刑焉,任之以事而收教之。能改者,上罪三年而舍,中罪二年而舍,下罪一年而舍。其不能改而出圜土者,杀。虽出,三年不齿。凡圜土之刑人也,不亏体;其罚人也,不亏财”。将犯人监管起来,让他们从事一定的劳作,改恶从善者予以释放,但三年内不享有一般人的待遇。这种行刑方法,便是后世帝制时代“五刑”中徒刑的渊源。

对犯墨、劓、膑(刖)、宫四种肉刑的罪犯,执行刑罚后,还要服一定的劳役。如《周礼·秋官·掌戮》规定:“墨者使守门,劓者使守关,宫者使守内,刖者使守囿,髡者使守积。”

死刑一般采取“弃市”的方式执行,即要在人员密集的闹市执行死刑,并暴尸三日。《礼记·王制》载“刑人于市,与人众弃之”,“弃市”一词即起源于此。被判处死刑的罪犯,“书其姓名及其罪于梏而著之也”,即把写有罪犯姓

---

[55]《周礼·秋官·朝士》。

[56]《尚书·吕刑》。

[57]《尚书·吕刑》。

名和罪行的木梏戴在犯人脖子上，然后押去市场执行。《周礼·秋官·掌戮》又载，凡杀人者，踣（音bo，倒僵状）诸市，肆（处死刑陈尸）之三日。

但对贵族则以秘密方法执行死刑，由甸师氏“磬杀”（磬是一种玉制打击乐器，悬挂起来使用。此处借指缢死）。

三、监狱管理

夏朝设有监狱，称“圜土”。《史记·夏本纪》记载，夏桀曾囚禁商汤于“夏台”。“夏台”当是夏朝的特别监狱，商朝在羑里也设有监狱。司马迁说：“昔西伯拘羑里，演《周易》。”[58]西伯指商朝末年的西伯侯，即周文王，曾被商纣王关押在此长达七年之久，著成《周易》一书。今河南省安阳市汤阴县北仍有羑里城遗址，是我国目前遗存下来的历史最悠久的国家监狱遗址。

西周的监狱亦称“圜土”，又叫“囹圄”。其中关押的主要是有罪未决或等待行刑的人犯，由掌囚看管。现在的监狱是关押已决罪犯令其执行刑罚的场所，那时的监狱则大有不同，是拘押、监禁有罪未决或等待行刑的设施。当然，这里面也关押着由司圜“收教”的“罢民”，但数量远不及等待判决或执行的人犯多。

为防止囚犯逃跑，罪犯必须戴狱具。狱具有桎、梏、拲三种。桎，是加在脚上的木制刑具。梏，是加在颈上的木制刑具。拲，两手共一木，是加在手上的刑具。加戴刑具的轻重要依罪行轻重决定。《周礼·秋官·掌囚》说：“凡囚者，上罪梏、拲而桎，中罪桎梏，下罪梏。”西周时狱具的使用范围很宽，对“讼”案中的被告以及“狱”案中的罪犯亲属，都可动用。但对贵族却有特殊照顾。有爵位的贵族虽犯重罪，只能加桎；王族犯重罪，只能加拲。

图1-4 桎梏陶俑

桎梏是上古时代长期使用的刑具。这是河南安阳出土的桎梏陶俑。

春秋以降，监狱通称囹圄。如《管子·五辅》说：“善为政者，……仓廪实而囹圄空。……不能为政者，……仓廪虚而囹圄实。”

---

〔58〕《史记·太史公自序》。

课后思考·关键词

以德配天　明德慎罚　出礼入刑　五刑　傅别　质剂　六礼　同姓不婚　五过之疵　五声听狱讼

课后思考·问答题

1. 试述中国法律的起源。
2. 怎样理解“礼不下庶人，刑不上大夫”？
3. 简述西周的婚姻制度。
4. 简述西周的继承制度。
5. 试述夏商到西周时期审判制度的主要变化。

案例阅读

1. 虞舜“窃负而逃”案　2. 商纣王残害三公案　3. 周幽王被杀案

第二章　春秋战国的法律制度

（公元前770年至公元前221年）

平王东迁后，周朝不再是历史舞台的主角。分封的列国尝试摆脱礼的约束，为生存与图霸，开始了多元的探索，历史随之进入春秋战国时期。这一时期，以儒家叙事来看是“礼崩乐坏”的黑暗时代。若以法律史视野观察，则诸子蜂起、百家争鸣，储备了后续两千多年的法思想资源；列国的法律实践经过“周秦之变”的宏伟转型，形成了后续两千多年的律令制骨架。春秋战国可谓中国古代法律史由礼刑体系转入法律体系的大变革时代。

自公元前841年起，中国历史有了逐年的记载，进入信史时代。以传世文献为依托，加上出土的金文、简帛和考古发现提供的零碎细节，此期法律史的面貌得以依稀描绘。

第一节　周朝礼刑体系的崩坏

儒家常将礼刑时代的夏、商、西周描绘为黄金时代。由此来看，春秋战国的“礼崩乐坏”便不免令人叹息痛恨。这种出于想象的粉饰，会掩蔽春秋战国在法律史上的实际地位。周代礼刑体系的法秩序最终崩坏，有其内在的原因。那么周代法秩序的实质是什么？为何不能维系？这是理解春秋战国法制变革的起点。

一、周朝法秩序的实质

西周时期，未必存在天下共守的统一立法，各国或可因俗设法。

前面我们讲到西周时期“周公制礼”“吕侯制刑”等大的立法活动。这些立法是否为天下各国普遍遵守？恐怕未必。《史记·鲁世家》讲了一个齐鲁斗法的故事:西周初年,封太公于齐国,封周公之子伯禽于鲁国。太公“因其俗,简其礼”,以齐地习惯法为基础,简化了周礼,只花了五个月就获得了治理的成效;伯禽却“变其俗,革其礼”,革除了当地的习惯法,贯彻落实了新制定的周礼,花了整整3年才向周公述职。由此可见,也许姬姓的鲁国才有贯彻周礼的义务,姜姓的齐国则可以因俗设法。又如,《左传·定公四年》记载:姬姓的晋国初建,因为当地具有悠久的夏文化传统,戎人势力也很强,因此天子命其以夏人、戎人固有的制度为立国之本(启以夏政,疆以戎索)。正如柳宗元的《封建论》云:“徇之以为安,仍之以为俗。”即便姬姓国也不得不充分考虑受封地的固有法文化。至于殷商旧部,则如《史记·殷本纪》所云“令修行盘庚之政”,以殷商之法自治。

西周的封建体制之下,不仅邦国各行其法,一国之内也可能有两制或多制。如《左传·昭公十六年》记载:郑国始祖受封时,因感激商人集团协助草创国家,故起誓,绝不干预商人的商业规则与商业行为。这成为郑国世代遵守的法度。法史名家瞿同祖说:“分化是封建政治的一大特点。”[1]封建法律也是以邦国、族群等自治体为单位,层层分化、相对独立的。

那么,如此高度分化的封建体制,为什么却能维系成一个“天下”而不坠呢?答案就是“礼”。

周人以“亲亲”“尊尊”的宗法礼制为封邦建国的依据,以婚姻之礼将本族群宗法礼制的适用范围扩及更多异姓诸侯国,再以朝觐、贡献、盟誓之礼,反复确认彼此的上下、尊卑、从属关系。只要血缘纽带还在,宗法礼制便能“合天子、诸侯、卿、大夫、士、庶民以成一道德之团体”。[2] 如果有邦国、属邑居然荒怠礼数,那么便率领或委任诸侯国,以武力征讨。具体到法律层面,周朝一方面对姬姓封国进行立法方针的指导,另一方面充分尊重殷商旧部或土著诸侯的习俗法度,并不强求各邦国立法的统一。但如果邦国内部秩序不稳定乃至被破坏,王朝的司法力量就会积极介入其中,充当裁判者的角色。[3]

由此可以明白,西周维系“天下”的纽带,全在于礼。诸侯奉礼来朝,则

---

〔1〕 瞿同祖:《中国封建社会》,商务印书馆2016年版,第195页。

〔2〕 王国维:《殷周制度论》,载《观堂集林》,中华书局1959年版,第454页。

〔3〕 以上参见王沛:《西周邦国的法秩序构建》,载《刑书与道术:大变局下的早期中国法》,法律出版社2018年版。

周成为王朝;诸侯废礼不朝,则周沦落为一个王国。[4] 周人对于礼崩乐坏的恐惧、儒家对于正名复礼的希冀,都应该从此取解。

二、"礼崩乐坏"的原因

西周的礼制,内以血缘宗法为纽带,外以军事武力为保障。一旦血缘疏远、武力削弱,宗法制自身的缺陷凸显,礼乐的崩坏是自然的结果。"礼崩乐坏"的原因大致有二:

第一,血缘的疏远,导致宗法纽带的松散。血缘宗法是西周礼制的纽带,百年之后自然就疏远了。例如,晋之初封,周成王与唐叔虞是亲兄弟;数百年之后,周襄王与晋文公之间除了名义上同属一个祖先、照惯例尊称一声"叔父"之外,血缘上早已出了九族五服的范围,实难言及感情与责任。在这种情形下,诸侯能够循守礼数,主要靠周王的武力维持。然而,西周亡于犬戎,仗着晋、郑几个大国夹辅,周平王才得以在东方立足。周桓王时不自量力,出手教训不服的郑国,结果遭遇军事失利。自此王纲解纽,礼制再也没有维系的可能与必要,只能沦为霸主恃强凌弱的借口。

第二,国家资源的高度分化是宗法分封制的固有缺陷。随着年代的递增,一个国家的资源必定随着层层分封,越分越碎、越来越少。在此种情况下,谁恪守礼制继续分封,谁就越弱;谁违背礼制消除分裂,谁就变强。郑庄公攻灭分封的弟弟共叔段、晋献公尽灭群公子,都使国力迅速增强。

不过,周朝衰亡时,并没有哪个邦国像武王伐纣那样公然打着天命转移的旗号趁火打劫。恰恰相反,先后崛起的霸主都以"尊王"和维护礼制为口号,从而使东周又苟活了五百年之久。不得不说,这仍是周礼的遗泽与名分的力量。到了此时,封建体制授予各封国的高度自治权开始发挥作用。王室的式微不仅没有导致沉沉暮气,反而带来了变革的契机。

第二节　铸刑书与春秋的法制变革

周平王将周朝国都东迁洛邑,史称东周。东周前期,即公元前 770 年至

---

〔4〕 钱大昕:《潜研堂文集》(卷七),"天子有道而天下诸侯朝之,谓之有天下。否则,位号仅存,所有者唯王国而已"。

公元前476年,因与鲁国编年史《春秋》记述的时代大致相当,史称“春秋”。春秋时代,各国为适应救亡图霸的新形势,进行了一系列的改革,颁布了不少立法成果。其中以郑国的“铸刑书”和晋国的“铸刑鼎”最惹人注目。

一、春秋列国的立法活动

春秋时代的立法活动,主要见于楚、晋两个霸国,以及在晋楚夹缝中求生存的郑国。这里先列叙郑国刑书和晋国刑鼎之外的主要立法活动。

(一)楚国立法

1. 仆区之法

仆区之法是楚文王(公元前690年至公元前675年在位)制定的。《左传·昭公七年》记载:楚国大臣无宇为捉拿遁逃入宫的家奴,被卫士逮捕见楚王。无宇引用仆区之法:“盗所隐器,与盗同罪。”替盗贼隐瞒赃物的,与盗贼同罪。服虔注:“仆,隐也;区,匿也。为隐匿亡人之法也。”仆区之法能被大臣引用,可见是楚国一部公开的成文法。

2. 茅门之法

茅门之法是楚庄王(公元前613年至公元前591年在位)制定的。《韩非子·外储说右上》载:“荆庄王有茅门之法曰:‘群臣大夫诸公子入朝,马蹄践霤者,廷理斩其辀,戮其御。’”任何人入朝,到了茅门这个地方必须下马,否则由执法者(廷理)毁坏其车、杀其车夫。这应该是一部关于宫禁出入规定的法律。

(二)晋国立法

1. 被庐之法

公元前633年,晋文公在被庐这个地方举行大蒐礼(一种军事演习),“作执秩之官,为被庐之法”。被庐之法可能是用以“正其官”,使上下有序的一种法律。孔子后来赞誉该法合于礼制,是晋文公成就霸业的一大原因。[5]

2. 赵宣子之法

公元前621年,赵宣子借助一次大蒐礼上台执政,颁布了一系列的法律:“制事典,正法罪,辟狱刑,董逋逃,由质要,治旧洿,本秩礼,续常职,出滞淹。”

---

[5] 相关记载散见《左传·僖公二十七年》《左传·昭公二十九年》。另可参见《国语·晋语》关于晋文公为政的记载。

这部法律“行诸晋国,以为常法”。[6] 孔子后来却抨击这部法律是“乱制”,可能是因为赵宣子上台方式不符合程序的缘故。

3. 范武子之法

公元前593年,晋国执政范武子出使周王室、见识周礼后,“归乃讲聚三代之典礼,于是乎修执秩以为晋法”。[7] 这部法的具体内容不得而知,但应该是在被庐之法的基础上,结合周礼而成。

二、“铸刑书”、“铸刑鼎”与成文法问题

(一)郑刑书、竹刑与晋刑鼎

1. 郑国子产“铸刑书”

《左传·昭公六年》记载:公元前536年,郑国执政子产将法律铭刻在一个铜器上予以公布,史称“铸刑书”。刑书的内容是什么?史书没有记载。不过,近年公布的清华简《子产》篇为我们提供了一些新的线索。[8]

《子产》:“乃聿三邦之令,以为郑令、野令,道之以教”,“聿三邦之刑,以为郑刑、野刑,行以峻命裕仪,以释无教不辜”。三邦之刑,就是夏、商、周三代的刑书,可能即禹刑、汤刑、九刑。郑令、郑刑,是适用于国都之内的令、刑;野令、野刑,是适用于国都之外的令、刑。这样“一国两制”的做法,符合周代的法秩序特征。这段话说的是:子产继承夏商周的令,制定了适用于国都的郑令、适用于乡遂的野令,以教化来引导百姓;子产继承夏商周的刑,制定了郑刑、野刑,宽(裕仪)猛(峻命)相济,对于未受教化(无教)和无罪之人(不辜)予以宽释。

从这段记载可以看出:第一,郑国的法律形式有令、刑两种,令用以正面指引民众什么是该做的,刑用以规范违令、越轨的行为;第二,子产的刑书辅助教化之令而行,符合后世儒家的观点,故被孔子誉为“古之遗爱”。

2. 郑国邓析私作“竹刑”

《左传·定公九年》记载:公元前501年,郑国执政驷歂杀死了邓析,却采用了邓析私撰的“竹刑”。邓析是郑国大夫,据说“不法先王,不是礼义”,“操

---

[6] 《左传·文公六年》。

[7] 《国语·周语》。

[8] 《子产》篇释文载李学勤主编:《清华大学藏战国竹简(六)》,中西书局2016年版,第136—137页。法律史学界的解读,可以参见王捷:《清华简〈子产〉篇与“刑书”新析》,载《上海师范大学学报》2017年第4期。

两可之说,设无穷之辞”,收费教民众利用刑书、应付诉讼,也许因为这个原因而被杀。邓析对刑书不满,私编了一部法律,书于竹简,这就是所谓“竹刑”。可能这部“竹刑”要比子产的刑书更高明,所以郑国执政杀死邓析,却不得不采用“竹刑”。[9]

3. 晋国赵鞅、荀寅“铸刑鼎”

《左传·昭公二十九年》记载:公元前513年,晋国赵鞅、荀寅领兵筑城时,向民众征收了数百斤铁,铸成一个鼎,将范宣子刑书铭刻其上,予以公布,史称“铸刑鼎”。范宣子刑书,即前述赵宣子之法的修订版。

以上就是这三部法的基本史实,与前述晋、楚的立法相比,似乎没有什么异样。不同的是,铸刑书、铸刑鼎招致了两位大人物的批评。

(二)叔向与孔子的反对

1. 叔向反对“铸刑书”

叔向是晋国大夫,与子产齐名,被孔子誉为“古之遗直”。他给子产写信,激烈抨击“铸刑书”的做法。信件大意是:“昔先王议事以制,不为刑辟,惧民之有争心也。”只有夏商周的末年,才会颁布刑书,可见“国将亡,必多制”。现在你却也效仿衰世乱法,颁布刑书,恐怕民众会“弃礼而征于书,锥刀之末,将尽争之”。这样一来,郑国的衰亡恐怕也就不远了。子产回信说:您说得很对,但我顾不到那么远,我的刑书只想应付眼下的困难。

分析叔向的信件,可以看出:第一,子产颁布刑书,是对夏商周类似做法的效仿,并无多大创新;第二,刑书会令民众“弃礼”而产生“争心”,这是叔向反对的核心原因。

2. 孔子反对“铸刑鼎”

孔子听说“铸刑鼎”后,感叹道:晋国大概要灭亡了吧!这个国家已经丧失基本的秩序了。他的理由是:晋国的始祖唐叔之法度,能使“贵贱不愆”、上下有序;文公作执秩之官、被庐之法,也是为了重整秩序,所以能成就霸业。而赵宣子之法、范宣子之刑是“乱制”,赵鞅、荀寅不应该将这样的法刻在鼎上。

分析孔子的感叹,可以看出:孔子反对的未必是“铸刑鼎”这一行为,而是刑鼎上铭刻的那部特定的法律(范宣子刑书)。孔子与叔向的理由并不一

---

[9] 关于邓析的资料,伍非百:《邓析子辨伪》搜集较全,参见《中国古名家言》,中国社会科学出版社1983年版,第863—872页。

样，不可等而视之。

（三）“公布成文法”问题的争论

1. 正方的理由

铸刑书、铸刑鼎再次引发热议，是在20世纪初。《左传》这一平平无奇的记载，在西方法学视野之下，被赋予了里程碑式的意义。

梁启超认为，各国法制文明的进程，必经过秘密法时代，进入公布成文法时代。这一转变，在中国发生于春秋。“逮于春秋，社会形势一变，法治主义应于时代之要求而句出萌达。于是各国政治家咸以编纂法典为当务之急”，“刑鼎之制，与罗马之十二铜表法，东西同揆矣”。〔10〕他的弟子杨鸿烈更明确提出：“由此可知子产是中国首先打破法律秘密主义的第一人。”〔11〕这一观点得到许多法史著作的沿袭，成为目前主流的通说。

在这一叙事下，叔向、孔子反对铸刑书、刑鼎，就是逆历史潮流而动、反对公布成文法。再进一步而言，秘密法是奴隶主的统治方式，而成文法是新兴地主阶级争取权利的成果。因此，子产、赵鞅代表了新兴地主阶级，而叔向、孔子成为奴隶制的辩护人。

2. 反方的质疑

上述观点，自20世纪90年代以来遭到了质疑。反对派的理由主要有：〔12〕

第一，中国早在西周，就有“悬法象魏”的传统。无论禹刑、汤刑、九刑，还是仆区、茅门、被庐之法，都是为众所知、可以引用的成文法。从秘密法到成文法，未必是所有法制文明的必经阶段。

第二，叔向和孔子的反对，未必是反对公布成文法，需要具体分析。比如，叔向反对的可能是弃礼任刑，也可能是反对以统一的国家法取代原本各自治体多元的法秩序。而孔子反对的，也许是范宣子刑书内容的不合理，也可能是宣子之刑制定程序的不正当。

应该说，铸刑书、铸刑鼎发生在中国法律史由“礼·刑”时代向“法·律”时代的转变过程中。礼的特点是对不同人群区别对待，与之配合的刑自然也

〔10〕梁启超：《论中国成文法编制之沿革得失》，载《梁启超法学文集》，中国政法大学出版社2004年版，第127页。

〔11〕杨鸿烈：《中国法律发达史》，上海书店1990年版，第51页。

〔12〕参见俞荣根：《中国成文法公布问题考析——兼论儒家不反对公布成文法》，载《礼法传统与中华法系》，中国民主法制出版社2016年版。

只能“议事以制，不为刑辟”。这不代表没有成文的刑书，而是没有天下或全国统一适用的法律。民众遵守什么样的法，端视其处在何种自治体中。刑书、刑鼎的铸造与公布，意味着全国不论何种自治体的民众，均应遵守国家颁布的、统一的法律，自然就会抛弃习惯的、本自治体内部的法规范（也就是“礼”）。这样一来，小自治体如都邑的大夫、宗族的宗主，对于本自治体内的从属者就将缺乏约束力，导致“贵贱无序，何以为国”（孔子语）的结果。[13]

实际上，诚如子产所说，这是“礼崩乐坏”之后“救时”的不得已之举。“春秋之末，封国之制已渐崩溃，集权政体遂继之而兴。”[14]在此时势下，弱国求存、强国图霸，分化的宗法分封制，转向集权的军国制；区别对待、贵贱有序的“礼”，也向着整齐划一、不分贵贱的“法”大步迈去，将美好而过时的西周法秩序远远抛在了身后。

第三节　先秦诸子的法思想

春秋晚期至战国，是中国思想史的“轴心时代”。儒家可能最早兴起，所以较多保留了周代法秩序的特征，并尝试进行创造性的转化。墨家、道家继起，对早期儒家的繁文缛节加以批判。孟子改造儒家学说，强化“仁”的一面，淡化“礼”的一面，提出“仁政”学说。同时，申不害、商鞅等政治家将新生的集权国家形态提炼为实用的法家学说，受到各国的欢迎。为适于用，道家吸收法家学说，形成《黄帝书》为代表的黄老刑名家。荀子吸收法家学说，强化了儒家“礼”的制度理论。韩非子综合儒、道、法之长，形成了集大成的国家专制理论，最终博得君主的宠眷，全面胜出。

先秦诸子，以儒、道、法对后世影响最大，以下概述三家法思想的要旨。

一、儒家法思想

（一）孔子：仁礼法思想

儒家的创始人孔子，生活于春秋晚期。此时，西周礼刑文明的余晖令人流连忘返；新的国家形态与法律秩序的黎明，还要经过数百年的黑夜才会趋

---

〔13〕 参见王沛：《刑鼎、宗族法令与成文法公布》，载《中国社会科学》2019年第3期。

〔14〕 齐思和：《战国制度考》，载《燕京学报》1938年第24期。

于明朗。因此孔子赞美周礼,盛叹“吾从周”,[15]但也认为周代法制有损益的必要。他说:“行夏之时,乘殷之辂,服周之冕,乐则韶舞。”主张兼采虞夏、商、周之制,创成理想的新制。

1. 以仁释礼

孔子采择制度的标准是“仁”。仁,是人心的善端。周礼纷繁复杂,号称“经礼三百,曲礼三千”(《礼记·礼器》),时过境迁,不可能都适用于当下。孔子从中抽绎出礼的核心精神,即“仁”。他说:“人而不仁,如礼何?人而不仁,如乐何?”礼乐如果丧失了仁的精神,就不过是一堆没有生命力的玉帛钟鼓而已。如果旧礼与仁的精神发生了违背,则不妨加以改造。例如,有人问“礼之本”,孔子说:“与其奢也,宁俭;与其易也,宁戚。”丧葬礼的奢易,只是外在的形式;符合现实需求的“俭”(节约)与内心情感的“戚”(哀伤)才是礼的根本。又如,如果现实的司法裁判与仁的精神发生了冲突,则不妨听从内心的正义。公冶长被捕关押,孔子说:“虽在缧绁之中,非其罪也。”将女儿嫁给了他,毫不以当局或世俗的眼光为虑。在法制之外,儒家有更高的精神标准,可以据以改造和批判现实法制,这是其区别于法家的根本。

2. 正名复礼

重新注入了“仁”的精神的礼,才有重建的可能。重建的第一步,就是正名。每个人在礼法结构中都有一个名位(名),要求你尽到相应的道德责任(分)。端正名分,就是正名。孔子所谓“君君,臣臣,父父,子子”,前一个“君”是实有之名,后一个“君”是应尽之分。名分不正,发号施令就缺乏正当性(言不顺),政事就得不到执行(事不成),礼乐制度难以维系(礼乐不兴),刑罚制度缺乏标准(刑罚不中)。为政者只需担心“德不配位”,如能“为政以德”,自然“其身正,不令而行”。

3. 德礼政刑

孔子注重犯罪预防。他曾任鲁国司寇,自认为“无讼”才是司法的追求。如何“无讼”?法家“以杀止杀,以刑去刑”,而孔子则认为应“富之”“教之”,首先让民众丰衣足食,其次施以德礼教化,“道之以德,齐之以礼”,争讼自会减少。如果废弃德礼,“道之以政,齐之以刑”,使用国家暴力强行维持秩序,只会令百姓丧失做人的底线。“上失其道,民散久矣”,法律自身的正当性下

[15] 本部分多引自《论语》,不再一一出注。

降,那么违法者的罪责也就随之下降,司法官判案时应当“哀矜而勿喜”,尽量从宽处理。

孔子的法思想,保留了周代礼制的精髓,并予以创造性转化。虽然不见容于时君,却经历了历史的考验,是中国法文化的宝贵遗产。

(二)孟子:仁政法思想

孟子之前,墨、道兴起,抨击礼乐的烦琐、仁义的虚伪。战国时代,周礼的崩溃已成定局。列强称王图霸、杀人盈野,“定于一”的趋势日益明朗。在此情况下,孟子毅然淡化“礼”的一面,直凑单微,以“王道”为标榜,提出“仁政”法思想。

1. 民贵君轻

战国时代,争夺土地与人口成为诸侯操心的头等大事。孟子有针对性地提出“保民而王”“不嗜杀人者能一之”。[16] 更进一步,则是振聋发聩的“民贵君轻”论:“民为贵,社稷次之,君为轻。”民心向背是国家与君主安危之所系。

2. 仁者无敌

争取民众的拥护,最有效的方式是“仁政”。所谓仁政,就是将自己的仁心推己及人、覆盖天下。“行仁政而王,莫之能御也”,仁者无敌于天下。如果国君“贼仁贼义”,那么“残贼之人谓之一夫”,丧失了为君的合法性。对于这种独夫民贼,群臣民众可以“去之”“易位”“放逐”“诛伐”。这对于大权在握的君主来讲,是惊心动魄的政治理论。

3. 孝高于忠

在孟子的理论中,宗法的价值高于国家。国家若危及宗法,民众就有取此舍彼、起而反抗的权利。这也是儒家与法家的一大区别。弟子提问:如果天子舜的父亲杀人,法官和舜分别应该怎么办?孟子说:法官应严格司法,不因天子而废法;但舜本人却应舍弃君位,带着父亲逃到法外之地。孟子还默认“复仇杀人”的合理性。他说:“杀人之父,人亦杀其父;杀人之兄,人亦杀其兄。”这话显然是在警告“杀人盈野”的有国者。

孟子的法思想,一方面顺应了时代的发展,应对了墨、道的挑战,以“王道”为饵吸引时君;另一方面补强了孔子“仁”的思想,并将其中的一些价值推到极致,将之打造成千百年来始终悬于统治者头顶的“达摩克利斯之剑”。

---

〔16〕 本部分多转引自《孟子》。

（三）荀子：礼法思想

荀子生活于战国晚期，当时申、商法家最受列国欢迎。荀子吸收了法家的精髓，强化儒家思想中“礼”的制度理论，形成了礼法思想。

1. 礼法论

荀子空前强调了礼的重要性，他说礼是“法之大分”，[17]“故非礼，是无法也”。在荀子这里，礼法是一体的。礼的本质属性是“分”，也就是等级名分，“制礼义以分之，使有贫富贵贱之等”。礼的合法性来自于天地、先祖、君师，君主在其中只占一部分。这些论断，都表明荀子的思想虽然接近法家，但仍不失大儒本色。

2. 德刑论

荀子强调“隆礼”与“重法”，刑罚的比重在他的学说中大为提升。但他反对法家的“轻罪重刑”理论，强调“刑当罪而威”；也反对法家将一切罪责推诿于犯罪者，而提倡“治则刑重，乱则刑轻”，以世道的治乱调整刑事政策的轻重。

荀子不仅教出韩非、李斯两位高足，直接影响了秦朝法制；而且他礼法并重的理论，对汉以后的礼法时代产生了深远的影响。所谓“二千年之学，荀学也”，是有道理的。[18]

二、道家法思想

（一）“老庄”：无为法思想

道家法思想主要分为“老庄”“黄老”两派。两者都承认“道”是最根本的秩序，但前者否弃一切人定法，而后者主张由道生法。

《老子》认为，人应效法天地自然之道。“道常无为而无不为”，道似乎并不存在，但实际上会自动运作，君主需要做的事情就是什么都不要做，“为无为，则无不治”。不符合“道”的一切政治举措都是“为者败之”的多此一举。人世间一切价值与规则，都是丧失了“道”以后产生的乱制，“大道废，有仁义”，“法令滋彰，盗贼多有”。《庄子》甚至激烈认为：你用仁义、法制来矫正天下，窃国大盗就连你的仁义法制一起抢走。哪里有什么正义与法律可言呢？“诸侯之门而仁义存焉”“窃国者为诸侯”，谁掌握了政权，谁就掌握了话

---

〔17〕 本部分多转引自《荀子》。

〔18〕 儒家法思想主要参见俞荣根：《儒家法思想通论》（修订本），商务印书馆 2018 年版。

语权,所以“圣人不死,大盗不止”。

“老庄”法思想留恋上古时代“小国寡民”的小自治体,主张一切依靠自生自发的习惯法,反对一切国家制定法。这种思想好似当时新兴的国家理论的“解毒剂”。

(二)“黄老”:刑名法思想

“老庄”思想荒唐谬悠,不为有国者采纳。所以后来学者又以《老子》为本,以传说中的黄帝为理想政治人物,发展出了“黄老”“刑名”学说。这些学说集中见于长沙马王堆帛书《黄帝书》。《经法》云:“道生法。”道是先天的,法是人定的,道是法产生的终极理据。道无相无形,不可捉摸,无法直接运用于人世之统治,所以需要人定法。这是“黄老”与“老庄”的根本区别。立法的过程,就是将“道”形象化、定名化,落实为“刑名”的过程。“刑名已立,声号已建,则无所逃迹匿正矣。”

《史记》说申不害的学说“本于黄老而主刑名”,韩非子也“归本于黄老”,可见“黄老”刑名思想对法家的影响。另外,道家学说认为“道”是一切秩序的总源头,这也为“法权出一”的新兴王朝提供了理论依据。[19]

三、法家法思想

法家思想对战国、秦朝的法律实践影响至深,拟在后文详谈。此处简单说一下法家与儒家、道家的最大区别。

第一,法家不承认有高于法律的价值。

儒家以“仁”、道家以“道”为衡量合法性的依据,而法家对此一概否决。《尹文子》云:“百度皆准于法。”法就是衡量一切的标准,“法虽不善,犹愈于无法”(《慎子》)。法律一旦确定,则“不以善言害法”(《商君书》)。甚至于“明君置法以自治”“令尊于君”(《管子》),法律的地位比国君还要尊崇,国君也在法律的治下。但是,“国皆有法,而无使法必行之法”(《商君书》),法家通过“法”将一切权柄交到君主手中,却幻想君主能够以法自治,这根本违反他们自己所设想的趋利避害的人性。《韩非子》云:“术也者,主之所以执也;法也者,官之所以师也。”法只对官民有效,而君主却操持秘术,独立于法外,才是实践中的常态。

---

〔19〕 道家法思想主要参见龙大轩:《道与中国法律传统》,山东人民出版社2004年版。

第二,法家不容许国家制定法之外存在其他规范。

儒家和道家都相当程度认可自然生成的习惯法,而法家在立法时也许希望“观俗设法”,但法律一旦确定就不允许其他形式的规范存在。《商君书》云:“法已定矣,而好用六虱者,亡。”所谓“六虱”,就是诗书、礼乐、仁义之类。《韩非子》也认为“明主之国,无书简之文,以法为教;无先王之语,以吏为师”,不应当存在任何外在于时君和现行法的规范形式。

第三,法家特别看重“刑”的功能。

儒家以“齐之以刑”为最下,道家也认为“太上无刑”。法家却认为刑、赏是治国的基本手段,刑的功用犹在赏之上。《商君书》云:“治国刑多而赏少,乱国赏多而刑少。故王者刑九而赏一。”《韩非子》也认为统治者应不避恶名,以“重罚”的手段导向“国治”的目标:“有重罚者必有恶名,故民畏。罚,所以禁也;民畏所以禁,则国治矣。”

综合来看,法家最为激进,也最适应当时高度集权的战时体制之需。儒家、道家不肯为了取容于时君而放弃各自可贵的价值,将来自有焕发光彩的时机。

第四节 战国变法与早期律令制

继春秋的巨变之后,历史进入战国时代。目前史学界多以公元前476年到公元前221年秦始皇统一天下作为战国时期。经过惨烈的兼并战争,原来的一百多个国家仅剩二十余国,其中最强大的秦、齐、楚、魏、赵、韩、燕,史称“战国七雄”。这些国家的领土与人口规模,远不是西周时期的城邦国家所能比拟的。为了治理规模如此庞大的国家,变法活动此起彼伏,新型的法制终于形成。

图2-1 晋国侯马盟书玉片

盟书又称“载书”。《周礼·司盟》“掌盟载之法”注:“载,盟誓也,盟者书其辞于策,杀牲取血,坎其牲,加书于上而埋之,谓之载书。”侯马盟书,春秋晚期晋定公十五年至二十三年(公元前497年至公元前489年)晋国世卿赵鞅同卿大夫间举行盟誓的约信文书。它开启战国时代的“三家分晋”重大历史事件的序幕。

一、战国的变法与立法

战国时期,各国都在进行不同程度的变法。其中尤数战国首强魏国的李悝变法、最后赢家秦国的商鞅变法,对法律史影响最为深远。

(一)魏国的变法与立法

三家分晋之后,魏国人才济济,一跃而为战国首强。约公元前405年,魏相李悝率先变法,"尽地力之教",富国强兵,并制定《法经》六篇。[20] 此外,《战国策》记载魏襄王时有一部《大府之宪》,"宪之上篇曰:'子弑父,臣弑君,有常不赦;国虽大赦,降城亡子不得与焉'。"其看来也是一部分为若干篇的法典。

(二)赵国的变法与立法

公元前403年,赵相公仲连变法,在讲求王道仁义的同时,"选练举贤,任官使能","节财俭用,察度功德",国力大增。[21] 此外,《韩非子》记载赵国制定了一部《国律》,对后来赵武灵王时代的强大,起到很大作用。

(三)楚国的变法与立法

约公元前390年,魏国名将吴起遭到政敌排挤,逃亡楚国,不久被任为令尹。他将魏国的先进法制加以改造,适用于楚,获得很大成效。吴起变法的主要措施有:第一,削弱封君特权,"封君之子孙三世而收爵禄";第二,简化机构,提升行政效率,"罢无能,废无用,损不急之官";第三,统一法制,禁止游民,鼓励耕战,"一楚国之俗,禁游客之民,精耕战之士"。可惜支持变法的楚悼王不久就死了,受到损害的楚国贵族在丧礼上群起发难,射杀了吴起。

1987年,湖北荆门包山楚简出土,其中包含196枚司法简,系墓主担任楚怀王左尹时的司法档案。以简牍结合传世文献或可推测,"楚系法制虽经吴起变法,但更多保留了周制",战国中期以后的制度竞争,"实是以秦楚为代表的郡县集权与封建分权的制度竞争"。楚系法制值得进一步的探索。[22]

---

〔20〕 李悝、吴起、邹忌、申不害变法的时间及史料,均参见杨宽:《战国史料编年辑证》,上海人民出版社2016年版,以下不再出注。

〔21〕《史记·赵世家》。

〔22〕 参见王捷:《楚简法律文献研究70年》,载王立民等主编:《中国法制史研究70年》,上海人民出版社2019年版,第271—294页。

（四）齐国的变法与立法

约公元前355年，齐国邹忌见齐威王，以鼓琴为喻，要求君主温浊无为、臣下刚健有为，这近似黄老道家的主张。得到任用后主持变法，牢牢把握君主之权威，“谨毋离前”；贴近民众之需求，“自附于万民”；选贤任能，“谨择君子”；依法行政，“谨修法律而督奸吏”，取得了燕、赵、韩、魏“皆朝于齐”的成效。

另外，1972年山东临沂银雀山汉墓出土发现了一些反映战国齐法制的简牍。其中，《守法》《守令》可能是守城的法令，《田法》《市法》《库法》是关于土地、市廛、库藏的法制。

（五）韩国的变法与立法

与邹忌变法同时，韩国的申不害以“术”的理论开展变法。《韩非子》说：“术者，因任而授官，循名而责实，操杀生之柄，课群臣之能者也，此人主之所执也。”简单来讲，君主立出一部公开的明法让群臣遵守，却在暗中操一种秘法套出群臣的实际能力、心思，从而实现潜御群臣、乾纲独断的效果。申不害的变法，据说“终申子之身国治兵强”，却也“十七年而不至于霸王”，效果有限。

（六）秦国的变法与立法

商鞅继承了李悝、吴起的长处，与邹忌、申不害几乎同时，在秦国展开两次变法。商鞅变法持续时间最久，成效最大，以法制的力量扭转了秦国的处境，改变了战国的形势，余力贯穿两千年的历史，波及今日。

二、李悝《法经》

李悝的《法经》，可能是中国法律史上第一部系统编纂的法典。“法”作为一种迥异于“礼”的全新行为规范，就此登上历史舞台。

《晋书·刑法志》记载：魏相李悝吸收各国法制的精髓，编纂《法经》六篇，分别是《盗法》《贼法》《囚法》《捕法》《杂法》《具法》。他认为“王者之政莫急于盗贼”，盗（财产犯罪）、贼（人身犯罪）是社会危害性最大的犯罪，所以《盗法》《贼法》居于篇首。有了盗贼，就要抓捕、囚禁，故次之以《囚法》《捕法》，类似于今天的刑事诉讼法。《杂法》囊括盗、贼之外的其他犯罪行为，包括轻狡（可能是盗墓、群饮酒之类不法行为）、越城（翻越城墙）、博戏（赌博）、假借不廉（贪污受贿）、淫侈逾制（僭越等级的行为）等。《具法》“具其加减”,即关于量刑的一些原则性规定,类似于现代刑法的总则部分。《法经》都是“罪名之制”,是一部单纯的刑法。政治与社会生活各方面的法制,可能仍包含在礼和国君随时发布的命令之中。

关于《法经》,学术界也存在一些争议。比如,《法经》究竟是现实施行的法典,还是法家学者的著作?为什么曹魏以前的文献都没有提及《法经》,直到唐代的文献才将“李悝”与《法经》联系起来?[23] 明代人董说《七国考》引了一大段《法经》的佚文,究竟是真是假?

如果搁置这些争议,按照《魏书・刑罚志》的记载,“商君以《法经》六篇,入说于秦”,制成秦律。从秦律以下直到《大清律例》,“法典遂前后相承,有修改而无创制矣,故《法经》实吾国法典之本也”。[24] 《法经》的编制体例、罪名刑制,经秦汉律的继承发扬,对后世产生了重要影响。

三、商鞅变法

商鞅,卫人,曾在魏国任职。公元前361年,年轻的秦孝公即位,发布求贤令,决心振作图强。商鞅挟《法经》入秦,得到任用,在公元前356年、公元前350年先后开展两次变法,国力富强,取得“天子致伯,诸侯毕贺”的成效。商鞅变法,吸取东方列国变法之精华,因应秦国特殊的民风习俗,后出转精,取得了巨大的成功。以下简述其变法的主要举措与评价。

(一)商鞅变法的举措

1. 改法为律

《唐律疏议》记载:“商鞅传授(《法经》),改法为律。”也就是说,商鞅将《法经》中的六篇“法”,均改名为“律”。从此,“律”成为中国古代基本法典的定名,沿袭至清代而不改。关于这一记载,有两点值得讨论:

第一,商鞅“改法为律”记载的可靠性。《唐律疏议》上距商鞅变法一千余年,此前没有任何文献记载商鞅是“律”的创始人。因此,商鞅“改法为律”之说曾遭到学术界的质疑。不过,如果不执着于某个人是“律”的创始人,也许商鞅“改法为律”之说仍具有相当大的历史真实性。1980年出土的青川木牍显示,秦武王二年(公元前309年)曾命丞相、内史“更修为田律”,这是目

---

[23] 现存最早提及“秦《法经》”的文献,可能是曹魏的律序,上距战国初期已有六百余年之久。《晋书・刑法志》和《唐律疏议》才明确提到李悝《法经》,上距战国初年已有一千多年。

[24] 吕思勉:《先秦史》,上海古籍出版社2005年版,第392页。

前可知最早的“律”，时间是秦国商鞅死后三十年。考虑到所谓“更修”是重新整理的意思，那么认为“律”诞生于商鞅变法时期的秦国，应该不会太偏离史实。

第二，商鞅“改法为律”的原因。“律”的本义可能与“音律”有关，是一种调音或定音工具，具有规范、标准的意思。[25]《说文解字》云：“律，均布也。”段玉裁注：“律者，所以范天下之不一而归于一。”《尔雅》云：“律，常也。”规范、统一、恒常，应是律的引申义。商鞅“改法为律”，应该是为了在当时纷繁复杂的法律形式之上，确立一种“规范、统一、恒常”的基本法、最高法，从而区别于国君或其他长官随时发布的命令。作为基本法的“律”与随时因事发布的“令”逐渐分工，从而构成后来“律令制”的雏形，这应该是“改法为律”的意义所在。

2. 军功爵制

周代实行公侯伯子男五等爵制，授爵的主要依据是血缘。商鞅建立十七等军功爵制，改以军功为主要授爵依据。

一方面，军功爵制必然废除世卿世禄制。《史记·商君列传》载：“宗室非有军功，论不得为属籍。”凡是没有立过军功的贵族，一律开除贵族籍。《商君书》：“有功者显荣，无功者虽富无所芬华。”在制度的导向下，社会的评价标准遂从血缘的亲亲尊尊，转向能力与功利。

另一方面，军功爵制的基本标准是“计首授爵”，同时也可纳粟买爵。军功爵制以士兵上战场杀敌斩首的数量，分配爵位。《韩非子》载“商君之法曰：斩一首者爵一级”，依据爵位再分配相应的官职、田产、奴隶等待遇。另外，“民有余粮，使民以粟出官爵”，百姓有富余粮食可以纳粟买爵。军功爵制大大提升了秦军的战斗力，使其成为六国闻之色变的虎狼之师。

3. 郡县制度

周代实行分封制和高度的地方自治。商鞅以县制（后来发展为郡县制）组织整个国家，县下设乡里什伍，加强了国家对基层社会的控制。

一方面，郡县制是对分封制的否弃。县，本义“悬”，即悬置未分封、暂时由国君直辖的行政单位。县诞生于春秋时期，但在商鞅变法时才在一国之内普遍推行。史书记载：商鞅“集小都、乡、邑、聚为县，置令、丞，凡三十一县”，

---

〔25〕 关于“律”的本义及相关探讨，参见陈寒非：《“律”义探源》，载《现代法学》2013年第3期。

即将原有封君自治的行政单位统一改造为“县”，通通直辖于国君，从而实现“百县之治一形”的效果。后来，秦国又在县之上设郡。

另一方面，郡县之下以什伍连坐和告奸法进行控制。县下设乡，乡下设里，里中又以“什伍”为组织形式。五户编为一伍，设伍长；十户编为一什，设什长，从而在基层实行“什伍连坐”制度。“令民为什伍而相牧司连坐”，命令百姓以什伍为单位，互相监督有无违法犯罪行为。什伍之中有一户犯法，其余各户有“告奸”的义务，“不告奸者腰斩，告奸者与斩敌首同赏，匿奸者与降敌同罚”，国家对基层社会的控制能力空前强化。“通过郡县、乡里和户籍以及连坐、告奸等制度，千万小农被纳入了政府的紧密控制之下，变成了赋役的可靠来源。”〔26〕

4. 重农抑游

战国时期，随着各国竞争，游士、游商、游民大量涌现。商鞅以一系列的法令鼓励农耕、抑制游民，大幅提升了秦国的综合国力。这些法令具体包括：

垦草令。由《商君书·垦令》可见，《垦草令》是促使百姓归农、开垦荒地的法律措施，包括20条措施。比如，依据农民的收成纳税；收取人头税；禁止粮食买卖；禁止娱乐行业；禁止山泽渔猎；禁止农民迁徙；禁止私斗等。商鞅还用减免赋税、给予宅基地和耕地的方法招徕三晋之民入秦垦荒。

为田开阡陌令。《史记·商君列传》载：“为田开阡陌封疆，而赋税平。”意即废除原来井田制的田界，鼓励垦荒、多垦多得，并在此基础上建立合理的税收制度。

奖励耕织。《史记·商君列传》载：“僇力本业、耕织致粟帛多者，复其身；事末利及怠而贫者，举以为收孥。”努力从事农业，生产粮食和布帛多的，免除徭役；商人和游民则全家收为官奴婢。

分户令。“民有二男以上不分异者，倍其赋。”家有成年男子二人以上，必须分家另立户籍，否则征收双倍赋税。分户令既消除了闲置劳动力，也使大家族分割为小家庭，便于国家控制。

（二）商鞅变法的评价

商鞅变法在秦国持续了十余年之久。公元前338年秦孝公去世，商鞅被诬谋反而死。商鞅虽死，其法延续，史称：“商鞅相孝公，为秦开帝业。”商鞅

---

〔26〕 阎步克编著：《波峰与波谷：秦汉魏晋南北朝的政治文明》（第二版），北京大学出版社2017年版，第11页。

之法随着秦国的军事成功，最终完成了“周秦之变”，深刻影响了此后两千多年的法律史。但是，商鞅之法也有着不容低估的负面影响。首先，商鞅之法是一种战时法制，建立的是军国政府，缺乏日常治理的功能。其次，商鞅之法以“轻罪重刑”为指导思想，不恤民权、过于残酷。最后，商鞅之法主张君主绝对专制，扼杀思想与言论的自由；强调国家对社会的绝对控制，扼杀社会活力。

图 2－2　战国商鞅方升

为战国中期的青铜器，高 2.32 厘米，通长 18.7 厘米，容积 202.15 毫升。现收藏于上海博物馆。此器是商鞅任“大良造”时所颁发的标准量器。方升底部加刻秦始皇二十六年诏书：“廿六年，皇帝尽并兼天下诸侯，黔首大安，立号为皇帝，乃诏丞相状、绾，法度量则不壹歉疑者，皆明壹之”。故秦始皇统一中国后，仍以商鞅所规定的制度和标准统一全国的度量衡。

无论如何，不变法、就出局，战国白热化的生存状态决定了商鞅之法将成为最后的赢家。当秉承商鞅之法的秦国统一天下，六国各具特色的法律文明因军事失败渐次归于湮灭，秦律也就真正“范天下之不一而归于一”，完成法律史上“周秦之变”的壮举，从礼刑时代转型为法律时代了。

课后思考 · 关键词

铸刑书　铸刑鼎　竹刑　法经　商鞅变法　改法为律　分户令

课后思考 · 问答题

1. 试述春秋时期“公布成文法”事件以及相关讨论。
2. 试述《法经》的结构和内容。
3. 试述商鞅变法的主要内容。

案例阅读

元咺讼君案

第三章　秦朝的法律制度

（公元前221年至公元前207年）

图3-1　琅琊石刻

刻于秦代，在山东诸城琅琊台。秦始皇统一全国后，于公元前219年巡游东地，登琅琊台时所立。刻石内容是对统一事业的赞颂，传为李斯所书。秦二世东行郡县时又在石后增刻诏书。因历年久远现仅存十三行，八十六字。

秦国在商鞅变法后迅速崛起，于公元前221年统一天下，建立秦朝。秦朝秉承法家思想，建立起以皇帝为核心的中央集权制度，通过律令对全社会实施严密的控制。秦朝法制的平等、高效，在同时期的世界范围内也是罕见的。但是秦法仅仅利用人性之恶，违背了人之常情，最终激起民众反抗，导致秦朝短命而亡。秦法的失败，意味着失去了德礼精神的法律，犹如缺了一只轮子的车，终将偏离常轨，沦为后世引以为戒的教训。秦朝虽然国祚短促，但是秦法在正反两方面都对后世影响深远。

传世文献所见秦朝法律史料非常稀少，且多出于汉朝人之手。不过20世纪70年代以后，载有秦律令、案例的简牍大量出土，成为我们研究秦朝法律制度的主要史料。

第一节　秦朝的法律思想

秦朝的法律思想受《韩非子》为代表的法家影响最深。不过，理论构想具化为法律实践，一定会有相当的变异。秦始皇、李斯甚至于秦二世、赵高的法律理念，较之先秦法家也有相当的不同。

第一,从“事皆决于法”到“事皆决于上”。

法家的理想是“任法而治”。虽然法自君出,但“令尊于君”。所以秦朝初建,规定“事皆决于法”。但是秦制之下,皇帝享有绝对权威,“主独制于天下而无所制也”。秦始皇个人也拥有极强的决策能力与精力,每天批阅的文书达数百斤之巨。“事皆决于法”的理想,变异为“天下之事无大小皆决于上”的现实。继位的秦二世能力平庸,只好听赵高的鬼话深居禁中,玩起故作神秘的把戏。于是,“事皆决于上”进一步沦为“事皆决于赵高”了。[1] 权威由法律一转而至君主,再转而至权臣阉宦,这是后来君主专制的常态。

第二,从“循名而责实”到“上下相遁,奸伪萌起”。

法家法治的基本手段是行“督责之术”,也就是“循名责实”。名,就是法律的规定;实,就是法律的落实。但是皇帝深居宫中,只能对法律落实情况进行书面审查。这样一来,基层法吏应对检查的办法就是在文书上做足工夫,“循名责实”沦落为“循名责名”。名,是形式。绝对的、机械的“法治主义”,在中国古代易沦落为法律形式主义,造成“诈伪”的恶劣风气。《史记·酷吏列传序》说秦朝“天下之网尝密矣,然奸伪萌起,其极也,上下相遁,至于不振”,正是此意。

第三,从“一断于法”到“亲亲尊尊之恩绝”。

司马谈《论六家要旨》评论法家“一断于法,则亲亲尊尊之恩绝矣”。法家主张法律上的平等,无可厚非。但是亲亲尊尊的善良风俗被“不别亲疏,不殊贵贱”的法律摧破之后,原有的道德观念崩坏,建基于道德的习惯法无从发挥作用。民众但有争讼,必诉诸官府。人心既败坏,轻于作奸犯科,国家法的负担也一日重于一日,这就是秦末“赭衣塞路,囹圄成市”的重要原因。

《荀子》云:“兼并易能也,唯坚凝之难焉。”法家思想利于兼并攻取,却难以使偌大的国家坚凝如一体。《论六家要旨》说法家“可以行一时之计,而不可长用也”,可谓切中要害。

第二节　秦简与秦法

造纸术推广以前,无论周秦还是两汉,中国的法律文书主要书写在竹简

---

〔1〕 参见《史记·秦始皇本纪》《史记·李斯列传》。

木牍之上。秦朝因为国祚短促，传世文献记载很少，且多有汉代人的诋毁之辞，本来我们无从了解其详情，不过 20 世纪 70 年代以来，载有秦法律、司法案例的简牍大量出土，为我们了解秦法提供了更原始的资料。以下先简述秦法律类简牍出土的情况，再据此概述秦朝的立法。

一、秦法律类简牍的出土

国内已出土并公布的秦法律类简牍，包括 1975 年云梦睡虎地秦简、1979 年青川郝家坪秦牍、1989 年湖北云梦龙岗秦简、1993 年江陵王家台秦简、2002 年湘西里耶秦简以及 2007 年岳麓书院藏秦简等。[2] 以下择要介绍最大宗的三种。

1. 睡虎地秦简

1975 年年底至 1976 年年初，考古工作者在湖北云梦睡虎地 11 号秦墓中发现了大量简牍。墓主人叫“喜”，生于秦昭王四十五年（公元前 262 年），在秦始皇时代历任基层司法职务，约死于秦始皇三十年（公元前 217 年）。这批秦简可能是他生前因工作需要抄录的战国后期至秦朝的文书。其中法律类文献可分四类：[3]

图 3－2　睡虎地秦简《为吏之道》（局部）

其一，“秦律十八种”，是比较完整的律文，包括田律、厩苑律、仓律、金布律、关市、工律、工人程、均工、徭律、司空、军爵律、置吏律、效、传食律、行书、内史杂、尉杂、属邦。另外，还有一种完整的《效律》。

[2] 出土简牍法律文献的基本情况，参见中国政法大学法律古籍整理研究所编：《中国古代法律文献概论》，上海古籍出版社 2019 年版，“第二章”，第 55—93 页。罗鸿瑛主编的《简牍文书法制研究》（华夏文化艺术出版社 2001 年版）汇集了西政学者的成果，值得一读。

[3] 参见睡虎地秦墓竹简整理小组：《睡虎地秦墓竹简》，文物出版社 1990 年版。本书引用睡简均出自此书，以下不再一一注明。

其二,“秦律杂抄”,是对律文的摘录,包括除吏律、游士律、除弟子律、中劳律、藏律、公车司马猎律、牛羊课、傅律、敦表律、捕盗律、戍律。

其三,《法律答问》,以问答的形式对律文(尤其是刑律)进行解释。

其四,《封诊式》,内容侧重于狱讼,包括审讯原则、调查、检验、审讯的文书程式及案例。

此外,睡虎地秦简中还有《语书》和《为吏之道》,可窥秦朝法制公布与实施的状况、任官考核的标准等。睡虎地秦简提示我们,秦律的名称与形式之繁复,远远超出李悝的《法经》六篇篇目之外,规定着国家与社会生活的方方面面。

2. 里耶秦简

2002 年,湖南湘西里耶一号古井出土了 37000 多枚秦简,主要是秦朝洞庭郡迁陵县政府档案,包括政令、往来文书、司法文书、吏员簿等,时间大致在秦始皇二十五年至秦二世二年之间。里耶秦简为秦朝法制运行的实况提供了丰富的细节。

3. 岳麓秦简

2007 年,湖南大学岳麓书院入藏了一批珍贵的秦简,比较完整的约一千三百余枚,内容包括以《为狱等状四种》命名的奏谳书和一大批律令。《为狱等状四种》提示我们,传世文献所载的汉代奏谳制度完全承袭于秦朝。岳麓秦简所见秦律,不见于睡虎地秦简的有具律、狱校律等。岳麓秦简最引人注目的是保存了一大批秦令,可知令名有内史郡二千石官共令、郡卒令、县官田令等二十余种,为我们研究秦朝法制提供了宝贵的史料。

二、秦朝的立法与法律形式

(一)主要立法活动

秦朝的立法活动是随时制定、随时发布的,可能并不存在像后世那样统一制定、统一颁布的法典。不过秦朝统一以后,仍有三次比较重要的立法活动:

1. 统一之初的“法令由一统”

秦始皇二十六年(公元前 221 年),天下刚刚统一。一方面,秦始皇以秦法统一了六国之法,史称“明法度,定律令,皆以始皇起”;[4]另一方面,秦始

---

〔4〕 参见《史记·李斯列传》。另《史记正义》云:“六国制令不同,今令同之”,亦是统一法令的证据。

皇采纳阴阳家的说法，以“水德”自命。水德阴冷，反映在政治法律领域，要求“刚毅戾深，事皆决于法，刻削毋仁恩和义”。所以秦始皇时代“于是急法，久者不赦”，法律严苛，很少赦免。[5]

2.《焚书令》

秦始皇三十四年（公元前213年），因有儒生提议恢复封建之制，丞相李斯提案《焚书令》，得到许可。《焚书令》规定：非秦国的史书、非博士官执掌的《诗》《书》、百家语，一律焚毁。令下三十日不烧，黥为城旦；偶语《诗》《书》，即两人以上谈论禁书，弃市；以古非今，即陈说古代的美好、否定现行制度，灭族；吏见知不举，即官吏发现以上情况却睁只眼闭只眼的，与同罪。次年，又发生了“坑儒”惨案。“焚书坑儒”是中国历史上臭名昭著的禁锢思想事件，也是文化史的浩劫。唐人诗云：“坑灰未冷山东乱”，这是亡秦留给后世的惨痛教训。

3. 秦二世“更为法律”

秦二世即位之初（公元前209年），曾经“遵用赵高，申法令”，“更为法律”。据赵高说，此次修改法律的主要目的，一方面是打击皇位的潜在威胁者（其他皇子、公主及老臣），“令有罪者相坐诛，至收族，灭大臣而远骨肉”；另一方面则“贫者富之，贱者贵之”，这是得位不正者讨好民众、收买民心的惯用手法。湖南益阳兔子山出土了一份秦二世元年文告，云“元年与黔首更始，尽为解除流罪”，可与史书记载相印证。

开国之初的立法活动与司法实践，对后世影响十分深远。古人论史特重“开国规模”，深意在此。秦始皇统一天下，不能效法汤武逆取顺守，反欲以焚书坑儒钳制天下人之口舌；秦二世又缺大德、行小惠，遂使“仁义不施而攻守之势异也”。

（二）法律形式

秦朝的法律形式比较杂乱，主要包括：律，基本法；令，补充法；制、诏，君主随时下达的特别法；《法律答问》，对律文的解释；廷行事，司法案例；课、程、式，官府司法行政的具体细则规范。

律，自商鞅“改法为律”以来就成为基本法。秦律的范围非常广泛，不仅限于刑律。简牍所见秦律名有二三十种之多，远远超出传世文献的记载。律

---

〔5〕《史记·秦始皇本纪》。

文的规定非常细致,例如,《厩苑律》规定每年四次测量官府所养耕牛的腰围,并给予相关责任人员以奖惩;《田律》规定百姓的狗误入禁苑以后是放是杀、杀死的狗是完整上交国库还是食肉交皮。秦律刚刚从具体的命令之中脱胎而来,所以与令的分工尚不明晰,势必失之烦琐。

令,是律的补充法。秦令与律的区别,尚待研究。不过,岳麓秦简《尉郡卒令乙》的末尾是:"□军□为令。奏。制曰:可。布以为恒令。"[6]由此可见,皇帝针对一时一地的制诏中具有"恒常"效力的部分,可以"恒令"的形式公布。也就是说,令来自可以反复适用的制诏。

制、诏,是皇帝随时下达的命令,具有特别法的性质。

《法律答问》,首见于睡虎地秦简,是秦官方制定的法律解释。典型的格式是:先列举一条秦律,再以提问的形式提出一种假定情形,最后以回答的形式给出法律适用的结果。例如,"'父盗子,不为盗。'今假父盗假子,何论?当为盗。"秦律规定:"父亲盗窃儿子的钱,不构成盗窃罪。"问:假定有个干爹盗窃干儿子的钱,是否构成盗窃罪?答:不构成。《法律答问》对秦律的解释,蕴含着世界上最早的刑法学理论,值得珍视。

廷行事,是司法实践中产生的案例,对今后的判决具有参考价值。《法律答问》中很多提问都以廷行事作为回答的依据。

课、程、式,都是官府司法、行政的细则规范。例如,睡虎地秦简有《牛羊课》:"牛大牝十,其六无子,赀啬夫、佐各一盾。"母牛的生育率低于百分之四十,长官、副长官各罚一块盾牌。(秦律以甲、盾为一般等价物)又有《工人程》,是关于官营手工业生产定额的规定。又有《封诊式》,是关于审讯原则、侦查检验程序的规定。例如,《封诊式·治狱》:"治狱,能以书从迹其言,毋笞掠而得人情为上;笞掠为下;有恐为败。"审讯案件,不刑讯逼供而以证据定罪的,评定为上级;通过刑讯逼供定罪的,评定为下级;刑讯逼供并且恐吓诱供的,违法。

总之,秦朝律令脱胎于命令不久,随时制定、随时颁布,具有很强的实用倾向。秦法规定琐细,各法律形式之间分工尚不清晰,立法技术的抽象程度低。这必然导致"秦法繁于秋荼,而网密于凝脂",[7]不独为信奉法家之咎。

---

〔6〕 陈松长主编:《岳麓书院藏秦简(伍)》,上海辞书出版社2017年版,第118页。

〔7〕 《盐铁论·刑德》。

第三节　秦朝法律的制度内容

秦朝试图用律令控制国家社会生活的方方面面，因此其法制的内容非常丰富琐碎。最值得注意的是，法家构想的高度中央集权的君主专制，在秦律中得到了普遍落实。此外，秦朝的刑罚制度继承先秦肉刑为主的五刑制，又结合战国以来广泛运用的徒刑，呈现出鲜明的过渡样态。值得一提的是，中国古代自秦汉以后的律令等国家制定法，均以职官和刑法为主，而户婚、钱债等事项，更多以礼俗、习惯的样态存在。限于篇幅，本节仍侧重前者。

一、法家思想的制度实践

（一）大一统的集权制度

秦朝统一之后，迅速按照法家理论制定了一整套高度中央集权的君主专制制度。这套制度，就是中国传统史学话语中的“秦制”。虽然后来经过儒家的改造与柔化，但实际上贯彻至清末而不改。秦制虽然不尽属于今天意义上“法律”的范围，但其既通过律令发布，也对秦律产生了直接影响，因此有必要先予简述。

皇帝制度。秦朝统一，秦王自称“皇帝”。王只是联盟的共主，而皇帝则是帝国唯一的主宰。里耶秦简中有一块“秦更名方”，[8]规定将所有含“王”的词组，一律置换为含“皇帝”的词组，皇帝的“命”改为“制”，“令”改为“诏”，这正是皇帝制度建立的体现。皇帝制度之下，“事皆决于上”，皇帝拥有一切政务的最终决定权。

三公九卿。皇帝之下，设“三公九卿”为辅政制度。三公，丞相、太尉、御史大夫。其中御史大夫是丞相的副手，掌监察；太尉属于军事长官。因此，丞相实际上是三公的首席。三公之下，分设各管一事的九卿，如奉常主礼仪，廷尉主刑狱，太仆主交通等。史载，秦朝“丞相诸大臣皆受成事，倚辨于上”，也就是说，三公九卿只按照成规办事，遇到成规之外的事情并没有决策权，只能依赖皇帝决策。

---

〔8〕 陈伟主编：《里耶秦简牍校释》（第一卷），武汉大学出版社2012年版，第155—160页。

郡县制度。秦朝在地方实施郡县制度。废封建、行郡县，是周制转变为秦制的关键。郡设总揽众务的郡守、掌监察的郡监、掌军事的郡尉各一名，差不多是三公的弱化版。县设令、丞、尉各一名。郡县相比周代的邦国，最大区别即是：郡县长官不是终身、世袭的，而是流动、任命的。因此郡县长官完全对上负责，能源源不绝地将中央命令传达乡里，将乡里资源输送中央。例如，"秦更名方"有一条规定："毋敢曰猪，曰彘。"湘西里耶在清朝尚且是天高皇帝远的民族地区，而秦朝皇帝居然连当地人怎么称呼"猪"都能管到，正是凭借郡县制为纽带。

编户齐民。秦朝在县之下设乡、里、什、伍，以军事编制组织民户。经过商鞅的"分户令"，秦朝很少有大家族，多为小家庭。家庭中，户主对户成员的违法犯罪负连带责任，什、伍各户互负连带责任。

秦制在后来的两千年中虽迭经损益，却无根本的变革。后人诗云"百代皆行秦政法"，绝非虚语。

（二）严于治吏

通过以上描述可知，秦朝的治理主要依赖官僚群体实现。《韩非子》云："明主治吏不治民。"治吏是秦朝法律的重中之重。

第一，细致的治吏法律。

任官资格。据秦简《语书》："良吏明法律令，事无不能也，又廉洁敦悫而好佐上。"可见秦朝官吏的基本要求，第一是法律知识，第二是办事能力，第三是道德品质。《为吏之道》云："吏有五善"，分别是忠信敬上、清廉毋谤、举事审当、喜为善行、恭敬多让，这些更多的是对道德品质的要求。

职务守则。秦律不厌其烦地规定了各级官员的守则，细致精确的程度可谓"明察秋毫"。例如，《法律答问》："仓鼠穴几何而当论及谇？廷行事鼠穴三以上赀一盾，二以下谇。鼷穴三当一鼠穴。"这是依据仓库里的鼠穴和鼷穴数量，对仓吏进行处罚的规定。《效律》："黄金衡累不正，半铢以上，赀各一盾。"这是称量黄金的衡器出现半铢误差（约0.3克），对相关责任者的处罚规定。

第二，发达的监察体系。

秦律规定既如此细致，则必须有发达的监察，所谓"论功察罪，不可不审"，否则一切规定将流于具文。秦朝非常看重监察，秦始皇、李斯均长于"督责之术"。

监察职官。秦朝设御史大夫，内领御史，监察中央百官；外领监御史，也就是“郡监”，监察郡县。值得一提的是，岳麓秦简新见秦朝在中央和郡还设有名为“执法”的官员，职能也以监察为主，负责协调和监督法令执行、审查地方行政行为、统计和审查司法事务、监察官吏的上计上功等。[9] 执法下辖执法丞、都吏，可以有效监察郡县官吏。

上计制度。《商君书》云：“吏专制决事于千里之外，十二月而计书以定，事以一岁别计。”也就是说，郡县长官每年制作年终总结，向中央汇报，这是君主的控制力能够无远不至的秘诀。上计，每年年初，郡县长官制定年度预算，上报中央；年终，将该年度的土地、人口、赋税、司法治安的具体数字上报，中央根据其预算考核其成果，评定优劣，给予奖惩。

此外，秦律鼓励官员、百姓互相司察、告奸，否则就要连坐，也是严密的监察体系的一部分。

第三，严格的惩罚措施。

渎职犯罪。秦律规定了官吏的许多渎职犯罪，如《法律答问》：“罪当重而端轻之，当轻而端重之，是谓不直”，司法官故意重罪轻判、轻罪重判，叫“不直”；“当论而端弗论，及论其狱，端令不致，论出之，是谓纵囚”，故意枉法，令有罪者脱罪，叫“纵囚”；《语书》：“若弗知，是即不胜任”，辖区内有作奸犯科而不能察觉，叫“不胜任”；“知而弗敢论，是即不廉也”，明知有人作奸犯科而不敢伸张法纪，叫“不廉”。

严格处罚。秦律针对官吏的刑罚并不严酷，以赀（罚金）、谇（训诫）、免（免职）、废（永不叙用）为主，但是执行非常严格。据统计，睡虎地秦简所见“赀”的惩罚共一百多条，其中一百零三条针对官吏，占绝大多数。[10]

《史记·刺客列传》讲了个故事：荆轲刺秦王时，秦法规定：“诸郎中执兵皆陈殿下，非有诏召不得上”，所以卫兵们宁可眼巴巴看着秦王被荆轲追杀，也绝不敢违法上殿保护秦王。秦律严于治吏的效果及其利弊，由此可见一斑。

（三）严密的社会控制

秦律对民众实施严密的控制，主要反映在控制思想言论、打击盗贼与亡命、轻罪重刑三个方面。

---

〔9〕 参见王捷：《秦监察官“执法”的历史启示》，载《环球法令评论》2017年第2期。

〔10〕 吴福助：《睡虎地秦简论考》，文津出版社1994年版，第24页。

控制思想言论的罪名，包括《焚书令》所见的偶语诗书、以古非今等。此外还有“诽谤訞言”罪。所谓“诽谤”，指批评朝政；“訞言”，即以怪异的言论惑乱人心。刘邦约法三章时，曾批评秦法：“诽谤者族，偶语者弃市。”可见，这些思想罪名处刑都非常重。

打击亡命。秦朝统一前后，许多人不堪忍受繁重的徭役赋税，遂脱离名籍而逃亡。这种黑户口，古代称为“亡命”。命通“名”，即名籍的意思。秦朝为了抓捕亡命，专门制定有《亡律》。岳麓秦简保存了《亡律》的一个抄本，共一百多枚简，规定非常详细，包括对黔首、奴婢、刑徒逃亡的处罚，对藏匿、雇用亡人的处罚，亡人自首的减刑，告发亡人的奖励等。[11] 由此可见，秦朝亡命情况之严重，以及秦律控制亡命的力度。

打击盗贼。有些亡命聚集起来，落草为寇，就成为盗贼。盗贼团伙在五人以上，称群盗，社会危害性不言而喻。张家山汉简《盗律》云：“盗五人以上相与攻盗，为群盗。”秦律规定应该也是如此。《法律答问》云：“五人盗，赃一钱以上，斩左趾，又黥以为城旦。”群盗的处罚是计赃定罪，赃款只要在一个铜钱以上，就要实施斩脚、黥面、服重劳役的处罚。此外，秦律还以高额赏格奖励捕捉群盗者。如岳麓秦简记载了一条律文：“律曰：产捕（活捉）群盗一人，购金十四两。”[12]不过盗贼捕不胜捕，秦末大起义，就是由无数“群盗”汇聚而成的燎原烈火。

轻罪重刑。《商君书》云：“行刑，重其轻者，轻者不生，则重者无从至矣。”所以秦律采重刑主义。例如，《法律答问》：“或盗采人桑叶，赃不盈一钱，何论？赀徭三旬。”盗采一片桑叶，竟要罚做30天徭役！举轻以明重，秦律的严酷由此不难想见。不过，“民不畏死，奈何以死惧之！”死且不怕，何惧重刑？《老子》这句话，正是对“轻罪重刑”理论的绝妙反讽，也是对秦亡原因的深刻预言。

二、刑罚制度与量刑原则

（一）刑罚制度

秦朝的刑种很多，以死刑、肉刑、徒刑为主，还包括赀、赎等经济刑，迁、谪等迁徙刑，髡、耐等毛发刑。秦朝刑罚体系，目前尚待探讨。表3－1是一种

---

〔11〕参见陈松长主编：《岳麓书院藏秦简（肆）》，上海辞书出版社2015年版，“前言”。

〔12〕朱汉民、陈松长主编：《岳麓书院藏秦简（叁）》，上海辞书出版社2013年版，第114页。

最新研究，可供参考。

表 3－1　睡虎地秦律所见刑罚体系〔13〕

死	腰斩	14	重
	弃市	13	↑
刑	斩左趾为城旦舂	12	
	黥为城旦舂	11	
完为城旦舂		10	
耐	耐为隶臣妾	9	
	耐为司寇	8	
赎	赎死	7	
	赎刑	6	
	赎耐	5	
赀	赀二甲	4	
	赀一甲	3	
	赀一盾	2	轻
谇		1	

死刑，包括腰斩，即以斧钺从腰部斩断；枭首，即悬首于木上以示众；弃市，即在闹市公开斩首。此外，“夷三族”的主犯须“具五刑”，据说是“先黥、劓、斩其左趾，笞杀之，枭其首，菹其骨肉于市”，异常残忍。史载丞相李斯就是以七十高龄受此刑罚而死的。

肉刑，与先秦时期一样，仍以黥、劓、宫和斩左右趾为主。斩趾，是针对腿部或脚部实施的刑罚，旨在破坏人的行走功能。值得注意的是，黥、劓、斩趾常与徒刑相结合。

徒刑，即在官府拘押下服从事重体力劳动。徒刑在秦朝的实施非常广泛。史书记载，秦朝仅仅阿房宫、骊山墓两处工程，就用了七十万刑徒，由此可见一斑。徒刑按照刑期和劳役的不同，由重至轻包括：(1)城旦舂，男为城旦，筑城；女为舂，治米。(2)鬼薪白粲，男为鬼薪，为宗庙采薪；女为白粲，择

---

〔13〕 转引自陶安：《秦律刑罚等序研究序说》，载《秦律研究》，武汉大学出版社 2017 年版，第 264 页。

图3－3　城旦舂
秦朝的劳役刑。

米。(3)隶臣妾,男为隶臣,女为隶妾,从事一些较轻的劳役。(4)司寇、候,都是从事军事伺望、候望工作的罪犯。刑徒服役时,要穿囚衣、着刑具。城旦舂往往与黥、斩左趾等肉刑连用,称作斩左趾为城旦舂、黥为城旦舂。不附加肉刑的,称作完为城旦舂。隶臣妾、司寇往往和耐刑(剃掉毛发)连用,称作耐为隶臣妾、耐为司寇。

赎,就是赎刑。具有相应爵级的人犯死罪、刑罪,可以用大额金钱赎罪。

赀,就是罚金。轻微犯罪上交二甲、一甲或一盾作为罚金。如果家境贫苦,实在没钱,也可以为官府服役若干日,抵偿罚金,这称为“居赀”。

谇,也就是口头训诫,这是秦朝最轻微的惩罚。

此外,针对贵族,秦朝还设置了迁徙刑,将该贵族及相关人等集体迁徙到偏远地方居住,目的在于将该势力集团连根拔起,消除其在地方上的影响。例如,吕不韦、嫪毐的门客就都被迁于蜀地。秦朝还有一种“谪”的惩罚,征发罪犯或身份低贱者戍守新征服地带。这在汉代发展为“七科谪”,包括有罪官吏、无户籍者、赘婿、商贾及其尊亲属等。迁徙和谪,可能是后来流刑的前身。

(二)量刑原则

1. 免坐

即不构成犯罪,或虽构成犯罪但可以免除或减轻责任。秦律中免坐的原因主要有:

一是未达到刑事责任年龄。秦朝以男子六尺五寸、女子六尺二寸为成年。未成年人身高不满六尺,无刑事责任;不满六尺五寸,不完全刑事责任。如《法律答问》:“甲谋遣乙盗杀人,受分十钱,问乙高未盈六尺,甲何论?当磔。”身高不满六尺的乙杀人,不负刑事责任。又:“甲盗牛,盗牛时高六尺,系一岁复丈,高六尺七寸,问甲何论?当完城旦。”按成年人盗牛,黥城旦;甲盗牛时高六尺,完城旦。六尺,大约相当于十五岁。

二是告奸。受连坐者告发主犯,可免除或减轻连坐责任。如《法律答问》:“夫有罪,妻先告,不收。”

三是自首。秦律中自首又称自告、自出、自诣等。如《法律答问》:“把其假以亡,得及自出,当为盗不当?自出,以亡论。”带着借来的公物逃跑,如果主动自首,只算逃亡罪,不算盗窃罪。

2. 连坐

即因他人的犯罪行为而负连带责任。秦朝法律中,连坐的运用非常广泛。可以基于社会组织关系,一户犯罪,什伍连坐。可以基于家庭关系,一人犯罪,全家连坐。如《法律答问》:“盗及诸它罪,同居所当坐。”可以基于行政关系,下属犯罪,上司连坐。如《效律》:“官啬夫赀二甲,令、丞赀一甲;官啬夫赀一甲,令、丞赀一盾。”这是说某部门长官(官啬夫)受罚,则县令、县丞负连带责任。

此外,秦律还规定“保任连坐”,任用官吏必须由现任官吏保荐,保荐人对被保荐人的犯罪行为负连带责任。《史记·范雎列传》云:“秦之法,任人而所任不善者,各以其罪罪之。”连坐,只能以告奸或自首减免。连坐的广泛运用,使秦律联结成了一张密不透风的法网。

3. 反坐

秦朝因为制度规定,告奸成风,人人自危。为了防止诬告,秦律以“反坐”加以限制。反坐的情形,主要是诬告反坐和告不审。

诬告反坐。《法律答问》:“甲告乙盗牛若贼伤人,今乙不盗牛、不伤人,问甲何论?端为,为诬人;不端,为告不审。”甲明知乙没犯某罪,为了陷害,故意栽赃,叫“诬告”;甲以为乙犯了某罪,加以控告,结果查明乙没犯该罪,叫“告不审”。诬告的原则是反坐,也就是你诬告对方什么罪,你就接受该罪所应受的惩罚。张家山汉简《告律》云:“诬告人以死罪,黥为城旦舂,它各反其罪。”〔14〕诬告对方死罪,则反坐时减死一等,黥为城旦舂;诬告对方其他罪,一律反坐。这是汉律的规定,与秦律应相去不远。诬告反坐原则,为历代法律所继承。

告不审。张家山汉简《告律》云:“告不审及有罪先自告,各减其罪一等。”告不审和自首一样,都减罪一等论处。

此外,秦律的量刑原则还有区分故意与过失、区分有无犯罪意识、区分既

---

〔14〕 彭浩、陈伟、[日]工藤元男主编:《二年律令与奏谳书》,上海古籍出版社 2007 年版,第 144 页。

遂未遂、集团犯罪加重等。军爵、官位、亲属等特殊身份,也对量刑定罪有影响。

第四节　秦朝的狱讼制度

从出土秦简可以看到,秦朝的狱讼制度已经非常发达。过去曾经认为是汉朝首创之制如“奏谳”,也已经由新近公布的秦简证实仍为“汉承秦制”的产物。不过,秦朝狱讼制度设计之完备,似乎并不能减少冤滥和作弊。法律的功能与局限究竟何在? 这是值得我们深思的。

一、狱讼机构

秦朝最高司法权掌握在皇帝手中。秦始皇常常亲自审理案件,《汉书·刑法志》说他“躬操文墨,昼断狱,夜理书,自程决事”。秦始皇还命赵高教皇子“书及狱律令法事”,由此可见他对律令知识的重视。

丞相上助皇帝处理众务,下督各部门的执行。督办狱讼,也是其分内之事。

御史大夫“贰于丞相”,掌监察,下辖御史,“掌讨奸猾,治大狱”,[15]即直接奉皇帝之命抓捕、审讯要犯。例如坑儒事件,秦始皇就“使御史悉案问诸生”;有黔首刻石诅咒皇帝,秦始皇也“遣御史逐问”。里耶秦简有“御史覆狱”的字样,[16]则御史还有复核案件的权责。此外,秦朝的律令正本可能保存于御史府。《秦律十八种·尉杂律》:“岁讎辟律于御史。”郡县定期派人拿着本地方的律令,到御史府逐字校对,以免讹误。秦朝灭亡的时候,萧何正是到丞相御史府搬走了全套律令图书。

秦朝设廷尉为最高审判官,主要工作是审理郡县逐级移送的疑难案件、指导郡县的审判,也审理皇帝交办的诏狱。廷尉的属官有廷尉正、廷尉监、廷尉史等,佐理狱讼。

秦朝郡县对辖区内的案件有审结的权力,疑难不决的才移交廷尉。秦末蒯彻曾对范阳县令说:“秦法重,足下为范阳令十年矣,杀人之父,孤人之子,

---

〔15〕 胡三省注:《资治通鉴》卷七。

〔16〕 陈伟主编:《里耶秦简牍校释》(第一卷),武汉大学出版社2012年版,第187页。

断人之足,黥人之首,不可胜数。"[17]可见秦朝县令司法权力之大、断狱之频繁。如前所述,秦郡设有监御史、执法,负责对郡县司法的监察。郡县都设有狱吏,负责一线的侦查、审讯工作。判决则一般由郡守、县令作出。乡、里有乡啬夫、里正,负责辞讼案件的处理。另外,还有亭长、游徼、求盗等,负责治安。

二、狱讼程序

(一)告劾

告劾是对犯罪行为的控告。"告"是非职务行为,即一般意义的报案;"劾"是职务行为,类似于依法提起公诉。一般来讲,告在劾之先。秦律中"告"的情况较为复杂,除了一般的报案外,还包括非公室告、公室告、捕告、自告等。

非公室告。公室,即今所谓官府。《法律答问》:"非公室告,何也？子盗父母,父母擅杀、刑、髡子及奴妾,不为公室告。"家庭卑幼盗窃尊长,尊长杀伤卑幼,属于"非公室告"。"子告父母,臣妾告主,非公室告,勿听","而行告,告者罪"。非公室告的情形,受害人不得控告加害人。如果强行告发,则告发者有罪。不过,这并不意味着秦律之下父母可以任意加害子女。秦律规定:"擅杀子,黥为城旦舂。"杀害子女,仍是仅次于死罪的严重罪行。所以,非公室告只是限制作为受害人的家庭卑幼的控告权,其他人应该仍可告发。

公室告。《法律答问》:"公室告,何也？贼杀伤、盗它人,为公室。"针对子女、奴婢以外人的犯罪行为,即公室告,任何人均可告发。过去有学者认为,"非公室告"源于儒家的伦理精神。实际上,讨论任何制度,都应回到历史的脉络中去观察。相比起周礼,"非公室告"与"公室告"可能更多体现限制父权的意图。[18]

捕告,即捕捉罪犯扭送官府告发。自告,即自首。

接到报案,官府派人侦查,包括勘验现场、询问调查、做好笔录等。根据侦查结果,拟定罪名,对犯罪嫌疑人依法提起公诉,这就是"劾"。张家山汉简《具律》规定:"治狱者,各以其告劾治之。"审理狱讼,只能以告劾的罪名为限,不告不理。

---

〔17〕《史记·张耳陈余列传》。

〔18〕于振波:《从"公室告"与"家罪"看秦律的立法精神》,载《湖南大学学报》2005年第5期。

(二)审讯、覆讯

嫌疑人归案后,审讯开始。审讯的步骤和方法包括:

讯,即查明当事人身份,充分听取口供。《封诊式》:"凡讯狱,必先尽听其言而书之,各展其辞。"

诘,即就当事人口供的可疑处进行盘问。《封诊式》:"其辞已尽书而无解,乃以诘者诘之。"盘问一般要反复进行多轮,直到当事人无话可说为止。

笞掠,即刑讯逼供。《封诊式》:"诘之极而数訑,更言不服,其律当笞掠者,乃笞掠。"秦律不鼓励刑讯逼供。但是如果犯罪嫌疑人在铁证面前仍拼死抵赖,则可以依法刑讯逼供。刑讯的具体情况必须进行书面记录,作为司法官衡量证词可信度的依据。从侦查到审讯,产生的种种司法文书,称为"爰书",在判决时作为证据使用。

值得注意的是,审讯工作一般由狱吏进行。因此,审讯结束后还需覆讯,即换一批官员审讯,以避免冤案。张家山汉简《奏谳书》有"覆者讯毛(人名)"从而为"毛"平反冤狱的例子。不过,这一程序也未必能阻止冤案的发生。例如,秦朝丞相李斯被诬谋反案中,赵高派人假装覆讯人员,先后十几次试探并殴打李斯。结果秦二世派来的覆讯者真的到来时,李斯却再也不敢喊冤了。[19]

(三)鞫、论

鞫,是狱吏对案件调查和审讯的结果,也就是对犯罪事实的认定。鞫辞的格式一般是:"经审问:被告人有如下犯罪事实……以上,证据确凿。"鞫辞并不涉及法律适用问题,而是法律适用的事实前提。鞫辞,由狱吏制作,连带所有案卷材料交送审判官(即廷尉、郡守、县令),这叫"具狱"。审判官"读鞫",即"呼囚鞫语罪状,囚若称枉欲乞鞫者,许之也",也就是说,向犯罪嫌疑人当场宣读调查审讯的结果。如果被告人表示异议,可以请求重审。

读鞫之后是"论当"。所谓"当",就是将"鞫"得的犯罪事实,与相应的律条"当"在一起。论当,就是判决,包括定罪与量刑。

(四)乞鞫

被告人及其家属如果对"鞫"有异议,可以"乞鞫",也就是申请重审。按照汉律规定,被告人向初审县衙乞鞫;县写成书面乞鞫文书,上交郡;郡派都

〔19〕《史记·李斯列传》。

吏对原审案件进行复查。如果都吏复查的案件乞鞫的,移交旁郡重审。乞鞫最大限度地保障了犯罪嫌疑人的权利。

（五）奏谳

如果郡县官员在法律适用时遇到疑难问题,可以逐级上报,申请上一级乃至最高级的司法指导。这种制度,就叫“奏谳”。奏,上奏;谳,《说文解字》释为“议罪”。

《汉书·刑法志》载,汉高祖曾下诏:“县道官狱疑者,各谳所属二千石(郡),二千石官以其罪名当(对案件适用法律)报(反馈)之。所不能决者,皆移廷尉,廷尉亦当报之。廷尉所不能决,谨具为奏,傅(附)所当比律令以闻。”大意是说:县级刑狱遇到疑难问题,向郡请示,郡守反馈应适用的罪名;郡守拿不准的,上奏廷尉,廷尉反馈应适用的罪名;廷尉拿不准的,写成详细的请示文书,附上本案相关的律令,上奏皇帝。张家山汉简《奏谳书》,含二十多个奏谳制度的案例。

汉朝的奏谳制度,应该承袭自秦朝。岳麓秦简有一份制诏:“吏上奏当者,具傅所以当者律、令、比、行事。”[20] 即疑难案件上奏的请示,应该详细附上本案相关的律令和判例。此外,岳麓秦简还有一份《为狱等状四种》,记录了十三个案例,与汉简《奏谳书》高度相似,且更加详细,应该是后者的原始资料。[21]

郡比县、廷尉比郡拥有更高级的司法能力与经验。奏谳制度的实施与奏谳文书的编纂,有利于使天下共享这些高级的司法能力与经验,对于统一适用法律、慎重处理刑案、减少冤假错案具有积极的作用。

三、秦朝法制的得失

最后,我们借本章之末,简单谈谈秦法的得失。

秦朝继承春秋战国的法律成果,在一个前所未有的天下范围内实施法律之治,堪称“法律时代”的颠峰。秦法的效率之高、规定之精确细致、对社会控制力之强,令人叹为观止;秦朝的法吏运用法律的严谨、娴熟、一丝不苟,也令人印象深刻。此后的朝代,无论怎样改革,都不得不承用秦代的律令作为

---

[20] 陈松长主编:《岳麓书院藏秦简(伍)》,上海辞书出版社 2017 年版,第 60 页。

[21] 《为狱等状四种》,载朱汉民、陈松长主编:《岳麓书院藏秦简(叁)》,上海辞书出版社 2013 年版。

制度骨干。汉朝人曾因历史原因,以“过秦”的思潮贬低秦法。这些叙事,成为过去认识秦法的主要材料,这是无可奈何的事情。今天,载有秦法的简牍不断出土,应当成为我们重新理解和评估秦朝法制的史料基础。

当然,秦法成为中国历代法制的反面教材,也绝非仅仅由于汉朝人的偏见,而自有其作死之道。

秦法最大的问题,是试图以国家意志强行管控社会生活的每一个细节。大到一个人的生死,小到猪的称谓、老鼠的洞穴、桑叶的采摘,全部用律令加以规定。孟德斯鸠有云:“当一个民族有良好风俗的时候,法律就是简单的。”[22]反过来说,秦朝不承认道德、礼仪、习惯,而试图用国家制定的统一的律令来“范天下之不一而归于一”,那么这样的律令势必是烦琐的,也势必与人们(尤其是六国的人们)习以为常的礼仪习惯形成抵触,“法令滋彰,盗贼多有”也就是可想而知的结果了。

另外,秦法烦琐、细致、严苛,也有历史的成因。从立法精神而言,重刑主义、战时法制是战国时代每个诸侯国为了生存、迫不得已的选择,不应仅仅归咎于秦国;从立法技术而言,随时制定、随时发布符合战国时代实用、高效的需求,由此产生琐碎的弊端,也是没有办法的。换言之,当战国结束,秦国人突然面临这样一个广土众民、风俗各异的国家时,他们仍然在运用老旧的战国思维,而不懂得法随时变。这也是秦法失败的一大原因。

因此,如何摆脱战国思维,一方面继承礼刑、法律两大时代的遗产,另一方面吸取秦法失败的惨痛教训,这正是历史留给汉朝人的任务。

课后思考·关键词

法律答问　廷行事　焚书令　上计制度　保任连坐　诬告反坐　非公室告　乞鞫　奏谳

课后思考·问答题

1. 试述秦朝的法律思想。
2. 试述法家思想在秦律中的制度落实。
3. 简述秦朝的刑罚体系与量刑原则。

---

〔22〕［法］孟德斯鸠:《论法的精神》,张雁深译,商务印书馆1963年版,第317页。

4. 简述秦朝的狱讼程序。

5. 试论秦法的得失。

案例阅读

1. 李斯之死　　2. 秦朝的假冒高干子弟招摇撞骗案

第四章　汉朝的法律制度

（公元前206年至公元220年）

公元前206年，刘邦率义军攻入咸阳，秦朝灭亡。此后经过楚汉相争、群雄逐鹿，刘邦于公元前202年统一天下，定都长安，史称西汉。汉初，一方面继承秦制，另一方面以亡秦为借鉴，清静无为、与民休息。经文景之治，废除了秦朝许多苛刑乱法，渐入盛世。武帝独尊儒术，始将礼的精神点点滴滴注入冰冷的律条，是为引礼入法的开端。由此，中国法制史进入礼法时代。公元8年，外戚王莽篡汉，建立新朝。公元25年，汉室宗亲刘秀重建汉朝，定都洛阳，史称东汉。东汉时代，律学兴起，开始有意识删定律令。两汉长达四百年，其法律制度远绍周制、近取秦制，下与唐制遥相并峙，成就既高，影响亦远。"自汉以后，沿唐及宋，迄于元明，虽代有增损，而无敢轻议成规。"[1]

汉律虽佚，散见于传世文献甚多，以沈家本的《汉律摭遗》、程树德的《九朝律考·汉律考》搜集最为完备。20世纪80年代以来，载有汉律令的简牍大量出土，成为研究汉朝法制的一手史料。

第一节　汉朝法思想的流变

汉朝法思想的流变，一波三折：由秦朝崇尚法家，一折为汉初黄老、刑名，再折为独尊儒术、外儒内法，正统法律思想形成；三折为汉末名法思潮。这是汉代法律思想史明面上的风景，此外，还有潜移默运的暗流与若干支流，以下略说大势。

---

〔1〕　程树德：《九朝律考·汉律考序》，商务印书馆1927年版。

一、汉初的黄老与刑名

汉初惩亡秦之失，治国方针选择“清静无为”的黄老思想，治国方术则沿袭申韩刑名之学。思想史上的改弦更张与制度史上的“汉承秦制”相映成趣。

道家托始黄帝，以老子为代表。战国后期诸子思想融合，逐渐形成一种“因阴阳之大顺，采儒墨之善、撮名法之要，与时迁移，应物变化，立俗施事，无所不宜”的新道家，[2]这就是黄老学派。黄老学派主张“治道贵清静而民自定”。[3] 具体到法律，表现为立法上的“约法省刑”、司法中的“治狱者务先宽”、[4]司法人员宜选用谨厚木讷的长者。这从刘邦“约法三章”、文帝废除肉刑以及萧何、曹参、张释之等人的为政、司法风格可以看得很清楚。

“汉初学术，非道德即刑名。”[5]汉初既采黄老无为之治，则凡事皆主因循，制度沿袭秦制，治术沿袭申韩。文帝“本好刑名之言”，[6]汉初重臣如贾谊、晁错都精于刑名之学，刑名学甚至是太子的必修课程。汉初刑名之得势，由此可见一斑。黄老与刑名并用，彰显出汉初法治的务实风格。

二、董仲舒与法律儒家化的开始

经过文景之治，汉朝日臻富庶，黄老思想完成了历史使命，姑息养奸的弊端也彰显无遗；至于刑名学，则只能解决一时一地的问题，无法解决国计、民生和信仰的根本问题——黄老与刑名，都没有更上一层的理想可言。汉武帝认为有必要确立一种从政治、经济到意识形态实行全面“大一统”的理论，董仲舒的新儒学应运而生。董仲舒前承孔孟儒学，旁采先秦阴阳、墨、名、法诸家之长，后撷汉初黄老思想的精华，构建成新的儒学理论。

董仲舒以“天人感应”为立论前提，认为君主应效法天道，而天道又视乎民情，“德足以安乐民者，天予之；其恶足以贼害民者，天夺之”。[7] 天理、国法、人情，构成了一个逻辑圆圈。天道主阳而辅阴，阳对应德，阴对应刑，所以

---

〔2〕《史记》卷一三〇《太史公自序》引《论六家要旨》。

〔3〕《史记·曹相国世家》。

〔4〕《汉书·景帝纪》。

〔5〕钱穆：《先秦诸子系年》，商务印书馆2002年版，第264页。

〔6〕《史记·儒林列传》。

〔7〕《春秋繁露·尧舜不擅移汤武不专杀》。

王者“任德教而不任刑”。[8] 这就从理论上根本否弃了秦法。除天道外，董仲舒还强调效法圣人，认为孔子作《春秋》就是为汉制法，较之刑名法家纯以律令为据，探抉出了更加深厚而神圣的法源。《春秋》决狱就是这一观念在司法领域的外化。

董仲舒的法思想，明伸君权，暗中却有所制约，自然不可能完全为“外施仁义而内多欲”的汉武帝所用。儒家是统治者的外套，法家才是统治者的底裤。他们一方面尊礼公孙弘这样的大儒“缘饰吏治”，另一方面任用张汤这样的酷吏治狱。虽不无矛盾，但也相得益彰。

无论如何，汉武帝尊儒之后，儒家思想成为正统法律思想。汉律继承秦律，虽经损益，仍本于法家精神。但儒家思想通过影响司法、注释法律、订立法律原则等方式，逐渐注入律令之中，这个过程学界一般称为“法律儒家化”，又称“引礼入法”。法律儒家化在汉代开其端，经历魏晋南北朝，至《唐律疏议》而完成了礼法合一。[9]

三、律学的兴起

律学是中国传统法学的主要形态，睡虎地秦简《法律答问》可能就是较早的律学文献。早期律学缺乏系统性、理论性。西汉后期，随着经学的兴起，律章句学也应运而生。一批大儒如马融、郑玄以经、律互注，大大提升了律学的品质，也为魏晋法典编纂和更高形态律学的形成铺就了道路。

第二节　汉简与汉朝法律的制定

汉朝法律的制定情况，正史刑法志有简明的记载。不过，与秦律一样，20世纪以来载有汉朝法律的简牍大量出土，修正了我们的很多认识。目前，两种文献系统的记载还存在难以弥缝的差异，以下分别叙述。

---

〔8〕《汉书·董仲舒传》。

〔9〕“法律儒家化”是1948年瞿同祖撰写的《中国法律之儒家化》（载瞿同祖：《中国法律与中国社会》附录，中华书局2003年版，第355—374页）一文提出的富有解释力的概念，近年学界对此概念也有反思与修正。

一、汉朝法律体系的形成与变迁

(一)统一前后的立法

1. 约法三章

公元前206年,刘邦率义军入关灭秦,按照约定应被封为关中王。他为了赢得民心,与关中父老约定,等将来成为关中王,只保留三章秦法:“杀人者死,伤人及盗抵罪,余悉除去秦法。”〔10〕这就是历史上著名的“约法三章”。正如《汉书·刑法志》所云,“三章之法不足以御奸”,但是博取民心绰绰有余。约法三章对秦律的全盘废弃,是政治上的权宜之计。

2.《九章律》

刘邦约法三章之时,萧何就已从秦丞相御史府接管了全套律令。汉朝建立后,“相国萧何捃摭(选择)秦法,取其宜于时者,作律九章”。〔11〕《九章律》是汉朝的基本法典,篇目是在秦律所承《法经》盗、贼、囚、捕、杂、具六篇之外,“益事律兴、厩、户三篇,合为九篇”。〔12〕 事律,即职事、政事方面的非刑事律。兴,征发徭役;厩,交通;户,户籍婚姻。原六篇属于刑律,新增三篇属于事律。《九章律》是汉律体系的主干,不仅两汉承用,后世均奉为圭臬。

3.《傍章律》

《史记》载:“于是汉兴,萧何次律令,韩信申军法,张苍为章程,叔孙通定礼仪。”可见,汉初除《九章律》外,还有军事立法、律历计量立法、〔13〕礼仪立法等活动。叔孙通在高祖时,奉命制定朝仪;惠帝时,又“定宗庙仪法”,形成了十八篇礼仪制度,因“与律令同录,藏于理官”,所以又称《傍章律》,〔14〕这是汉朝最早的礼仪立法。《傍章律》的制定反映出:一方面,汉初礼、律的形式区分不严;另一方面,汉初礼仪仍是律令的依附品。

(二)汉初对秦法的逐步废弃

汉初承袭秦制,未暇修改。刘邦死后,惠帝、吕后、文帝、景帝逐步剔除秦律中不近人情的部分,使汉律日趋合理。惠帝时,“省法令妨吏民者,除挟书

---

〔10〕《史记·高祖本纪》。

〔11〕《汉书·刑法志》。

〔12〕《晋书·刑法志》。

〔13〕汉朝法律的范围很广泛。“章程”之意,可以参见闫晓君:《说“程”——秦汉时期的计量性法规》,载《秦汉法律研究》,法律出版社2012年版。

〔14〕参见程树德:《九朝律考·汉律考》,商务印书馆1927年版,第9页。

律”。挟书律,就是《焚书令》严禁民众私藏《诗》《书》百家语的法律,至此废除。吕后时,废除夷三族、妖言令。文帝时,废除收孥相坐律令,也就是秦朝的连坐法律。后又陆续废除诽谤妖言罪、废除肉刑。景帝时,废除磔刑(肢解)。总的来讲,汉初诸帝废除的秦法,主要是思想言论犯罪与残酷的刑罚。经过数十年的努力,秦朝狱吏好杀戮、民众喜告奸的恶劣习气得到扭转,世风重归于淳朴。甚至出现“刑罚大省,至于断狱四百”的“刑错之风”。[15]

(三)汉武帝改制

汉初法制,失之于宽,甚至“网漏吞舟之鱼”,易姑息养奸,造成诸侯、豪强的不法骄纵。汉武帝认为:“朕不变更制度,后世无法。”[16] 遂“招进张汤、赵禹之属,条定法令”。张汤制定《越宫律》二十七篇,是宫廷警卫的法律;赵禹制定《朝律》六篇,是朝会的法律。《九章律》加上《傍章律》《越宫律》《朝律》,即《晋书·刑法志》所谓汉律六十篇的体系。此外,汉武帝还制定了左官之律、见知故纵监临部主之法、沉命法、告缗令等。这些法律都是为加强中央集权服务的。

至此,“律令凡三百五十九章,大辟四百九条,千八百八十二事,死罪决事比万三千四百七十二事。文书盈于几阁,典者不能遍睹”,[17] 这就走上了秦法的老路。秦汉时期,立法技术有限。放权地方,利在政清刑简,弊在姑息养奸;集权中央,利在除恶务尽,弊在繁法峻刑。

图4-1 张汤墓

该墓是在西安市长安区西北政法大学南校区的基建工地被发现的。出土物中有两枚精致的双面穿带印,一枚印文为“张汤臣汤”,另一枚印文为“张君信印”。《汉书》曰:张汤自杀,昆弟欲厚葬。汤母曰:“汤为大臣,被恶言死,何厚葬为?”载以牛车,有棺无椁。上闻,曰:“非此母不生此子。”

(四)东汉删定律典、制定礼典的尝试

东汉法制大抵沿袭西汉,“后汉二百年间,律章无大增减”。[18] 但在进一步引礼入法、以律学反省现行法制、删繁就简等方面,作出了独特的努力。汉章、和帝时,博士曹褒草拟《汉礼》一百五十篇,规定了从天子到庶人的冠婚

---

〔15〕《汉书·刑法志》。“错”通“措”,“刑错”即刑罚搁置不用的意思。

〔16〕《资治通鉴·汉纪》。

〔17〕《汉书·刑法志》。

〔18〕《魏书·刑罚志》。

吉凶各项礼仪,但没能颁行。汉和帝、汉安帝时,律家陈宠、陈忠父子曾大规模修订法律,后又尝试删定出一部与礼仪相应的律典,以五刑统率三千律条,也没有成功。汉末应劭又删定各类律令,撰成《汉仪》二百五十篇,虽未能获准颁行,但为法制的延续与转承提供了重要的文献基础。[19] 至此,魏晋式的法典已经呼之欲出了。

二、汉朝法律类简牍提供的新认识

(一)《二年律令》与《奏谳书》

汉朝法律类简牍的出土,最重要的仍是 1983 年湖北江陵张家山 247 号汉墓发现的《二年律令》与《奏谳书》。此外,还有许多已公布和待公布的汉律史料,为我们认识汉朝法律的原貌,提供了前所未有的便利。

《二年律令》。张家山汉墓出土了一组简牍,520 多枚,题名“二年律令”。据考证,应该是吕后二年(公元前 186 年)的律令。含律二十七种,分别是贼、盗、具、告、捕、亡、收、杂、钱、置吏、均输、传食、田、关市、行书、复、赐、户、效、傅、置后、爵、兴、徭、金布、秩、史律;令一种,即津关令。

《奏谳书》。另有一组简牍,共 228 枚,题名“奏谳书”,包含从春秋至汉初的二十二个司法案例。其中不少案例是比较完整的司法文书,反映了当时的诉讼程序和文书格式。

(二)汉简提供的新认识

汉简对传世文献的记载,提出了许多挑战:汉代法律是否真如上述的那样,有一个清晰完整的体系?萧何是否真的在汉初制定了一部《九章律》?西汉有没有律典的存在,还是仅有一堆杂乱无章的单行律?

第一,《九章律》是否存在?《史记》仅说“萧何次律令”,未提及《九章律》。最早记载《九章律》的《汉书·刑法志》成书于东汉,上距萧何已有三百年。《二年律令》上距萧何仅十年左右,但包含了二十七种律,且没有主次之分,看不出《九章律》的存在。有学者提出,《九章律》可能并非萧何立法的成果,而是东汉律学的产物,但证据似嫌不足。

第二,汉律有没有清晰的体系?成书于唐朝的《晋书·刑法志》说,《九章律》九篇、《傍章律》十八篇、《越宫律》二十七篇、《朝律》六篇,构成了汉律

---

〔19〕 东汉法制沿革及其意义,参见徐世虹主编:《中国法制通史》(第二卷),法律出版社 1999 年版,“战国秦汉”,第 275—278 页。

六十篇的体系。但是,《二年律令》溢出六十篇的篇目有二十种之多,这些律在“六十篇”之外,居于何种地位呢? 还是所谓“六十篇”是后人条理化的产物,并非汉朝法律的原貌?

第三,西汉有律典吗? 西汉是否存在按照一定的次序与结构编纂的律典? 抑或只有一堆散乱无章的单行律? 这个问题将进一步疑及《法经》是否真实存在。

不过,汉朝法律缺乏后世法典的形态,并不意味着没有自身的逻辑。有学者指出,出土秦汉律似可分为“刑律之篇”与“职事之篇”(即事律);最新公布的睡虎地汉简中有汉文帝时代的两卷律,分别题名“□律”和“旁律”。[20]这意味着,传世文献所见“刑律”与“事律”、“正律”与“旁章”的分类,也许仍是解析出土文献的有效参照。探索传世文献与出土简牍之间这种若即若离的联系,从而认识秦汉律的本体,正是法史学的魅力所在。[21]

三、汉朝的立法程序和法律形式

(一)立法程序

秦汉时期的立法,一般分为创制和编纂两种形式。

创制,即创设新的法律内容与法律形式,主要通过群臣集议(也就是集体讨论)、君主认可的形式制定,这在相当程度上保留了先秦“议事以制”的传统,与魏晋以后设立专门的立法小组,很不一样。创制立法的流程一般是:君主或臣下提出立法诉求;君主指定群臣或有关部门集议,制定细案;君主认可,赋予效力,以制诏的形式颁布执行或修改原有法律。创制立法,一般用于新设令,或修改原有的律,可能也用于新设单行律。

编纂,即在既有法律文件的内容基础上,进行形式的加工,从而产生新的法律文件。编纂通常是有关部门依据自己的职权或君主的授权进行的。编纂立法,一般产生比、挈令等法律形式,有时也用于系统整理、修订原有的律。例如,汉初“萧何次律令”,即系统编次秦律,从而产生《九章律》;又如,东汉司徒鲍昱在律家陈宠的协助下,把以前庞杂错乱的“决事科条”都“以事类相

---

〔20〕 熊北生、陈伟、蔡丹:《湖北云梦睡虎地77号西汉墓出土简牍概述》,载《文物》2018年第3期。“□律”缺一字。

〔21〕 参见徐世虹:《文献解读与秦汉律本体认识》,载《历史语言研究所集刊》第86本第2分,2015年6月。

从”,编纂成《辞讼比》七卷、《决事都目》八卷,这都是典型的编纂立法。[22]

(二)法律形式

汉朝的法律形式,主要有律、令、比、科、品、律章句等。与秦朝一样,律是基本法,令是补充法。比是判例,科、品均是律令的辅助法规;科的功能倾向于奖惩,品的功能倾向于量化。律章句是法律注释。

律,基本法,按照内容可分为刑律和事律。

令,补充法,来源于皇帝制诏。酷吏杜周说:“前主所是,著为律;后主所是,疏为令。”《汉书》注云:“天子诏所增损,不在律上者为令。”因此,与律纯为法条形态不同,令往往以诏书的形式出现。例如,张家山汉简《津关令》第1条:“御史言:越塞阑关,论未有令。请阑出入塞之津关,黥为城旦舂。……制曰:可。”御史大夫请示:擅自出国境与边关,目前没有法律规定,请求判以黥城旦舂的刑罚。皇帝表示:同意。汉令有三种分类:一是干支令,可能是按重要程度分为令甲、令乙、令丙三档;二是事项令,即按法令内容分为《养老令》《狱令》《金布令》《津关令》等;三是挈令,即按官署分为《廷尉挈令》《御史挈令》《兰台挈令》等。

比,又称“决事比”。汉末的郑玄说:“已行故事曰比。”比是经国家认可,作为判案依据的典型案例。《周礼注疏》云:“其无条,取比类以决之,故云‘决事比’。”可见,比一般用于弥补律令的不足。汉朝的比,种类繁多、数量庞大。例如,《春秋》决狱的案例,编为《春秋决事比》;廷尉断狱的案例,编为《廷尉决事》;民事细故的裁决,编为《辞讼比》等。到汉宣帝时,仅仅死罪决事比就已经有一万三千多个,造成了司法的混乱。

科,是律令的辅助法规,是赏罚的细则。《释名》:“科,课也,课其不如法者罪责之也。”可见一般用于课加惩罚。传世文献可见“逃亡之科”“宁告之科”“投书弃市之科”等。额济纳汉简中有名为《捕斩匈奴虏反羌购偿科别》的文书,内含《捕匈奴虏购科赏》和《捕反羌科赏》。[23] 正因为科具有在律令之外课加赏罚的功能,因此在汉末被各割据政权广泛运用。

品,也是律令的辅助法规,功能倾向于量化。《汉书》颜注云:“品,谓等

---

[22] 参见秦涛:《律令时代的“议事以制”:汉代集议制研究》,中国法制出版社2018年版,第170—207页。

[23] 参见张忠炜:《汉科研究——以“购赏科”为中心》,载张忠炜:《秦汉律令法系研究初编》,社会科学文献出版社2012年版。

差也。”传世文献可见《常符漏品》，是计时的法规，包含于《令甲》之中。居延汉简有《塞上烽火品约》，规定了面对不同等级的敌情时，如何使用烽火示警；《罪人得入钱赎品》，规定了不同等级的刑罚，如何用钱赎罪。

律章句，即运用经学章句的形式对律条作出的注释。所谓“章句”，即分章、断句，进一步发展为对名词术语的注释。在中国古代，经学是一切学术的核心，对法律影响深远。西汉今文经学讲究大义，故体现为运用经义进行《春秋》决狱。东汉古文经学长于章句，故叔孙宣、郭令卿、马融、郑玄等引经注律，“诸儒章句，十有余家，家数十万言”，十分可观。曹魏明帝“下诏，但用郑氏章句”。[24] 东汉儒生虽然不能改变立法，但用儒家思想重新解释了法律，也促进了律令的精确与条理化。律章句发展了一些基本的法律概念，如“故”“失”与“误”、“强”与“和”、“志”与“行”等，被魏晋律学所继承。[25]

第三节　汉朝法律的制度内容

汉朝法制基本承袭秦朝而来，不过由于传世文献记载较多，许多制度得以道其详。其中最引人注目的变化有三，分别是汉文、景二帝的刑制改革，汉武帝“大一统”的法律举措，以及法律儒家化的制度表现。以下依次叙述。

一、汉文景的刑制改革

（一）汉文帝废肉刑

汉文帝十三年（公元前167年），齐国太仓令淳于意有罪当处以肉刑。其幼女缇萦为救父亲，上书文帝，痛陈肉刑的残酷与不合理。她说：“妾伤夫死者不可复生，刑者不可复属。虽后欲改过自新，其道无由也。”自愿罚没为官奴婢，“以赎父刑罪，使得自新”。小女孩的决心，触动了文帝的悲悯，他当即命群臣商讨废除肉刑的具体方案。群臣集议后提出：

第一，废除肉刑。黥城旦舂，改为髡钳城旦舂；劓刑，改为笞三百；斩左趾，改为笞五百；斩右趾，改为弃市。此外，宫刑也在文帝时废除。景帝诏书

---

〔24〕《晋书·刑法志》。

〔25〕 参见龙大轩：《汉代律家与律章句考》，社会科学文献出版社2009年版。

曾追述:“孝文皇帝临天下……除宫刑,出美人,重绝人之世也。”[26]宫刑一般用于强奸罪,悬泉汉简有西汉后期的律条:“强与人奸者,……皆髡以为城旦。”可见,宫刑可能也替换为髡钳城旦舂。景帝后来规定:“死罪欲腐者,许之。”则是将宫刑作为死刑的替代刑,不再是独立刑种,司马迁的故事就是例证。[27] 这样一来,上古肉刑全部得以废除。

第二,规定徒刑刑期。秦朝的徒刑,很多属于无期徒刑。此次改革之后,所有徒刑经过一定刑期,就可以减轻一等,直至恢复自由身份。例如,完城旦舂服刑满三年,减为鬼薪白粲;再服刑一年,减为隶臣妾;再服刑一年,免为庶人。总计而言,完城旦舂服刑五年后,就可恢复自由。

千年酷刑,一朝废除。汉文帝的刑制改革,以较为文明的徒刑、笞刑,取代了残酷野蛮的肉刑,也为后世新五刑制的形成奠定了基础。这是中国乃至世界法律文明的重大进步。千年之后,明人丘濬摸着自己完整的手足,仍忍不住感恩:“自是以来,天下之人犯法者,始免断肢体、刻肌肤。百世之下,人得以全其身、不绝其类者,文帝之德大矣!”[28]

不过,这次改革也遗留了一些问题。例如,以弃市取代斩右趾,是由轻入重;笞三百、五百,“或至死而笞未毕”。东汉班固评价:“外有轻刑之名,内实杀人。”[29]刑制有继续改革的必要。

(二)汉景帝减笞数、定《箠令》

减笞数。景帝元年(公元前156年),针对犯人常死于笞刑的弊端,下诏定律:“笞五百曰三百,笞三百曰二百。”中元六年(公元前144年)再次下诏:“其减笞三百曰二百,笞二百曰一百。”从此,“笞者得全”。

定《箠令》。箠,是笞刑的刑具。景帝为了强化笞刑的教化功能,制定《箠令》,对箠的规格、笞刑的执行方法作出了限制性的规定。《箠令》规定:箠一律长五尺,手握处直径一寸,末端薄半寸;材质为竹,竹节一律削平;施刑部位统一为臀部;同一罪的行刑过程中不得更换施刑者。

景帝推进其父的改革,使汉朝刑制绽放出文明的初曙。不过,班固说文景刑制改革之后,死罪条款太多、比重太大,而死刑以下直接徒刑、笞刑,“死

---

[26] 《汉书·景帝纪》。

[27] 参见[日]宫宅潔:《中国古代刑制史研究》,杨振红等译,广西师范大学出版社2016年版,第37—38页。

[28] 《大学衍义补》卷一百二《慎刑宪·定律令之制上》。

[29] 《汉书·刑法志》。

刑既重,而生刑又轻”,刑罚结构畸轻畸重,缺乏中间档的“中刑”,很不合理。[30] 所以东汉以来,有不少恢复肉刑的议论。这就有待于魏晋南北朝人,运用他们的法律智慧来解决问题了。

二、汉武帝加强中央集权的法律举措

汉武帝为了整治清静无为姑息养奸的弊端,任用张汤、赵禹等人制定了一批法令,加强中央集权,打击诸侯、豪强、商贾,严于治吏。这些法律及其内容主要有:

(一)打击诸侯

酎金不如法。酎是一种祭祀用的醇酒。每年八月,皇帝率诸侯祭祀宗庙,品尝酎酒,这叫饮酎礼。此时,诸侯应出高纯度的黄金助祭,这就是酎金。武帝制定《酎金律》,[31] 以“酎金不如法”为罪名,打击诸侯。由于《酎金律》的执行非常苛刻,“金少不如斤两,色恶,王削县,侯免国”,[32] 成色好坏的标准又比较主观,因此大量列侯中招。仅元鼎六年(公元前111年),就有一百零六名列侯因“酎金不如法”被夺爵。

阿党、附益、左官。武帝新制定了“阿党附益之法”和《左官律》。阿党罪,即在朝官员与地方诸侯之间结党营私,东汉时也指官员之间结党。“封诸侯过限曰附益”,[33] 附益罪即诸侯的疆域超过了限制。《汉书》注:“人道上右,今舍天子而仕诸侯,故谓之左官也。”汉朝尚右,故贬称诸侯之官为“左官”。《左官律》严禁汉廷之人到诸侯国任官,也限制诸侯国人担任京官。《汉书》云:“左官、附益、阿党之法设,其后诸侯唯得衣食租税,贫者或乘牛车。”可见,这三条法令对于诸侯的打击是非常大的。

此外,汉廷设有私通宾客罪,严禁诸侯私自收养门客;事国人过律罪,严禁诸侯非法役使诸侯国人;非正罪,严禁诸侯违反嫡长子继承制,擅自选立继承人。秦朝虽然废封建行郡县,但六国势力很快复辟。汉初不得已推行郡国并行之制,诸侯国占有半壁江山。经过武帝的一系列法律举措,诸侯国彻底削弱,郡县制度至此才算完全成立。

---

[30] 《汉书·刑法志》。

[31] 一说为文帝颁布,沈家本倾向于武帝说,参见《汉律摭遗》卷十七“酎金律”条。按:无论如何,酎金案是在武帝时集中爆发的。

[32] 《史记·平准书》注引《汉仪注》。

[33] 《史记·诸侯王表》注引“律郑氏说”。

(二)打击商贾,严于治吏

1. 打击商贾

告缗算缗。武帝为了解决朝廷用度不足的问题,命酷吏张汤等人在元狩四年(公元前119年)出台《算缗令》,对商贾加收沉重的财产税、商业税。算,是一百二十文钱;缗,本义是穿钱的钱串子,一串钱是一千文。算缗的基本规则是:"各以其物自占,率缗钱二千而一算","商贾人轺车二算,船五丈以上一算"。也就是命商贾各自计算、申报财产,按照财产价值的百分之六(二千文征一算)上税,车、船也都要征税。如果商贾"匿不自占"(瞒报)或"占不悉"(少报)财产,"戍边一岁,没入缗钱",即没收全部财产,商贾本人罚戍边一年。可想而知,《算缗令》在实际推行中遭遇很大困难。于是武帝又出台了《告缗令》,规定:"有能告者,以其半畀之。"鼓励告发漏报瞒报的商贾。如告发属实,将罚没的一半财产赏赐告发者。并任用酷吏杨可"告缗遍天下",酷吏杜周从严督办告缗案件,宁枉勿纵。算缗、告缗的结果是:"得民财物以亿计,奴婢以千万数",田产不可计数,政府财政收入极其充裕。而代价就是"商贾中家以上大率破,民偷甘食好衣,不事畜藏之产业",中产阶级基本破产,小康之家只顾眼前消费,不考虑长远积蓄。[34] 汉兴一百年来培养的社会元气,就此消耗殆尽。

七科谪。汉武帝晚年,进一步打击商贾,两次发"七科谪"屯戍边疆、讨伐外族。所谓"七科谪",就是命令七种低贱身份的人谪戍边疆,按照政府命令参与军事行动。这七种身份,分别是:"吏有罪一,亡命二,赘婿三,贾人四,故有市籍(商业户口)五,父母有市籍六,大父母(祖父母)有市籍七。"[35] 后四科均针对商人。

算缗告缗与七科谪,对战国以来一度强盛的商人阶层造成了毁灭性的打击,也深远影响了后世的商业政策与民间观念。

2. 严于治吏

见知故纵、监临部主之法。所谓"见知故纵",即"其见知而故不举劾,各与同罪;失不举劾,各以赎论"。[36] 对其他官吏犯法目睹、知情而故意不举报,与之同罪;过失不举报,赎罪。这应该是从秦朝"吏见知不举"罪发展而

---

[34] 《史记·平准书》。

[35] 《汉书·武帝纪》注。

[36] 《晋书·刑法志》。

来。“监临部主”,即“见知人犯法不举告为故纵,而所监临部主有罪并连坐也”。[37] 监临部主,就是上级主管部门的长官。上司对下属的见知故纵罪负连带责任。

沈命法。武帝后期,盗贼四起。为了督促官吏捉拿盗贼,特地制定了《沈命法》:“群盗起不发觉,发觉而弗捕满品者,二千石以下至小吏主者皆死。”沈通“沉”,没的意思。沈命法,就是没命法。如果郡县出现群盗,官吏居然没发觉;或尽管发觉,却未能抓捕到规定人数,那么上到郡守、县令,下到一线负责抓捕的治安官吏,全部没命。这条法律出台的后果是,郡县官吏害怕没命,索性串通一气,瞒报贼情,“故盗贼寖多,而上下相为匿,以避文法焉”。[38] 清末沈家本评论:盗贼增多的根源,在于“政令之烦苛而民生贫困”,《沈命法》不治本而治标,“知重法之无益于治也”。[39]

官僚制度尽管高效,但也有其自身的利益与行为逻辑。如果不顾这样的行为逻辑却幻想利用其高效,只会重蹈秦末互相告讦、欺诈成风的覆辙。后人哀之而不鉴之,亦使后人而复哀后人也。

(三)强化皇权

秦汉律均有危害政权、皇权的罪名,并作为打击的重点,不仅限于武帝时代。此处通贯前后,简述几个主要罪名。

反、降、谋反。“反”为叛国罪,“降”为降敌罪,“谋反”为预谋反叛罪。秦及汉初谋反的处罚极重,首犯具五刑、夷三族。秦丞相李斯、汉初诸侯王韩信、彭越等,均死于此罪。

不道。不道,是适用极其广泛的口袋罪。汉成帝时的廷尉说:“不道无正法,以所犯剧易为罪。”不道只有罪名,没有明确的犯罪构成,仅按照危害程度来定罪。从实际适用来看,包括诬罔、迷国、诽谤、狡猾、惑众、亏恩、奉使为状等一系列小罪名,核心是背离臣子之道,扰乱民政,危害君主及国家,以及一些极其残忍的犯罪。[40] “不道”之下的罪名,不断分化独立出来。到了唐律“十恶”,不道就只剩下三个小罪名了。

矫制、废格诏令、奉诏不谨、不承用诏书。皇帝制度下,制诏具有法律的

[37] 《汉书·刑法志》注。

[38] 《汉书·酷吏传》。

[39] 《汉律摭遗》卷七“捕律”条。

[40] 参见[日]大庭脩:《秦汉法制史研究》,徐世虹等译,中西书局2017年版,第69—112页。

效力，因此篡改、怠慢制诏的行为，皆在严禁之列。矫制，就是故意篡改、诈称皇帝诏书，视其后果定刑罚之轻重。“矫制不害”可以免予处罚，“矫制大害”是死罪。废格诏令，即阻挠制诏的执行，“废格明诏，当弃市”。[41] 奉诏不谨、不承用诏书，都是对制诏的怠慢，分别有相应处罚。

巫蛊。巫蛊，即用巫术诅咒、陷害他人，还包括媚道、祝诅等形式。《贼律》规定：“敢蛊人及教令者，弃市。”[42] 巫蛊一般是死罪。针对皇帝的巫蛊，格外严重。汉武帝晚年任用酷吏江充，兴起巫蛊大案，牵连甚广，皇后、太子、公主、丞相都不能幸免，普通吏民更是“坐而死者前后数万人”。[43]

腹非。武帝时，有人对大农令颜异非议朝廷法令，颜异没有回应，但是嘴唇微微动了一下（微反唇）。酷吏张汤称颜异“见令不便，不入言而腹非，论死”。腹非，即心中非议朝政。“自是后有腹非之法比”，从此就以颜异案作为审判类似案件的“决事比”。[44] 腹非罪较之秦朝的言论犯罪更有想象力，是中国古代思想言论管控的极致，造成了人人自危、“公卿大夫多谄谀取容”的恶果。

三、法律儒家化的制度体现

法律儒家化自汉朝肇其端，尽管主要通过注释法律和影响司法的方式进行，但也零星形成了一些法律原则与法律文化。

上请。其也称作先请，具有某种特定身份的人犯罪，有司不得擅拘擅决，而需奏请皇帝裁断。高祖七年（公元前200年）诏曰：“令郎中有罪耐以上，请之。”这是上请的起源。到东汉，已经扩及“宗室有罪先请”“廉吏有罪先请”“吏墨绶（六百石以上）有罪先请”，分别是八议中议亲、议贤、议贵的前身。[45] 上请，是君主优礼宗室、大臣、贤能的制度，在后世得到进一步的制度化。

矜恤。矜即怜惜，恤即体恤。矜恤，指老幼废疾妇女犯罪，可以在量刑、监禁方面予以优待，是关怀弱势群体的法律原则。汉惠帝诏：“民年七十以上

〔41〕《史记·淮南衡山列传》。
〔42〕《周礼·司寇》郑注引《贼律》。
〔43〕《汉书·江充传》。
〔44〕《汉书·食货志》。
〔45〕《周礼·小司寇》注。

若（或）不满十岁，有罪当刑者，皆完之。”[46]对一定年龄段的老幼不施肉刑。景帝规定：年八十以上、八岁以下，及孕者未乳（孕妇）、师（盲人）、朱儒，当鞠系者，颂（通“容”）系之。[47] 老幼妇女废疾关押时可以不戴刑具。值得一提的是，汉朝还特别为高年老人设立王杖制度。武威汉简有一份《王杖诏书令》，颁布于汉成帝时代，规定七十岁老人赐予王杖，享有种种特权：非首杀伤人，不算犯罪；免交一切赋税；殴打辱骂王杖老人者，比大逆不道，弃市。[48]

亲亲得相首匿。《论语》云：“父为子隐，子为父隐，直在其中矣。”孔子认为，亲属家族内部，有权互相容隐一些犯罪行为。这不仅不应构成违法，反而是正当的。这是“亲亲得相首匿”的思想渊源。秦律鼓励夫妻互相告发，汉律“重首匿之科”，西汉前期父子亦不得相隐。这一立法最终酿成了汉武帝与太子刘据父子反目、兵戎相见的悲剧。刘据的孙子汉宣帝早年深受此法之苦，加之儒家经学正统地位的确立，遂于地节四年（公元前66年）下诏确立了“亲亲得相首匿”的原则：“自今子首匿父母，妻匿夫，孙匿大父母，皆勿坐；其父母匿子，夫匿妻，大父母匿孙，罪殊死，皆上请廷尉以闻。”[49]即一定范围的卑亲属可无条件为尊亲属隐匿罪行，尊亲属可为卑亲属隐匿死罪以外的罪行，死罪则上请由皇帝裁决。亲亲得相首匿原则的确立，使私的人伦足以抗御公的君权，具有深远的法律价值，这项原则后来发展为唐律的“同居相为隐”，直到今天的刑事诉讼法中仍有所体现。[50]

复仇。亲友被人杀害，尤其“父母之仇不共戴天”，作为子女能否手刃仇人，为之复仇？经义与国法的态度是冲突的。《春秋公羊传》有“大复仇”的经义，《周礼》亦赞成有限制的复仇。但国法如果允许复仇，则将引发冤冤相报的恶果。父权与君权抵触，人情与国法冲突，复仇成为贯穿中国法律史数千年的症结，始终不得其解。西汉禁止复仇。东汉有人杀死侮辱其父者，章帝免其死刑而宽宥之，后来司法以此为比，从而形成允许为父复仇的“轻侮

---

〔46〕《汉书·惠帝纪》。

〔47〕《汉书·刑法志》。

〔48〕参见秦涛：《汉简“王杖诏书”比勘研究》，载《中国古代法律文献研究》（第10辑），社会科学文献出版社2016年版。

〔49〕《汉书·宣帝纪》。

〔50〕亲亲相隐究竟是利是弊，与现代法治的关系如何？这是学术界争鸣的热点，可参见邓晓芒、郭齐勇等学者的相关论著。西政学者的观点，参见俞荣根：《礼法传统与中华法系》，中国民主法制出版社2016年版，第155—204页。

法”。和帝时，因“相杀之路不可开”，又将之废除。不过，民间复仇风气极盛，社会舆论乃至司法官吏均对复仇者表示同情。缑氏女玉复仇案、赵娥复仇案均曾震动朝野，且复仇者都得到赦免，显示出国法在此问题上的纠结。[51]

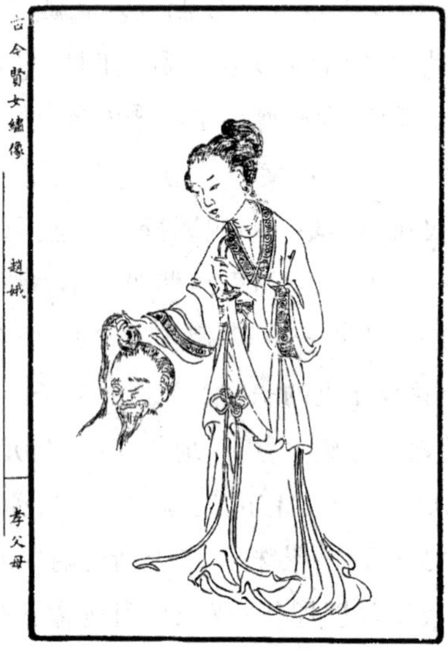

图 4－2　赵娥复仇

赵娥复仇记载于《后汉书》卷八十四《列女传》。其父赵君安被禄福县豪强李寿杀害。父虽有三子，都因瘟疫而亡，赵娥决定只身为父报仇。灵帝光和二年（公元 179 年）二月赵娥杀掉仇人李寿并割下李寿的头，到官府自首。后遇大赦，赵娥获释。西晋政治家傅玄为其作《秦女休行》诗，加以赞美。

简单来讲，法家的精神是法律面前人人平等。由于君主例外，所以其他人越平等，君主权力就越大，反而造成事实上的专制。儒家的精神则是区别对待，在君权之外，血缘（亲）、官爵（贵）、道德能力（贤）、年龄（齿）都是值得区别对待的理由。这样一来，这些人的所谓“法律特权”反而足以在一定程度上制衡强大的君权。这应该是法律儒家化的一大意义。

四、其他法律制度

汉律与秦律一样，包罗万象。近人章太炎云：“汉律之所包络，国典官令无所不具，非独刑法而已也。……汉世乃一切著之于律。”[52] 以下简述婚姻、

---

〔51〕 参见瞿同祖：《中国法律与中国社会》，中华书局 2003 年版，第 72—93 页。

〔52〕 章太炎：《检论》卷三《原法》附《汉律考》，载《章太炎全集》（三），上海人民出版社 1984 年版，第 438 页。

继承、契约、监察方面一些有特色的制度。

(一)婚姻与继承

1. 婚姻

西汉婚姻观念,较之后世要开放得多。很多后世较难容忍的行为,在汉代都被社会接纳:闺女私奔,如卓文君与司马相如;寡妇再嫁,如丞相陈平的妻子曾"五嫁,夫辄死";男子入赘,如"七科谪"曾把全国赘婿编制成一支军队;良贱通婚,如平阳公主嫁给她曾经的马奴卫青、汉武帝最宠爱的李夫人出身倡家。

不过,东汉"国宪"《白虎通》将若干《礼经》原则明文标榜,婚姻习俗逐渐儒家化,"三从"等观念也应运而生。汉代的离婚制度涉及"七去""三不去"。

七去。西汉人编的《大戴礼记·本命》记载了夫家单方面休妻的七种理由,即"七去",也称"七出",分别是:不顺父母、无子、淫、妒、口多言、有恶疾、盗窃。这些情形,在史籍中均能找到具体事例。汉代离异女子不受歧视,再嫁比较容易。《白虎通》特别声明妻子不得休夫,说明这种现象在当时也存在,史书中也确实可以看到有女子因夫有恶疾或贫困而主动求去的。

三不去。这是对夫家离婚权的限制性规定:"有所取无所归,不去;与更三年丧,不去;前贫贱后富贵,不去。"即妻子娘家无人、妻曾为公婆守孝、糟糠之妻旺夫,丈夫不得行使离婚权。

《白虎通》曰:"出妇之义,必送之。"离婚后,丈夫须以礼送妻归娘家。同时汉律规定:"弃妻畀所赍。"[53]妻子的陪嫁财物、奴婢须如数归还。

2. 继承

中国古代的继承制度中,身份继承多实行嫡长子继承制,汉代有《置后律》严格管制;财产继承则可以按被继承人的意志自由处分,汉代常采诸子均分制。

汉代的遗嘱称"先令",意即被继承人预先拟定的遗令。《二年律令·户律》:"民欲先令相分田宅、奴婢、财物,乡部啬夫身听其令,皆三辨券书之,辄上如户籍。有争者以券书从事,无券书毋听。……留难先令,弗为券书,罚金一两。"由此可见:(1)立书面遗嘱分配财产时,需乡官到场公证;(2)遗嘱一式三份(三辨券),一份官府存档,两份交双方当事人;(3)无书面遗嘱(券书)

〔53〕《礼记·杂记下》注。

的遗产纠纷，一律不受理；（4）阻碍书面遗嘱设立是犯罪，需罚金一两。扬州仪征西汉墓出土的《先令券书》讲述了一位名叫朱凌的老太太"甚疾其死"，召集"县乡三老、都乡有秩、佐、里师"等基层官员"为先令券书"，文件最后有见证人署名及"先令券书明白，可以从事"的公证结论，是一份难得的史料。[54]

遗产处分是很自由的。如西汉开国功臣陆贾退休后，将家产平分给五个儿子，自己驾豪车、持名剑，携十名歌女，轮流住在五个儿子家，并约定寿终谁家，就由谁继承车马、名剑、歌女。因为这个别具一格的遗嘱设计，陆贾晚年生活十分潇洒。

（二）契约

1. 买卖契约

汉代契约称"券"，又叫"契券"，契是刻的意思。《说文解字》说："券别之书，以刀判，契其旁，故曰契券。"券书写在木板上，用刀切为两份，并在板侧刻上计数的刻齿，与板上所载数字相符，以防篡改。东汉人注《周礼·士师》云："今时市买，为券书以别之，各得其一，讼则案券以正之。"可见汉代买卖均需立券书，双方各执一半，作为将来争讼的书证。汉墓中常见"买地券"，是死者向冥界证明自己对此墓所有权的，虽属迷信，也可见当时人契约观念之强。西汉王褒曾写过一篇《僮约》：他在四川某寡妇家，碰到一个嚣张的奴仆，遂决定将之买下教训。奴仆声称："我的工作都按合同履行。合同未载，一概不做。"王褒遂写了一篇长达几千字的券书，约定了一百多项工

图 4－3　东汉姚孝经买地券拓本

此拓本刻于东汉永平十六年四月廿二日。泥质灰陶，边长 40 厘米、厚 5 厘米。志文隶书 6 行，共 40 字，为"永平十六年四月廿二日姚孝经买桥伟冢地约亩出地有名者以券书以事历中口弟口周文功口"。于 1990 年 1 月出土于河南省偃师县城关镇北窑村东砖厂，现藏于偃师商城博物馆。此出土文物是对东汉土地交易的反映。

[54] 较新的研究参见［日］籾山明撰：《汉结僤习俗考》，赵晶译，载《法律文化研究》（第 10 辑），社会科学文献出版社 2017 年版。

作以及违约责任,吓得该奴"目泪下落,鼻涕长一尺"。[55]《僮约》虽是文学作品,但忠实反映了汉代的契约观念与契约格式。

2. 借贷契约

两汉借贷活动十分活跃,甚至一度出台《贷钱它物律》以规范借贷行为。[56] 借贷内容有钱有物。如果欠钱不还,出借人可以申请官方介入催债。例如,居延汉简有一份文书,记录了某出借人希望官府向欠款人"验问(查验债务是否属实)收责(债)报(反馈)如律令"的请求。[57] 为确保债务得到切实履行,民间普遍存在债务担保的制度,如"今富商大贾,多放钱货,中家子弟,为之保役"。[58] 也有穷人找不到担保人,只得以身抵押。如著名的孝子董永"卖身葬父"的故事,原型就是西汉一次抵押贷款:"父亡无以葬,乃从人贷钱一万。(董)永谓钱主曰:'后若无钱还君,当以身作奴。'"[59] 必须说明,中国古代国法对于民事活动很少过问,大量民事规则均存在于风俗习惯与具体行为之中,无法细数。

3. 结社约束

汉代人还有结社的约束。如西汉《中服共侍约》,记录了七个人共同结成"服"以从事运输的约束;东汉《侍廷里父老僤买田约束石券》则是二十五位乡里的父老共同结成"僤"以集资买田的约束,[60] 等等。这说明汉代的契约运用非常灵活,民事规则极其丰富。中国古代民事规则的存在样态与丰富内涵,绝非一句"中国古代没有民法"可以概括,值得有志青年投身探索。

(三)监察

三独坐。汉朝的监察职官进一步完善。御史大夫下设御史中丞,内领侍御史,外督部刺史,"纠察百僚",权力极大。武帝时,在京畿地区设司隶校尉,"察举百官以下及京师近郡犯法者",[61] 号称"无所不纠"。东汉时,中央又有尚书台"总典纲纪"。御史中丞、司隶校尉与尚书令,朝会时专坐一席、

---

〔55〕《僮约》较好的校注本,参见汪维辉:《僮约疏证》,载《汉语词汇史新探》,上海人民出版社2007年版。

〔56〕甘肃简牍博物馆等编:《肩水金关汉简(肆)》,中西书局2015年版。

〔57〕谢桂华等:《居延汉简释文合校》,文物出版社1987年版,第609页。

〔58〕《后汉书·桓谭传》。

〔59〕《太平御览》卷四一一《人事部·孝感》引刘向《孝子图》。

〔60〕参见鲁西奇:《何草不黄:〈汉书〉断章解义》,广西师范大学出版社2015年版,第367—371页。

〔61〕《后汉书·百官志》。

监察百官，号称“三独坐”。

刺史“六条问事”。武帝时，将天下一百多个郡国分为十三个监察区，除司隶校尉部外，每个州都由御史中丞特派一名部刺史进行监察。刺史的主要职责，是“周行郡国，省察治状，黜陟能否，断治冤狱”。具体来讲，即奉皇帝的六条诏书，“以六条问事”。六条诏书分别是：地方豪强的违法问题、郡守贪污、郡守司法腐败、郡守用人腐败、郡守子弟的违法问题、郡守与豪强的勾结问题。〔62〕可见，监察对象首先是郡守，其次是地方豪强，“非条所问，即不省”。明末顾炎武评价：刺史以六百石监察二千石的郡守，秩卑命尊、官小权重，甚得“小大相制，内外相维之意”，起到了良好的效果；不过，也有“刺史之职下侵”的弊端。〔63〕随着时间推移，刺史权力逐渐侵蚀郡守、县令，不仅监察郡县所有官员，而且总揽军事、行政权力，至汉末终于形成割据势力。

州部从事、郡督邮。部从事是州刺史的属官，每郡国对应一员，“主督促文书，察举非法”。督邮是郡守属吏，从秦朝的都吏发展而来，负责分部监察诸县。汉朝从中朝的尚书台、外朝的御史中丞，到京畿的司隶校尉、州刺史、州部从事、郡督邮，形成了一套完善的监察职官体系。

三互法。汉代当官须回避本籍，如甲州人不得当甲州刺史。后来逐渐发展为甲州人如果任乙州刺史，则乙州人不得任甲州刺史；同时还需回避妻家的籍贯，以防串通包庇。到了汉末，发展出“三互法”：“制婚姻之家及两州人士不得对相监临。”〔64〕例如，如果甲州人任乙州刺史，乙州人任丙州刺史，则丙州人不得任甲、乙二州刺史。如果将其中的任职关系置换为婚姻关系，也在禁止之列。〔65〕这种做法失之烦琐苛刻，以致有些职位长期空缺没有合适人选。

第四节　汉朝狱讼制度的新发展

汉朝的狱讼制度，承秦而来。此处不再重复，只谈谈在法律儒家化之下，

---

〔62〕 六条诏书的原文，参见《汉书·百官公卿表》注引《汉官典职仪式》。

〔63〕 《日知录》卷九《部刺史》。

〔64〕 《后汉书·蔡邕传》。

〔65〕 参见严耕望：《秦汉地方行政制度》，上海古籍出版社2007年版，第348—350页。

几项重要的新发展。

一、狱讼职官与法吏风格

(一)狱讼职官的新设

首先,廷尉属官的新设。与秦朝一样,廷尉是汉朝最高司法官。宣帝时,有感于当时“决狱不当”与廷尉判案官员“任轻禄薄”的现状,特别新设了“廷尉平”四员,以“明察宽恕”“其务平之”为断狱方针,矫正武帝以来“巧文寖深”的风气。[66] 此外,张汤曾任儒生兒宽为奏谳掾,“以古法义决狱”。奏谳掾可能是廷尉之下专司奏谳案件的官职,不知是否汉朝新设。

其次,地方狱讼职官。汉朝州郡县乡制度,记载较为详细,可以看到不少秦简中未曾见过的职官。

州设律令师,“主平法律”,与“主监试经”的《孝经》师、“主时节祠祀”的《月令》师并列。三师应是地方官吏承担师教功能的体现,是法律儒家化的产物,与秦朝“以法为教,以吏为师”形成了鲜明的对比。

郡守之下,按职能分设列曹,其中决曹、辞曹、贼曹、仁恕掾均与狱讼、治安有关。贼曹主捕盗贼,维护一郡的治安。辞曹主辞讼事,职听讼。决曹主罪法事,职断狱。东汉又有仁恕掾,“主狱”,也负有纠察属县的责任,顾名思义,应是法律儒家化影响下新设的官职。[67]

乡设三老,掌教化;啬夫,职听讼;游徼,禁盗贼。以教化为先,赋予乡官以听讼的职能,这是汉朝的新发展。

最后,听讼体系逐渐形成。

所谓“讼”,即户婚、田土、钱债等“细故”,与刑狱“重情”相对,类似于今天的民事诉讼,汉代称为“辞讼”。汉代辞讼非常活跃,东汉王符的《潜夫论》云:“乡县典司之吏,辞讼之民,官事相连,更相检对者,日可有十万人。”每天十万人涉案,或有夸张成分,但汉代健讼之风可窥一斑。如此繁多的辞讼案件,没有相应的诉讼法令与诉讼程序是不可想象的。汉朝的辞讼,已经初步形成较完整的职官体系,并且有了初步的法律规范。

东汉司徒下设辞曹,律家陈宠曾任此职,“掌天下狱讼,其所平决,无不厌服众心”。不仅如此,陈宠还编纂裁决婚嫁等问题的《辞讼比》七卷,成为听

---

〔66〕《汉书·刑法志》。

〔67〕以上均参见严耕望:《秦汉地方行政制度》,上海古籍出版社2007年版,第2章。

讼的法律依据，达到了“齐一法令，息遏人讼”的效果。[68]

东汉从司徒到郡、县，均设辞曹，负责听讼，与“主罪法”的决曹实现了狱讼分工。郡下还有专职听讼的“理讼掾”。[69] 如果“所讼辞讼事在乡，当为治决”，[70]也许大多数辞讼，仍由乡啬夫裁断。五一广场东汉简记录了一些听讼的档案，为今人窥探汉朝辞讼案件打开了一扇窗户。

（二）守文之吏与酷吏、循吏

司法官吏是否应以法律条文为唯一的行事依据？对此问题的不同回答，构成了汉朝司法官吏的三种风格：守文之吏、酷吏与循吏。这三类司法官吏，在整个中国法律史上也具有典型性，在此一并叙述。[71]

守文之吏的“文”，就是法律条文。守文之吏的风格是“奉法从事”，尽量做到不枉不纵。汉文帝时的廷尉张释之，就是守文之吏的典型。汉文帝出行，有人惊车驾，差点令文帝“败伤”。张释之依律判为犯跸罪，当罚金。文帝要求重判，张释之回答：“法者，天子所与天下公共也”，且“廷尉，天下之平也，一倾而天下用法皆为轻重，民安所措其手足”？[72]以法律为高于天子的公共标准，追求“平”而不倾于“轻重”，是守文之吏的准则。守文之吏，是秦朝律令文本与汉初黄老思想结合的产物。守文之吏虽然没有酷吏、循吏那样耀眼、有个性、在史籍中设有专传，却是贯穿两汉法律史的底色。

酷吏之“酷”当何解？《白虎通》：“酷者，极也，教令穷极也。”即过度执行法律的意思。相比起“守文”，酷吏的风格是“深文”，是“武健严酷”。他们不以律令条文为满足，而深入探求君主的意思，“不循三尺法，专以人主意指为狱”。这些人大多充当了君主加强集权的鹰犬。应当指出，文景之治以后，“奸轨弄法，善人不能化，唯一切严削为能齐之”，酷吏也起到了应有的历史作用。酷吏大多具有清廉的品格与雷厉风行的办事能力，所谓“廉者足以为仪表”，“虽惨酷，斯称其位矣”。亦正亦邪的形象，令酷吏拥有一种充满争议

〔68〕《后汉书·鲍昱传》注引《东观汉记》。

〔69〕长沙市文物考古研究所等编：《长沙五一广场东汉简牍选释》，中西书局2015年版，第157页。

〔70〕长沙市文物考古研究所等编：《长沙五一广场东汉简牍选释》，中西书局2015年版，第162页。

〔71〕胡仁智教授对此问题有精彩的论述，参见《两汉郡县官吏司法权研究》，法律出版社2008年版，第184—208页。

〔72〕《史记·张释之列传》。

的魅力。至于世所谓贪官庸吏,则“何足数哉”,〔73〕是不足与酷吏相提并论的。

循吏是“奉法循理”之吏。一方面,他们奉行律令;另一方面,则奉行律令之上的“理”,有着明确的正义观。循吏以教化为主,先礼后刑。如黄霸“力行教化而后诛罚”,秦彭“惟礼训人,不任刑罚”,刘矩“以礼让化之”。他们善于在润物细无声中化解诉讼,追求“无讼”境界。有些循吏还在律令之外,自设“条教”进行治理。宣帝时,循吏于定国任廷尉十七年,“决疑平法,务在哀鳏寡,罪疑从轻,加审慎之心”。史称“张释之为廷尉,天下无冤民;于定国为廷尉,民自以不冤”。“无冤民”,是因为法律得到公正的执行,这是法律效果;“民自以不冤”,是因为法律之外人情的呵护备至,这是社会效果。从中可以看出守文之吏与循吏的区别。循吏在法律儒家化的过程中熏陶而成,是中国古代法律史的理想官吏类型。

二、《春秋》决狱

汉朝最具特色的断狱机制,是《春秋》决狱。《春秋》决狱,指引用《春秋》等经典的精神原则或事例,解决狱讼过程中的疑难问题。史料可见引用的经典还有《诗》《书》《礼》《论语》等经典,所以也称“引经决狱”或“经义折狱”。

《春秋》决狱在武帝时的大儒董仲舒手中得到广泛运用。据说董仲舒退休之后,朝廷每遇疑难问题,就派廷尉张汤亲就陋巷请教。董仲舒常常运用经义解释疑难,事后整理成《春秋决狱》,共计二百三十二个案例。他自陈:“《春秋》之听狱也,必本其事而原其志。志邪者不待成,首恶者罪特重,本直者其论轻。”〔74〕事,即具体案情、犯罪行为;志,即犯罪行为体现的主观方面。《春秋》决狱强调透过客观的案情与犯罪行为,推原其主观的道德意志,作为定罪量刑的主要考量因素。

目前史籍中还能找到数则据说是董仲舒决狱的案例。例如,甲无子,捡到弃儿乙,收养为子。乙成年后犯罪杀人,跑回家告诉甲,甲藏匿乙。问甲藏匿乙的行为,是否构成犯罪?董仲舒引《诗经》“螟蛉有子,蜾蠃负之”,证成甲乙当认定为父子关系;又引“《春秋》之义,父为子隐”,证明父匿子无

---

〔73〕《史记·酷吏列传》。

〔74〕《春秋繁露·精华》。

罪。[75] 董仲舒的做法,得到后人的效仿。《春秋》决狱在汉魏晋重大疑难案件中屡次使用,北魏形成制度,至唐代随着法律儒家化的完成而基本结束。[76]

如何评价《春秋》决狱？近代法治理念深入人心,常以《春秋》决狱为“以经破法”,故负面评价较多。如章太炎抨击《春秋》决狱“舍法律明文,而援经诛心以为断”;刘师培则说“名曰引经决狱,实则便于酷吏之舞文”。实际上,评价一项制度,须结合时代背景,看其在历史上的实际功过。首先,从具体案例来看,《春秋》决狱以从宽为主,有利于矫正汉律承秦之弊。其次,《春秋》决狱的本质是以经义为律令的法源,体现了汉儒以圣贤限制皇权的努力。最后,《春秋》决狱在司法领域探索并完善了法律理论,其实践成果常被后续的立法采纳。例如,“父为子隐”在宣帝时代,就入法成为“亲亲得相首匿”原则。不可否认,《春秋》决狱也有个别被酷吏利用的例子,但汉朝庞杂的律令才是酷吏上下其手、作奸犯科的主场。他们援用经义,不过是追随皇帝的喜好与附庸时代的风雅罢了,未必能得到什么特别的便利。[77]

三、天人感应与狱讼制度

董仲舒的新儒学讲究“天人感应”。天以阳为主,以阴为辅,阴阳协调。刑狱属于人间阴事。如果刑狱过于酷滥,或在阳的季节(春夏)行阴事,将阴气过剩、阴阳失调,引动天灾。后世常以“六月飞雪”表示民间有冤情,原理就在于此。狱讼制度遵循天人感应的措施,一方面释放掉蓄积过剩的阴气(录囚、大赦),另一方面在阴的时间做阴的事情(秋冬行刑)。

录囚。录,省察。录囚,是皇帝或上级长官定期或突击检查刑狱,直接详审罪囚、平反冤狱的制度。录囚之制源于秦律,岳麓秦简就有南郡守“录江陵狱”的记录。不过,秦及汉初的录狱,以书面审查为主,似未提审在押犯。西汉武帝后,州郡官员常在秋季巡行郡县,亲录囚徒。昭帝时,京兆尹隽不疑“每行县录囚徒还,其母辄问不疑:‘有所平反？活几何人？’”皇帝录囚,始于东汉。明帝、和帝均曾往洛阳狱“录囚徒,举冤狱”,邓太后连续三天亲自录

---

〔75〕《通典》卷六九。

〔76〕参见吕志兴:《“春秋决狱”新探》,载《西南师范大学学报》2000 年第 5 期。

〔77〕《春秋》决狱的案例,程树德的《九朝律考·汉律考》搜集较齐全,黄源盛的《汉唐法制与儒家传统》运用法学视角对其中十八个案例作了细致的分析,均值得参看。

囚,平反数百人。录囚制度是儒家仁政恤刑、天人感应学说的制度化,对平反冤案、监察司法都有积极作用,故为历代沿用,至唐宋犹有“虑囚”之制。〔78〕

大赦,即普遍宽赦罪犯的制度。赦前之罪无论举发与否,均予减免。秦始皇时,“急法不赦”。汉朝大赦达一百四十多次,凡登基、册后、灾异,均会大赦天下。大赦制度,体现了汉人“与民更适”“理阴阳,顺时气”“赦小过,举贤才”的思想。不过,赦免过于频繁,会伤害法律的稳定,纵容作奸犯科。因此,汉末三国有许多批评赦免的言论,认为良好的法治“在于明法,不在数赦”。除了大赦,汉朝也有针对某地某事的赦免,后世称为“曲赦”和“别赦”。〔79〕

秋冬行刑。据说“秦为虐政,四时行刑”。儒家吸收阴阳思想,形成司法时令说:“王者生杀,宜顺时气。”汉朝实行“秋冬行刑”的制度,除罪大恶极者决不待时,死刑均在立秋以后、冬至之前执行。秋冬行刑为死刑纠错留下时间上的余地,在传统农业社会也有不误农时的意义,为历代继承,直至清末。

同样受阴阳思想影响,秦始皇以水德自命,严刑酷法,“刻削毋仁恩和义”;汉朝则发展出德主刑辅、顺天生杀的制度。两相对比,思想与制度之关系耐人寻味。

四、汉朝法制的得失

汉朝在制度上“汉承秦制”,思想上改弦更张,先以黄老、刑名为过渡,继之以推崇儒术,开启了引礼入法的宏伟进程。汉儒在难以全盘更革律令的情况下,先引经折狱,再引经注律,并不失时机地促成个别经义的法律化,以潜移默运之手段,行偷天换日之事业。礼法时代的恢弘大剧,缓缓拉开了序幕。

汉朝远汲周礼的精神,近取秦律的制度,以长达四百年的显赫治绩,为后世树立了一个制度文化模板,这就是“礼法”。后世无论如何因革损益,都在礼法的框架之下行事,而再难完全突破。〔80〕是欤非欤?功耶罪耶?于此取解,则思过半矣。

汉朝立法,起于《九章律》;而《九章律》是对秦律的沿袭。因此,汉朝从

---

〔78〕 参见胡仁智:《两汉郡县官吏司法权研究》,法律出版社2008年版,第103—106页。

〔79〕 参见邬文玲:《汉代赦免制度研究》,中国社会科学院2003年博士学位论文。

〔80〕 参见阎步克编著:《波峰与波谷:秦汉魏晋南北朝的政治文明》(第二版),北京大学出版社2017年版,“前言”。

来不曾有过对法律制度的总体、理性设计。这就造成了如下问题：

第一，法律文本庞杂。武帝以后，成文的律令激增至三百五十九章，不成文的决事比更是成千上万，即便专职司法的官吏都难以读完。而且律令规定互相矛盾，“或罪同而论异”，这就给了奸吏任意出入人罪的机会。“所欲活，则傅生议；所欲陷，则予死比。”法律文本庞杂，是两汉四百年积重难返的结果，也是立法技术落后造成的。

第二，价值取向与制度文本的背离。武帝以后，汉朝明面的价值取向是儒家思想，但制度文本仍是承秦而来的律令。在此前提下，儒家的《春秋》决狱往往与律令抵触，伤害法律的稳定性。司法实践中，也常常面临德与法相冲突的两难困境。两汉常有信奉儒家的官吏为了坚持心中的正义，任情破法或弃官而逃。

要解决以上两个问题，非对汉律作通盘的修订与彻底的清理不可。也有不少有识之士试图“建立明制，定一代之法”，[81]却终两汉之世而未成。这就仿若一个传承百年的大家族，明知非彻底的扫除不足以新其居，却以尘蠹为宝物、视腐朽如珍奇，件件难以丢弃，最终无从下手。唯有入居新的主人，大刀阔斧重新起炉灶。这个主人，就是代汉而兴的曹魏。

课后思考·关键词

约法三章　九章律　傍章律　决事比　律章句　七去三不去　六条问事　三互法　上请　矜恤　亲亲得相首匿　春秋决狱　录囚　秋冬行刑

课后思考·问答题

1. 试述汉初文、景时期的刑制改革。
2. 试述汉武帝加强中央集权的法律举措。
3. 汉代法律儒家化有哪些表现？试举其中三项，分述思想渊源、制度内容与评价。
4. 试论汉代司法官吏的不同风格。
5. 试论春秋决狱。
6. 试述天人感应论对汉代法制的影响。

---

〔81〕《汉书·刑法志》。

案例阅读

1. 假冒卫太子案

2. 赵娥复仇案

第五章 三国两晋南北朝的法律制度

（公元220年至公元581年）

近代以来，以陈寅恪、内藤湖南等为代表的史学大师，在关注文治武功隆盛、制度典章发达的隋唐的同时，也将学术眼光倾力于长期以来因分裂、混乱而被传统史学所忽视的三国两晋南北朝。这些大家从三国两晋南北朝这一动乱时代去探寻隋唐强盛的制度渊源，不仅揭示了三国两晋南北朝的时代特征及其在中国历史上的地位，还提出“六朝隋唐中世论”等重要论断，由之引起中国史分期问题的长期论争，至今尚未得出明确结论。例如，20世纪30年代，陈顾远撰写的《中国法制史》率先提出传统法学的“儒家思想化”，并指出由汉至唐是“儒家谈法而谋以礼正律时代”。20世纪40年代，陈寅恪的《隋唐制度渊源略论稿》一书又提出晋律“尤为儒家化”之说。此后，瞿同祖在《中国法律与中国社会》一书和《中国法律之儒家化》一文中，从研究魏晋以来儒家与刑律相互关系入手，系统论述了“中国法律之儒家化”问题。这些大家的重要学术观点，成为法律史普遍接受的成说。面对这样经典的命题，近年来陆续出现修正甚至质疑的声音。[1] 又如，从这段时期的大分裂走向隋唐大一统的进程中，包括法律制度在内的制度转型存在“北朝主流说”和“南朝化倾向”两种见解，这些仍然在不断深入讨论的观点，对于我们重新认识历史变迁中的另一种“南渡北归”意义重大。然而，无论怎样解说或借用何种理论体系，自魏晋以迄隋唐的近四百年漫长发展时期内，包括法制文明在内的中华文明确实存在明显区别于前后时代的独特历史风貌与精神属性。

三国两晋南北朝时期，社会动荡，战乱频仍，群雄割据。各王朝为求生存图发展，都比较重视立法建制。同时，各民族法律文化的融合推动了律学的发展，使这个时期法律思想更显活跃。在继承秦汉立法成就的基础上，经过

---

〔1〕 具体研究参见杨一凡：《质疑成说，重述法史——四种法史成说修正及法史理论创新之我见》，载《西北大学学报》（哲学社会科学版）2019年第6期。

各王朝礼法之士持续不断地创新设计与改造尝试，无论是立法技术、法典体例、法律形式还是法制内容诸方面，都有所变化和创新，呈现出与秦汉法制显著不同的风貌。尤其是北朝统治者入主中原后，效仿汉法，所创制的《北魏律》《北齐律》等律典，成为沟通秦汉旧典与隋唐制度的重要津梁，是融汇游牧文明与农耕文明的法制结晶。法典体系、法律内容与法律精神的不断革新，使一系列重要制度和基本原则在这个时期初具雏形，助力传统法制由幼稚向成熟演进，最终波及隋唐结出丰硕的成果——宣告中国古代成文法典体系基本格局的定型，奠定礼法时代的制度根基。

第一节　三国两晋南北朝的主要法律思潮

三国两晋南北朝时期法律思想的形成与发展，可以追溯到东汉中期。自那时起，关于法律哲学、法律政策、法律体系、法律技术以及法律观念的思考成果就在不断涌现，新义迭出，各种法律思潮彼此交织，互相碰撞，其思想活力一直延续到隋唐，从而构成了一幅绚烂多彩、鲜活生动的法律思想的历史画卷，也更加筑牢了礼法时代的思想根基。在这个法制大变革的长时段内，出现了许多著名的法律思想家和法律思想理论。这些思想家和他们的理论，夹裹在一波又一波的法律思潮之中，闪耀出法律智慧的熠熠光辉。

在三国两晋南北朝的立法和司法实践中，儒学思想仍占主导地位，不少统治者都提倡儒学和礼法之治。如“治定礼为首，拨乱刑为先”是曹操主要的法律思想主张。“治定礼为首”，可以看出曹操受到儒家思想的影响；“拨乱刑为先”，则能看出重法术、严刑罚构成了曹操法律思想的另一个侧面。因此，难以将曹操单纯视为法家，他提倡尚礼重法、礼法并举，本质是以名法糅合礼律。这是西晋一代倡礼治、重刑律，坚持礼律并重的先声。西晋提出“以孝治天下”，“礼法之士”是当时礼法之治的主要推动者。这些人物以杜预为代表，有着深厚的家学渊源和礼法修养，同时也兼具较高的政治身份和地位，在西晋律令、礼典撰修过程中起到了决定性作用，直接推动了西晋法律儒家化的进程，也铺垫了东晋南北朝基本的法制走向。[2]

〔2〕 具体研究参见邓长春：《礼法之治与泰始律令》，载《法律史评论》2019年第2期。

三国两晋南北朝时期法律思想的发展受法家、玄学及佛学等的影响，呈多元化局面，概言之，主要有三个重要法律思潮：名法思潮、律学思潮、玄学法理思潮。

一、名法思潮

汉家制度，霸、王二道兼而用之，采取"阳儒阴法"的统治策略。自西汉中期开始，法律儒家化运动成为时代主流，刑名法术之学则为潜流。东汉中期以后，大批儒生士大夫针对当时礼教治国的总危机，进行系统批判。由此而开启了救弊、务实的社会风貌，"循名责实"成为最常见的口号。纲常名教受到质疑，先秦诸子思想复活。其中，尤其以法、道、名诸家思想最为活跃。到汉末三国时，名法学由潜流一跃而成时代主流，影响深远。东汉政治社会种种乱象，终于带来黄巾之乱，政权统治分崩离析。其后，群雄纷争，天下大乱。出身阉竖寒门的曹操，最终统一北方，一举奠定三国曹魏政权的根基。诸葛亮辅佐刘备进占西蜀，孙权倚仗父兄基业雄踞东吴，与曹魏形成三足鼎立的政治格局。抛开军事攻伐、外交谋略等因素，三国创业之人之所以能够在群雄争霸中脱颖而出，建立稳固的政权，亦是顺应时代潮流，奉行名法之治的结果。

"名学"本为先秦名家所创，后为诸子所吸收，成为先秦学术争鸣、理论论证的通用之学。其中一派将名学理论运用于政治法律领域，于是有刑名法术之学。"名法"之学，顾名思义，同时重视"名"与"法"的作用。"名"强调名分、职守，"法"强调整齐、平等、贯彻执行。"名"与"法"相辅相成，彼此互补，成为循名责实、整齐秩序的强而有力的治国手段。先秦名法学以"名"为纽带、"法"为主旨，串联儒、道、墨诸家政治法律主张，起到了整合诸家的效果。申不害、尹文子、荀卿、韩非、李斯诸子都精于此，遂使此学发扬光大，到两汉时期仍能潜滋暗长，从者甚众。贾谊、晁错以及当时酷吏，莫不精通此学，用以辅佐霸、王兼宗的汉家制度。汉末，名教破产，儒术失灵，名法之学被推向前台，于是就有了名法思潮以及名法之治。其中又以曹操、诸葛亮为主要代表。

曹操提出"拨乱之政，以刑为先"[3]的口号，又提出"唯才是举"、不为礼

---

〔3〕《三国志》卷二四《魏书·高柔传》。

教名节所束缚的人才选任标准。这都是名法家因时设法、循名责实主张的体现。同时,曹操抑制豪强势力,打压名门大族的特权制度,还制造出著名的"割发代首"案,名法家平等精神又彰显无遗。陈寿称曹操"揽申、商之法术",[4]刘勰也说"魏之初霸,术兼名法",[5]这都是对曹操名法思想与名法治国实践的精要概括。"魏武好法术而天下贵刑名。"[6]曹操力行名法之治的结果之一,就是曹魏境内兴起讨论刑名的风尚。例如,刘劭的《法论》,丁仪的《刑礼论》,刘廙的《先刑后礼论》《政论》《难丁仪》,曹羲的《肉刑论》,夏侯玄的《肉刑论》,李胜的《难肉刑论》,桓范的《世要论》,蒋济的《万机论》,袁准的《正论》,杨乂的《刑礼论》,傅斡的《肉刑议》等,即为其代表作品。在经过魏文帝曹丕"慕通达"所带来的短暂低谷之后,名法思潮到魏明帝时仍占主流。魏明帝即位之初,特别留意法理,喜好刑名。其最直接的制度成果就是刘劭、庾嶷、荀诜等人制定的《新律》《州郡令》《尚书官令》《军中令》等律令一百八十余篇,是为汉魏法律体系的一次重大变革。"律博士"之设也在此时。然而,名法之治也正于此时遭遇儒家礼法精神和儒学士族的强力反弹,开始步入低潮。魏明帝下诏称要尊贵儒学,以之为"王教之本",开始由名法之治转向礼法之治。其后,儒学大族司马氏掌权,大批追随曹爽的刑名之士遭到摧折,名法思潮最终销声匿迹。

诸葛亮是"世家相传的法家",[7]精通申、韩,并深受管仲之学影响。其治国思想以厉行法治、循名责实、赏罚分明、从严治军为要。诸葛亮很重视刑罚的威慑作用,十分强调军纪。且能做到赏罚分明,执法公平,其例则如"挥泪斩马谡"案。诸葛亮以名法治蜀,获得史家高度评价:"科教严明,赏罚必信,无恶不惩,无善不显,至于吏不容奸,人怀自厉,道不拾遗,强不侵弱,风化肃然也。"[8]然而,诸葛亮的名法之治却也并非一味任刑,峻急苛酷。其名法思想同时兼有儒家仁义、教化的因子,属于礼法结合的治国思想。这是其与先秦法家及曹操的最大区别所在。

综而观之,名法学由先秦"名""法"二家学术整合而来,在两汉内化为汉家制度的内法精神,在汉末政局动荡和精神风尚衰退背景之下,名法学由汉

---

〔4〕《三国志》卷一《魏书·武帝纪》。

〔5〕《文心雕龙·论说》。

〔6〕《晋书》卷四七《傅玄传》。

〔7〕万绳楠整理:《陈寅恪魏晋南北朝史讲演录》,黄山书社1987年版,第26页。

〔8〕《三国志》卷三五《蜀书·诸葛亮传》。

家“内法”外显为名法之治。这种思潮至三国时成为普遍奉行的治国政策：孙吴的名法之治自始便遭士族反对，未取得多少实效；曹魏由于儒家大族的反弹而中途改弦更张；唯有蜀汉奉行最为彻底，可谓贯穿始终。名法思潮为三国时期法律制度的发展起到重要助推作用，是法律儒家化所必经之阶段。〔9〕

二、律学思潮

魏晋律学上承汉代的律章句学，下开南北朝分庭抗礼之先声，其时律学世家绵延赓续，南北在对立中各显千秋，最终走向隋唐的融汇一炉。

（一）魏晋律学的繁荣及其影响

三国两晋南北朝是战争频仍的动乱时期，但其立法之频繁、法制创新之多、成就之高为历史上所罕见。究其原因，立法体制的改变是一个重要因素。在曹魏之前，法律的编订多由个人进行，如《法经》《秦律》《九章律》《傍章》《越宫律》《朝律》分别由李悝、商鞅、萧何、叔孙通、张汤、赵禹制定。从曹魏《新律》开始，法典的编订由数人组成的立法班子进行，比如魏《新律》即由陈群、刘劭、韩逊、庾嶷、黄休、荀诜等人共同删定；晋《泰始律》则由贾充、郑冲、羊祜、杜预等十四人共同修订。此后各朝主要律、令、格、式修订都由多人组成的立法班子完成。这些立法成员中，有些是熟知法律和政体的朝中大臣，有些则是当时著名的律学家。由这样一个立法群体修订的律典，自然比一人所制之法有更高的水准和更多的创新。但更重要的因素是魏晋律学的影响。

律学是中国古代研究立法原则、法律术语与概念、法典的编纂、法律解释的学科。律学萌芽于西周，至秦汉形成雏形。曹魏时期律学在统治者的提倡下继续发展，先后出现了陈群、刘劭、钟繇、丁仪、曹义、王朗等一批著名的律学家。此时的律学已不同于汉代，逐渐摆脱经学束缚，开始成为一门独立的学科。晋代更是律学家荟萃，律学进入鼎盛时期。魏晋律学的繁荣表现在以下两个方面：

其一，出现了专门负责律的研究和教授的部门及其职官——律博士。两汉律学多以私相传授为主，因师法、家法之别而产生数百万言的诸儒律章句，曹魏顺应了东汉末年以来经学一统郑氏的趋势，在司法实践中独用郑玄律章

〔9〕 具体研究参见秦涛：《汉末三国名法之治源流考论》，西南政法大学2011年硕士学位论文。

句,解决了律章句的繁芜问题。魏明帝时,卫觊上疏:“九章之律,自古所传,断定刑罪,其意微妙。百里长吏,皆宜知律,刑法者,国家之所贵重,而私议之所轻贱;狱吏者,百姓所悬命,而选用者之所卑下,王政之弊,未必不由此起也。请置律博士,转相教授。”[10] 由于卫觊的条陈,朝廷遂置律博士官。律博士之设,使律学得以立于官府,地位有较大的提高。

其二,有一大批解释、研究法律的著作面世,其学术造诣之深,前所未有。曹魏时,刘劭撰《律略论》5卷,钟会撰书12篇,“名曰《道沦》,而实刑名家也”。[11] 晋代律学著作主要有:张斐所撰《汉晋律序注》1卷,《杂律解》21卷,《律解》20卷。杜预所撰《律本》21卷,《杜预杂律》7卷,贾充和杜预合撰的《刑法律本》21卷,还有《晋杂议》10卷等。

魏晋律学的理论基础虽仍是儒家学说,但受当时盛行的道家玄学之风影响,使律学具有较浓的思辨色彩和一定的抽象性。魏晋律学将思维触角伸向法理学领域,开始从理论深度去考察法律实践,把研究领域扩大到法律的基本性质、概念定义、律典体例和法律适用原则、司法证据、审判心理等问题。其对法律概念术语的解释、区分,对法典体例结构的研究已达到相当准确、深入的程度。魏晋律学著作基本已佚失,仅张斐向晋武帝进律疏时的奏表《进律表》尚存,包含丰富的律学内容:[12]

第一,揭示律典《刑名》篇的性质、地位和作用。“律始于刑名,所以定罪制也”,“所以经略罪法之轻重、正加减之等数、明发众篇之多义,补其章条之不足、较举上下纲领”,明确指出了《刑名》是整部法典的纲领,这一解释非常科学。

第二,解释和区分各个法律概念、术语。张斐对《泰始律》中5个易混淆的罪名,15个与认定犯罪性质、区分犯罪情节密切相关的名词作了解释和区分,它们是:谩、诈、不道、不敬、恶逆、故、戏、斗、贼、盗、强、略、失、过失、戕、造意、谋、率、群、赃。张斐这样解释说:“违忠欺上谓之谩,背信藏巧谓之诈,逆节绝理谓之不道,亏理废节谓之不敬,陵上僭贵谓之恶逆,其知而犯之谓之故,不意误犯谓之过失,意以为然谓之失,无变斩击谓之贼,两讼相趣谓之斗,两和相害谓之戏,将害未发谓之戕,唱首先言谓之造意,二人对议谓之谋,制

---

〔10〕《三国志》卷二一《魏书·卫觊传》。
〔11〕《三国志》卷二八《魏书·钟会传》。
〔12〕《晋书》卷三〇《刑法志》。

众建计谓之率,三人谓之群,不和谓之强,攻恶谓之略,取非其有谓之盗,货财之利谓之赃。”这些解释是清楚的,有些是相当的准确。比如“故”“过失”“失”,张斐从实施犯罪行为时的心态入手来区分“故意”“过失”,抓住了问题关键,从而使这两个概念有了较明确的含义和区别。张斐还区分“失”和“过失”。“过失”类似现代刑法中“疏忽大意”的过失,“失”则相当于“过于自信”的过失,这比汉代郑玄注《周礼》时对“过失”的解释要准确得多。张斐对这些概念术语的解释区分,说明魏晋律学已达到较高的水平。

第三,提出“本其心、求其情、精其事”的审判原则。张斐指出,“论罪务本其心,求其情,精其事,近取诸身,远取诸物,然而可以正刑”。意即审理案件,要依据犯罪人的主观心态,分析他的各种表现,听取他的口供,收集证据,全面详细地查明案情,然后才能定罪量刑。该原则主张主客观要件相结合,全面评价案件,具有合理性和科学性。

魏晋律学的繁荣对这一时期法制发展的促进作用是必然的,比如,张斐在说明《刑名》一篇的作用时指出,“刑名所以经略罪法之轻重,正加减之等差,明发众篇之多义,补其章条之不足,较举上下之纲领。”它与各篇有机配合,可使复杂多变的社会现实“自始及终,往而不穷,变动无常,上下无方,不离于法律之中也”。《刑名》由曹魏律首创,以后各朝立法均将《刑名》列于首篇,再无异议,可见,《进律表》中关于《刑名》的说明是有深远影响的。而魏晋律令法典的修订及其体例的改进、一些重要法律制度的创制等成就,都是在繁荣的魏晋律学的指导下取得的。

(二)南北朝律学的发展及影响

南北朝律学在魏晋律学的基础上继续发展,形成自身的特点。南北朝律学没有对律典进行全面疏解的成果,但针对魏晋法制及律学中存在的问题及不足进行了研究。其主要内容和成果有:统一晋朝张斐、杜预为《晋律》所作的律注,解决了张、杜对《晋律》“同注一章,而生杀永殊”的弊端;加强对司法实践中具体案件适用法律问题的研究,如对东冶士朱道民立功案、薄道举抢劫案、张江陵夫妇骂母致母死亡案、熊氏自质其身为子偿债案、张氏刳夫尸查病因案、费羊皮卖女葬母案、兰陵公主被殴伤胎案、刘景晖妖言惑众案、李怜母请求留养等案的法律适用及子孙能否证父祖之罪、子孙能否对父祖复仇、民杀官长遇赦能否减免刑罚、“奸吏逃刑不在赦限”,“母杀其父,子不得告,告者死”等法律问题进行了探讨。南北朝律学具有“研究领域最为宽泛”“儒家伦理色彩浓厚”“注重法律解释的统一”等特点。学界有南北朝律较魏晋律学衰微的观点,[13]值得商榷。

南北朝法制在律令法典体例、法律形式、法律制度上有很多创新,如《北齐律》创名例篇及12篇体例;《梁令》创30篇结构;格和式成为正式法律形式;亲属不得令其为证原则、常赦所不免原则、缘坐妇女免死制度、测罚制度、立测制度、官当制度、死刑行刑制度、会审制度、公罪轻罚原则、赎刑制度、直诉制度、留养期亲制度、死刑奏报制度、重罪十条制度、流刑制度、五刑制度等制度原则的创立和完善。这些都离不开南北朝律学的指导。

学界对南北朝律学有“中原律学,衰于南而盛于北”的观点,且影响极其深远。[14] 与此相关联,则有南北朝法制“北优于南”的观点。这些观点都值得商榷。从律学成果看,南、北朝大致相当,但有些律学成果,如南朝对张、杜律注的统一,以及梁朝蔡法度撰写的,对晋、宋、南齐、梁律典进行比较研究的律学著作《晋宋齐梁律》20卷,则是北朝所没有的。从律学世家及其影响看,北朝主要有清河崔氏、渤海封氏,南朝有会稽孔氏、河东裴氏、济阳蔡氏。南朝的律学世家较北朝略多,传世较北朝久远,影响也较北朝更大。其他不说,蔡法度所撰律学著作《晋宋齐梁律》传至隋唐,影响至明清,裴政在隋初律令修订中起决定作用,这两点都是北朝律学世家所没有的。由此可见,北朝律学并不比南朝兴盛,故“中原律学,衰退于南而盛于北”的观点不成立。

南北朝法制均继承魏晋法律的内容,有很多方面是基本相同的。南朝的法制主要有:《梁律》首创“仓库”篇,《梁令》开后世令典30篇(卷)体例的先河,创立了亲属不得令其为证原则、常赦所不免原则、缘坐妇女免死制度、测罚制度、立测制度、官当制度、死刑行刑制度、会审制度、公罪轻罚原则,完善了赎刑制度、直诉制度,对重罪十条、流刑制度亦有开创之功。北朝的法制创新主要有:确立名例篇及12篇律典体例,格与式成为正式的法律形式,创立留养期亲制度、死刑奏报制度,完善重罪十条、流刑制度,奠定封建五刑制度。两相比较,北朝法制创新并不比南朝更多,影响也不比南朝更大,故南北朝法

---

[13] 陈顾远:《中国法制史》,上海商务印书馆1934年版,第48页。

[14] 程树德:《九朝律考》,中华书局2003年版,第301页。

制“北优于南”的观点也不能成立。[15]

三、玄学法理思潮

汉魏之际,是传统学术大变的时期。经学一变为玄学,生出玄学法哲学思想。魏晋玄学极具抽象思辨色彩,是先秦诸子之后的第二大哲学高峰。玄学法哲学思想可分为三派:一是“贵无”派法哲学。何晏、王弼提出“名教本于自然”,“名教”是“自然”的产物,以证明名教的合理性。他们还认为天地“以无为本”,提倡“无为而治”,以对抗曹魏名法之治。二是抗争派法哲学。嵇康、阮籍提出“越名教而任自然”的法哲学观点,以之对抗司马氏名教之治,抨击儒家礼法之士。三是折衷派法哲学。裴頠以名教为本,提出“崇有论”,向秀、郭象提出“名教即自然”主张,他们都对“名教”与“自然”关系加以调和。

玄学的发展,助推了同时期其他学术的思想架构形成。正如章太炎所指出的:“玄学者,固不与艺术文行牾,且翼扶之”,即玄学也提倡“名”与“分”,“言循虚”但“艺控实”,正如“服有衰次,刑有加减”,有其独特的“名分”之“理”,因此“玄学常与礼律相扶”。[16]

魏晋时人好清谈,喜言“理”。王弼创立玄学,打破了经学机械、琐碎的解说习惯,开创了运用“理”这一通贯性最高性原则来解说一切事物的全新思维方式。受此潮流影响,魏晋律学亦突破两汉律章句学之藩篱,而获得一种新议题——“理”。此“理”即“法理”,实指律令背后的理论学说,“法理”一词渐而频繁见诸史籍。这说明,自魏晋以下的法学一反律章句学训诂碎裂之习,转而兴起一种以玄理诠释律令的新潮流,此即玄学法理思潮。其意蕴在于,以“法理”为法律之本,以论理辩难的逻辑思辨方式求贯穿法律的通理。

对此,刘劭、张斐二人分别为曹魏《新律》和晋《泰始律》所撰的《律序》,便是最好的范例。其在形式上的最大特色在于,吸收借鉴了玄学的认识论和

---

〔15〕 具体研究参见吕志兴:《南朝法制的创新及其影响——兼论“南北朝诸律,北优于南”说不能成立》,载《法学研究》2011 年第 4 期;吕志兴:《南朝律学的发展及其特点——兼论“中原律学,衰于南而盛于北”说不能成立》,载《政法论坛》2012 年第 1 期;邓长春:《南朝律学之新发展》,载《西部法学评论》2008 年第 2 期;邓长春:《南朝律学研究——以会稽孔氏律学传习为视角》,载《新路集》(第 2 集),中国政法大学出版社 2013 年版。

〔16〕 章太炎:《五朝学》,载《章太炎全集》(第 4 册),上海人民出版社 2014 年版,第 69 页。

方法论,即辨名析理的思维方法、循名责实的思辨原则以及辩难驳论的讨论方式。于是,形成了当时律学注重辨析义理、追求言约义阔的学术倾向。刘劭的《律序》检讨汉律令的弊病,诠释曹魏律令的新意,解说《新律》谋篇布局之原理。张斐的《律序》以精简妙语概括二十个基本法律术语之内涵,阐发《泰始律》的宗旨。杜预的《律序》明确律令之分。此皆说明,当时法理学家注重对律义辨析,严格区分法律术语、法律形式,强调理论上的逻辑层次,注重思辨式的原理论述。而其在内容上的价值取向上,则展现出多元化的开放姿态。

总而言之,以玄为表,以儒为里,玄儒并进,合力而成玄学法理思潮;至西晋张、杜律注出,已达登峰造极的高度。以此为基础,西晋律令体系才能以空前简约、周备、系统的面貌展示于世人面前。这就为彻底终结秦汉式的法制困局,迎来隋唐完善的法典体系,奠定了坚实的理论基石与制度基础。[17]

除了以上思潮,当时的法律思想还受到道家、佛家的影响,并将之融入治国安民、治世治心的国策中。如刘宋的统治者崇奉佛法,何尚之在与宋文帝讨论时称:“百家之乡,十人持五戒,则十人淳谨矣。千室之邑,百人修十善,则百人和厚矣。传此风训以遍宇内,编户千万,则仁人百万矣。……能行一善,则去一恶;一恶既去,则息一刑。一刑息于家,则万刑息于国”,最后可“坐致太平”。[18] 梁武帝笃信佛教,煦煦为仁,几度舍身,推演“三教同源”;陈朝因之,拜迎不断;跋陀渡江,北魏孝文帝礼为上宾,为其凿石建刹,以“助王政之禁律”。[19] 作为佛教盛行的年代,佛家的思想观念、经典研习方式乃至戒律都对法律产生了深远影响。其对人的生命的重视,为当时的法律注入了平等因素;对犯罪也起到了一定的教化和惩戒作用,并影响了立法者的思想。此外,其与中国固有的法律文化也难以避免冲突和碰撞,在一定程度上冲击了儒家的忠孝、丧葬和等级观念。这种魏晋以来价值多元的思想传统在隋唐仍旧延续,曾经的“异域冲突”也逐渐在融合中消解,最终实现本土化。

---

〔17〕 具体研究参见邓长春:《中古法制文明论——以“法理”为中心的考察》,载《现代法学》2014年第3期。

〔18〕 释僧佑:《弘明集》卷一一《何令尚之答宋文皇帝赞扬佛教事》。

〔19〕《魏书》卷一一四《释老志》。

第二节　三国两晋南北朝主要立法成就

滋贺秀三曾说:“中国严格意义上的法典编纂是从魏律开始的。”[20]自魏晋至南北朝,是中国古代律令两分和五礼体系化的时代。不管是律令还是礼,都出现了立法技术上体系化、“法典化”的趋势,这对于我们了解汉唐间法律体系的演变具有重要的意义。

一、三国两晋南北朝的立法成果

(一)三国

三国时期,蜀汉基本上沿用汉律,主要立法活动是诸葛亮、伊籍等人“共造《蜀科》”。与曹操一样,诸葛亮在执政时期创制了不少“军令”;与之关联的是此后曹魏制令时有“军中令”,晋令则有“军战”“军水战”“军法”等篇目,可见这个时代都以令的形式专门调整军事活动。因此推之,诸葛亮所制“军令”也应具有法律效力,是蜀汉法制的组成部分。

由于史料缺失,孙吴所适用的法律只留下“多依汉制”的记载,一直以来也有孙吴无重要立法建树的评述。1996 年,在长沙市中心五一广场建设工地出土了十万余枚孙吴简牍,学界称为“长沙走马楼三国吴简”。历时二十多年,相关研究仍在推进。这些简牍包含了大量法律、户籍、赋役、田土制度的信息,且同一或附近区域还出土了数千枚东汉简牍,为我们认识秦汉以来地方治理提供了一个典型的文献档案链条,成为破解孙吴法律制度“无重要立法建树”说的一把钥匙。

曹魏在曹操统治时期,颁行过《甲子科》和一些军事法令。虽“嫌汉律太重”,但战争的客观形势和挟天子以令诸侯的特殊地位,使其不便于对汉律作出重大改革,因而基本沿用汉律。魏明帝即位后,鉴于承袭秦汉旧弊,法制苛碎,律文烦广,旧律越来越不适应形势需要的严峻现实,于太和三年(公元 229 年)下诏改定刑律,命陈群、刘劭等人删削旧科,傍采汉律,制定《新律》。《新律》是三国时期最重要的立法成果,其以汉《九章律》为基础,但又有较多

---

[20] [日]滋贺秀三:《曹魏新律十八篇篇目考》,载刘俊文主编:《日本学者研究中国史论著选译》(第 8 卷),姚荣涛、徐世虹译,中华书局 1992 年版,第 101 页。

的创新：(1)改《具律》为《刑名》，移至篇首，使律典结构更为科学合理。(2)对汉律各篇条文互相重复或矛盾的问题，进行了调整和重新归类，使篇名与各篇内容更加吻合。(3)增加篇目和内容。在汉律九篇基础上增加劫略、诈伪、毁亡、告劾、系讯、断狱、请赇、惊事和偿赃9篇，合为18篇，以弥补汉律"篇少则文荒，文荒则事寡，事寡则罪漏"的缺陷。(4)创"八议"制度。总之，《新律》摆脱了战国《法经》和汉《九章律》编纂体例，在篇章结构上别开生面，与此后的晋律一起构成《法经》与《唐律》之间的"中枢"和"重要之媒介"，是具有里程碑意义的古代律典。[21]

此外，曹魏还制成《州郡令》《尚书官令》《军中令》等法令。《通鉴》胡三省注云"州郡令，用之刺史、太守；尚书官令，用之于国；军中令，用之于军"，后世多据此认为魏令是按照行政区域或机构（中央—地方—军队）将令条加以编纂的。虽然魏令已佚，但从仅存的篇目体系记载来看，曹魏时期已经开始系统整理汇编令典，一改汉代将各种令杂糅为令甲、令乙、令丙的垒砌样式。

（二）两晋

司马昭为晋王时，"患前代律令，本注繁杂"，命贾充、杜预、羊祜等14人重新制定律典。他们以汉魏律为基础，于晋武帝泰始三年（公元267年）完成新律制定，次年公布，称《晋律》或《泰始律》。《泰始律》共20篇，620条，篇目依次为：刑名、法例、盗、诈伪、请赇、告劾、捕、系讯、断狱、杂、户、擅兴、毁亡、卫宫、水火、厩、关市、违制、诸侯。

《泰始律》与前代法典相比，有重大进步：(1)法典编纂体例更为合理。《泰始律》就汉《九章律》新增11篇，并改魏《新律》刑名为刑名、法例，为以后法典体例的进一步改进奠定了基础。(2)删繁就简。《泰始律》仅620条，相比于汉魏律，具有"宽简周备"的特点。(3)减少重法条款，如减少枭首、族诛、从坐的法条；废除汉以来贵族官僚犯罪不许出仕的禁锢之法及军士逃亡妻子收孥等规定。(4)引礼入律，形成一些体现儒家思想的法律制度和法律原则。如确立"准五服以制罪"的原则，规定"官当"之法。(5)增加律疏注释，明确概念名词。《泰始律》颁行后，晋武帝命张斐、杜预分别对晋律律条进行注释，以统一对法律解释，张杜二人对晋律的注释被赋予法律效力，故晋

---

[21] 梁启超：《论中国成文法编制之沿革得失》，载《饮冰室文集》之十六，中华书局1989年版，第19页。

律又有"张杜律"之称。晋律以宽简著称，史称其"蠲其苛秽，存其清约，事从中典，归于益时"，[22]是古代立法史上由繁入简的里程碑。《泰始律》被东晋和南朝所沿用，是这一时期承用时间最久的一部法典。

图5－1　玉门出土的晋律第二十篇——《诸侯律》

包括律文与双行夹注的注释。这份粘贴在棺材板上的法律残本，相信将对研究晋律起到重要的作用。

晋代除《晋律》外，还有《晋令》40篇，其篇目依次为：户、学、贡士、官品、吏员、俸廪、服制、祠、户调、佃、复除、关市、捕亡、狱官、鞭杖、医药疾病、丧葬、杂上、杂中、杂下、门下散骑中书、尚书、三台秘书、王公侯、军吏员、选吏、选将、选杂士、宫卫、赎、军战、军水战、军法(6篇)、杂法(2篇)；以及辑有《晋故事》30卷。

(三)南朝

南朝的齐、梁、陈都制定了律令法典，其中以梁律令著称于世。南朝在法典体例、法律制度上有重要创新。

刘宋援用晋律，未制定新律典。南齐沿用《晋律》律文，鉴于张斐、杜预"同注一章，而生杀永殊"的矛盾，于永明九年(公元491年)由王植、宋躬等删定法律，"取张注七百三十一条，杜注七百九十一条。或二家两释，于义乃备者，又取一百七条，其注相同者，取一百三条，集为一书，凡一千五百三十二

[22] 《晋书》卷三〇《刑法志》。

条,为二十卷”,[23]定名《永明律》,但未公布实施。

梁朝由蔡法度、沈约等人损益《晋律》,撰成《梁律》20篇,《梁令》《梁科》各30卷。梁律令的制定,首先,统一了《晋律》的张、杜之注,解决了适用混乱的弊端。其次,在律令法典编纂体例上有重要创新。梁律令虽以晋律令为蓝本制定,但篇目上有一定改制。《梁律》改“盗”篇为“盗劫”,“贼”篇为“贼叛”,“捕”篇为“讨捕”,进一步扩大了各该篇目的内容和覆盖面;改“请赇”为“受赇”,强调对官员受赃枉法犯罪的惩处;删去《晋律》中的“诸侯”1篇,增加“仓库”1篇。“仓库”篇是《梁律》的一个重要创新。改制后《梁律》之篇目为:刑名、法例、盗劫、贼叛、诈伪、受赇、告劾、讨捕、系讯、断狱、杂、户、擅兴、毁亡、卫宫、水火、仓库、厩、关市、违制。篇目较《晋律》明确。《梁令》删去《晋令》中的“军法”6篇,“杂法”2篇,“军水战”“军战”“俸廪”“赎”各1篇,共12篇,增设“劫贼水火”“军赏”2篇,总篇目从40篇减为30篇;部分篇目名称也有所调整,如将《晋令》中的“佃”改为“公田公用仪迎”,将“贡士”扩大为“贡士赠官”,新设“劫贼水火”篇。《梁令》篇目较《晋令》简约,并首创令典30篇(卷)的编纂体例。

陈朝令范泉、徐陵等修定律令,律、令、科各有30卷,篇目与梁朝相同,其“轻重繁简”,也“一本梁法”。[24] 但陈律内容有所增加,在具体法律制度上有一些创新。

(四)北朝

北朝先后制定了多部法典,其中以《北魏律》和《北齐律》著称于世。北朝在法典体例、法律形式、法律制度上有重要创新。

北魏在实行汉化改革的过程中,参酌汉、魏、晋和南朝的律令,先后九次修订法律。孝文帝曾亲自主持修律,于太和十九年(公元495年)撰成《北魏律》20篇。其篇目可考者有:刑名、法例、宫卫、违制、户、厩牧、擅兴、贼、盗律、斗讼、系讯、诈伪、杂、捕亡、断狱15篇。北魏律具有较高的立法成就,其综合汇集中原、河西、江东诸地的儒学文化,并吸取西晋以来的律学成就,“综合比较,取精用宏”,“集当日之大成”,“实有广收博取之功”,实开隋唐法制之先河,为“华夏刑律不祧之正统”。

---

〔23〕《南齐书》卷四八《孔稚珪传》。

〔24〕《隋书》卷二五《刑法志》。

图5-2 洛阳龙门石窟“北魏孝文帝礼佛图”浮雕

东魏孝静帝于兴和三年(公元541年),命百官议定新法,“以格代科”,格成为一种新的法律形式。因新格议定于麟趾殿,故称《麟趾格》。

西魏文帝于大统十年(公元544年)颁行《大统式》5卷。这是首次以“式”为名进行的法律编制,式从此成为一种重要的法律形式。

北齐代东魏后,文宣帝高洋于公元550年命崔昂、封述等人以北魏律为基础修订齐律。武成帝河清三年(公元564年)律成。《北齐律》共20篇,949条,其主要立法成就表现在:(1)合晋律刑名、法例2篇为名例篇,冠于律首,封建律典的总则至此确立。(2)归并篇目,确定12篇的法典编纂体例。12篇依次为名例、禁卫、婚户、擅兴、违制、诈伪、斗讼、贼盗、捕断、毁损、厩牧、杂律。(3)确立“重罪十条”制度。《北齐律》以“法令明审,科条简要”著称,成为隋朝制律的重要蓝本。此外,北齐还有“权令”和“别格”与律并行,开隋唐律、令、格、式并行之先河。

北周由廷尉卿赵肃和司宪大夫拓跋迪等人修订律典,于保定三年(公元563年)完成,称《大律》,共25篇,1537条。唐人评论说:北周《大律》“大略滋章,条疏苛密”,“比之齐法,烦而不要”。《大律》在律典体例、法律制度上都有重要创新,特别是其刑罚制度的创新,具有重要意义。此外,北周还颁布了《刑书要制》《刑经圣制》。

总体而言,魏晋法律形式主要有律、令、诏、科、式以及故事、律注等。魏晋时期,律是基本法典,以刑法规定为主;令法典化后,律令形式与功能二分,与科、诏、故事、律注等皆律之辅。魏制新律18篇,或承汉旧,或从汉律析出,或采汉令、旧典而新设;其改汉《具律》为《刑名》置于律首,是律典体例的一大转折。晋泰始律增《法例》《诸侯》2篇,合20篇620条,以简约著称。杜预为晋律作注时称:"律以正罪名,令以存事制。"随着律学发展,这一时期各种法律形式的界限以及法律规范调整的范围趋于明确。就律、令而言,其功能和编纂的重大变化是,律成为刑事法律的专称,律典、令典是国家并存的两大法典。魏令由州郡、尚书官、军中三大体系组成,一统汉令之杂。晋令40篇,规定了政治、经济、军事、教育等各方面制度,违令有罪则入律,奠定了此后令典的基本架构。朝廷在编纂令典的同时,还以令的形式制定了多种规范国家行政制度的重要基本法律。诏、科、式、故事、律注等是这一时期的补充法。科的本义是"规定、法则",用以表述针对特定事类制定的单行法规。式为西晋时出现的综合性法规,如《户调式》。魏明帝时下诏,以郑玄律章句作为唯一的合法注释,允许在司法实践中援用,这样郑氏律章句便被赋予了法律效力,直到晋王司马昭执政后才废止使用。张斐、杜预律注作为官方解释,与律并施。

南北朝时期,仍然以律、令作为基本的法律形式,但律、令之外的其他法律形式所承担的功能、调整范围甚至地位逐渐发生了变化。如科是律的辅助性规定,在南朝时完成法典化,梁取故事制科凡30卷,陈仍其旧。南朝时沿用晋"张杜律注",齐、梁加以删改。格是南朝时出现的新的法律形式,多依诏令随事制定,调整范围包括礼仪、行政、经济等领域。如宋有官员车服制度的《九条之格》《二十四条之格》;《隋书·经籍志》录有"《梁勋选格》一卷""《梁官品格》一卷";齐有《槝格》《策秀才考格》等。

北朝法律形式主要有律、令、格、条、式等。北齐律作为隋唐律之蓝本,合刑名和法例为《名例律》,作为法典总则。北齐时将魏晋以降故事吸收入令,制新令40卷,又将临时之令集为《权令》。自北魏开始,以格代科,北魏宣武帝时制有《正始别格》;东魏孝静帝颁有《麟趾格》,"省府以之决狱,州郡用为治本";北齐初年重新刊定了东魏的《麟趾格》,此后又制《权格》与律并行。西魏文帝时制《大统式》,式开始成为当时独立的法律形式。北周律、令师法《周礼》,以"刑书""诏"为名,制定有《刑书要制》《九条之诏》等。

二、主要法律原则

在各种法学思潮的发展和相互交融中,统治者提出了一些新的法律思想、政策原则,对法制实践活动产生了较大的影响。

1.“拨乱之政,以刑为先”与“壹刑”、“壹赏”

汉末,原来的礼法制度崩溃,儒家的“名教”之治已失去维系人心的功能,从而兴起“名法”之治,即一方面肯定礼对法制具有指导作用,另一方面在治国方略上,又采用法家所主张的“以法治国”的策略。魏武帝曹操提出“治定之化,以礼为首;拨乱之政,以刑为先”。[25] 蜀国政策的主要制定者和推行者诸葛亮认为治国要德威并举,他指出:“威武加则刑罚施,刑罚施则众奸塞。不加威武,则刑罚不中;刑罚不中,则众奸不理,其国亡。”[26]孙吴偏安江东,在法制上全盘沿用汉法,但其统治者较魏、蜀更加信奉重刑主义。三国时期的统治者,在法律的执行上还强调法律效力的普遍性和严肃性,主张不别亲疏,不分尊卑贵贱,一断于法。如诸葛亮主张“壹刑”“壹赏”。

2. 删繁就简

秦汉时期由于立法经验和技术的缺乏,律典的体系庞杂,内容繁多,法典化程度较低,不便于法律的掌握和适用。三国两晋南北朝时期,律典的编纂注重简明扼要,注意规范性和概括性,因而比较重视篇目的辨析、归并,罪名、刑名概念的确定,从而使律典由繁入简、趋于定型,呈现新的面貌,也顺应了这个时代删削繁冗、崇尚简约的治学风尚。[27] 其主要表现为:其一,经魏《新律》、晋律、北魏律的不断变革,至北齐律,最终确定了律典12篇的编纂体例。其二,确定律典的第一篇为《名例律》。《名例律》由《法经》的《具律》,经魏《新律》的《刑名》发展而为《泰始律》,《北魏律》的《刑名》《法例》,至《北齐律》确定为《名例律》。《名例律》作为律典的第一篇,规定了罪名、刑名,定罪量刑及轻重加减的基本原则,在整部律典中居于提纲挈领的重要地位。《名例律》的形成,增强了古代律典在体例上的科学性。其三,开创法律注释附律的新体例。晋律颁行后,由张斐、杜预两位律学家为之作注,二人所著合为一书附于律后,具有法律效力,这种以注附律的新体例,对后世产生重要影响,唐代《永徽律疏》即这一体例的完备形态。

3.“简直”与“理直刑正”

西晋律学家杜预认为,立法的一条最基本原则是“简直”,“文约而例直、听省而禁简。例直易见,禁简难犯。易见则人知所避就,难犯则几于刑措”,

---

〔25〕《三国志》卷二四《魏书·高柔传》。

〔26〕《诸葛亮集》卷三《便宜十六策·喜怒第十一》。

〔27〕具体研究参见秦涛:《蜀汉法制“郑义”发微》,载《许昌学院学报》2014年第1期。

提倡立法应追求简约、质直、严明,使人易知易从。

律学家张斐则主张“理直刑正”。“理直”指的是法律必须明确体现纲常名教;“刑正”指适用法律要做到准确,宽严适中、轻重得当、有罪必罚、罪刑相符。明确区分和规定各种犯罪概念是“理正刑直”的前提条件,司法上“随事取法”“临时观恤”是实现“理正刑直”的重要途径。这些思想对于中国古代法典形成概念清晰、条文简约、引礼入律等特点有重要影响。

4. 引礼入律

汉代的礼法结合主要是通过司法及法律注释的渠道进行,三国两晋南北朝时则开始直接引礼入律,将儒家思想作为立法的精神基础并直接将礼的内容规定为法。儒家思想逐步法典化主要表现为:其一,封建特权制度法律化。“八议”制度、“官当”制度等均是封建特权法制化的具体体现。其二,罪刑的确定和执行以礼制为标准。服制作为亲属相犯时的定罪量刑标准,体现了儒家所倡导的亲亲之义及纲常礼教。“重罪十条”作为封建法律打击的重点,体现了儒家的国家观、法律观和家族观,是儒家对于中国法律与中国社会的总体观念在立法中的具体体现。“存留养亲”作为对孤寡老人奉养的特殊制度,反映了儒家的家族观和矜恤思想。此外,这一时期法制在刑罚制度、司法制度上的变革和创新对后世也有重大影响。

5. 效仿汉制

三国两晋南北朝时期,少数民族政权积极推行汉化改革,在政治、经济、文化方面采用中原地区汉民族先进的经济体制、政治法律制度和以儒家文化为主体的传统文化。即使在政权更替最为频繁的十六国时期,统治者也极力效仿魏晋制度,任用高门士族,力倡儒学。如后赵石虎当政时,“依晋氏九班选制”制定吏部选举制度。[28] 后秦姚兴时,有姜龛、淳于岐等,皆“耆儒硕德,经明行修,各门徒数百,教授长安”,于是“学者咸劝,儒风盛焉”。[29] 2002年,考古人员在甘肃省玉门市花海镇毕家滩的十六国时期墓葬棺板上发现了若干裱贴纸张。经初步研究这是“晋律注”的写本,虽然文字有限,但无疑是魏晋制度在河西地区传播的印证。

北朝的汉化改革,以北魏孝文帝时期尤为代表。孝文帝提出“教随时设,政因事改”,“齐之以礼,示之以法”,“法为治要”及慎刑、恤刑等法制主张,使

---

〔28〕《晋书》卷一〇六《石季龙载记》。

〔29〕《晋书》卷一一七《姚兴载记》。

北朝的立法取得较大成就。在北魏一百余年的统治中,曾九次修订法律并大量吸收汉族知识分子和律学家参与其中,如《北魏律》就由当时著名律学崔浩、常景、高允等参与修订。经过兴礼乐、崇文治,逐步实现了"衣冠号令,华夏同风",以致南梁的使者陈庆之出使北魏时,曾感叹说:"自晋、宋以来,视洛阳为荒土,此中谓长江以北,尽是夷狄。昨至洛阳,始知衣冠士族,并在中原,礼仪富盛,人物殷阜"。[30] 孝文帝汉化改革对于促进民族交流和融合,维持北方经济社会发展作出了积极的贡献。其影响深远,直至隋朝,时人仍高度评价:"中国之道不坠,孝文之力也!"[31]此后的东魏、北齐虽然存在一定的"胡汉冲突",[32]但出于政治需要,统治者也在积极地推进汉化进程,只是改革策略较孝文帝时期更为谨慎。西魏、北周政权则接续了北魏孝文帝汉化改革的传统,通过纠正士族门阀制弊病,提高儒家思想地位等措施,完成了北魏时期未尽的汉化历史任务。

三、三国两晋南北朝的礼制建设

受到时代变乱的影响,三国两晋南北朝的诸多学术开始摆脱经学附庸,逐步走向独立发展之路,加上清谈义理、玄学的兴起,佛道二教的流行,思想开始呈现出多样化发展趋势。虽然清人皮锡瑞称自此开始,经学由东汉的"极盛"走向"中衰""分立",但今天流传广泛的十三经注释,也只有魏晋时代经学家所留下的经注能与汉代经注相比。南北朝时期由于地缘割裂,如律学分成两支,经学也有"南学""北学"之分,但往往学出于一,"舍郑莫由",既难以超脱郑玄的影响,也难以回避郑学、王(肃)学的纷争。无论时局如何动荡、学术风气如何转向玄虚,三礼之学传习不坠,传统经学在社会中的根基和权威仍然不可动摇。

两汉经学的发达,为当时的礼制构建提供了强大的理论依据;两汉经学家的诸多经典命题和理论阐述,也成为后世礼制构建的"取水之源"。元代马端临指出:"郑康成于三书皆有注,后世之所欲明礼者,每稽之郑注,以求经之意。而郑注则亦多杂谶纬及秦、汉之礼以为说,则亦必本于(叔孙)通、

---

〔30〕 杨衒之:《洛阳伽蓝记》卷二《城东》。

〔31〕 王通:《文中子》卷四《周公篇》。

〔32〕 陈寅恪指出,"自六镇、尔朱荣之乱起,北朝曾一度发生胡化的逆流。历北齐、北周至隋朝,又恢复了汉化,直至于唐"。参见万绳楠整理:《陈寅恪魏晋南北朝史讲演录》,黄山书社1987年版,第267页。

(曹)褒之书矣。……然魏、晋而后,所用之礼,必祖述此者也。"[33]因此,在两汉经学风气的继续作用下,尤其是郑玄、王肃学说相争的催化,对礼制相关问题的探讨成为三国两晋南北朝儒家学者尤其是经学家治学与实践的重要内容。

(一)曹魏的礼制构建

《晋书·礼志》云:"汉兴,承秦灭学之后,制度多未能复古。历东、西京四百余年,故往往改变。魏氏承汉末大乱,旧章殄灭。"在战乱之间,典籍散灭之际,也不乏有识之士草创制度,复兴礼治。如建安年间,荀彧曾建言曹操说:"若须武事毕而后制作,以稽治化,于事未敏。宜集天下大才通儒,考论六经,刊定传记,存古今之学,除其烦重,以一圣真,并隆礼学,渐敦教化,则王道两济。"[34]这种效仿"叔孙通习礼仪于戎旅之间"隆兴礼学的态度,其直接的功效虽然是复兴儒学,但"武事毕而后制作"仍然是最终目的。所谓的"制度",就是重建礼制,以为治世之具。史载,曹魏初建,"旧仪废弛","兴造制度"皆由王粲"恒典之"。[35] 魏律的修订者刘劭倡言制礼作乐,以移风俗,著《乐论》十四篇。[36] 卫觊制定《魏官仪》,还与王粲一起"集创朝仪"。[37]

对于曹魏的礼制构建,《晋书·礼志》评价:"魏氏光宅,宪章斯美。王肃、高堂隆之徒,博通前载,三千条之礼,十七篇之学,各以旧文增损当世,岂所谓致君于尧舜之道焉。世属雕墙,时逢秕政,周因之典,务多违俗,而遗编残册,犹有可观者也。"如果说曹魏开创了律令分途,承担不同的功能并各自走向系统编撰、汇编成典的时代,那么在这样的大背景下,所谓的"遗编残册,犹有可观者",其实也昭示着曹魏礼制在王粲、卫觊等人"典定众仪",王肃、高堂隆之徒"增损当世"的推动下,开始向系统编撰、汇编成典的时代——礼典体系时代迈进。

(二)两晋的礼制构建

据《晋书·礼志》记载,晋礼的构建大体可分为三个阶段:一是魏末咸熙至晋武帝泰始年间,由荀顗等人在损益"魏代前事"基础上制定"新礼",共

---

〔33〕 马端临:《文献通考》卷一八七《经籍考十四》。

〔34〕《三国志》卷一〇《魏书·荀彧传》注引《彧别传》。

〔35〕《三国志》卷二一《魏书·王粲传》。

〔36〕《三国志》卷二一《魏书·刘劭传》。

〔37〕《三国志》卷二一《魏书·卫觊传》。

165篇(卷),十五万余字。因改革过度求新,内容引起诸多争议,形式又篇卷烦重。二是晋武帝太康至晋惠帝元康年间,由挚虞等人删定“新礼”,修改者有15篇(事),存十万余字。三是东晋南渡后,由刁协、荀崧、蔡谟等修复的晋礼。两晋作为礼法体系形成的重要时期,时人议论常以“礼律”并称。以荀顗为代表的“礼法之士”既是西晋律、令典体系的主要构建者,亦为西晋礼法之治与法律儒家化的主要推动者。这些人不仅推动了礼律的融合,也开创了礼律同修的先河。

杨鸿烈对西晋律(令)典体系做出高度评价,称其为“中古时代法典大备的开始”。[38] 这里的“法典”,也应包括礼典,即晋礼在内,否则“大备”的意义将大打折扣。联系到自晋开始也是律、令典体系正式确立的时代,晋之“新礼”,同样兼具重大意义,这是帝制时代首次依照《周礼》“五礼”体系大规模议定礼典,是礼典体系时代到来的标志。晋“新礼”按照《周礼》吉、凶、宾、军、嘉五礼体例制定而成,超越《仪礼》的体例范畴,强化统一政权之国家意识形态,成为涵盖国家制度整体框架的真正礼典。其中,“吉礼”包括圜丘郊祀之礼、明堂制度、山川祭祀以及皇家宗庙制度等内容;“凶礼”包括治丧礼仪、葬礼、丧服制度以及赈济制度、恤礼制度;“宾礼”包括元会礼、朝觐礼、帝王巡狩之礼、尊崇太后太妃之礼、尊崇皇太子之礼、二王三恪之礼、拜任太傅太尉司空之礼、王公群妾与妇人相见之礼;“军礼”包括军队鼓吹之礼、讲武练兵之礼、军队誓师之礼;嘉礼包括婚礼、冠礼、会礼、尊老养老之礼。依此体系而成的礼典既符合政治统治需要,也符合伦理道德,因而成为隋礼、唐礼之母以及此后王朝一直继承与沿用的基本礼制模式。

(三)南北朝时期的礼制构建

南北律、令典体分途而行,表现出极大差异性。南朝在大体遵循晋律、令典体基础之上依据时代形势略作调整,将之推向前进。而在北方,则不仅继受晋律、令典体系,而且采掇汉魏乃至周秦法制因子,复将之与北方胡族习惯法与中原社会现实情况相结合,在民族碰撞、文化交融中呈现出多样化发展态势,多重法律文化融汇碰撞,可谓别开生面。国家分土割境,在法律上没有统一的标准,在礼制上自然也陷入无所遵从的境地。在很多法律制度重建的同时,礼制上的讨论也在兴起。《晋书·礼志》云:“《丧服》一卷,卷不盈握,

---

〔38〕 杨鸿烈:《中国法律发达史》(上),商务印书馆1930年版,第217页。

而争说纷然。”这样的境况,也依然是南北朝礼制讨论的生动写照;《隋书·经籍志》等书目所存当时的丧服著述,《通典·礼典》所存的诸多经义驳论,即是这些礼制理论成果的最好见证。皮锡瑞在《经学通论·三礼》“论古礼最重丧服,六朝人尤精此学,为后世所莫逮”条中论及:“自汉魏至六朝诸儒,多讲礼服,《通典》所载,辨析同异,穷极深微,朱子谓六朝人多精于礼,当时专门名家有此学,朝廷有礼事,用此等人议之。”由于南朝礼学的发达,诸儒参与的“礼事”,不单单是丧服制度方面,而是整个制礼作乐的过程。《隋书·经籍志》记载了南北朝时期所制定的礼典或相关仪注典籍,其中以南朝的礼制成果最为突出。

南朝史学发达,这段时期的正史很多都是同时代人所编修。其中以《宋书》《南齐书》最为典型。就《南齐书》而言,其虽修于梁,但作者萧子显却是齐梁皇族,是本朝人修本朝史书。《南齐书》价值最高的即是其中的《志》。从史料来说,《南齐书》各《志》实际上是取自当时保存的南齐各种典章制度编撰而成。关于这一点,在《礼仪志》中有明确表述:“(南齐)永明二年,太子步兵校尉伏曼容表定礼乐。于是诏尚书令王俭制定新礼,立治礼乐学士及职局……因集前代,撰治五礼,吉、凶、宾、军、嘉也。文多不载。若郊庙庠序之仪,冠婚丧纪之节,事有变革,宜录时事者,备今志。其舆辂旗常,与往代同异者,更立别篇。”由此可查,齐武帝永明二年,已损益前代之制,编辑了五礼,其中“郊庙庠序之仪,冠婚丧纪之节”就保存在《礼仪志》当中;而“舆辂旗常”“更立别篇”,所谓“别篇”,即是《舆服志》。毋庸置疑,《南齐书·礼仪志》所存文字,实际上就是王俭所制五礼关于“郊庙庠序”“冠婚丧纪”内容的缩略版。

梁朝时,“五礼”之学尤其发达。在丰富的礼制学术思想背景下,再造礼典繁盛局面也就顺理成章。与晋代修典相同,梁的修礼也是由礼学之士担当重任,但更突出五礼的框架结构,五礼各部皆由专人分掌。据《隋书·礼仪志》载,梁武帝分别命明山宾职掌吉礼,严植之职掌凶礼,陆琏职掌军礼,贺玚职掌宾礼,司马褧职掌嘉礼的修撰。梁武帝还经常“称制断疑”,躬亲其事。史载,梁礼典分别由吉礼仪注、凶礼仪注、军礼仪注、宾礼仪注、嘉礼仪注构成,凡120秩,1176卷,8019条,不可谓不详。普通六年,徐勉以五礼汇集,礼典事成,上表详细论述五礼的次序与功能:“吉为上,凶次之,宾次之,军次之,嘉为下也。故祠祭不以礼,则不齐不庄;丧纪不以礼,则背死忘生者众;宾客不以礼，则朝觐失其仪；军旅不以礼，则致乱于师律；冠婚不以礼，则男女失其时”，认为立国修身“于斯攸急”。[39] 如果说晋礼初步实现了礼典编撰化，那么梁礼则是真正实现了系统化，正如后人所称述的：“自梁以来，始以其当时所行傅于《周官》五礼之名，各立一家之学。”[40]

《隋书·礼仪志》载：“陈武克平建业，多准梁旧”，礼制方面“或因行事，随时取舍”。可知陈的五礼构建基本上没有脱离梁礼的框架。从《隋书·礼仪志》保留的诸多史料来看，北朝之礼在汉晋以来经学的浸淫之下，复古风貌盛堪与南朝等量齐观，这也是隋唐制度采法之源。《旧唐书·礼仪志》云：“隋氏平陈，寰区一统，文帝命太常卿牛弘集南北仪注，定《五礼》一百三十篇。炀帝在广陵，亦聚学徒，修《江都集礼》。由是周、汉之制，仅有遗风。”以此观之，隋礼之制，渊源有自。南北思想、文化、制度的交流融合，也犹如南北江河，其支流、干流总有相汇之处；即使平行不涉者，终也归向东流。至隋江都集议礼典，开统一南北风气，各取所长，礼制逐渐归一。

第三节 三国两晋南北朝主要法律制度内容

一、礼法结合的制度体现

三国两晋南北朝时期，立法上引礼入律，形成许多新的法律原则或制度，使由汉朝开始的礼法结合得到进一步发展。

（一）八议

“八议”制度，是八类权贵人物犯罪以后，“大罪必议，小罪必赦”，享受特殊优待，司法机关不得擅作处理的制度。“八议”为：一议亲，二议故，三议贤，四议能，五议功，六议贵，七议勤，八议宾。“八议”制度的直接渊源是《周礼》的“以八辟丽邦法”。在汉代司法活动中，八议也已成为断案议罪必须遵循的法律准据。作为制度，其确立时间应在汉代；《唐六典》卷六称“是八议入律，始于魏也”，是指“八议”制度规定转化并载于律文，始自曹魏《新律》。[41] “八议”制度的出现是礼法结合的产物，是“刑不上大夫”礼制原则

〔39〕《梁书》卷二五《徐勉传》。

〔40〕《新唐书》卷一一《礼乐志》。

〔41〕具体研究参见龙大轩：《八议成制于汉论考》，载《法学研究》2012年第2期。

的具体体现。虽然魏晋时期关于八议的律文已经散佚,但仍有实例可证。如魏明帝青龙元年(公元233年)有司奏中山王曹衮(魏明帝曹睿的叔叔)朝觐时犯京都禁,时诏“以议亲之典议之”。[42] 魏明帝随后以“亲亲之恩”,“法者,所与天下共也,不可得废”,下旨削其县户。[43] 可见,处理曹衮一案是适用了八议中的“议亲”规定。晋武帝时,琅邪郡王司马伦(晋武帝司马昭的叔叔)“坐使散骑将刘缉买工所将盗御裘”,廷尉杜友奏议司马伦与刘缉罪应弃市,有司认为司马伦“爵重属亲,不可坐”,最终晋武帝“以伦亲亲故,下诏赦之”。[44]

(二)官当

“官当”即以官品或爵位抵罪,是贵族官僚犯罪后享受的一种特权。以官抵罪始于西晋,《晋律》中有“除名比三岁刑”,“免官比三岁刑”,即除名、免官可抵三年徒刑的规定。《北魏律》则对“官当”作了进一步规定,其《法例》篇载:公、侯、伯、子、男五等爵位,均可抵三年徒刑;五品以上官,一官当徒二年。因官当被免职者三年后可以按原来的官阶降一等续用。《陈律》正式使用“官当”之名,规定品官犯罪判处五年、四年、三年徒刑的,准用官品抵二年刑,其余部分服刑;如系公务上的过误,可改科罚金;被判处两年徒刑的,可以用钱财赎免。隋唐法制继承了官当制度。

(三)准五服以制罪

五服制度即中国古代丧服制度,即以父系宗亲为例,上自高祖,下至玄孙九代,按丧服质地、式样及服丧期限分为斩衰、齐衰、大功、小功、缌麻五等,故又称五服。五服制度原属礼制的内容,晋律为“峻礼教之防”,将其纳入法律,作为确定亲属之间立嗣、继承、赡养等民事关系以及亲属相犯定罪量刑的依据,形成“准五服以制罪”制度。“准五服以制罪”适用原则是:尊长杀伤卑幼,服制愈重,处刑愈轻,服制愈轻,处刑愈重;卑幼杀伤尊长,服制愈重,处刑愈重,服制愈轻,处刑愈轻。若为侵犯财产的犯罪,则服制愈重,处刑愈轻,服制愈轻,处刑愈重。“准五服以制罪”制度对后世影响很大,被隋唐律所继承,直至明清。

---

〔42〕《三国志》卷二〇《魏书·武文世王公传》。

〔43〕《三国志》卷二〇《魏书·武文世王公传》注引《魏书》。

〔44〕《晋书》卷五九《赵王伦传》。

（四）重罪十条

“重罪十条”制度的形成经历漫长的历史发展过程。夏朝已有“不孝”罪的记载，后历代沿袭；秦律有谋反、诽谤、犯上等罪名；汉律出现大逆无道、大不敬、恶逆等罪名。《梁律》规定，“其谋反、降、叛、大逆以上皆斩。父、子、同产男，无少长，皆弃市”。重罪十条中的前四罪反逆、大逆、叛、降在此已经连接在一起出现。《陈律》规定：“若缙绅之族，犯亏名教，不孝及内乱者，发诏弃之，终身不齿。……其获贼帅及士人恶逆，免死付冶，听将妻入役，不为年数。”[45]这里又有重罪十条中的不孝、内乱和恶逆三个罪名出现。北周时，“重罪十条”的内容基本确定。《北齐律》定名为“重罪十条”，其内容为：“一曰反逆，二曰大逆，三曰叛，四曰降，五曰恶逆，六曰不道，七曰不敬，八曰不孝，九曰不义，十曰内乱。其犯此十者，不在八议论赎之列。”[46]“重罪十条”的内容主要包括两个方面：一是侵犯皇权的尊严及危害封建政权的犯罪；二是侵犯父母尊长，破坏家族伦常关系的犯罪。“重罪十条”后来为隋《开皇律》所继承，形成“十恶”制度，并为唐以后刑律沿用。

（五）留养期亲

留养期亲，后世又称“存留养亲”，即对犯死、流罪者，因其为家中独子孙，若将其处死刑或流刑，家中年迈之父母、祖父母，将无人奉养。经奏请皇帝法外开恩，可将该罪犯免死从流，待其为家中老人养老送终后，再对其执行流刑的制度。《魏书·刑罚志》载：“案《法例律》：‘诸犯死罪，若祖父母、父母所七十以上，无成人子孙，旁无期亲者，具状上请。流者鞭笞，留养期亲，终则从流，不在原赦之例’。”后世继承该制度，并形成更为完备的“留养承祀”制度。

（六）清议禁锢

清议禁锢之科本自东汉，通过议论时政、臧否人物，以达激浊扬清的目的。魏晋相承，如《三国志》的作者陈寿、竹林七贤之一的阮咸都曾因居丧违礼而遭此罚。据沈家本、程树德考证，东晋诸律都重清议。《隋书·刑法志》载，南梁“士人有禁锢之科，亦有轻重为差。其犯清议，则终身不齿”。南陈“其制惟重清议禁锢之科，若缙绅之族，犯亏名教，不孝及内乱者，发诏弃之，终身不齿”。士大夫犯清议比之犯罪更具严重后果，一般犯罪受刑尚可因大

---

〔45〕《隋书》卷二五《刑法志》。

〔46〕《隋书》卷二五《刑法志》。

赦而免,但犯清议禁锢者除非赦令中指明荡涤洗除犯乡论清议者,不能因大赦而解除禁锢。南朝一百多次赦令中,只在七次皇帝即位时的赦令中才解除清议禁锢。

另外,南朝还规定,子孙不得对父祖复仇;不道罪、不孝、民杀官长行为(后世为不义罪),遇赦不免罪刑。此为后世常赦所不原制度之滥觞。

二、刑罚制度的发展

三国两晋南北朝时期,刑事法律制度有较大改革,颇具特色。三国两晋南北朝继承汉代的刑罚制度,先以死刑与徒刑为主要刑种,后出现流刑、鞭刑和杖刑。这一时期刑制改革的趋势朝着简化刑种和减轻刑罚方向发展,刑制渐趋统一,封建五刑制逐渐形成。三国两晋南北朝刑制的改革,使刑种渐趋统一,从而为封建五刑的确立奠定了基础。

(一)主要刑罚种类

曹魏《新律》中规定的刑种有:死刑,分枭首、腰斩、弃市三等;髡刑四等;完刑三等;作刑三等;赎刑十一等;罚金六等;杂抵罪七等。

晋律的刑种有死刑、徒刑、笞刑、罚金、赎刑五刑。死刑称为"大辟之刑",有枭首、斩、弃市三等;徒刑有二岁刑、三岁刑、四岁刑、髡钳五岁刑;笞刑,可作为髡钳五岁刑的附加刑,也可单独使用;罚金刑分为罚金十二两、八两、四两、二两、一两共五等;赎刑,死刑赎金二斤,五岁刑赎金一斤十二两,四岁刑一斤八两,三岁刑一斤四两,二岁刑一斤,亦可以绢代金赎罪。

南朝的宋、齐沿用《晋律》,刑罚制度与晋朝基本相同,但有所变化,如宋有"长徒"之刑,指的是超出五年的长期劳役刑。梁有死刑,分枭首、弃市,废除了腰斩;徒刑,分髡钳五岁刑笞二百、四岁刑、三岁刑、二岁刑、一岁刑、半岁刑、百日刑;鞭杖刑,分200、100、50、30、20、10;罚金和赎刑与晋律大致相同;天监三年(公元504年)开始采用流刑。陈朝的刑罚,基本同于梁律,唯徒刑罪犯要加锁,五岁刑锁二重,五岁刑以下一重。

北朝均将主刑定为五种。北魏为死、流、徒、杖、鞭五刑。死刑分绞、斩、枭首、门房之诛等。绞刑首次被规定为法定死刑执行方法。流刑不分等,一般称为"远流"。徒刑有五岁刑、四岁刑、三岁刑、二岁刑、一岁刑五等。杖刑分100、50、30。鞭刑分300、100、50。

《北齐律》亦以死、流、徒、鞭、杖五刑为主刑。死刑分绞、斩、轘、枭首四等;流刑不分远近;徒刑有五岁刑、四岁刑、三岁刑、二岁刑、一岁刑五等;鞭刑分100、80、60、50、40共五等,杖刑有30、20、10之分。

北周《大律》规定的主刑为杖、鞭、徒、流、死。杖刑五等:10、20、30、40、50;鞭刑五等:60、70、80、90、100;徒刑五等:徒一年、鞭60、笞10,徒二年、鞭70、笞20,徒三年、鞭80、笞30,徒四年、鞭90、笞40,徒五年、鞭100、笞50;流刑五等:流卫服,去皇畿2500里、鞭100、笞60,流要服,去皇畿3000里、鞭100、笞70,流荒服,去皇畿3500里、鞭100、笞80,流镇服,去皇畿4000里、鞭100、笞90,流蕃服,去皇畿4500里、鞭100、笞100;死刑五等:磬、绞、斩、枭首、车裂。北周已形成封建五刑体系,且内容合理、完备,是隋唐五刑制度的蓝本。[47]

这一时期,各政权对重大犯罪大量适用族刑,一般是夷三族。北魏则大量使用"门房之诛"、夷三族,甚至夷五族。《魏书·刑罚志》载,太武帝拓拔焘时,门房之诛有四,至孝文帝太和三年修订律令时,门房之诛增至十六。对夷族者还处剉杀和具五刑等,如北魏太祖平中山,收傅高霸、程同等,皆夷五族,以大刃剉之;崔浩案成,浩以下僮吏以上128人皆夷五族。[48]

在司法中,特别是一些少数民族政权还适用一些法外酷刑。如刳腹,即剖腹后挖空内脏,有生刳与刳两种。《十六国春秋辑补》卷八十七《西秦》载,西秦乞伏慕末时,轲殊罗、什寅等欲杀慕末,事发,慕末将什寅刳腹,投尸于河。前秦王苻生时,长安大风,"行人颠顿,宫中奔扰,或称贼至,宫门昼闭,五日乃止。生推告贼者,杀之,刳而出其心"。[49]

(二)主要刑罚改革

1. 缩小缘坐范围

缘坐即一人犯法,罪及亲属的制度。中国封建法的特点之一是以家族为本位,族刑缘坐由来已久。三国两晋南北朝时期的法制变革中,族刑的缘坐范围逐步缩小。例如,曹魏《新律》首改缘坐之制,规定"大逆不道,腰斩,家属从坐,不及祖父母及孙",将祖父母及孙辈排除在缘坐范围之外。曹魏法律还针对以往妇女同时受母家与夫家两方株连的弊端,规定"在室之女从父母之诛,既醮之妇从夫家之罚",使妇女缘坐问题略趋合理。《梁律》首创缘坐妇女免死之制,规定对谋反等大罪,虽罪及女眷,但"母妻姊妹及应从坐弃市

---

[47] 具体研究参见吕志兴:《北周五刑制度研究》,载《西南政法大学学报》2020年第3期。

[48] 参见《魏书》卷一五《昭成子孙列传》、卷四八《高允传》。

[49] 《隋书》卷二五《刑法志》。

者,妻子女妾同补奚官为奴婢”。[50] 自此以后缘坐妇女不处死刑。

2. 流刑制度化

流刑在奴隶社会就已存在,但仅适用于奴隶主贵族和同族人的某些犯罪。秦汉时期的迁刑、徙刑与流刑类似,但其适用对象比较特定,也比较狭窄,并非广泛使用的刑种。南梁时建康女子任提,坐诱口当死。其子景慈因证母之证,违反儒家伦理,被流于交州。[51] 这是首次将流刑用于对普通人犯罪的处罚。北魏将流刑定为死刑减等之刑,即“赦死从流”。北周将流刑按距离京城的远近分为卫服、要服、荒服、镇服、蕃服五等,流卫服为2500里、流要服为3000里、流荒服为3500里、流镇服为4000里、流蕃服为4500里。北周将流刑上升为法定刑流刑并制度化,解决了汉文、景帝刑罚改革后死刑与徒刑之间跨度太大的问题,从而使刑制结构趋于合理。

3. 宫刑废除

宫刑在汉初曾经被废除,但汉景帝时复用,以后一直沿用。魏晋南北朝时期,就包括宫刑在内的肉刑存废问题展开过大辩论,各方互陈利弊,各持一端。各王朝对于宫刑的适用亦时废时兴,但废除一切肉刑的主张日渐占上风。如西魏大统十三年(公元547年)诏令,“自今应宫刑者,直没官,勿刑”;北齐天统五年(公元569年)下诏,“应宫刑者,并免刑为官口(官奴婢)”。这些为隋朝《开皇律》最终废止宫刑奠定基础。

三、其他重要的法律制度

(一)婚姻制度

三国两晋南北朝时期的婚姻制度基本上沿袭汉制,亦有所变化。

1. 强制早婚

这一时期因战乱不断,人口锐减。各王朝统治者都鼓励甚至强制早婚,以增殖人口。如晋武帝泰始九年(公元273年)十月诏:“女年十七父母不嫁者,长吏配之”,[52] 且不禁止同姓为婚;北齐后主时规定,“女年二十已下,十四已上未嫁,悉集省,隐匿者家长处死刑”;[53] 南朝宋“设早嫁之令,女子十五

---

〔50〕《隋书》卷二五《刑法志》。

〔51〕《隋书》卷二五《刑法志》。

〔52〕《晋书》卷三《武帝纪》。

〔53〕《北齐书》卷八《后主纪》。

不嫁，家人坐之”等。[54]

2. 严禁士族与庶族通婚

由于“九品中正制”的推行，使门阀等级森严，士族与庶族互不通婚，法律对于这一状况给予确认。北魏文成帝曾下诏：“皇族、师傅、王公侯伯及士民之家，不得与百工使巧卑姓为婚，犯者加罪”；孝文帝也曾下诏：“皇族贵戚及士民之家，不惟世族，下与非类婚偶。先帝亲发明诏，为之科禁，而百姓习常，仍不肃改。朕令宪章旧典，祗按先制，著之律令，永为定准。犯者以违制论。”[55]南朝的士族王源嫁女给庶族富阳满氏，被沈约弹劾“惟利是求”，并拟“禁锢终身”，可见南朝也有禁止士族与庶族通婚的规定。

（二）土地赋税制度

三国两晋南北朝时期土地赋税制度的演变与发展有着非常复杂的历史大背景：至东汉末年，土地兼并问题已积重难返，豪强士族占据大量土地，失地农民或沦为流民或依附豪强生存；战乱造成田地荒芜，国家赋税受到严重影响。因此，除了军事因素外，三国西晋时期创设的土地赋税制度在很大程度上都是围绕解决东汉的历史遗留问题而产生。其间，蜀、吴对其控制地区都进行了较好的开发，特别是西晋统一使南方经济得到初步发展。少数民族政权入主中原后，同样致力于农业生产的恢复和发展，使北方能在长期战乱中保持较好的经济基础。随着官品制度的推行以及统治者对佛教的推崇，东晋南朝的士族世家、寺庙得以掌握大量的土地资源，开始形成新一轮的土地兼并。其间，因为永嘉丧乱，大量中原人口南迁侨居，一度引起了土地资源的紧张甚至产生矛盾；同时也带去了新的农耕技术，开发了南方，经济重心逐渐南移使南北发展差距缩小，趋于平衡，为下一个历史时期的统一奠定了基础。曹魏屯田制、西晋占田制、北魏均田制，即在这些背景下因地制宜，因时而变。此外，这些土地制度在当时得以有效实施，除了依靠国家和法律的强制力以及官品、户籍、兵役等配套制度外，还得益于这个时代农学、科技、数学、天文历法等领域的发展成就。

1. 曹魏屯田制

为解决军粮和财政问题，曹操时即开始推行屯田制，即招募无地或无耕畜的农民，在各级典农官典农中郎将、典农校尉、屯田都尉的统率下耕种官

---

[54] 《宋书》卷八二《周朗传》。

[55] 《魏书》卷七《高祖纪》。

田,收获物按六四(用官牛,官六客四)或五五(用私牛,官客对分)分成。屯田客一般不服其他徭役,但不得迁徙。曹操还规定,将各州郡户口数目及荒地面积,作为衡量地方官政绩的标准,以促进荒地的垦殖。屯田制的推行,对解决曹魏的军粮民食及财政问题具有重要作用,后因豪强侵夺而瓦解。在赋税方面,曹魏创立了一种新型的租调税制,即每亩土地纳田租四升,每户出绢两匹、绵二斤,作为"户调";同时,禁止在租调之外以其他名目擅自征敛。

2. 西晋占田制

屯田制瓦解后,贵族豪强对土地和劳动力的兼并更加严重,造成农户大量流失,农业生产荒废。为此,晋武帝于太康元年(公元 280 年)颁布占田令,推行占田制:平民男子可以占私田 70 亩,女子占 30 亩;其中,丁男(16 岁至 60 岁)有 50 亩,丁女有 20 亩须交纳田租,这部分田地称为"课田"。每亩课田平均纳地租 8 升。官吏可依其官品占田,从一品官至九品官依次递减,一品占田 50 顷,以下递减 5 顷。赋税方面,西晋继续采行以占田制为基础的户调制:凡丁男为户主之家,每年输绢 3 匹、棉 3 斤;妇女及其他人为户主之家输其半。

永嘉南渡之后,户籍散乱,人口迁徙,原有的占田制难以继续施行。为重新整理户籍、安置侨民以及调整行政区域,东晋南朝都相继推行了土断政策,即以土著为断,把南迁人口和流民按实际居住地编制户籍。历经二百多年 10 次的土断,加强了户籍、特别是南迁士族管理。"旧时王谢堂前燕"的一些赋役优待受到了限制,逐步"飞入寻常百姓家",在一定程度上缓和了社会矛盾,增加了国家财税收入。

3. 北魏均田制

在这一时期,北方的战争较之南方更为频繁,土地更是大量荒芜。北魏统治者总结魏晋以来土地立法的经验,参以鲜卑族习俗,于孝文帝太和九年(公元 486 年)创立了均田制。按《均田令》规定,男夫 15 岁以上受露田(不种树的田)40 亩,妇人 20 亩;男夫受桑田 20 亩。露田不得买卖,死后收归官府;桑田为私田,可传子孙,亦可买卖。此外,奴婢受田与平民相同;耕牛每头授露田 30 亩,每户以 4 头牛为限。官吏按职级授予公田,如刺史 15 顷,太守 10 顷,县令 6 顷等。官员离任时,"更代相付,卖者坐如律"。[56] 在推行均田

〔56〕《魏书》卷一一〇《食货志》。

制的同时，颁行新的租调法：以一夫一妇作为征收租调单位，改变过去按大户征收而造成税负畸轻畸重的状况。一夫一妇每年纳户调帛 1 匹，租粟 2 石；麻布之乡出布 1 匹；民年 15 岁以上未娶者，4 人出一夫一妻之调；奴婢任耕织者，8 人出一夫一妻之调。北魏均田制先后为北齐、北周、隋唐所沿袭，为礼法体系在隋唐实现鼎盛奠定了经济基础。

第四节　三国两晋南北朝狱讼制度

一、司法机关

三国两晋南北朝的诉讼法律制度基本上沿袭汉制，但又有重要的兴革。三国时期的司法机构基本上与汉代相同，廷尉仍是最高审判机关的长官，其属官有正、监、平等；御史台仍为监察机关。魏明帝时，在廷尉之下增设律博士一人，专事教授法律知识，以提高司法官吏的专业知识和审判水平。律博士的出现，不仅推动了司法的发展，也成为五胡十六国所模仿的制度，如后赵设立律学祭酒；后秦则在长安立律学，“召郡县散吏以授之”。[57] 北齐将廷尉改为大理寺，增加属吏，除大理寺卿、少卿、正、监、平外，律博士增至四人。这一时期，在尚书台还出现一个主管司法行政兼理审判的机关——都官尚书。至此，中央司法机关组织日渐扩大，分工趋于明确。

二、主要狱讼制度

（一）春秋决狱的延续

《春秋》决狱在汉代特别盛行，但至今未见有关法律规定。故在汉代，《春秋》决狱仅是政治、司法中盛行的惯例，尚未形成法律制度。至三国两晋南北朝时期，法律对之已有明确规定。如西晋时规定：“凡为驳议者，若违律令节度，当合经传及前比故事，不得任情以破成法。”[58] 特别是北魏时，“诏诸疑狱皆付中书，依古经义决之”。[59] 规定凡有疑难案件，都要上报中书省，依古经义即儒家经典中的精神处理。至此，《春秋》决狱遂形成一项法律制度。

---

〔57〕《晋书》卷一一七《姚兴载记》。
〔58〕《晋书》卷三〇《刑法志》。
〔59〕《魏书》卷一一一《刑罚志》。

南朝礼学昌明,时人常以礼义指导司法审判。他们运用礼经中的礼义辅助、弥补乃至矫正律令,将礼义通过具体案例灌注于法律之中。因此,南朝的“礼义决狱”在形式和内容上与“春秋决狱”大有不同,具有其独特的价值追求。[60]

(二)鞫狱制度

晋朝有令子孙证父祖之罪的规定,刘宋初年对此进行讨论。侍中蔡廓认为“鞫狱不宜令子孙下辞,明言父祖之罪,亏教伤情,莫此为大。自今但令家人与囚相见,无乞鞫之诉,使足以明伏罪,不须责家人下辞。”“朝议咸以为允。”经皇帝批准,刘宋废除晋朝的令子孙证父祖之罪制度,规定鞫狱“不须责家人下辞”原则,[61]使亲属容隐制度进一步发展。

(三)直诉制度

直诉制度是一种不按诉讼审级而直接向中央有关部门甚至皇帝申诉的制度。在一般情况下,国家法律都不允许越级起诉,只能逐级陈告。但为避免因审级限制而可能使重大冤屈得不到洗雪,才允许直诉以为救济。晋武帝时,在朝廷正门外置一“登闻鼓”,有冤屈者可击鼓申诉。《魏书·刑罚志》载,北魏太武帝时,于“阙左悬登闻鼓,人有穷冤则挝鼓,公车上表其奏”。南梁时有吉翂“挝登闻鼓,乞代父命,武帝特原其罪”的记载。南梁还在京城设置“肺石函”以受理冤屈者的诉状。武帝天监元年(公元502年)诏:“商俗甫移,遗风尚炽,下不上达,由来远矣。升中驭索,增其懔然。可于公车府谤木、肺石傍各置一函。若肉食莫言,山阿欲有横议,投谤木函。……夫大政侵小,豪门凌贱,四民已穷,九重莫达,若欲自申,并可投肺石函”,[62]经有关官司审录后上奏皇帝裁决。

(四)听讼录囚制度

曹魏时期,承袭了东汉以来的录囚制度,皇帝也经常躬亲参与。如魏明帝认为“狱者”事关“天下之性命”,于太和三年(公元229年)改“平望观”为“听讼观”,“每断大狱,常幸观临听之”。[63] 晋武帝即位后,也常至听讼观

---

[60] 具体研究参见龙大轩、邓长春:《论南朝礼义决狱》,载《厦大法律评论》(第20辑),厦门大学出版社2012年版。

[61] 《宋书》卷五七《蔡廓传》。

[62] 《梁书》卷二《武帝纪》。

[63] 《三国志》卷三《魏书·明帝纪》。

"录囚徒,理冤枉",且"多所原遣"。[64] 南朝的皇帝不仅保持了听讼录囚的传统,也定期派遣官员巡行所部录囚,普遍施行中央与地方官员共同录囚或中央官署官员录囚的制度。如刘宋武帝、文帝、孝武帝三朝,曾听讼三十余次;在遣使巡行地方时,也将录囚列入使者的重要职能。南梁规定,丹阳尹每月一诣建康县,与御史、廷尉、太尉共同录狱,察断枉直;若录囚月份恰逢尚书轮值,则尚书也参加其中。南陈录囚多在每年三月,由吏部尚书、尚书、御史中丞等官员"亲行京师诸狱及治署,理察囚徒冤枉"。[65] 北朝各帝吸取汉法,也常亲录囚徒,如史载北魏孝文帝与公卿"决疑政",轻者皆免或减本罪二等决遣;[66] 北周武帝常在正武殿亲录囚徒,"至夜而罢"。[67]

听讼录囚制度之所以在当时能持续推行,除受到儒家仁爱慎恤观念影响外,也受到天人感应、灾异祥瑞甚至佛、道两教福祸因果思想的影响,当中既有制度化也有一定的随意性;皇帝亲自参与其事或派遣大臣巡行录囚,则体现了皇权对司法的控制和干预进一步加强。

(五)刑讯制度

三国两晋南北朝时代,刑讯手段发展表现为重枷、测罚、测立等的创立和使用。《魏书·刑罚志》载,"太和五年时,法官及州、县多为重枷,复以缒石悬于囚颈,伤肉至骨,勒以诬服"。北齐时,讯囚常用车辐粗杖、夹指压踝,又有"烧犁耳"使人立其上、"烧车釭"使人以臂贯等酷刑。北周更以霹雳车威吓妇人。南朝刑讯亦趋于制度化。南梁时创"测囚之法,将罪囚上垛测立",从傍晚至二更,同时"断食三日,听家人进粥二升,女及老小,一百五十刻乃与粥,满千刻而止"。即以罚站、挨饿之法逼迫囚人招供服罪,但当时也有"士大夫坐法皆不受测"的特殊规定。[68] 陈朝改造梁的测罚而行"测立之法"。罪囚"有赃验显然而不款,则上测立。立测者,以土为垛,高一尺,上圆,劣容囚两足立。鞭二十、笞三十讫,著两械及杻,上垛。一上测七刻,日再上。三七日上测,七日一行鞭,凡经杖,合一百五十,得度不承者免死"。即用罚站和鞭笞的方法来逼迫囚人认罪。其结果:"重械之下,危堕之上,无人不服,诬枉

---

〔64〕《晋书》卷三《武帝纪》。
〔65〕《隋书》卷二五《刑法志》。
〔66〕《魏书》卷七《孝文帝纪》。
〔67〕《周书》卷五《武帝纪》。
〔68〕《南史》卷七〇《循吏传·何远》。

者多。"[69]

(六)死刑复奏与执行

秦汉时期,死刑奏报无明确规定,只有疑难案件才须逐级上报复审,直至皇帝。非疑难案件,地方守令均有专杀之权。魏晋时期,县令对死刑案件仍有审结权,只要经郡守所派督邮案验后即可执行。地方官审判权过大,不利于恤刑原则的贯彻和法律的统一适用。刘宋孝武帝孝建二年(公元455年),诏令:"死刑则具奏皇帝裁决。"[70]北魏世祖时崔浩定律令规定:"诸州国之大辟皆先谳报,乃施行",从而将死刑的最后决定权收归中央,死刑奏报制度逐渐形成。尽管该制度在当时因战乱频繁,地方守令兼领军职而难以实际执行,却为隋唐时期死刑复核复奏制度的完善奠定了基础。

汉朝确立秋冬行刑原则,规定死刑须到秋冬执行,但具体要求不详。《陈律》规定:"死罪将决,乘露车,著三械,加壶手。至市,脱手械及壶手焉。当刑于市者,夜须明,雨须晴,晦朔、八节、六齐、月在张心日,并不得行刑。"[71]自此,这种中国古代独特的死刑行刑制度开始萌芽,唐朝在此基础上形成完备的死刑行刑制度。

三国两晋南北朝是政治、经济、思想、文化、民族等方面解构与重组的时代。各个朝代和政权,都在南征北伐中寻求"周公吐哺,天下归心"的复古与中兴之道,既造就了"一时多少豪杰",也呈现了"一片神鸦社鼓"。滚滚长江曾经使三国鼎立、南北分治,但浪花淘尽之后,终究东逝而流向历史的统一出口。

不知秦汉,何论魏晋?不论魏晋,又焉知隋唐?这一时期的法制发展,其根远追先秦,近及秦汉;其时政制、律令每多革故,亦不乏鼎新,并以法律儒家化为其标榜发展为隋唐制度的渊源。这一时期的法律文化,受学术分野的影响,兼具传承与解放两大特质。魏晋巨变并不意味着儒学中衰,相反,儒学为更多人所继承。曹操重礼慎德,司马氏持名教自居;修律之人,尽为儒生,引礼入法,奠定了法律儒家化之基。如果说汉律在精神上已有儒家化趋向,那么魏晋以后的律令无论在精神或形式上都已儒家化,这是三国两晋南北朝对礼的精神和律的精髓之传承。就律学而言,它确实在一定程度上脱离经学束

---

[69] 《陈书》卷三三《儒林传·沈洙传》。
[70] 《宋书》卷六《孝武帝纪》。
[71] 《隋书》卷二五《刑法志》。

缚得以发展,不管形式抑或方法都已成为独立的学问。对于法律思想而言,玄学异军突起,以自然对抗名教,主张放情任志、顺乎人性,无疑是对伦理说教的反动,也可看作礼法束缚下的解脱。这是三国两晋南北朝法律思潮的解放。这个时代的制度与文化,也如同这个时代的生命个体一样,“生于乱世,长于戎马”而又“流离播越”,在继汉开唐中书写了她的风度与风流。

课后思考·关键词

泰始律　北齐律　名例律　重罪十条　准五服以制罪　登闻鼓　测立

课后思考·问答题

1. 试述三国两晋南北朝法典编纂的变化。
2. 南朝法制有哪些建树?南北朝法制“北优于南”之说评析。
3. 三国两晋南北朝时期礼法结合进一步发展表现在哪些方面?

案例阅读

1. 刘晔年少杀人案　2. 崔琰自杀案

第六章　隋唐的法律制度

（公元 581 年至公元 907 年）

公元 581 年，外戚杨坚废北周静帝，夺取政权，建立隋朝，并出兵灭南方的陈朝政权，使国家重新归于统一。隋初，统治者进行了一系列政治、经济改革，使封建经济进入全盛时期，在法制上也颇有建树。隋朝后期，统治者破坏法制，实行暴政，终于在农民起义的风暴中覆亡。

在隋末的战乱中，隋太原留守李渊乘机起兵，夺取政权，并剿灭群雄，建立唐朝。唐初的统治者以隋朝二世而亡为鉴，调整统治政策，提倡儒学，励精图治，使唐朝达到历史上空前的繁荣和富强。随着经济的繁荣，唐初的统治者更加重视法制建设，在修改隋律的基础上，使唐律集前代法制之大成，成为完备而典型的封建法律。唐朝完备的法制不仅对唐朝的繁荣局面起到维护和促进作用，对宋、元、明、清历代法制也有深刻的影响，并延伸到邻近的东亚各国，从而在东亚地区形成一个法律“家族”——中华法系。

第一节　隋唐的立法指导思想和原则

一、隋朝的立法指导思想和原则

隋朝立法指导思想前后虽然有变化，但主要仍是儒家的“德主刑辅、礼法并用”理论。隋文帝在开皇三年（公元 583 年）十一月的诏书中就说：“朕自临区宇，深思治术，欲使生人从化，以德代刑，求草莱之善，旌闾里之行。”以后又说过：“儒学之道，训教生人，识父子君臣之义，知尊卑长幼之序，升之以朝，任之以职，故能赞理时务，弘益风范。”〔1〕

---

〔1〕《隋书·高祖纪上》。

在儒家理论指导下，隋统治者则提出以下立法原则：

1.“以轻代重”

隋初制定的《开皇律》废除了前代的枭首、轘身酷刑，并减轻流刑和徒刑。为什么要对刑罚作如此改革，隋文帝在颁行《开皇律》的诏书中有一说明：“夫绞以致毙，斩则殊刑，除恶之体，于斯已极。枭首轘身，义无所取，不益惩肃之理，徒表安忍之怀。鞭之为用，残剥肤体，彻骨侵肌，酷均脔切。虽云远古之式，事乖仁者之刑，枭轘及鞭，并令去也。贵砺带之书，不当徒罚，广轩冕之荫，旁及诸亲。流役六年，改为五载，刑徒五岁，变从三祀。其余以轻代重，化死为生，条目甚多，备于简策。”实际上就是在刑罚上实现“以轻代重”的立法原则。

2. 慎刑恤狱

关于“慎刑恤狱”立法指导原则，隋初的统治者未曾有论述，但以实际行动表现出来。如隋文帝在位期间，常亲录罪囚，并创设死刑复核制度、死刑复奏制度，还下令“讯囚不得过二百，枷杖大小，咸为之程式，行杖者不得易人”。[2]

但至隋朝后期，统治者则奉行法家理论。史载文帝后期“不悦儒术，专尚刑名”，[3]“不敦诗书，不尚道德，专任法令，严察临下”。[4] 其立法、司法因此趋于严苛。例如，开皇十六年（公元596年），“有司奏合川仓粟少七千石，命斛孝卿鞫问其事，以为主典所窃。复令孝卿驰驿斩之，没其家为奴婢，鬻粟以填之。是后盗边粮者，一升已上皆死，家口没官”。后来文帝又下令“盗一钱以上皆弃市”，“此后又定制：行署取一钱已上，闻见不告言者坐至死”。

隋炀帝统治时期，在文帝基础上进一步推行严刑峻法，实行法家的刑名之治。炀帝虽然制定了较为宽大的《大业律》，但因其实行暴政，官民反抗激烈，于是炀帝完全抛弃《大业律》，更立严法，如“敕天下窃盗以上，罪无轻重，不待奏闻，皆斩”。[5] 由于隋炀帝一味实行暴政酷法，终于激起风起云涌的农民大起义，致隋王朝二世而亡。

---

〔2〕《隋书·刑法志》。

〔3〕《隋书·儒林列传序》。

〔4〕《隋书·循吏列传序》。

〔5〕前揭引文均参见于《隋书·刑法志》。

二、唐朝的立法指导思想和原则

隋朝平定江南，结束长达四百多年的分裂和动荡历史，重新统一全国，国力强盛，却只有三十多年的国运，便在农民起义中迅速覆亡。唐初统治者都是隋亡的见证者，对强隋二世而亡深感震撼，并由此认识到人民群众的强大力量和人心向背的重要意义。唐太宗曾深有感触地说：“天子者，有道，则人推而为主；无道，则人弃而不用。”[6]他还对太子说：“舟所以比人君，水所以比黎庶，水能载舟，亦能覆舟。尔方为人王，可不畏惧？”[7]

为使国家“长治久安”，唐初统治者提出“先存百姓”“安人宁国”“无为少欲”的基本国策。太宗曾对侍臣说：“凡事皆须务本。国以人为本，人以衣食为本，凡营衣食，以不失时为本，在人君简静乃可致耳。若兵戈屡动，土木不息而欲不夺时，其可得乎？”“夫安人宁国，惟在于君，君无为则人乐，君多欲则人苦。”[8]这些言论，实际上是儒家的“民水君舟”和“民本”理论。在“安人宁国”方针指导下，唐初采取了一系列与民休息、不夺农时、轻徭薄赋、少兴土木兵戈的政策，并推行均田制等经济制度，使社会迅速稳定并走向繁荣。

在法制上，唐初统治者则特别强调儒家的“德主刑辅”思想，认为“德礼为政教之本，刑罚为政教之用，犹昏晓阳秋相须而成”，[9]把德礼看作政治统治的根本手段，刑罚是政治教化的辅助手段，两者缺一不可。在“德主刑辅”“礼法并用”思想指导下，唐初统治者又提出一些具体的法制原则。

图6-1　《石台孝经》拓片

《石台孝经》系唐玄宗李隆基作序、注解并书，太子李亨（唐肃宗）篆额，镌于唐玄宗天宝四年（公元745年）。碑文隶书，十八行，行五十五字。原石由四块黑色细石合成，碑座底下有三层石台，所以被称为《石台孝经》。原石现藏于西安碑林。

1. 主张立法宽简与划一

宽即刑罚宽大，不搞严刑峻法；简即法律要简明扼要，百姓可一目了然，知所以避就。高祖李渊就要求立法

〔6〕《贞观政要·政体》。
〔7〕《贞观政要·教诫太子诸王》。
〔8〕《贞观政要·务农》。
〔9〕《唐律疏议·名例》。

“务在宽简,取便于时”。在立法宽简精神指导下,唐初制定《武德律》时,便“尽削大业所用烦峻之法”;[10]太宗也强调立法“惟须简约”,并多次与大臣讨论治道,“遂以宽仁治天下,而于刑法尤慎”,《贞观律》则废除兄弟连坐俱死之法。法令划一,即要求所制定的法令不能互相矛盾。法令不一,必然导致“若欲出罪,即引轻条;若欲入罪即引重条”的弊端。太宗要求立法官员要“宜令审细,毋使互文”。[11]

2. 强调“法令不可数变”

唐律要求保持法律的稳定性与连续性。太宗曾多次与臣下谈道:“法令不可数变,数变则烦,官长不能尽记,又前后差违,吏得以为奸。”[12]并规定:“(自今)不可轻出诏令,必须审定,以为永式。”唐律也严格规定:“诸制敕断罪,临时处分,不为永格者,不得引以为后比,若辄引,致罪有出入者,以故失论。”受这一思想原则的影响,除武则天执政与安史之乱时期外,唐律一直保持着相对的稳定性与连续性,正如《新唐书·刑法志》所载:至唐末,“高祖、太宗之法,仅守而存”。

唐朝继承了秦汉及魏晋南北朝时期一断于法、德主刑辅及约法省刑、宽简立法等精华,又克服秦汉刑严法繁的不足,其法制思想已较为成熟。成熟的法制思想为唐朝法制的完备,奠定了理论基础。

第二节　隋唐主要法典的制定

一、隋朝法律的制定

(一)《开皇律》

在隋朝刚建立的开皇元年(公元581年),隋文帝即命大臣高颎(音炯)、郑译、杨素、常明、韩浚、李谔、柳雄亮、裴政等人制定刑律。他们“上采魏、晋刑典,下至齐、梁,沿革轻重,取其折衷”,总结魏晋以来的立法经验,制定了《新律》。开皇三年(公元583年),文帝审阅刑部的奏报,见年断狱犹至万数,认为律文还是太密,又令苏威、牛弘修订刑律,削除死罪81条,流罪154

[10] 《旧唐书·刑法志》。
[11] 《贞观政要·论赦令》。
[12] 《资治通鉴·唐纪十》。

条,徒、杖罪1000多条,定名为《开皇律》。

隋朝的立法成就主要集中于《开皇律》。《开皇律》的主要创新有:

1. 完善12篇律典体例

《开皇律》继承《北齐律》12篇体例,又对其12篇的篇名和顺序进行调整和创新。其一,改定某些篇名,调整其内容:将禁卫律改名为卫禁律,将违制律改名为职制律,将婚户律改名为户婚律,将厩牧律改名为厩库律,将毁损律的内容分编于各篇,将捕断律分为捕亡律和断狱律两篇。改定后的篇名更加科学。其二,根据内容重要程度调整各篇的顺序,调整后的12篇依次为:名例律、卫禁律、职制律、户婚律、厩库律、擅兴律、贼盗律、斗讼律、诈伪律、杂律、捕亡律、断狱律。第一篇名例律为刑法总则,第二篇至第十二篇为刑法分则。它依照总则在前,分则居后;重者在前,轻者居后;实体在前,程序居后等原则排列,具有科学性、合理性。

2. 改革刑制,确立封建制五刑

《开皇律》在《北齐律》、北周《大律》所规定的五刑的基础上进行改革,确立了笞、杖、徒、流、死封建五刑制度。其中在死刑上,《开皇律》废除前代的枭首、轘裂等残酷的执行方法,只保留较文明的绞、斩两等;在流刑上,《开皇律》将北周的由2500里至4500里五等改为由1000里至2000里三等,废除附加的鞭笞刑,三等流刑分别服劳役二年、二年半、三年;在徒刑上,将北周的从一年至五年五等改为一年至三年五等,废除徒刑的附加刑;废除鞭刑,增加笞刑。经过改革,刑罚大为减轻。

3. 改革"重罪十条",确立"十恶"制度

《开皇律》对《北齐律》的"重罪十条"制度进行改革,确立"十恶"制度。《开皇律》将"重罪十条"中的"反逆""大逆"改为"谋反""谋大逆",将"叛""降"合并为"谋叛"。前面加"谋"字,意即只要有阴谋策划即构成犯罪;在"不孝"之后增加"不睦",改名为"十恶"。"十恶"制度是严惩危及封建皇权、政权和伦理纲常的十种重罪的制度,进一步确定了封建刑律的打击重点。

4. 扩大、完善贵族官僚的特权制度

《开皇律》继承了汉代以来的"上请""八议""官当"等贵族官僚特权制度外,对之又有所完善和创新。首先,完善了"官当"制度。其次,完善了赎刑制度。最后,创设"例减"制度。《开皇律》规定:"其在八议之科,及官品第

七已上犯罪，皆例减一等。”[13]《开皇律》的上述创新，进一步扩大了贵族官僚的法律特权。

5. 规定刑具规格，规范刑讯方法

《开皇律》规定，“讯囚不得过二百，枷杖大小，皆为之程品，行杖者不得易人”，从而废除了前代的刑讯酷法。

（二）《大业律》

隋炀帝于大业二年（公元606年）命牛弘等人制定《大业律》，次年完成并颁行。《大业律》为18篇。在内容上，废除“十恶”条目，“其五刑之内，降从轻典者二百余条，其枷杖决罚讯囚之制，并轻于旧”。

《大业律》改《开皇律》的12篇为18篇虽然其在科学性、合理性上有所倒退，但在内容上，其废除十恶条目，“五刑之内，降从轻典者二百余条，其枷杖决罚讯囚之制，并轻于旧”的改革，与隋朝所奉行的“以轻代重”“慎狱恤刑”思想则是一致的，仍具有进步意义。

（三）令、格、式及制、诏

除了两部律典，隋朝还制定了令、格、式法律，其中令有《开皇令》《大业令》，格有《开皇格》《大业格》，式有《开皇式》《大业式》。其律、令、格、式的制定，则形成了较完备的“律令”法律体系。

此外，隋文帝、隋炀帝还颁布了大量的制、诏。隋初，文帝曾下诏，“有枉屈县不理，令以次经郡及州，至省仍不理，乃诣阙申诉。有所未惬，听挝登闻鼓，有司录状奏之”[14]，规定了申诉制度。开皇十二年（公元592年），“帝以用律者多致舛驳，罪同论异。诏诸州死罪不得便决，悉移大理案覆，事尽然后上省奏裁”，规定了死刑复核制度。开皇十五年（公元595年），“制死罪者三奏而后决”，规定了死刑复奏制度。

二、唐朝主要法典的制定

（一）《武德律》

高祖李渊率军攻占长安后，针对隋末的严刑峻法，仿汉高祖“约法三章”而与关中百姓“约法十二条”：“惟制杀人、劫盗、背军、叛逆者死，余并蠲除

---

〔13〕《隋书·刑法志》。

〔14〕《隋书·刑法志》。

之”，[15]废除隋朝的一切苛法。唐朝建立以后，高祖又命刘文静制定“五十三条新格”，规定“唯吏受赇、犯盗、诈冒府库物”为常赦所不原，他罪皆可赦免。武德四年（公元621年），高祖又令尚书左仆射裴寂等十余人修订刑律。裴寂等人以《开皇律》为基础，加入“五十三条新格”，“流罪三等，皆加千里；居作三岁至两岁半者悉为一岁。余无改焉”。[16] 新律定名为《武德律》，同年颁行天下。《武德律》因袭《开皇律》过多，改变不大，未形成自身特色。

（二）《贞观律》

太宗即位后，即命长孙无忌、房玄龄等大臣，对《武德律》进行了全面修订。自贞观元年（公元627年）至贞观十一年（公元637年）历时11年才完成，定名《贞观律》，颁行天下。

《贞观律》对旧律的变革主要有：一是废“兄弟分居，连坐俱死”之法。二是创设加役流刑，取代断右趾作为减死之罚。三是规定了比附类推的法律原则。“诸断罪而无正条，其应出罪者，则举重以明轻；其应入罪者，则举轻以明重。”四是对刑罚的加减作了规定，“称加者，就重次；称减者，就轻次”。[17] 五是严格规定了法官断案失误所应承担的刑事责任。

《旧唐书·刑法志》称《贞观律》：“自是比古死刑，殆除其半”，“比隋代旧律，减大辟者九十二条，减流入徒者七十一条”，“凡削烦去蠹，变重为轻者，不可胜记”。《贞观律》使唐律基本定型。以后各朝对唐律虽有修订，但删改幅度不大。

（三）《永徽律疏》

永徽二年（公元651年），唐朝又编成《永徽律》。其内容基本沿袭《贞观律》，仅增加了禁止买卖口分田的规定，并将《贞观律》《名例律》“十恶·大不敬条”中的“言理切害”，改更为“情理切害”，并作了说明：“旧律云言理切害，今改为情理切害者，盖欲原其本情，广思慎罚故也。”[18]

高宗时期在立法上最大的贡献，是对唐律律文作出详尽的注疏。永徽三年（公元652年），因律文没有注疏造成科举考试中对法律理解“遂无定凭”的困难，经大臣建议，高宗令长孙无忌、于志宁等主持，广召解律者对《永徽

---

〔15〕《旧唐书·刑法志》。

〔16〕《旧唐书·刑法志》。

〔17〕《新唐书·刑法志》。

〔18〕《唐律疏议·名例》。

律》律文进行疏解。一年后疏议完成,经高宗批准,颁行天下,时称《永徽律疏》。疏议与律文具有同等法律效力。经过开元年间的刊定,唐律及其疏议变得更加完善,至元朝,定名为《唐律疏议》。《永徽律疏》是我国历史上迄今保存得最完整最具有社会影响的封建法典。

(四)《唐六典》

开元十年(公元722年),玄宗命起居舍人陆坚入集贤院修订六典,并为法典定了体例,即从"理典、教典、礼典、政典、刑典、事典"六方面进行编纂,后又确定以"周礼"为蓝本进行编修。但陆坚虽然"用功艰难","绵历数载",仍于事无成。其后,萧嵩、刘郑兰、萧晟、卢若虚、张九龄、陆善经、李林甫等大批精晓政制官规的官员及学者也参与编修,至开元二十六年(公元738年)完成。

《唐六典》以"官领其属,事归于职"为其基本体例,涉及内容广泛,共30卷。传统观点认为,《唐六典》内容涉及盛唐时期的职官建制与官规、政令的各个方面,是盛唐时期的行政法规大全。近年来,法史学界有《唐六典》是官修政书而非行政法典之说。[19] "官修政书说"更符合历史事实。

(五)《大中刑律统类》

宣宗大中七年(公元853年)左卫率府曹参军张戣,将刑律分类为门,附以性质相同的敕、令、格、式,编成《大中刑律统类》12卷,由刑部颁行。《大中刑律统类》开创了法典编纂的一种新体例,对五代和宋朝的刑法典编纂有重大影响。

三、隋唐的法律体系

(一)法律体系的构成

隋唐的法律体系由律、令、格、式、制、敕等构成。

《唐六典》载,律"以正刑定罪",即以定罪量刑内容为主的法典。隋唐的律典有《开皇律》《大业律》《武德律》《贞观律》《永徽律》《开元律》等。

令"以设范立制",是规定"尊卑贵贱之等数,国家之制度"的以行政法为主的综合性法律,内容相当广泛。隋唐重要的令典有《开皇令》《大业令》《武德令》《贞观令》《开元令》等。

---

〔19〕 李玉生:《唐代法律体系研究》,载《法学家》2004年第5期。

格“以禁违止邪”,是由皇帝发布的、国家机关必须遵行的各类单行制、敕与指示的汇编。其内容是“百官有司所常行”之事,主要是行政法律规范,但“刑部格”属刑事法律。制、敕中须是“永为法则者”才能入编,故又称为“永格”。隋唐重要的格有《开皇格》《大业格》《武德新格》《贞观格》《永徽留本司格》《永徽散颁天下格》《开元新格》《开成详定格》等。因格是律、令、式法典外的特别法、后法,所以在唐朝的法律体系中具有较高的法律效力,可对律、令、式进行修改、补充。

式“以轨物程序”,是令的实施细则,国家机关的办事细则。[20] 隋唐重要的式有《开皇式》《大业式》《武德式》《贞观式》《永徽式》《垂拱式》《神龙式》《开元式》等。

制、敕等。《唐会要》载:“故事,凡王言之制有七,一曰册书,立后建嫡、封树藩屏、宠命尊贤、临轩备礼则用之;二曰制书,行大赏罚、授大官爵、厘革旧政、赦宥降恩则用之;三曰慰劳制书,褒贤赞能、劝勉勤劳则用之;四曰发敕,谓御画发日敕也,增减官员、废置州县、征发兵马、除免官爵、授六品以下官、处流以下罪、用库物五百段、钱二百千、仓粮五百石、奴婢二十人、马五十匹、牛五十头、羊五百口以上则用之;五曰敕旨,谓百司承旨而为程序,奏事请施行者;六曰论事敕书,慰谕公卿,诫约臣下则用之;七曰敕牒,随事承旨,不易旧典则用之。比宣署申覆而施行焉。”“旧制,册书、诏敕总名曰诏,天授元年避讳改诏曰制。”[21] 制、敕等是皇帝针对具体问题或案件而发布的指示、命令,是相对于格和格后敕的后法、特别法,具有优先适用的法律效力。

唐中期以后,修订律、令、格、式的活动基本停止,编订“格后敕”遂成为立法的主要形式。格后敕由格演变而来,二者出自同一法律渊源,即编录皇帝的制、敕,其性质与格同,并比格更具有适应性、变通性和灵活性。

（二）各法律形式之间的关系

对律、令、格、式四种法律形式的关系,《新唐书·刑法志》解释为:“令者,尊卑贵贱之等数,国家之制度也;格者,百官有司之所常行之事也;式者,其所常守之法也。凡邦国之政,必从事于此三者。其有所违及人之为恶,而入于罪戾者,一断以律。”可见,令、格、式是从积极的方面规范和引导人们的

---

〔20〕 有学者认为唐式是律、令、格的实施细则。冯卓慧:《从几件敦煌吐鲁番文书看唐代法律形式——式》,载《法学研究》1992年第3期。

〔21〕 《唐会要》卷五四《中书省》。

行为，违反了令、格、式即危害社会构成犯罪，则依律追究刑事责任。律、令、格、式形成相辅相成、互为补充、系统的、周密的法律体系。

各种形式的法律效力有时间效力和优先适用效力之分。从时间效力看，律、令、式的时间效力最长，其次是格，最短是制、敕。从优先适用效力看，制、敕最优，其次是格后敕，再次是格，最后是律、令、式。其适用的原则是：后法优于先法，特别法优于一般法。如唐长庆三年(公元823年)十二月二十三日敕规定："伏缘后敕，合破前格。自今以后，两司检详文法，一切取最向后敕为定。"[22]但制敕断罪只是案例，如未抽象成法律规范，则不得作为判案的依据。如唐律规定："诸制敕断罪，临时处分，不为永格，不得引为后比。"否则，"致罪有出入者，以故失论"。[23]

第三节　隋唐法律的主要内容

隋唐的法律，主要内容大致相同。由于隋朝律、令法典史料已经佚失，故本节主要介绍唐朝法律的主要内容。

一、刑事法律制度

(一)唐律的基本制度和原则

唐律的基本制度和原则集中在《名例律》之中。《唐律疏议》解释说："名者，五刑之罪名；例者，五刑之体例"，"命诸篇之刑名，比诸篇之法例"。主要内容为：

1. 刑罚制度

唐律继承隋五刑制度，仍以笞、杖、徒、流、死为法定五刑，但有修改。其他还有连坐、缘坐等。

笞刑，即用荆条抽打犯人的腿、臀部的刑罚，共五等，自10至50，是五刑中最轻的一等。《唐律疏议》解释曰："笞者，击也，又训为耻。言人有小愆，法须惩戒，故加捶挞以耻之。汉时笞则用竹，今时则用楚。"唐朝笞刑带有耻辱刑与教育刑结合使用的性质。

---

〔22〕《宋刑统·断狱》。

〔23〕《唐律疏议·断狱》。

杖刑,是用竹木杖击打犯人的背、腿、臀部的刑罚,分为五等,从60下至100下。关于笞、杖刑的刑具规格及行刑方法,唐《狱官令》有详细规定:"诸杖皆削去节目,长三尺五寸。……常行杖,大头二分七厘,小头一分七厘;笞杖,大头二分,小头一分半。其决笞者,腿、臀分受;决杖者,背、腿、臀分受,须数等。""行决罚者,皆不得中易人。"[24]

徒刑,是一种让犯人戴枷或束钳,在一定时期内剥夺其自由,强制服劳役的刑罚。《唐律疏议》说:"徒者,奴也,盖奴辱之。"徒刑分为五等:徒一年、一年半、二年、二年半、三年。在京城,男犯送将作监,女犯送少府监服刑;在地方,则送往官府服各类杂役。

流刑,是将罪犯押送到边远地区,并强制其戴枷或束钳服苦役的刑罚。唐朝流刑分三种:三流、加役流、长流。三流即普通流刑,又称"常流",分三等:流2000里、流2500里、流3000里,服役均为一年。唐代三流与隋朝流刑有较大区别。加役流为唐太宗时创设。唐初仍保留斩右趾刑,作为贷死之刑。太宗悯斩右趾之酷,将斩右趾改为加役流即流3000里,劳役加至三年。长流,即无期流刑,罪犯非经特赦,不得返回原地。长流的地点,以岭表(岭即五岭,表即外,岭表即岭南)最多,其次是黔中,再次是巴蜀。中唐以后常以天德五城为长流地。

死刑,分为绞、斩两种。绞是用绳索将罪犯勒死的死刑执行方法。斩是用斧钺将罪犯的头斩断的死刑执行方法。因绞可保全尸,故比斩轻一等。

连坐,即一人犯罪,他人被株连受罚,主要有邻里连坐和官吏连坐。如唐律规定,造畜蛊毒、厌魅,绞。同居家口虽不知情及里正知情不举,皆流2000里。建中元年(公元780年)制敕规定:"自今以后,丞、簿、尉有犯赃私,连坐县令,其罪减所犯官三等。冀递相管辖,不得为非。"另外,奸夫因奸谋杀亲夫,奸妇无论是否知情,均要连坐,"奸妻妾亦合绞"。

缘坐,即对重大犯罪,不仅本人受严惩,其近亲属也要受株连被罚。如唐律规定,谋反及谋大逆者,(本人)不分首从皆斩,父子年16以上处绞,年15以下及母、女、妻、妾、祖、孙、兄、弟、姊、妹,以及部曲、家仆、资财、田宅,一律没官。伯叔父及兄弟子,流3000里,不限户籍之异同。"谋叛"罪,唐律规定,(本人)预谋者绞,已行者斩,妻、子流2000里。

---

[24]　[日]仁井田陞:《唐令拾遗》,长春出版社1989年版,栗劲、霍存福、王占通、郭延德编译,第727、714页。

唐律规定了五刑的收赎制度，即疑罪、官僚贵族及其亲属，以及老幼废犯罪的特殊情况。除“十恶”和少数重罪以外，均可收赎，自笞10至斩刑，分别赎铜1斤至120斤不等。对赎铜的缴付，有时间限制。唐《狱官令》规定：“诸赎死刑限八十日，流六十日，徒五十日，杖四十日，笞三十日。若无故过限不输者，会赦不免。”[25]

唐中后期刑罚有一些变化。其中，杖刑增加“附加杖”“易死杖”“敕杖”“折杖”。“附加杖”是徒、流刑的附加刑，其数为60下至100下。如《旧唐书·刑法志》载，元和六年九月敕，富平县人梁悦复仇杀人，“宜杖一百，配流循州”。附加杖造成一罪二刑。“易死杖”即以杖杀代替法定的绞、斩刑。如唐德宗建中三年(782年)八月二十七日敕：“其十恶中恶逆以上四等罪，请准律用刑。其余应合处绞、斩刑，自今以后，并决重杖一顿处死”，以代极法。[26]从敕文内容看，“易死杖”似较绞、斩为轻，实际上更为残酷。“敕杖”即制敕处分所处的杖刑。如代宗宝应元年(762年)诏：“制敕与一顿杖者，其数止四十；重杖一顿、痛杖一顿者，皆止六十，并不至死。”[27]“敕杖”乃法外之刑，带有极大的随意性。“折杖”是将笞杖折成脊杖、臀杖执行。宣宗时定制：“每脊杖一下，折法杖十下；臀杖一下，折笞杖五下。”[28]

2. 十恶制度

唐律继承隋朝的“十恶”制度，并使之更加完备。

根据《唐律疏议·名例律》规定，“十恶”是：一曰“谋反”谓“谋危社稷”，即图谋推翻皇帝的统治。二曰“谋大逆”谓“谋毁宗庙、山陵及官阙”，即图谋毁坏皇帝祖庙、皇陵和宫殿。三曰“谋叛”谓“背国从伪”，即图谋背叛国家，投降敌国或伪政权。四曰“恶逆”指殴打、谋杀尊长亲属，如殴打和谋杀祖父母、父母，杀伯叔父母、姑、兄、姊、外祖父母、丈夫、丈夫之祖父母、父母等。五曰“不道”，谓“杀一家非死罪三人及肢解人，造畜蛊毒，厌魅”，也就是使用凶暴手段致人以死，或畜养毒虫、使用邪术害人，即恶性杀人行为。六曰“大不敬”，指侵犯皇帝人身安全和尊严的一切言行，包括盗取皇帝御用物，盗取或伪造皇帝印玺，给皇帝配药不按本方，做饭犯食禁，指责皇帝，诽谤朝政，对皇

---

〔25〕《唐令拾遗》，第721页。

〔26〕《宋刑统·名例》。

〔27〕《文献通考》卷一六六“刑五”。

〔28〕《唐会要》卷四一《杂录》。

帝使臣无礼等。七曰“不孝”，指告、骂祖父母、父母，或供养有缺，或别立户籍私存钱物，或私自婚娶，父母去世，匿不举哀，丧期作乐等行为。八曰“不睦”，指家族成员之间的侵犯行为，包括“谋杀及卖缌麻以上亲，殴告夫及夫之大功以上尊长、小功以上尊亲属”等。九曰“不义”，指侵犯非血缘尊长的行为，包括部民杀本州刺史、本县县令，学生杀老师及妻子闻夫丧匿不举哀、居夫丧作乐、改嫁等。十曰“内乱”，指家族内部的乱伦行为，如小功以上亲属间的强奸、通奸、奸父祖之妾均为内乱。

《疏议》指出：“五刑之中，十恶尤切，亏损名教，毁裂冠冕，特标篇首，以为明诫。”“十恶”主要是两方面的犯罪：一是威胁、损害皇权和危及封建政权的犯罪；二是破坏社会秩序和封建伦常关系的犯罪。

唐律把“十恶”列于篇首，作为刑事打击的重点，予以严惩。其具体规定，一是量刑从重。唐律规定，十恶的十个罪均可以判处死刑，特别是谋反、谋大逆不仅本人处死，还要株连家属，其中父、子年16以上要处死刑，财产没官，母、女、妻、妾、祖、孙等全部没官为奴。二是常赦不原。唐律规定，犯恶逆罪，遇常赦即普通赦令一律不赦免刑罚，谋反等重罪，可减刑但不免刑，官员“犯十恶及故杀人狱成者，虽会赦，犹除名”。三是决不待时。自汉朝开始，封建社会对死刑的执行，一般要等到秋冬时节，但唐律规定，犯十恶罪，特别是前四恶，决不待时，立即执行。四是不得享受特权。唐律规定官员犯罪，可根据其品级分别享受议、请、减、赎、当等特权，但犯十恶罪者则不得享受。百姓犯十恶，亦不能行使存留养亲的权利。

3. 贵族官僚享有的各种特权制度

官僚贵族享有法律特权由来已久，西汉创“上请”之制，曹魏创“八议”之制，晋、陈立“官当”之制，隋朝又创“例减”之制，并将赎刑制度化，唐律继承和完善了上述制度。

唐律规定，贵族官僚按其品级地位可分别享受“八议”“上请”“例减”“收赎”“官当”特权。

“八议”制度。其是指八类特权人物犯死罪，司法机关不得擅断，须将所犯罪行及应议理由奏请皇帝裁决的制度。“八议”特权的主体为亲、故、贤、能、功、贵、勤、宾。“亲”，即皇亲国戚，根据唐律“注”文，包括皇帝袒免以上亲、皇后小功以上亲、皇太后缌麻以上亲。“故”，“谓宿得侍见，特蒙接遇历久者”。即皇帝的故旧，多指布衣之交。“贤”，即“贤人君子，言行可为法则者”，指有大德行人士。“能”，指“能整军旅，莅政事，盐梅帝道，师范人伦者”。即有治国安邦大才干的人。“功”，指“能斩将搴旗，摧锋万里，或率众归化，宁济一时，匡救艰难，铭功太常者”。即曾经为国家立下大功勋者。“贵”，即大贵族大官僚，指三品以上官和公爵以上爵位。“勤”，指“大长吏恪居官次，夙夜在公，若远使绝域，经涉险难者”。即为国家勤勤恳恳工作，且经涉艰难的人。“宾”，即前朝皇帝及其后代被尊为国宾者。“八议”的程序。唐律规定，上述八类人犯死罪，司法官吏不得擅自处理，必须奏请皇帝裁决。皇帝将其交中央法司集议，“原其本情，议其犯罪”后，列具应适用的法条，再交皇帝裁处。按照通例，一般死罪均可降为流罪，但若所犯为“十恶”罪的，不得享受“八议”特权。

“上请”制度。“上请”与“八议”有较多的相同之处，其区别主要在于，其适用对象的品级比“八议”略低，他们是皇太子妃大功以上亲、应议者期以上亲及孙、官爵五品以上者。这些人犯死罪，司法官吏也不得擅自处理，必须将其所犯罪行上奏皇帝裁决。与“八议”不同的是，司法机关在奏报中可以明言依律应斩或绞。适用“上请”制度的限制条件也比“八议”多，除犯“十恶”外，“反逆缘坐，杀人，监守内奸，盗、略人，受财枉法者”，均不适用“上请”。

“例减”制度。其适用对象的品级又低于“上请”，适用于七品以上官及应请者的近亲属。他们如犯有流以下罪，可以直接减刑一等处罚。

“收赎”制度。其适用对象的品级又低于“例减”，它适用于九品以上官，及应议、请、减者及其近亲属。他们犯流刑以下罪，可以铜赎刑。对于“减”“赎”的限制条件更多，凡犯十恶及“加役流、反逆缘坐流、子孙犯过失杀流、不孝流及会赦犹流者，各不得减赎，除名、配流如法”，即犯十恶及五流罪者，均不在减赎之列，仍依法流配。为官的，要除名。

“官当”制度。其是指官吏犯徒流罪可以官品抵当刑罪。唐代的“官当”制度已非常完备。唐律规定，五品以上官犯私罪，一官当徒二年；九品以上，一官当徒一年。犯公罪则各加一年当。若犯流罪，可折成徒刑，即三流同比徒四年，再按以官当徒原则当；若犯官身兼数职，“先以高者当，次以勋官当，若有余罪及更犯者，听以历任之官当”；唐律还将赎刑作为官当的补充，即若罪大官小，不尽其罪，余罪收赎。若官大罪小，则留官收赎；唐律规定，官吏以官当罪后，一段时间后仍可当官，即经一年后降一等叙用。

唐朝贵族官僚的特权制度继承前代法律规定，但较前更加全面、系统、完备。清人薛允升曾指出,"(唐律)优礼臣下,可谓无微不至矣!"[29]反映出唐律维护官僚贵族统治的本质,但官僚贵族的特权只限于不侵犯皇权及地主阶级根本利益的限度之内。

4. 主要刑法原则

唐律继承隋朝等前代立法经验和成果,其刑法适用原则更趋于完备,主要有:

一是贵、良、贱同罪异罚。唐朝将国人分为特权者、良人、贱民三等。特权者包括皇帝、贵族、官僚及其亲属,享有多种法律特权。良人,又称白丁、凡人,主要成分是农民、中小地主和工商业者,人数最多。他们是国家赋税徭役的承担者,除老幼病残外,既无特权,也不受歧视。贱民,分官贱民和私贱民。官贱民有太常音声人、杂户、工乐户、官户、官奴婢,私贱民有部曲、随身、客女、私奴婢。官私贱民地位十分低下,特别是奴婢,唐律称"奴婢贱人,律比畜产",法律地位相当于财产,主人可以随意处分。主人犯罪,奴婢随其他财产被国家没收。唐律规定,主人擅杀"有罪"奴婢,仅杖一百;奴婢过失杀主,绞,伤及骂者,流。良人杀伤贱民,减凡人一至两等治罪;贱民杀伤良人,加凡人一至两等治罪。相同的行为和结果,因身份不同处刑竟相差二至四等。唐律还禁止良贱通婚,否则构成"违律为婚",不仅强制离婚,还要处徒刑一年半,只有部曲、太常音声人、客女例外。

二是共同犯罪,区分首从。唐律规定:"诸共犯罪者,以造意为首,随从者减一等。若家人共犯,止坐尊长;侵损于人者,以凡人首从论。即其监临主守为犯,虽造意,仍以监主为首,凡人以常从论。"对首犯从犯的区分规定了两种情况:一是普通的共同犯罪,以"倡首先言"的"造意者"为首犯,其余罪犯不管其起到什么作用,均为从犯。这表现出封建法律着重惩治犯意的特征。二是在家人共同犯罪和上下级官吏共同犯罪的情况下,无论是谁造意,均以家长和长官为首,其余为从。因家长和长官有管理监督家人和下属的权利和义务,那么就要加重其责任,如不履行监管义务,就作为主犯加以制裁。唐律对特别严重的犯罪如前三恶、强盗、奴杀主、略人为奴、私度关津等,不分首从,一体严惩。

三是自首减免刑罚。唐律明确自首的概念为犯罪未被告发而主动到官

---

[29]《唐明律合编》。

府交代的行为。对于自首者,唐律“原其罪”。但对于“于人损伤,于物不可备偿”“越渡关及奸,并私习天文者”之类的犯罪,因其不能挽回,自首不得减罪;对犯赃罪者虽自首,“正赃犹征如法”,即赃物必须按法律规定如数偿还;若自首不彻底,即“自首不实及自首不尽者”,不尽之罪依律处罚,如《名例律》规定,凡“自首不实及自首不尽者”,各依“不实不尽之罪罪之,至死者,听减一等”。此外,唐朝还规定,轻罪已发,能自首重罪,免其重罪;审问他罪而能自首余罪的,免其余罪,以分化犯罪分子。唐朝有关自首的规定已经很系统、完善,它不仅影响到后世,至今也不乏借鉴价值。

四是累犯加重处罚,即对三次犯盗窃罪判徒流刑的累犯加重处罚。唐律《贼盗律》规定,凡是盗罪经判决后“更行盗,前后三犯徒者,流二千里;三犯流者,绞”。多次犯同类罪的惯犯,属怙恶不悛,社会危害性较大,理应重惩其罪。

五是更犯重其后犯之事。更犯即“诸犯罪已发及已配而更为罪者,各重其事”。疏议解释说:“已发者,谓已被告言;及已配者,谓犯徒已配,而更为笞罪以上者,各重其后犯之事而累科之。”即前罪已经判刑而又犯笞刑以上的罪。唐律规定更犯按“各重其后犯之事”原则处罚,即已判处徒刑三年而未到配所,再犯流罪,处流2000里,决杖100,加上流罪应役的一年,总共劳役四年。封建统治者一向把更犯视为对社会的严重威胁,所以,采取加重处罚的原则。

六是二罪从重,即数罪并发原则。唐律对“二罪以上俱发”采取“以重者论”原则处理,颇类似现代刑法中的吸收原则。具体规定如下:某人若同时犯了两个以上罪,只对最重罪处刑,余罪不论;如果数罪相等,取一罪处理,余罪不论;如果一罪已经论决,余罪后发,其刑若与已判罪相等,不再追究;如果后罪重于已判的罪,则以后罪的刑差加于前罪之上,即所谓“通计前罪,以充后数”。对于多次以赃致罪,若一罪频犯,赃数相加后半科。若系数罪频犯,则按重赃并满轻赃,折半科刑的原则处理。

七是轻重相举,即类推原则。对法律没有明文规定的行为如何处罚,唐律规定按“轻重相举”的原则处理。《名例律》规定:“诸断罪而无正条,其应出罪者,则举重以明轻;其应入罪者,则举轻以明重。”对于应当从轻处理的罪,法律列举重款以类推其罪刑;对于应当从重处理的罪,法律列举轻款以类推其罪刑。举轻以明重,如杀伤父母如何处理,法无明文,但唐律有规定,谋杀期亲尊长斩，那么已伤已杀较谋杀为重，就更应处以斩刑了。举重以明轻，如夜无故闯入人家，主人出于防卫而将闯入者打伤，对加害者如何处理，法无明文，但唐律有规定，夜无故入人家，主人登时杀之，勿论。杀死都不论罪，致伤更不应论罪了。唐朝"轻重相举"的类推原则使其法网更为严密，也反映了当时立法技术的发达。

八是区分公罪与私罪。公罪是"缘公事致罪而无私曲者"，即执行公务中发生差错且无谋取私利情节而构成的犯罪。公罪一般由过失构成，在处罚上从轻。私罪是"私自犯及对制诈不以实，受请枉法之类"，包括两种情况：一是与执行公务毫无关系，如官吏犯强奸、盗窃之类的罪；二是虽与执行公务有关，却是故意欺骗皇帝或利用职务的便利牟取私利，如受贿等。私罪一般由故意构成，处罚从重。唐律划分公罪和私罪，并在处刑上区别对待，有利于调动官吏的工作积极性，抑制其以权谋私的可能性。

九是同居相为隐，即一定范围内的亲属，互相窝藏罪犯，可以减免刑罚。唐律《名例律》"有罪相为隐"条规定，同居共财之人及大功以上亲属、外祖父母、外孙、孙之妇、夫之兄弟及兄弟妻之间，互相窝藏罪犯或通风报信，还有奴婢窝藏主人皆不追究刑事责任；小功以下的亲属之间相为隐，可以减轻处罚，即"减凡人三等"；但对前三恶，则不许容隐，"各从本条科断"。"同居相为隐"原则是汉朝"亲亲得相首匿"原则的继承和发展，都是受儒家"父子相隐，直在其中"理论的影响而形成，精神实质一致，但"同居相为隐"原则更为完备。一方面，它按亲等规定了减轻和免予刑事责任的范围，体现了亲亲原则。另一方面，规定对前三恶不得容隐，较好地处理了在犯罪容隐上国家和家族利益的冲突，既维护了伦常关系，又有利于巩固封建政权。

十是准五服以制罪。对亲属之间的犯罪的处理，唐律继承了晋律的"准五服以制罪"原则：卑幼犯尊长，服制愈重处刑愈重，服制愈轻处刑愈轻；尊长犯卑幼，服制愈重处刑愈轻，服制愈轻处刑愈重。涉及财产犯罪，不分尊长卑幼，服制愈重处刑愈轻，服制愈轻处刑愈重。唐律对该原则还有所发展。律条中对直系血亲父母不分，祖父母及曾、高祖父母原则上与父母同；妻妾对夫视同子女对父母；母系亲属皆为缌麻亲。另外，唐律把不少卑幼侵犯尊长的行为纳入十恶重罪，予以重处。

十一是老、少、废、疾犯罪减免刑罚，又称矜恤原则。唐律规定：凡年70以上、15以下及废疾(瞎一目或一肢残废)，犯流罪以下，收赎；年80以上，10

岁以下及笃疾(瞎二目或二肢残废),犯反、逆、杀人应死者,上请;年 90 以上,7 岁以下虽有死罪,不加刑。对老、少、废、疾减免刑罚,是因为他们"不堪受刑",所以从轻处罚。实际上,老幼病残即使欲犯罪,也因"皆少智力"而危害性不大,统治阶级又可博取"仁政"的美名。关于对老幼废疾减免刑罚,西周有"悼耄不刑",汉律也有规定,唐律则发展至完备之境。

十二是化外人相犯。唐律《名例律》规定:"诸化外人,同类自相犯者,各依本俗法;异类相犯者,以法律论。"所谓"化外人","疏议"的解释为"谓蕃夷之国别立君长者","蕃夷之国"的人,即外国人。上述规定的意思是,同属一国的外国人在中国犯罪,由唐朝政府按该两外国人本国的法律处断;不同国籍的外国人之间的犯罪,由唐朝政府按照唐律处理。这是属地主义和属人主义相结合,在当时世界各国还是罕见。这样既维护了国家主权,也能尊重外国人的法律和习俗。

(二)主要犯罪及刑罚

唐律规定的罪名比较多,现将主要的犯罪及其刑罚作简略介绍。

1. 危害封建政权与皇权的犯罪

维护皇权、政权是封建法律的重点。唐律规定的危害皇权的罪名有 80 多个,占唐律共有的三百九十余罪名的五分之一强,并把危害政权和皇权的犯罪处以最严厉的刑罚。

唐律将"谋反""谋大逆""谋叛""大不敬"列为"十恶",给以最严厉的处罚。唐律规定,谋反及谋大逆者,(本人)不分首从皆斩,父子年 16 以上处绞,15 以下及母、女、妻、妾、祖、孙、兄、弟、姊、妹,以及部曲、家仆、资财、田宅,一律没官,伯叔父及兄弟子,流 3000 里,不限户籍之异同。不但本人处以死刑,还要亲属连坐,资财、田宅、部曲、家仆充公;株连直系四代,旁及伯叔父、兄弟子等。这是整部唐律中处刑最严厉的一条,也是唯一有缘坐亲属处死规定的一条。唐律对危害不严重的"词理不能动众,威力不足率人者"谋反、谋大逆罪犯,也不分首从,一律处斩,父、子、母、女、妻、妾流 3000 里。甚至仅仅"口陈欲反之言,心无真实之计,而无状可寻者"的思想犯,也要流 2000 里。对于"谋叛"罪,唐律规定,预谋者绞,已行者斩,妻、子流 2000 里。对"大不敬"也要根据情况分别处绞或徒流刑。唐律同时规定,犯上述罪,"常赦不原",不得相容隐、不在八议论赎之限。

2. 严重违反家庭伦常的犯罪

唐律中违反家庭伦常的犯罪主要有恶逆、不孝、不睦、不义、内乱(对这五种犯罪的内涵和外延前面已经述及)。唐律对这五种犯罪予以严惩。恶逆罪因是“自相屠戮,穷恶尽逆,绝弃人理”,故犯者皆斩。对不孝罪,告言诅詈祖父母、父母者绞,其他行为也均要处以徒刑。对不睦罪,谋杀缌麻以上亲处流2000里,其余行为要处徒刑。对不义罪,闻夫丧匿不举哀流2000里,其余行为处徒刑。内乱罪,因系“禽兽其行,朋淫于家,紊乱礼经”,故处理上非死即流。

3. 侵犯人身的犯罪

侵犯人身的犯罪主要有不道、杀人、伤害等。

不道罪,指杀一家非死罪者三人、肢解尸体、造畜蛊毒、厌魅等行为,疏议称其“安忍残贼,背违正道”。因其杀人手段残忍、恶劣,唐律规定,杀一家非死罪者三人及肢解尸体,本犯不分首从皆斩,妻子流2000里。造畜蛊毒、厌魅,绞。同居家口虽不知情及里正知情不举,皆流2000里。

杀人罪,唐律根据杀人的情节将杀人区分“六杀”,即“谋杀”“故杀”“斗杀”“误杀”“过失杀”“戏杀”。“谋杀”指预谋杀人,尚未实施;“故杀”指事先无预谋的故意杀人;“斗杀”指在斗殴中将人杀死;“误杀”指错认了对象而将他人杀死;“过失杀”指“耳目所不及,思虑所不至”,类似意外事件而致他人死亡;“戏杀”指“以力共戏”,如比武中导致杀人。唐律根据“六杀”的危害性规定了不同的处罚。故意杀人,一般处以斩刑。误杀、斗杀减故杀罪一等处罚。戏杀减斗杀罪二等处罚。谋杀罪,一般减故杀罪数等处罚。过失杀,可以收赎。“六杀”理论的出现,反映了唐朝刑法的完备与立法技术的发展。

伤害罪。唐律对伤害罪根据伤害结果及其他情节给予不同的处罚,使用兵刃伤人处罚最重,以他物(兵刃以外之物)伤人次之,以手足殴人最轻。唐律在伤害罪上的重大发展是规定了“保辜”制度,即对伤害结果不能马上确定的,先设定一个期限叫辜限。“手足殴伤人限十日,以他物殴伤人者二十日,以刃及汤火伤人者三十日,折跌支体及破骨者五十日”,在辜限内受伤者死去,加害人承担杀人的责任;限外死去或者限内以他故死亡者,加害人只承担伤人的责任。唐朝确定保辜期限,用以确定伤人者的刑事责任,是一个大的进步。

4. 侵犯财产的犯罪

唐律中侵犯财产的犯罪主要有强盗、窃盗罪。强盗罪是“以威若力而取其财者”,即以威胁或者暴力抢夺他人财物的犯罪。唐律《贼盗律》规定:强盗“不得财徒二年,一尺徒三年”,“十匹及伤人者,绞;杀人者,斩”。窃盗指“潜身隐面而取”,即秘密窃取他人财物的犯罪。《贼盗律》规定:窃盗“不得财笞五十;一尺杖六十,一匹加一等,五十匹加役流”。累犯窃盗罪可处死刑。唐律对侵夺财产的犯罪,处罚比较严厉。

5. 官吏贪赃枉法的犯罪

唐律将以非法手段攫取公私财物行为规定为“六赃”罪,即受财枉法、受财不枉法、受所监临财物、强盗、窃盗、坐赃,其中受财枉法、受财不枉法、受所监临财物、坐赃与官吏有关。唐律对于贪墨罪同样实行“以赃定罪”的原则。

受财枉法,指官吏收受贿赂而为他人枉法裁判的行为。唐律规定,“监临主司”受财枉法,计赃论罪,“一尺杖一百,一匹(四十尺)加一等,十五匹绞”,且常赦不原。

受财不枉法,指“虽受有事人财,判断不为曲法”的受贿行为。唐律规定,受财不枉法,一尺杖 90,30 匹加役流。

受所监临,指官吏私受部民财物的行为。唐律规定,一尺以上笞 40,50 匹流 2000 里。乞取者加一等。

坐赃,即官吏得了不该得的财物,其适用范围极广。其处罚规定为,一尺笞 20,罪止徒 3 年。

此外,唐律还规定,监临主守自盗(监守自盗)计赃论罪,一尺杖 80,30 匹绞。可见唐律对官吏贪赃枉法处罚是较重的。

6. 官吏渎职的犯罪

唐律规定的渎职罪主要有署置过限、稽缓制书官文书、乏军兴、临阵先退、应值而不值、应奏而不奏等。唐律根据其危害和情节给予不同的处罚。

署置过限罪,指下属官吏超过法定编制,主管官员要被追究责任,罪止徒刑;稽缓制书官文书罪,指拖延皇帝制书和官府公文的下发和办理,要计日论罪,罪止徒刑;乏军兴罪,指妨碍国家军事行动的犯罪,因涉及国家政权的安全,故无论故意或过失,一律处斩;临阵先退罪,指武官贪生怕死,放弃职守而逃跑的行为,唐律规定一律处斩;应奏而不奏罪,指应当向皇帝请示而不请示,或虽请示但未经批准即执行的行为,该罪与应值而不值、应宿而不宿等失职罪一般处杖刑,情节重者处徒刑。

7. 违反国家经济制度的犯罪

唐朝中前期实行均田制和租庸调制,为了保证均田制的推行,唐律设置了一些罪名:

"应受而不授,应还而不收,应课而不课"罪,指基层官吏违反国家有关土地应授应收和督课农桑的规定的行为,里正要视情节处以笞刑至徒刑,县令也要负相应的责任;"占田过限"罪,指占有的土地超过了"均田令"所规定的数量限制,违者视情节要处以笞、杖、徒刑;"盗卖、盗耕种公私田"罪,视情节处以笞刑至徒刑;"擅卖口分田"罪,按"均田令"的规定,口分田一般不许买卖,除特定条件并经官府批准才许买卖,未经官府批准而买卖之,即构成擅卖口分田罪,卖者论笞杖,地还本主,财没不追。

为了防止百姓逃避赋役义务,保证租庸调制的推行,唐律规定了"脱口"罪、"增减年状"罪、"脱户"罪。租庸调制是按人头来征租收税和征发徭役的,户口及身体状况是国家执行租庸调制的依据,在户口登记和身体状况申报上弄虚作假即构成犯罪。"脱口""脱户",都是在户口登记上作假,脱口是家中有人不附籍,脱户是一户都不附籍;增减年状指故意在年龄和身体状况上弄虚作假。犯此三罪,均要处以徒刑。

8. 诸不应得为罪

唐律《杂律》中有这样一条,"诸不应得为而为之者,笞四十;情理重者杖八十",即一些行为是否构成犯罪,法无明文,但按情理(即社会伦理道德)属于不应当做的,仍然要处笞杖刑。对规定此条的目的,"疏议"解释曰:"杂犯轻罪,触类弘多,金科玉条,包罗难尽。其有在律在令无有正条,若不轻重相明,无文可以比附。临时处断,量情为罪,庶补遗阙,故立此条。"唐律所规定的罪名本来就比较多,又规定了轻重相举的类推原则,再加上"诸不应得为罪",使唐朝的法网非常严密。

二、民事法律制度

(一)民事主体

唐代是一个典型的身份社会,不同身份的人其法律地位亦不相同。唐律将国民分为特权者、凡人、贱民,他们在刑法上有不同的权利义务,在民法上也有不同的权利能力。

特权者包括皇帝、贵族、官僚及其亲属，按照唐《衣服令》《仪制令》《丧葬令》《均田令》等法令，他们在衣、食、住、行、生、婚、丧、葬等方面按各自的官爵享受不同的待遇，占有不同数量的永业田。

凡人有计口受田或占有土地、拥有家庭财产的权利，可通过科举或军功进入官僚队伍，但须履行纳税、服役等义务。其中商人的权利能力有较多限制，如不得骑马、不得乘轿、出葬时不得排列仪仗等。

贱民依具体身份其权利能力又有所不同。官贱民多来自罪犯及其家属、后代，他们没有凡人的户籍，隶属于某些特定的官府服役。他们的来历，《隋书·刑法志》引北周《大律》："盗贼及谋反大逆、降、叛、恶逆罪当流者，皆甄一房配为杂户。"贱民中，官私奴婢地位最低，"奴婢既同资财"，系权利客体，主人可随意处分，只是不能隋意处死。诱拐奴婢，仅构成对主人财产权利的侵犯。贱民在民事权利能力上，有较多的限制。如在婚姻上，除太常音声人、部曲可与百姓为婚外，其余都只能"当色为婚"，否则构成"违律为婚"，要负民事及刑事责任。其财产权利也比较有限。

（二）财产权利及契约制度

唐朝前期实行均田制，但只是将无主荒地分给农民或官僚，并非废除土地私有制。那些本来就拥有私有土地的，其土地私有权仍予保护。按"均田令"规定，农民和官僚分得的永业田是允许买卖的，其性质应属私有土地。口分田属于国有土地。安史之乱以后，均田制被破坏，原国有土地私有化，至两税法的实行，唐朝全面推行土地私有制。唐律严禁盗卖、盗耕种公私土地，保护公私土地所有权。

唐朝的债主要是合同之债。契约已被广泛地应用于买卖、借贷、雇佣、担保、租佃等关系中，以买卖和借贷为多。

唐《杂律》规定，买卖房屋、土地、奴婢、牲畜等"并立市券"，如"已过价，不立市券，过三日笞三十；卖者，减一等"。"立市券"即买卖双方要签订"和同"即买卖契约，契约上要有保人的签字。国家设有"市司"对市场进行管理，禁止欺行霸市，违者杖80。

在借贷关系上，唐律注重保护债权人的利益。唐《杂令》规定："诸公私以财物出举者，任依私契，官不为理。每月取利，不得过六分。积日虽多，不得过一倍。若官物及公廨，本利停讫，每计过五十日不送尽者，余本生利如初，不得更过一倍。家资尽者，役身折酬。役通取户内男口，又不得回利为本

(其放财物为粟麦者,亦不得回利为本及过一倍)。若违法积利、契外掣夺及非出息之债者,官为理。收质者,非对物主不得辄卖。若计利过本不赎,听告市司对卖,有剩还之。如负债者逃,保人代偿。"[30]

（三）婚姻家庭制度

1. 婚姻制度

唐律确认一夫一妻多妾制度,严禁"有妻更娶"和"以妾为妻"。《唐律疏议·户婚律》规定:"诸有妻更娶妻者,徒一年;女家减一等。若欺妄而娶者,徒一年半,女家不坐。各离之。"

关于结婚。唐律赋予尊长主婚权,主要包括祖父母、父母及伯叔父母、姑母、兄姐、高祖父母、曾祖父母等期亲尊长。对尊长所定婚姻,卑幼必须依从,即使"诸卑幼在外,尊长后为订婚,而卑幼自娶妻,已成者,婚如法;未成者,从尊长。违者,杖一百"。同时,彩礼为订婚的要件之一,即所谓"以聘财为信"。订婚后,男方悔婚无罪,女方可不退聘礼。女方悔婚,则要处杖刑至徒刑。

唐朝已形成婚书制度。婚书由报婚书和答婚书组成,一般须载明:主婚人与当事人的身份关系;当事人男女姓名、年龄、婚否状况;求婚与许婚的意思表示;媒人姓名。婚约一旦成立,即具有法律效力。除有法定理由,不得擅自解除。男方悔约,将不得索回聘财,但不视为犯罪;女方悔约,将被视为犯罪,要追究刑事责任。如唐律规定:"诸许嫁女,已报婚书及有私约而辄悔者,杖六十。虽无许婚之书,但受聘财亦是。"允许解除婚约的条件,一般有:订婚后三年无故不娶,女方可解除婚约;双重婚约等。

唐律禁止结婚的规定较多:第一,禁妄冒为婚,即故意隐瞒身份、年龄等而与他人为婚,因带有欺诈,法作禁止,违者处徒刑。第二,禁止"同姓为婚"和亲属为婚。"同姓为婚",各徒二年。亲属为婚,即同宗五服以内亲属,外亲、姻亲有服亲属尊卑之间为婚,及娶同母异父姐妹、妻前夫之女,均以奸论,处徒三年。第三,严禁良贱通婚,违者,视情节处杖刑至徒 2 年,并强制离婚。如杂户隐瞒身份与良人为婚,要杖 100。良人私娶官户女者,判处一年半徒刑,断离。第四,禁娶有罪逃亡妇女,知情而娶之为妻妾者与该妇女同罪。第五,禁官员娶部属之女,违者杖 100,官员枉法娶部属妻女者,以奸论,加二等

---

[30] 《唐令拾遗》,第 789 页。

治罪。

关于离婚。唐朝的离婚形式有和离、休妻、义绝。唐律规定:“若夫妻不相安谐而和离,不坐。”疏议曰:“‘若夫妻不相安谐’,谓彼此情不相得,两愿离者,不坐。”

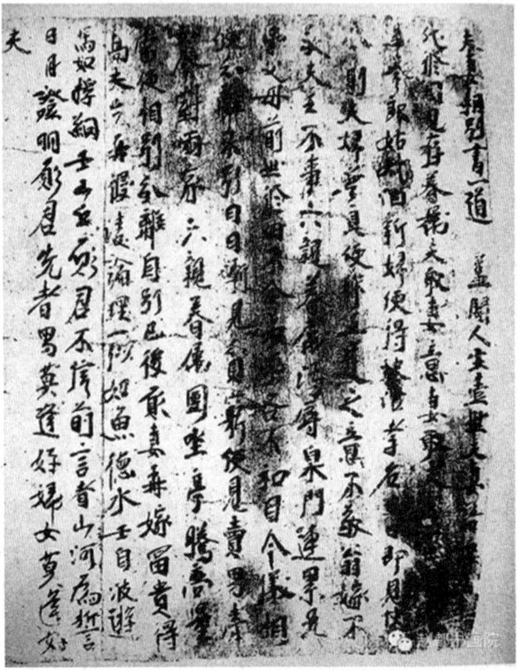

图6-2 唐代放妻书

在出土的敦煌莫高窟官私文书中,约有十几件唐宋时期的《放妻书》,也就是“休书”。

唐令继承了汉代“七出三不去”的离婚制度,但在“七出”和“三不去”的顺序上与汉代有区别。唐令规定的“七出之状”依次为:一无子,二淫佚,三不事舅姑,四口舌,五盗窃,六妒忌,七恶疾。丈夫休妻的手续是“皆夫手书弃之。男及父母伯姨舅,东邻西邻,及见人皆署。若不解书,画指为记”。“三不去”依次为:一持舅姑之丧,二娶时贱后贵,三有所受无所归。妻子虽有七出之状,但有三不去之一者,丈夫不得休妻。同时,“犯义绝淫佚恶疾,不拘此令”。唐令赋予男子的休妻权比过去更大,丈夫可以休妻,但妻子不得弃夫而去。妻子“背夫擅行,有怀它志,处徒二年”。但为维护家庭的稳定,也禁止丈夫任意休妻。唐律规定:“诸妻无七出及义绝之状,而出之者,徒一年半;虽犯七出,有三不去,而出之者,杖一百。追还合。若犯恶疾及奸者,不用此律。”

“义绝”指夫或妻有杀伤对方及直系尊亲、旁系尊亲,或双方一定范围内亲属相互有殴打、奸、杀行为的,法律强制“义绝”,即强制双方离婚。《户婚律》规定:“诸犯义绝者,离之,违者,徒一年。”

2. 家庭制度

在家庭中,主要有两组关系:父母与子女的关系和夫妻关系,唐朝法律在家庭制度上有明显的特点:维护父权和夫权。

关于维护父权。唐律强调“凡是同居之内,必有尊长”(一般是父、祖),同时赋予家长极大的权力。父家长对子女拥有教惩权和财产权,子女有非礼行动,家长可动用家法予以惩诫。严重者,还可以送交官府判处二年徒刑,家长擅杀子女也仅处徒刑。家庭的一切财产皆家长支配,子孙无权处分,唐令对此有明确规定:“诸家长在(‘在’谓三百里内,非隔关者),而子孙弟侄等,不得辄以奴婢、六畜、田宅及余财物私自质举及卖田宅(无质而举者,亦准此)。”〔31〕子孙如果另立户口,私存资财,要判处徒刑三年。家长对子女还有主婚权。而子女必须敬重、善事尊长,子女侵犯尊长,要比常人加重处罚,情节严重的,构成十恶重罪,如恶逆、不孝等。当然,在有些情况下,家庭的犯罪只处罚家长。如违反户役制度、家庭成员的一般共同犯罪、嫁娶违律等。

关于维护夫权。法律视夫妻如父子,夫妻相犯,实行异罚。如丈夫殴妻,未伤者无罪,伤者减常人二等;而妻殴夫徒一年,殴伤重者,加凡斗三等;妻子侵犯丈夫情节严重者,则构成十恶中的恶逆、不睦、不义重罪,反之则不成立。

3. 继承制度

唐朝的继承主要有爵位继承、财产继承。

关于爵位继承,唐律规定,爵位由嫡子孙继承,其顺序为:“诸王、公、伯、子、男皆子孙承嫡者传袭,若无嫡子及有罪疾立嫡孙,无嫡孙以次立嫡子同母弟,无母弟立庶子,无庶子立嫡孙同母弟,无母弟立庶孙。曾玄以下准此。无后者容除。”“诸王公以下,无子孙以兄弟为后,生经侍养者听承袭,赠爵者亦准此。若死王事,虽不经生养者,亦听承袭。”〔32〕唐律规定:“诸立嫡违法者,徒一年。”

---

〔31〕《唐令拾遗》,第788页。

〔32〕《唐令拾遗》,第219、228页。

关于财产继承,唐朝对财产继承沿用汉朝的“诸子均分”原则,女子有继承权,但其份额只是男子的一半;确认代位继承制度;妻子的妆奁不属于遗产;守节的寡妇无子者,可以代夫继承,若夫之兄弟皆死,可同侄子一起继承公婆的遗产。如唐《户令》规定:“诸应分田宅者,及财物,诸子均分;妻家所得之财,不在分限。兄弟亡者,子承父分。兄弟俱亡,则诸子均分。其未娶妻者,别与聘财。姑姊妹在室者,减男聘财之半。寡妻妾无男者,承夫分。若兄弟皆亡,同一子之分。”唐律《户婚律》同时规定,“不均平者,计所侵,坐赃论减三等”;此外,唐律规定嗣子(过继子)同亲生子有同等的继承权。

综上所述,唐朝的继承法已相当完善,且比较合理。

第四节 隋唐的狱讼制度

一、狱讼听断机关

(一)中央刑狱审断机关

唐朝中央设大理寺、刑部、御史台三大刑狱审断机关,合称为“三司”。

大理寺是唐朝中央最高刑狱审断机关,以正卿、少卿为正、副长官,下设正、丞、主簿、司直、评事、录事、狱丞等属吏。其管辖范围为:审理中央百官及京师徒刑以上的案件。徒、流刑案件的判决,须移交刑部复核。死刑案件的判决,经刑部复核,交中书门下详议,再奏请皇帝批准,才最后生效。凡经大理寺审判的案件,大理寺卿、少卿、丞、司直等官吏都要签字,即“大理断狱皆联署焉”。

刑部是唐朝中央最高刑狱审断及行政机关,以尚书、侍郎为正、副长官,下设刑部、都官、比部、司门四司。刑部主管罪囚,并有权“复按大理及天下奏谳”的案件,即对大理寺审断的案件和地方上报的徒以上案件有权复审。

御史台是唐朝中央监察机关,以御史大夫及御史中丞为正、副长官。唐朝监察机关机构较以往有所扩大和完善。御史台有权监督大理寺及刑部的审断复核活动,也有权参与全国重大疑难案件的审断。太宗贞观末年,御史台中置东西二狱,以自系劾开始审断案件。

唐朝对特别重大的刑狱,由大理寺卿、刑部尚书、御史中丞共同审断,称“三司推事”。对地方不便解京的重案,则由皇帝指派大理寺评事、刑部员外郎、监察御史前往案发地鞫审,称“小三司”。“三司推事”为明清会审制度的肇始。

唐朝三大刑狱审断机关,既有所分工,又彼此监督制约,有效地加强了封建狱讼管治,以及皇帝对刑狱官审断权的控制。

(二)地方狱讼听断机关

唐朝地方狱讼事务由行政机关负责。唐初为加强京畿地区的控制,在京城长安设立京兆府,以府尹为长官,少尹二人为副职,下设法曹司法参军事作为听断狱讼的辅佐。京兆府尹有权审断京师百官徒刑以下的案件,以及辖区内的各类案件,在唐朝狱讼听断组织体系中居于特殊的地位。

唐朝地方政权机关为州、县两级,其长官州刺史及县令都有狱讼听断权。唐朝在州设参军为狱讼听断的辅佐,其中司法参军“掌律、令、格、式,鞫狱定刑,督捕盗贼,纠逖奸非之事,以究其情伪而制其文法。赦从重而罚从轻。使人知所避而迁善远罪”,负责刑事案件的审断。司户参军“凡男女婚姻之合,必辨其族姓以举其违。凡井、田利害之宜,必止其争讼以从其顺”,[33]负责民事案件的处理。县设佐、史等为狱讼处理的辅佐。

二、告诉制度

唐代告诉的形式仍然是民人告诉和官吏纠举。唐律对告诉作了一些新的要求。

第一,严禁卑幼控告尊长。唐律深受儒家精神影响,强调尊尊、亲亲,要求亲属之间相互容隐,严禁卑幼控告尊长。唐律规定卑幼告尊长,虽得实,被告视同自首,而告者有罪。其中,告祖父母、父母者,绞;告期亲尊长,徒二年;部曲、奴婢告主者绞。

第二,对前三恶及强盗、杀人等重罪强制告奸。唐律规定:“诸知谋反及大逆者,密告随近官司,不告者绞。知谋大逆、谋叛不告者,流二千里。知指斥乘舆及妖言不告者,各减本罪五等。”“诸强盗及杀人贼发,被害之家及同伍即告其主司。若家人、同伍单弱,比伍为告。当告而不告,一日杖六十。”[34]在押囚犯及对其他的犯罪一般不许告发,但对前三恶则不受此限。

第三,要求告诉要实事求是,严禁投匿名信告人。唐律《斗讼律》规定,“诸告人罪者,皆须注明年月,指陈实事,不得称疑”,违者笞50。替人写诉状

〔33〕《唐六典》卷三〇《三府督护州县》。

〔34〕《唐律疏议·斗讼》。

增添情节,与所告事实不符,笞50。投匿名信告人,流2000里。诬告反坐。

第四,禁止越诉,特殊情况下准许直诉。

唐律规定告诉必须自下而上,由县至州,再由州至中央。对于越级告诉,以及官府受理者,规定了"各笞四十"的处罚。但对"谋反逆叛"等严重犯罪,不受此限,允许人们"密告随近官司"。

对案情较重,又有冤屈不能申诉者,可以不按审级,径直向中央有关部门甚至向皇帝直诉。唐朝的直诉方式有邀车驾、上表、挝登闻鼓、立肺石下等。武则天统治时期,还仿梁朝的谤木函、肺石函方式,形成"铜匦"直诉方式。

对直诉案件,有关部门必须受理。如唐《斗讼律》规定:"邀车驾及挝登闻鼓,若上表申诉者,主司即须为受,不即受者,加罪一等"。但法律对直诉又作许多限制。首先,所告事实必须真实,"以身事自理诉,而不实者,杖八十"。其次,邀车驾不得冲撞皇帝的仪仗队,"其邀车驾诉,而入部伍者,杖六十"。最后,上表陈情必须由中书舍人、门下省给事中、御史台御史三司监受,否则有罚。所以,唐律虽然规定了直诉制度,但百姓真要告御状并不容易。

民事告诉除诉状必须"注明年月,指陈实事"外,还须遵循"务限"制度。唐《杂令》规定:"诸诉田宅、婚姻、债负,起十月一日,至三月三十日检校,以外不合。若先有文案,交相侵夺者,不在此例。"[35]

三、狱讼听断制度

唐朝狱讼听断中以口供为判案的主要依据,因而在听断方式上沿用西周的"五声听狱讼"的方法,在必要时允许刑讯逼供。唐朝在听断上完善了以下制度:

1. 管辖制度

唐律规定了级别管辖与地域管辖的制度。县衙只能审结杖以下的案件,徒刑案件须申报州或府一级审理。州或府只能审结徒刑以下的案件。京城诸司的案件,杖以下由各该司审断,徒以上由大理寺审断。所有流刑以上案件均申报刑部复核。死罪还须经中书门下详议后,奏请皇帝裁决。

在地域管辖方面,《断狱律》规定:"诸鞫狱官,囚徒绊在他所者,听移送先系处并论之。"《唐律疏议》进一步明确:"谓轻从重;若轻重等,少从多;多

---

〔35〕《唐令拾遗》,第788页。

少等,后从先。若禁处相去百里外者,各从事发处断之。”即实行“以后就先”,并合论罪的原则;如轻重不同,则将轻犯移送重犯羁押处处理;若罪名轻重相同,则将犯人少的移送犯人多处,一并审断。

2. 回避制度

唐朝规定了鞫狱官回避制度。如《狱官令》规定:“诸鞫狱官与被鞫人有五服内亲,及大功以上婚姻之家,并受业师,经为本部都督、刺史、县令,及有仇隙者,皆须听换推。”〔36〕《唐六典 · 刑部》也载:“鞫狱官与被鞫人有亲属仇嫌者,皆听更之。”注称:“亲谓五服内亲,及大功以上婚姻之家,并受业经师为本部都督、刺史、县令及府佐于府主,皆同换推。”

3. 刑讯制度

唐律虽然允许刑讯逼供,但禁止鞫狱官任意刑讯,并对刑讯作了规定。如《断狱律》要求:“诸应讯囚者,先必以情,审察辞理,反复参验;犹未能决,事须讯问者,立案同判,然后拷讯。违者,杖六十。”“立案同判”,即办理立案手续,由长官批准后才能刑讯。又规定“诸拷囚不得过三度,总数不得过二百,杖罪以下不得过所犯之数”。“每讯相去二十日。若讯未毕,更移他司,仍须拷鞫,即通计前讯以充三度。”对拷打的部位也有规定:“决笞者,腿、臀分受。决杖者,背、腿、臀分受。须数等。拷讯者亦同。”〔37〕拷讯中间不得换人行刑。凡“拷问不承”者,“取保放之”。若超过三次,杖 100;杖数过者,反坐所剩;因此致死者徒二年。

此外,唐律还规定对享有“议”“请”“减”等特权人物及老、少、废疾、孕妇,禁止使用刑讯。鞫狱官只能根据三个以上的证人“明证其事,始合定罪”,违者,以故意或过失出入人罪论处。上述规定使封建时代的刑讯逼供法律化、制度化,对任意刑讯有一定的限制作用。

4. 申诉与复审制度

唐《断狱律》规定:“诸狱结竟,徒以上,各呼囚及其家属,具告罪名,仍取囚服辨。若不服者,听其自理,更为审议。”意即徒刑以上案件审理终结,要向囚犯及其亲属宣告所犯罪名,听取犯人对判决的意见,因不服提出复审申请的,有关审断机关应当受理。复审的程序是:“先由本司本贯,或路远而踬碍者,随近官司断决之。即不伏,当请给不理状,至尚书省左右丞为申详之。又

---

〔36〕《唐令拾遗》,第 720 页。

〔37〕《唐律疏议 · 断狱》。

不伏，复给不理状，经三司陈述。又不伏者，上表（皇帝）。”[38]即有冤需申诉者，可凭不理状逐级申诉至尚书省，甚至直至皇帝。

5. 死刑复核、复奏制度

死刑奏报制度始于南北朝时期，隋朝形成死刑复核、复奏制度，至唐朝臻于完备。

唐律规定，死刑判决，均须报刑部复核，经中书门下省详议，并奏报皇帝批准后才具有法律效力。此为死刑复核制度。

死刑判决生效后，执行之前都必须向皇帝再做请示才能执行，以让皇帝再作最后思考，此为死刑复奏制度。唐初承隋制，实行三复奏。贞观年间，太宗因一怒之下错杀大理寺丞张蕴古，非常后悔，遂下令京城的死刑案件五复奏，其他地区仍执行三复奏制度。其具体规定为：“诸决大辟罪，在京者，行决之司五复奏；在外者，刑部三复奏（在京者，决前一日二复奏，决日三复奏；在外者，初日一复奏，后日再复奏。纵临时有敕，不许复奏，亦准此复奏）。若犯恶逆以上及部曲、奴婢杀主者，唯一复奏。”[39]

对违反复奏制度的，要根据情节给予处罚。《断狱律》规定：“诸死罪囚，不待复奏报下而决者，流二千里。即奏报应决者，听三日乃行刑，若限未满而行刑者，徒一年；即过限，违一日杖一百，二日加一等。”

唐朝死刑复核复奏制度的完善，对防止重大冤假错案具有一定的积极意义。

6. 虑囚制度

虑囚，又称录囚，是皇帝或上级审断部门通过提审罪囚，检查决狱情况，平反冤案的一种活动。虑囚始于汉代，唐朝进一步制度化，表现为有关官员定期虑囚。唐律规定，监察御史不定期巡察州县，州刺史每年一巡察属县，巡察时都要虑囚。太宗时要求“诸狱之长官五日一虑囚”。[40]《狱官令》规定：“诸若禁囚有推决未尽、留系未结者，五日一虑。若淹延久系，不被推诘，或其状可知而推证未尽，或讼一人数事及被讼之人有数事，重事实而轻事未决者，咸虑而决之。”唐玄宗以前的皇帝经常录囚。皇帝录囚常大量赦免囚徒，如《新唐书·刑法志》载，唐太宗于贞观四年（公元630年）“亲录罪囚，闵死罪者三百九十人，纵之还家，期以明年秋即刑。及期，囚皆诣朝堂，无后者，太宗

---

〔38〕《唐六典》卷六《刑部》。
〔39〕《唐令拾遗》，第692—693页。
〔40〕《新唐书·刑法志》。

嘉其信,悉原之。”

7.审断期限制度

唐朝曾多次对审断期限作出过规定,其中以穆宗时的规定为详。“大事,大理寺限三十五日,详断毕,申刑部,限三十日闻奏;中事,大理寺三十日,刑部二十五日;小事,大理寺二十五日,刑部二十日。一状所犯十人以上,所断罪二十件以上,为大;所犯六人以上,所断罪十件以上,为中;所犯五人以下,所断罪十件以下,为小。其或所抵罪状并所结刑名并同者,则虽人数甚多,亦同一人之例。”〔41〕

8.死刑行刑制度

自汉代起,确立秋冬行刑原则,死刑罪犯须在秋冬时间执行。唐朝在前代相关制度的基础上形成了较为完善的死刑行刑制度,其内容包括:

其一,规定了禁止执行死刑时间。“每岁立春至秋及大祭祀、致斋,朔望、上下弦、二十四气、雨及夜未明,假日、断屠月,皆停死刑。”不仅春、夏季不得执行死刑,正月、五月、九月三个断屠月及一些特殊的日子亦不得执行死刑,限制较前代更多。

其二,规定了监斩官员的范围。“京师决死,莅以御史、金吾,在外则上佐,余皆判官莅之。”京城地区的死刑执行,由御史或执金吾监斩;其他地区则由地方政府的副长官或判官监斩。

其三,规定了对官员、贵族及妇人的死刑执行程序和方法。“五品以上罪论死,乘车就刑,大理正莅之”,“并官给酒食,听亲故辞决”,“犯非恶逆以上,听自尽于家”。“七品已上及皇族若妇人,犯非斩者,皆绞于隐处。”五品以上的官员被判死刑,若公开执行,可以乘车去刑场,由大理寺正监斩;官方供给酒食,可与亲友从容诀别。若所犯非恶逆以上重罪,可赐死于家而不公开执行,等等。

其四,规定行刑日皇帝减膳、撤乐。“决日,尚食勿进酒肉,教坊太常辍教习。”〔42〕死刑执行日,皇帝须吃素,太常寺及教坊不得奏乐,以表达对死者的哀矜。唐朝的死刑行刑制度,反映了儒家的基本理念。

9.法官责任制度

为使审判符合国家法律的要求,唐朝规定了法官的责任。归纳起来,唐

---

〔41〕《旧唐书·刑法志》。

〔42〕《新唐书·刑法志》及《唐令拾遗》,第694—698页。

律对司法官的以下行为要给予处罚：

一是违反有关案件移送管辖规定的。“诸鞫狱官，囚绊在他所者，听移送先系处并论之。违者，杖一百。”“诸鞫狱官，停囚待对问者，虽职不相管，皆听直牒追摄。牒至不即移者，笞五十；三日以上者，杖一百。”

二是判决不具引法律正文的。《断狱律》规定：“（断狱）皆须具引律、令、格、式正文，违者笞三十。”

三是超出告状范围审判的。“诸鞫狱官，皆须依所告状鞫之。若于本状之外，别求他罪者，以故入人罪论。”

四是断罪应向上级或皇帝奏报而不奏报的。“诸断罪应言上而不言上，应待报而不待报，辄自决断者，各减故失三等”处罚。

五是徒以上罪判决后不告知罪犯及家属，让其“服辨”的。“诸狱结竟，徒以上，各呼囚及家属，具告罪名，仍取服辨。若不服者，听其自理，更为审详。违者，笞五十；死罪，杖一百。”

六是违法刑讯的。“若拷过三度及杖外以他法拷掠者，杖一百；杖数过者，反坐所剩；以故致死者，徒二年。”“有疮病，不待差而拷者，亦杖一百；若决杖笞者，笞五十；以故致死者，徒一年半。若依法拷决，而邂逅致死者，勿论；仍令长官等勘验，违者杖六十。”对不合拷讯的特权人物和老幼病残及孕妇拷讯者，也要给予处罚。

七是故意或过失出入人罪的。“诸官司（故意）入人罪者若入全罪，以全罪论；从轻入重者，以所剩论。其出罪者各如之。”过失出入人罪，处罚略轻，“失于入者，各减三等；失于出者，各减五等”；虽判案有误，但入罪未决，出罪未放的，以及“放而还获，若囚自死，各听减一等”。[43]

第五节　隋唐法律的特点及历史地位

一、唐律的特点

隋朝法律因资料所限，其特点难以归纳。唐朝法律则具有以下特点：

---

〔43〕 均见于《唐律疏议·断狱》。

1. 法律臻于完备

唐朝在隋朝法律的基础上进行了长达一百多年的法典修订工作，使唐代法制臻于完备，表现在：

第一，法律形式的体系化。律、令、格、式虽并称于隋朝，但至唐朝才对这四者的性质做明确的界定。唐朝的律、令、格、式已形成相辅相成、互为补充的有机整体，从而使封建法律由秦汉时期的体系庞杂、律令界限不清发展为周密的体系。

第二，法律内容的空前完备。唐朝法律的内容不仅涵盖了刑事、民事、行政、经济、诉讼审判等各个方面，而且各方面法律的具体制度也较为完善。如在审判方面，唐朝建立健全了回避制度、刑讯制度、死刑复核复奏制度、虑囚制度、法官责任制度等；在赋予官僚贵族法律特权方面，将八议、上请、例减、收赎、官当制度规定得至为详尽。

第三，法律解释精当。《永徽律疏》中“疏议”对律文的解释分“注”、“疏”、“议”和“问答”几个层次。其中，“注”是对律文的简单解释，并有确立规范的意思；“疏”是对律文和“注”的义理进行解释，并补充律文和“注”不及不周之意；“议”是有关“疏”的议论，是对“疏”在理论上做进一步阐释；“问答”更为具体地解释律文中的疑惑问题。仅就律文的解释而言，就采用了限制解释、扩张解释、类推解释、举例解释、律意解释、辨析解释、逐句解释、答疑解释和创新解释等多种解释方法，阐明文义，叙述法理，补充不周不备之处。解释时引用了大量的儒家经典和令、格、式，阐明了唐朝的法制思想，协调了律条之间以及律和令、格、式之间的关系。“疏议”文从字顺，言简意赅，逻辑性强，表现出极高的律学水平。

2. 礼法合一

所谓“礼法合一”，即儒家的精神原则已经完全融合到法律之中，两者水乳交融，合而为一。自汉代开始，儒家的精神原则和伦理道德规范开始向封建法律渗透，经数百年的历程，至唐代礼法合一，其主要表现有：

第一，唐律中不少制度原则从儒家经典中直接照搬或演绎而来。如唐律中的“七出三不去”原则系《大戴礼记 · 本命》篇的内容，八议制度即来源于《周礼 · 秋官》的“八辟”之制，而“准五服以制罪”原则是由儒家经典中的五服制度和亲亲、尊尊思想相融合，经演绎而来。矜恤原则源于《周礼 · 秋官 · 司刺》的“三赦之法”和《礼记 · 曲礼》的“悼耄之年罪不加刑”。

第二,唐律的修订一准乎礼。唐初的法典中仍然规定,谋反大逆,兄弟缘坐处死。在修订《贞观律》时,考虑到礼典中有"孙为王父尸",孙子可代祖受祭,表明其与祖父的血缘关系比兄弟更为亲密。此前的法律规定反逆缘坐祖孙仅处流刑,而兄弟却要处刑,不合礼制,遂将缘坐兄弟也改处流刑。此例足以说明唐律的修订以儒家精神为指导。

第三,唐律的疏议都以儒家理论为标准。如对"大不敬"的注疏,"礼者,敬之本;敬者,礼之舆。故《礼运》云,'礼者,君之柄,所以别嫌明微,考制度,别仁义',责其所犯既大,皆无肃敬之心,故曰'大不敬'。"[44]《唐律疏议》中随处可以看到儒家经典之名。据有关学者统计,"疏议"中引用的儒家经典有十余种,计有:《尚书》《诗经》《礼记》《孝经》《国语》《春秋》《左传》《公羊传》《周礼》《孔子家语》《论语》《尔雅》等。因唐律已达到礼法合一,自汉朝开始的《春秋》决狱审判方式在唐朝及唐以后适用逐渐减少。

第四,唐律中的罪名和量刑深受儒家精神的影响。唐律中最重的罪为十恶罪。十恶罪主要是两个方面的犯罪:一是侵犯皇权的犯罪;二是严重违反家族伦常的犯罪。将这两类犯罪作为重罪,从重惩处,主要是因为它们"亏损名教,毁裂冠冕",[45]严重违反君为臣纲、父为子纲、夫为妻纲的纲常礼教。很多行为并不构成对尊长的伤害,如"冒哀求仕""丧期作乐",但违背儒家"孝以事亲"的精神,也要受到法律的制裁。

3. 刑罚最为宽平

唐律对犯罪的处罚上最为宽大,其主要表现有:

第一,重罪条款大为减少。在《贞观律》的制定中,大量地改重为轻,其中减死为流 91 条,使唐律"比古死刑,殆除其半"。[46]

第二,废除了酷刑、肉刑。唐律规定的刑罚为笞、杖、徒、流、死五刑二十等,死刑分绞、斩两等,与秦汉律规定有具五刑、腰斩、枭首、车裂等酷刑和墨、劓、刖、宫肉刑,及明清律规定的凌迟、戮尸、枭令、充军、剥皮实草等酷刑和刺字、阉割等肉刑相比,最为平允。

第三,株连范围最窄。唐朝株连范围最宽的罪是谋反大逆。父子年 16 以上处绞,子 15 以下及母、女、妻、妾、祖、孙、兄弟姐妹、部曲没官为奴,财产

[44] 《唐律疏议·名例》。

[45] 《唐律疏议》卷一《名例》。

[46] 《旧唐书·刑法志》。

充公,伯叔父、兄弟子流3000里。直系上下五代,旁系三代。虽然也不失残酷,但同秦汉时期的夷三族、门房之诛,和明清时期的父、子、祖、孙、兄弟、伯叔父、兄弟子年16以上全部处死甚至夷十族相比,株连面最窄。

此外,唐律规定,除十恶等重大犯罪以外的罪,均可收赎;而且在加刑时,在二十等内依次加刑,且一般不得加至死刑;在减刑时二等死刑、三等流刑"同为一减",即减一大等:二等死刑减一等均减为流300里,三等流刑减一等均减为徒3年。

综上所述,唐朝的刑罚在封建社会是最为宽平的,后人曾赞美它"得古今之平"。[47]

二、隋唐法律的历史地位

隋律在中国法制史上有着承上启下的重要历史地位,其历史作用不容忽视。范文澜在评述秦、隋王朝历史功绩时指出:"秦始皇创秦制,为汉以后各朝所沿袭。隋文帝创隋制,为唐以后各朝所沿袭。秦、隋两朝都有巨大贡献,不能因为历年短促,忽视它们在历史上的作用。"[48]研究中国历史应然,研究中国法制史亦然。

唐朝在继承前代法制的基础上又作改革,终使其法制集秦汉以来立法之大成,而成为典型的封建法典。它不仅对唐朝的繁荣起到促进作用,对后世也有影响,成为后世立法的蓝本。唐法制对东亚地区也有影响,是中华法系的核心。

一方面,唐朝法律是后世立法的楷模。

唐以后几代的立法都深受唐法律的影响,其主要刑法典都是以唐律为蓝本而制定。宋朝最主要的刑法典《宋刑统》对唐律律文及疏议全部抄录,其他方面也基本沿用唐制。金朝的《泰和律义》的篇章结构与唐律相同,《金史·刑法志》称其为"实唐律也"。元、明、清三代法制虽然在形式上与唐朝有一定的差异,但内容变动不大。明朝初年制定的一部刑法典曾和唐律在篇目结构和内容上完全相似;正式颁行的刑法典《大明律》在结构上与《唐律疏议》有别,分为7篇,但内容大部分相同。因此,唐法制是中国封建法律的典型代表,在法制史上占有重要地位。

---

〔47〕《唐明律合编》。

〔48〕范文澜:《中国通史简编》(第3册),第4页。

另一方面,唐法制是中华法系的核心。

唐法制对东亚地区各国的法制也有深刻的影响。

朝鲜所受影响最大。《高丽史·刑法志》载:"高丽一代之制,大抵皆仿于唐。至于刑法亦采《唐律》,参酌时宜而用之。"在政治上,也实行三省六部九寺体制;经济上则仿唐朝的"均田制"而颁布"田柴科";其刑法典共71条,有69条是从《永徽律疏》中撷取,另两条从唐《狱官令》中选取。

日本法制也深受唐法制的影响。唐初的日本在政治上仍相当落后,后日本派出大量留学生和"遣唐使"到中国学习先进的制度文化。这些人回国后,协助统治者进行"大化革新",摹仿唐朝的政治法律制度。其《近江令》即仿唐《贞观令》制定。其主要刑法典《大宝律令》在篇目和顺序上同唐《永徽律疏》完全相同,在内容上也绝大多数与唐律相同,只在少数制度上,考虑到日本国情,略做变动。如将十恶改为八虐,去掉不睦、内乱;将八议改为六议,去掉议勤、议宾;将流刑三等改为近流、中流、远流三等,不载里数。日本对法律形式性质及其相互关系的认识也完全沿袭唐朝,如《大日本史·刑法志》云:"盖令者,尊卑贵贱之等数,国家之制度;格者,百官有司所常行之事也;式者,其所常守之法也。凡邦国之政,必从事于此,其不能遵由,为恶而入于罪戾者,一断以律。"

越南李氏王朝的《刑书》、陈氏王朝的《国朝刑律》的内容大都沿用唐律。

唐以后在东亚地区就形成了一个法律家族,后人称其为"中华法系",唐法制实为该法系的母法和核心。

课后思考·关键词

开皇律　贞观律　永徽律疏　十恶　八议　官当　同居相为隐　轻重相举　六杀　六赃　保辜　化外人相犯　三司推事　仇嫌回避制度　死刑复核复奏

课后思考·问答题

1. 试述《唐律疏议·名例律》的主要内容。
2. 简述唐律五刑制度的主要内容。
3. 简述唐律十恶制度的主要内容。
4. 简述唐律八议制度的主要内容。
5. 试述唐律的主要刑法原则。

6. 试述唐律的特点。

7. 试析唐朝法制与中华法系的关系。

8. 以唐律为例,说明封建法律是特权法。

9. 试述唐律在中国古代法制发展史上的地位。

案例阅读

1. 王伽散送流犯　2. 狄仁杰被诬　3. 张琇兄弟复仇

第七章　宋朝的法律制度

（公元 960 年至 1279 年）

公元 960 年春，后周归德节度使、禁军统帅赵匡胤于陈桥驿发动兵变，黄袍加身，建立宋朝，史称北宋。1127 年，金人南侵，灭北宋。同年，宋徽宗第九子赵构在临安（今杭州）称帝，重建宋朝，史称南宋，1279 年为蒙古所灭。宋朝的社会经济关系较前代有大的变化，在政治、司法制度方面也有重大改革。程、朱理学成为官方的意识形态。因此，宋朝法制在立法体制，刑事、民事、经济法律制度及诉讼审判制度方面都有较大的发展，凸显出其时代特色。

第一节　宋朝主要法律的制定

一、立法指导思想和原则

宋朝的立法指导思想仍然是汉唐以来的儒家理论。宋初的皇帝都认识到儒家理论在治国化民中的作用，如太宗曾指出：“丧乱以来，经籍散失，周孔之教将坠于地。朕即位之后，多方收拾，抄写购募，今方及数万卷，千古治道，并在其中矣。”[1] 真宗还亲着《崇儒术论》，宣扬儒家理论。

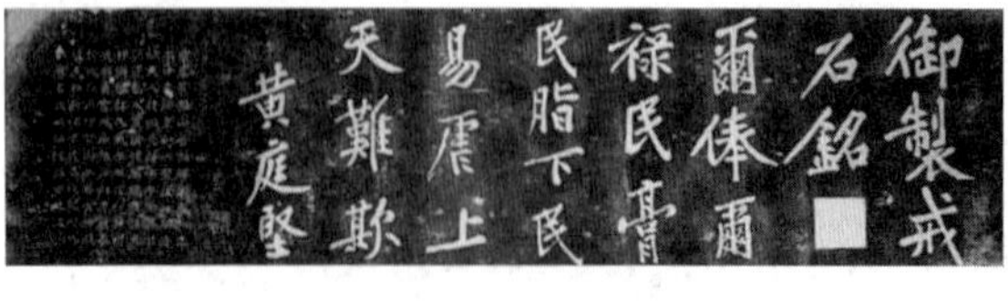

图 7－1　黄庭坚书《戒石铭》拓片

戒石铭“尔俸尔禄，民膏民脂。下民易虐，上天难欺”属蜀主孟昶原创，全辞二十四句。宋太宗摘其四句，令天下郡县刻石。此铭为黄庭坚在江西泰和任官时所书。

---

〔1〕　孙逢吉：《职官分记》（卷一五），转引自张晋藩主编：《中国法制通史》（第 5 卷），法律出版社 1999 年版，第 19 页。

在奉行儒家“德主刑辅”“礼法并用”理论的同时,结合形势需要,宋朝统治者又提出了一些具体的立法指导原则:

1. 集权中央,防止割据

为巩固新生政权,防止重蹈五代各国短运而亡的覆辙,宋太祖采纳宰相赵普的建议,制定了对有可能割据一方的藩镇、节度使“稍夺其权,制其钱谷,收其精兵”的政策,先后采取了“杯酒释兵权”、“收诸道精兵”、“诸州租课悉送京师”以及以文官出知州县事等措施,加强中央集权。同时,在中央和地方增设行政、监察机关,分散职权,实现对各级官署的权力制衡,加强对各级官员的监督。

2. 义利并重,重视理财

北宋中期以后,由于冗官、冗兵和向辽、西夏国纳绢纳银,国家财政极度匮乏,理财成为当务之急。与此相适应,宋朝君臣及儒士在思想上也有转变,由传统的“讳言财利”转变为“利义均重,利义相辅”思想。神宗曾下诏称:“政事之先,理财为急。”南宋“永嘉”功利学派则提出“以利和义”,主张“善为国者,务实而不务虚”,批评程朱理学是“既无功利,则道义者,乃无用之虚语耳”。上述理论对宋王朝的民事经济立法有重要影响,对经济的发展也有促进作用。

3. 临下以简,哀矜折狱

五代乱世,法严刑酷。宋初的统治者认为:“立法不贵太重而贵必行,法必行则人莫敢犯矣。夫欲重则必难行,欲行则不必重。”[2]统治者主张,“以宽仁为治。立法之制严,而用法之情恕”。[3] 据此,宋朝在《宋刑统》中规定了“折杖法”,减轻刑罚;在司法上注重法律的修订和司法体制、诉讼程序的改革,加强对司法的监督。对司法官吏的人选视为“天官选吏,秋曹谳狱,具为难才”,极为重视。宋朝各州的重要司法官司理参军都由皇帝亲选,并要求司法官吏明习法律。对用法惨酷者,不再任为亲民官。宋朝的皇帝还频繁地亲录罪囚,减罪恤刑,监督司法。

二、主要法律的制定

(一)制定《宋刑统》

北宋建国之初,曾大量沿用唐朝、五代法律。建隆四年(公元963年),工

---

〔2〕《宋会要辑稿》帝系一一之四。

〔3〕《宋史·刑法一》。

部尚书判大理寺窦仪指出,“(后)周刑统科条繁浩,或有未明”,建议重加修订。太祖遂命窦仪及苏晓、奚屿、张希逊、冯叔向等人,详订“刑统”。同年七月书成,定名《宋建隆重详定刑统》,简称《宋刑统》,诏付大理寺刻板摹印,颁行天下。

《宋刑统》共12篇,30卷,502条,其律文及疏议基本上沿用唐《永徽律疏》的内容,有两大方面变化:第一,在体例上,《宋刑统》仿唐宣宗颁布的《大中刑律统类》,将12篇分成213门。所谓“门”,就是把调整同一类社会关系的法律条文划为一个单元,使《宋刑统》在“分门类编”方面较前代有所进步。第二,在内容上,于《名例律》中增加“折杖法”;于律疏之后增加自唐开元二年(公元714年)至宋建隆三年(公元962年)间的敕、令、格、式共177条,每条前加“准”字,赋予其法律效力;增入窦仪等人关于定罪量刑的建议,注明有“臣等参详”的起请条32条;增入“议”20条和以“释曰”为名的解释若干条;删去“朱雀门”,为避帝讳而改“大不敬”为“大不恭”等。

《宋刑统》颁行后,在太祖乾德四年(公元966年)、神宗熙宁四年(1071年)、哲宗元符二年(1099年)、高宗绍兴元年(1131年)对之或进行修订,或以《申明》疏解其义。终宋之世,《宋刑统》均具有法律效力,并且是刑事法律的主体部分。

(二)编敕和编“敕令格式”

“敕”是由皇帝批准而由中书颁发的指示或命令,大都系针对特定之事或特定之区域而发布。将单个的敕进行整理编纂,使之具有普遍法律效力,这一立法程序被称为编敕,经整理编纂的敕亦称编敕。唐朝对制、敕的整理、汇编称格或格后敕,五代始称编敕,宋朝沿用。《宋刑统》颁行后几乎是一成不变,随着时间的推移,它越来越不适应社会的需要。编敕遂成为北宋前期最主要、最经常的立法形式,如《宋史·刑法志》所载:“宋法制因唐律、令、格、式,而随时损益则有编敕。”

北宋前期编敕颇繁,几乎历朝均有编敕。为适应频繁的编敕等立法的要求,真宗大中祥符九年(1016年),宋朝政府设置了专门的立法机构——“详定编敕所”。后经神宗、哲宗的不断调整,至徽宗时,设“详定重修敕令所”和“详定一司敕令所”,以后该二所遂成为宋朝常设的和主要的专门立法机构。

北宋前期首先编制的编敕是综合性的,主要有:《建隆编敕》四卷、《太平兴国编敕》15卷、《淳化编敕》30卷、《咸平编敕》12卷、《大中祥符编敕》40

卷、《天圣编敕》12卷、《庆历编敕》12卷（附《总例》一卷）、《嘉祐编敕》18卷（附《总例》一卷）、《元丰编敕》81卷等。自真宗时开始编制适用于某些部门和地区的一司一路一州一县敕，主要有：《三司新编敕》15卷、《详定军马司编敕》五卷、《熙宁开封府界保甲敕》二卷等。

关于律（即《宋刑统》中的律条）、敕的地位和关系，从"律不足以周事情，凡律所不载者，一断于敕"[4]等记载看，律为基本法典，是宋代断狱的主要依据。只有在律没有规定，或律的规定已经被敕或编敕所修改的情况下，才以敕或编敕为断狱之依据。又从"立法必本于律"[5]的记载，及神宗熙宁初年因"阿云之狱"所引发的"敕律之争"的内容看，律的原则及精神则是敕的立法依据，敕的发布不得与律的精神相抵触。

从神宗元丰时起，宋朝开始对敕、令、格、式进行综合汇编，即编订"敕令格式"。其中全国通用的主要有：《元丰编敕令格式并赦书德音申明》81卷、《元敕令格式》56卷、《元符敕令格式》134卷、《政和敕令格式》903卷、《绍兴重修敕令格式》760卷、《干道重修敕令格式》130卷、《庆元重修敕令格式》256卷等。此外，还有大量地适用于某一部门性或某一地区的、专门的、单行的"敕令格式"。

神宗以前的编敕都是"各分门目，以类相从"，较便利于检阅。神宗以后编"敕令格式"时，则"各随其罪，厘入诸篇，以约束为令、刑名为敕、酬赏为格，更不分门，检用之际，多致漏落"。[6] 此体例一直沿用至南宋初年。孝宗时，朝廷编制有关法律，孝宗令将有关条法"分门编类"，若"一条该载二事以上，即随门、类，厘析具入"。[7] 书成，定名为《淳熙重修吏部条法总类》。这是第一部以"条法事类"为体例编制的法典，此后南宋又编制了《淳熙条法事类》《庆元条法事类》《淳祐条法事类》。

"条法事类"在内容和性质上，均与"敕令格式"相同，只是编纂体例发生变化而已。

（三）编例

对司法断例进行整理汇编，使其具有参照适用的效力，即编例。例必须

---

[4]《宋史·刑法一》。

[5]《续资治通鉴长编》卷二一四。

[6]《续资治通鉴长编》卷四〇七。

[7]《宋会要辑稿》刑法一之五〇。

经过编订成册,并经皇帝批准才具有一定的法律效力。北宋熙宁以后至南宋开禧年间历朝都有编例,如《熙宁法寺断例》《元符刑名断例》《绍兴刑名疑难断例》《开禧刑名断例》等。在例的适用上,它仅仅作为制定法的补充,只要有制定法的规定,则不许用例。有司若“引例破法及择用优例者,徒三年”。[8]

此外,朝廷的“申明”(法律解释)、“看详”(朝廷对有关问题经审核、研究而作的决定或结论意见)等也都具有法律效力。

三、宋代的法律体系

宋初,法律体系沿袭唐制,经神宗元丰年间的法制改革,形成具有自身特色的法律体系。

(一)法律体系的构成

宋代的法律体系由律、令、格、式、编敕、宣、敕、诏、御笔、编例等法律形式构成。

律,即指《宋刑统》中的律条,它是宋代最具稳定性和长期适用性的法律形式。

敕、宣、诏,均是皇帝的命令。“圣旨札子批送中书班降者悉名曰敕,枢密院班降者悉名曰宣”,即皇帝圣旨由中书门下颁降涉及行政司法事务的称“敕”,由枢密院颁降的涉及军事事务的称“宣”,两者性质完全相同。诏是皇帝册书、宣、敕等的总称。在起草程序上,宣、敕都须宰执大臣讨论,门下省给事中可以封驳,御史台和谏院可以论列。

御笔,又称御笔手诏等,是未经中书门下或枢密院宰执大臣讨论和封驳程序而直接发布的皇帝命令。因程序不合法,其内容也都与统治阶级长远利益和整体利益有矛盾,故在不同程度上受到官员的批评和抵制。

令、格、式,与律都是继受唐代的法律形式。在神宗元丰之前,其性质与唐代相同。元丰二年(1079年)二月,神宗对敕、令、格、式的性质作了新的界定:“禁于已然谓之敕,禁于未然谓之令,设于此以待彼之谓格,使彼效之谓式。”自此以后,敕为刑事法,令为以行政法为主的综合性法,格为令之细则性法,式为公文程序。

---

[8] 《宋会要辑稿》刑法一之二一。

(二)各法律形式之间的关系

上述各法律形式之间的关系为:律、令、格、式为基本法,一般规定,国家法律制度的主要内容皆由它们规定;编敕是律、令、格、式的特别法(神宗元丰以后,编敕只是律的特别法);宣、敕、御笔又是编敕或编“敕令格式”的特别法,前者的法律位阶低于后者但在适用上却较后者具有优先性,且越后颁布或编纂的,越具有优先适用效力。如在定罪量刑方面,对律、格、编敕等的适用,《宋刑统》中即有规定。《宋刑统·断狱律》“断狱引律令格式”门附唐长庆三年(公元823年)十二月二十三日敕节文规定,明确了各种法律形式的适用顺序和原则:优先适用后敕,然后是格,再次是律(即《刑统》中的律条);敕格律皆无规定,则适用类推定罪。类推也按后敕、格、律的顺序进行。徽宗时编订的《政和敕令格式》之《名例敕》规定:“诸律、《刑统》疏议及建隆以来赦降,与‘敕令格式’兼行,文意相妨者,从‘敕令格式’。”[9]规定了后编订的敕、令、格、式优先适用的法律效力。在制定法全然无规定的情况下,则可参照编例处理案件。

第二节　宋朝法律内容的变化

宋朝法律系在唐朝法律的基础上进行改定,故对宋朝法律的介绍,主要是变化部分。

一、刑事法律制度

(一)刑法原则的变化

宋代刑法原则主要沿用唐律的规定,也有一定的变化,主要有:

1. 采用“从旧兼从轻”的刑法适用原则

《宋刑统·断狱律》“断狱引律令格式”门附唐《狱官令》规定:“诸犯罪未发,及已发未断决,逢格改者,若格重,听犯时,格轻,听轻法。”意即在犯罪未被发现,或已被发现抓捕但未判决前,遇到国家颁降新格改变了旧法的有关规定的,如果新格规定的刑罚较旧法为重,则适用旧法;若新格规定的刑罚较

[9]《宋会要辑稿》刑法一之二八。

旧法为轻，则适用新格。《庆元条法事类》卷七十三《名例敕》也有类似的规定，其表述更为准确、完备。“诸犯罪未发及已发未论决而改法者，法重听依犯时，法轻从轻法。即应事已用旧法理断者，不得用新法追改。”此乃一般原则，宋代有关刑事特别法对特定的犯罪，却规定了“从新”的原则。

2. 矜恤原则更趋宽大

《宋刑统·名例律》“老幼废疾及妇人犯罪”门后所附《刑部式》规定：“诸准格敕应决杖人，若年七十以上、十五以下以及废疾，并斟量决罚。如不堪者覆奏，不堪流徒者亦准此。八十以上、十岁以下、笃疾之人，并放，不须覆奏。”同条后所附唐天宝元年（公元742年）十二月十八日敕规定：“准律八十以上及笃疾，犯反逆、杀人应死者上请，盗窃案及伤人收赎，余皆勿论。臣等众议，八十以上及笃疾人有犯十恶死罪、造伪、劫盗、妖讹等罪至死者，请矜其老疾，移隶僻远小郡，仍给递驴发遣。其反逆及杀人，奏听处分。其九十以上、十岁以下，请依常律。敕旨：依奏。”该条对八十以上及笃疾人犯包括反逆罪在内的“十恶死罪、造伪、劫盗、妖讹等罪至死者”直接给予减免，仅“移隶僻远小郡”，并且提供交通工具。该两条的规定，较唐律更加宽大。

3. 厉行累犯加重原则

《宋刑统》继承了唐律关于累犯加重的内容，在以后的立法中，规定对累犯罪者，哪怕依律仅处杖、徒刑者，俱刺配远恶州、军。如真宗大中祥符三年（1010年）五月，知升州张咏言：“当州水陆要冲多有凶恶之辈放火为盗，准诏刺配潭、贺州充军讫。检会旧条，累犯恶迹者禁身奏裁。请应自来凶恶之人犯杖罪十次、徒罪七次，或犯徒杖罪作贼、违戾父母五次，及厢界与凶恶通情骚扰侵凌人者犯杖罪三次，及犯侵扰人至徒一次者，并许刺配登州、沂、密、福建路州军充军。诏：须累犯凶恶合申奏者及放火盗财杖讫刺面配一千里外牢城。”〔10〕

（二）调整对有关犯罪的处罚

宋代刑法中的罪名及量刑多沿用唐律的规定，但在严重危害统治秩序的犯罪和官员犯罪方面有所变化。

1. 加重对“盗贼”罪的处罚

宋朝是内忧外患频仍的时期，统治者对外患妥协退让，但对内部连绵不

---

〔10〕《宋会要辑稿》刑法四之五、一八。

绝的农民起义,则以"盗贼"重法加以镇压。

一方面,《宋刑统》附敕加重了对"盗贼"的处罚。唐律规定,强盗须伤人者绞、杀人者斩,其持杖虽不得财流 3000 里。《宋刑统》所附敕改为持杖行动,不问有赃无赃并处死,其同行劫贼中有不持杖者,亦与同罪。不难看出,宋律处刑比唐律重得多。按唐律,窃盗罪除累犯外无死刑。而《宋刑统·贼盗律》"强盗窃盗"门后所附唐建中三年(公元 782 年)三月二十四日敕规定:"自今以后,捉获窃盗,赃满三匹以上者,并集众决杀。"只要赃满三匹即处死刑。

另一方面,制定重惩盗贼的特别法。宋朝制定的严惩盗贼的特别法很多,影响较大的是《窝藏重法》和《盗贼重法》。仁宗嘉祐年间,制定《窝藏重法》,将开封府诸县划为"重法地",在"重法地"内犯罪加重处罚,并追究罪犯的家属和窝藏之家。神宗时,又制定《盗贼重法》,规定对"重法之人"加重处罚。"重法之人"即"复杀官吏及累杀三人,焚舍屋百间,或群行州县之内,劫掠于江海船筏之中者",对"重法之人","虽非重法地,亦以重法论"。"重法地"和"重法之人"的规定使宋朝刑网更加严密,宋朝重法地的范围也越来越大,竟达 17 个路。宋律还规定:犯强盗贷命者,"并于额上刺强盗二字"。"强盗两次以上,虽为从,论死。"

其他特别法还有神宗时的"捕告自首法",哲宗时的"权宜指挥"及"妻孥编管法",徽宗时的御笔赏格,以及南宋的船户灶户保甲法等。此外,宋律对造祆书祆言罪、戏杀人罪、诈假官罪、私铸钱罪、强奸罪、放火罪等均加重了处罚。

2. 减轻对官吏犯罪的处罚

按唐初法律,官吏犯"枉法赃",官员 15 匹绞,吏员 20 匹绞。而《宋刑统》"枉法不枉法"门后附敕则规定:"官吏应犯枉法赃十五匹合绞者,自今以后特宜加至二十匹。""今后无禄人犯枉法赃者,特加至二十五匹绞。"在以后的立法中继续减轻对犯罪官吏的处罚,如神宗处理张仲宣受贿案后形成惯例:"自是命官无杖、黥法。"熙宁七年(1074 年)又诏:"品官犯罪,按察之官并奏劾听旨,毋得擅捕系、罢其职奉",扩大了犯罪官吏在司法程序上的特权。

在司法中对犯罪官吏则大量宽贷。如仁宗时,都官郎中、知嘉州张约受枉法赃银 1760 两,诏免死,仅杖脊、黥面,配连州牢城。[11] 度宗时监督纲运朱善孙受贿达银 4500 余两,被特诏贷死,仅流配 3000 里,禁锢不赦。[12]

〔11〕《宋会要辑稿》刑法六之一二。

〔12〕《宋史·度宗纪》。

宋代官吏所犯只要不是谋反、盗贼等罪，均可获宽大处理。

（三）刑罚趋于严酷

宋朝的刑罚制度基本上沿袭隋、唐五刑制度，但又增加了一些新刑罚。

太祖为减缓唐末、五代以来的严刑峻法以笼络人心，于即位之初即定“折杖之制”，将原有笞、杖、徒、流刑折合为臀、脊杖处罚，从而使“流罪得免远徙，徒罪得免役年，笞杖得减决数”，使刑罚有所减轻。[13] 史称“建隆折杖法”。后《宋刑统》将“建隆折杖法”和唐“建中折杖法”［唐德宗建中三年（公元782年）八月二十七日敕：“其十恶中恶逆以上四等罪，请准律用刑。其余应合处绞、斩刑，自今以后，并决重杖一顿处死，以代极法。”[14]］规定于《名例律》中，成为定制。该两项“折杖法”的实施，使《宋刑统》中规定的笞、杖、徒、流、死五刑制度名存实亡，并促使宋代刑罚体系发生变化。

但宋朝刑罚变化的总趋势是开始走向严酷。其表现为：一是刺配刑的广泛适用；二是凌迟成为常用刑。

1. 刺配

刺配即将罪犯先处脊杖，然后刺面，再发配到某地服劳役或军役的刑罚。五代以前，刺字、配隶虽然都已存在，但将两种刑结合起来，形成一个独立刑罚，并定名为“刺配”，则始于五代后晋天福年间。如《五代会要》卷九《议刑轻重》载：晋天福三年八月，“左街史韩延嗣为百姓李延晖冲者，本街使连喝不住，殴击致死”。敕：“徒二年半，刺面配华州，发运务收管。”宋朝形成完备的刑罚制度。刺配的具体内容包括：

在刺字上，因情节轻重而有部位、大小、深浅之不同。所刺部位主要刺在耳后、背、额、面颊；所刺标记，有字（一般为罪名）和记号（一般为环形）；所刺深度，有4分、5分、7分等几种；又有大刺面、小刺面之分。

在发配的距离上，根据犯罪情节之轻重决定远近和地点，情节严重者刺配远恶州军，无地里之限。宋初将罪犯配往西北边境地区服军役，后改配登州沙门岛、通州海岛和岭南一带。南宋时大致分为海岛、远恶州军（琼州、万安、昌化、朱崖）、广南、3000里外、2500里外、2000里外、1500里外、1000里外、邻州、本州岛牢城、本州岛州城等等级。

在服刑时间上，如未判为“永不放还”者，则有放还年限的区分；凡罪重

---

〔13〕 这是传统的观点。折杖法规定，脊杖所打部位为脊背，是否减轻刑罚，值得商榷。

〔14〕《宋刑统·名例》。

被判为“永不放还”者,终身配役,经过三次郊赦之后方可移向较近地区。

宋初将刺配用作重罪贷死之刑,然“既杖其脊,又配其人,且刺其面,一人之身,一事之犯,而兼受三刑”。但配刑之残酷性远不止于此,如刺配沙门岛和远恶州军者,距死刑不远。《宋史 · 马默传》载,宋时重囚多流配登州沙门岛,因囚犯人数过多,而粮食、淡水有限,竟致“每溢数,则投诸海”。神宗时广南转运司曾提到:“春州瘴疠之地,配隶至十死八九。”被刺配者按规定是“断讫,不以寒暑,实时上道”,而“上道多冻死”。尽管如此,刺配刑却不能有效地改造罪犯,因为罪犯“面目一坏,谁复顾籍? 强民适长威力,有过无由自新”。

刺配刑在宋朝是使用得最多、最广泛的刑种,从条文来看,南宋孝宗时多达 570 条;从人数看,南宋时被判此刑者一度多达十余万人,成为常用刑。刺配刑成为常用刑,与“建隆折杖法”施行后,宋代刑罚的等级结构不合理有关。

2. 凌迟

凌迟之意,按沈家本的解释是:“本言山之由渐而高,杀人者欲其死之徐而不速也”,[15] 是一种用利刃碎割罪犯的肌肤,使其在痛苦中缓慢死去的死刑执行方法。凌迟刑始创于五代时期,宋朝至仁宗时开始适用凌迟刑。《续资治通鉴长编》卷一百一十载,天圣九年(1031 年)四月,因荆湖地区杀人祭鬼,仁宗怒而下诏:“自今首谋若加功者,凌迟斩。”凌迟刑的具体方法,历代记载不一。据清人王明德《读律佩觿》的记载:“其法乃寸而磔之,必至体无余脔,然后为之去其势,女则幽其闭,出其腑脏以毕其命,支分节解,菹其骨而后已。”被处凌迟者,往往“身具白骨而口眼之具犹动,四肢分落而呻病之声未息”。[16] 凌迟刑成为常用刑,与宋朝阶级矛盾尖锐及“建中折杖法”使死刑趋轻有关。

此外,在司法实践中还使用多种附加刑和法外之刑。如南宋淳熙元年(1174 年)皇甫谨受贿及侵盗官物入已至死,孝宗虽免其死刑,但判其刺配牢城,并处追毁出身以来文字、除名、勒停、籍设四种附加刑。法外之刑,则有杖杀、断腕、腰斩、族夷、磔、枭首、具五刑等。

---

〔15〕 沈家本:《历代刑法考 · 刑法分考二》,中华书局 1985 年版。

〔16〕《宋文鉴》,转引自张晋藩主编:《中国法制史》,法律出版社 1982 年版,第 249 页。

二、民事经济法律制度

受经济政策和义利观念的影响，宋朝经济有了长足发展，其民事立法较前代有很大的发展。其中，物权制度和债的规定无论内容还是其形式，都较前代完备。

（一）民事主体制度的发展

主要表现在佃客、仆役的法律地位提高。

1. 佃客成为租佃关系的主体，其法律地位提高

宋律规定：佃户有权选择土地所有者签订租佃契约。北宋初年，时有地主限制佃户换佃的情况发生。仁宗天圣五年（1027 年）十一月诏："自今后客户起移，更不取主人凭由，须每田收田毕日，商量去往，各取稳便，即不得非时衷私起移；如主人非时拦占，许经县论详。"[17] 规定租佃契约履行完毕，是否续约，由契约双方当事人协商决定，地主对客户（即佃户）不得有任何限制，客户不再租种土地而离去也无须地主出具"凭由"（说明理由的凭证）。故地主与佃客之是一种纯粹的经济关系，无人身依附关系。此外还规定：与佃户签订租佃契约，必须遵循自愿原则，任何人不得依势强迫；佃户对所租田产有优先购买权；佃户对租佃契约约定以外的其他义务有权拒绝。

2. 家内仆役是雇工，不再是"律比畜产"的贱民

宋代的家内服役者，都是雇用而来，连皇帝都说："今之童仆，本佣雇良民。"宋律在家内仆役的雇用和使用方面规定：雇用奴婢，皆须签订契约，雇用年限、佣金，概于契约中约定。法律对雇用的最高年限有限制，限止十年；官府和雇主对奴婢都不得随意处分；严禁强迫他人及债负质人为奴婢；奴婢有犯，须送官断遣，严禁擅处私刑；严禁擅杀奴婢。

为防止主人对奴婢的擅杀，宋律还有两项特别规定：一是奴婢死亡，都必须告官检验尸体；二是奴婢死亡，家属有控告权。此外，宋代还允许奴婢向官府告发主人的犯罪行为，并可与常人一样受赏。

（二）所有权和契约制度进一步完善

与前代不同，宋朝在土地制度方面"不立田制""不抑兼并"，土地私有制发达，土地可自由买卖，土地所有权及契约制度随之发展。

---

〔17〕《宋会要辑稿》食货一之二二、二四。

1. 所有权

宋初就规定土地的先占取得制度:“垦田即为永业”;“满五年,田主无自陈者,给佃者为永业”。[18] 太祖开宝二年(公元969年)又确立印契(红契)制度。红契指经官加盖公章的土地买卖契约,既是土地依法取得的凭据,也是土地产权证明。土地的契书若不慎丢失,凭证据仍可以向官府申请补办。如南宋绍兴年间规定:“曾被兵火亡失契书业人,许经所属陈状,本县行下本保邻人依实供证,即出户贴付之。邻人邀阻不为依实勘会及县吏不即给贴,并许人越诉,其合干人重置典宪。”[19] 以后又建立了完备的税契制度,以法律确认和保护私人土地所有权。

2. 契约

宋朝的债,主要是合同之债。宋朝的契约,已经广泛地适用于买卖、租佃、借贷、雇佣、担保、承包、合伙等领域,而影响最大和最完备的是土地买卖契约。

宋朝的土地买卖分典卖(典当)、绝卖(一般的买卖)及以典就卖(先活卖后绝卖)。宋律规定的土地买卖的程序一般为:

首先,问亲邻。业主欲出卖土地时,必须先征询房亲、地邻是否购买的意见。在同等条件下,房亲地邻有优先购买权。房亲、地邻不买,或出价太低,卖主方可卖予他人。宋朝关于问亲邻的规定已形成制度,如《宋刑统》规定:“应典卖、倚当物业,先问房亲;房亲不要次问四邻;四邻不要,他人并得交易。”“凡典卖物业,先问房亲;不买,次问四邻。其邻以东、南为上,西北次之,上邻不买,递问次邻。四邻俱不买,乃外召钱主。”[20]

其次,输钱印契。找到买主后,买卖双方要签订契约。契约须载明买卖一应事项,包括标的、价格及其计算、履行期限等,由买卖双方及中介人、见证人签章后,一式四份,买卖双方各执一份,中介人保存一份,官府留存一份。契约须到官府加盖公章后方为有效。

再次,过割赋役。买卖双方到官府对照土地砧基簿办理赋役义务的过户手续。

最后,卖主离业。卖主须将土地交付买主,并将赋税义务转移给买主,土地买卖才算完成。土地出典的要求基本同于买卖,所不同的是,出典土地到

---

〔18〕《宋史·食货上一》。

〔19〕《宋会要辑稿》食货七〇之一三九。

〔20〕《宋会要辑稿》食货三七之一。

期可以原价赎回。

为防止借用合同形式侵犯他人权利，宋律对土地典卖有以下禁止性规定：严禁重迭买卖土地和房屋；禁止盗卖田产；禁止以债负准折；禁止寺观置买土地；限制官吏在辖区内置买土地；众分田产禁子孙私卖；妇女不得擅自出卖田产；卑幼不得私自典卖土地；禁止典主拖延占据，不让业主收赎等。违者处至杖刑。

（三）婚姻、家庭、继承制度

宋朝婚姻家庭继承制度变化在于：

1. 立嗣继承形成制度

立嗣即无子人家所立的宗祧继承人，可分为立继、命继。“立继者谓夫亡而妻在，其绝则其立也当从其妻。命继者谓夫妻俱亡，则其命也，当惟近亲尊长。”立嗣的权利主体依次是无子之男子、其寡妻、其近亲族人、官府。被立嗣者的条件，须是非独子，且年龄须比收养人小，其中尤为强调与死者的血缘关系及辈分关系，即嗣子必须是同宗昭穆相当者，其理论依据是儒家经典《春秋》中的观点“神不歆非类，民不祀非族”，“立他种以为后，阳若有继，而阴实灭之”，“国立异姓曰灭，家立异姓曰亡”。嗣子一旦被立，非有显著劣迹，如破荡家财及虐待嗣父母，不得随意遣回。嗣子中立继者，在继承权利上同亲子无异，命继者则分别情况继承遗产的三分之一、四分之一和五分之一。

2. 制定“户绝条贯”，详细规定户绝财产继承

所谓户绝，即既无亲生子，又未立嗣之家。对户绝遗产之继承，宋律有详细的规定：第一，女儿有继承权，其份额分配为：“户绝财产尽给在室及归宗女，千贯以上者，内以一分给出嫁诸女；有归宗诸女者，三分中给二分外，余一分中以一半给出嫁诸女，不满二百贯给一百贯，不满一百贯全给；止有出嫁女，不满三百贯给一百贯，不满一百贯全给，三百贯以上三分中给一分，以上给出嫁诸女并至二千贯止，若及二万以上，临时具数奏裁增给。”〔21〕第二，出嫁亲姑、姐妹、侄女有一定的继承权，其份额总量为遗产的三分之一。第三，无女则养子、入舍婿等同居之人有一定的继承权，其份额总量为遗产的三分之二。第四，无女、姑、姐妹、侄女及同居之人，其他近亲属对户绝庄田有继承权。第五，无近亲属，土地承佃人对遗产中的土地有继承权。

---

〔21〕《续资治通鉴长编》卷五〇一。

对户绝财产,死者生前可立遗嘱处分。宋律规定,遗嘱继承仅限于户绝财产。遗嘱须证验分明,南宋时还要求须“经官印押”。据宋代判词集《名公书判清明集》载:“果有遗嘱,便合经官印押,出执为照。”“经官印押”颇类似今天的公证。

《宋刑统·户婚律》规定,对“有心怀觊望,孝道不全”和“有所侵夺者”可剥夺其继承权。

此外,宋律对外商客死后遗产的处分,均有详细的律法加以规定。

第三节　宋朝的狱讼制度

一、刑狱审断机关的变化

宋朝狱讼审断机关的设置特别复杂,与前代相比,变化较大。

(一)主要刑狱审断机关

宋初的刑狱审断机关基本沿袭唐朝体制,在中央设大理寺掌刑狱审断,刑部掌复核,御史台掌监察。地方的州县仍兼理狱讼听断事务。为防止刑狱审断机关专擅,宋朝又增设了一些并列的刑狱审断机关,调整有关刑狱审断机关的职权,以分散刑狱审断事权。

大理寺。宋元丰以前,大理寺不管刑狱审断案件,“但掌天下奏狱”,为慎刑机构。元丰改制后,恢复大理寺最高刑狱审断职权,凡原属送三司和各寺监承受断遣的刑狱公事,并移送大理寺审断。如事关重大和涉及机密,可以上殿奏裁。为加强大理寺内部制约,宋朝于大理寺内设“左断刑”和“右治狱”两个部门。左断刑对地方的“奏谳”和地方官犯罪案件,以及右治狱推鞫妥当的案件进行“议法断刑”。右治狱审讯(推鞫)朝廷职官犯罪案件。

御史台。御史台是宋朝中央监察机关,但其刑狱审断职能较唐朝有所扩大。首先,有权审断品官犯罪的大案。《宋史·刑法志》说:“群臣犯法,体大者多下御史台,小则开封府、大理寺鞫治焉。”其次,有权审断大理寺、刑部不能决断的重大、疑难案件。“州郡不能决而付之大理,大理不能决而付之刑部,刑部不能决而后付之御史台。”[22]哲宗时又规定,大理寺左右推官审理的

---

〔22〕《宋会要辑稿》职官一七之一二。

案件，如再有翻异，交由御史台推究。最后，有权乘传就鞫地方重大案件。如太宗雍熙三年（公元986年）增置“御史台推勘官20人，皆以京朝官为之，凡诸州有大狱，则乘传就鞫”。[23]

开封府。开封府是北宋的京畿行政机关，以府尹为长官，以权知开封府事一人摄事。“掌正畿甸之事。中都之狱讼皆受而听焉，小事则裁决，大事则禀奏。若承旨已断者，刑部、御史台无辄纠察。”[24] 如事关重大和涉及机密，有上殿奏裁之权。开封府名义上是地方行政机关，却行使着部分中央刑狱审断机关的职权。

审刑院。太宗淳化三年（公元992年），为防“大理、刑部吏舞文巧诋”而在宫中设置的负责奏谳案件“详议”的司法机关。以近臣一人为知院事，下设详议官六人。朝廷处理奏案，先送“审刑院，印讫；付大理寺、刑部断覆以闻，乃下审刑院详议申覆裁决讫，以付中书省，当即下之；其未允者，宰相覆以闻，始命论决”。[25] 这是在刑部之外又加了一个复核机构。审刑院复核时如事关重大和涉及机密，有上殿奏裁之权。元丰改制时，撤销审刑院，将其职权复归刑部。

登闻鼓院、登闻检院、理检院，都是受理直诉的机关，凡欲向皇帝报告公私利害、朝政得失、理雪冤案等事，均可经各该院进状上闻。在顺序上，“初诣登闻鼓院，次检院，次理检院”，“未经鼓院，检院不得接收”。[26] 以上各院均不受理，当事人可以邀车驾告御状。邀车驾告御状的案件由军头引见司受理，初审后报皇帝裁决。

制勘院、推勘院，是宋朝为处理大案、要案临时组成的特别狱讼审断组织。“凡因事置推，已事而罢者，诏狱谓之制勘院，非诏狱谓之推勘院。”[27]

纠察在京刑狱司，真宗时设置。其职权是：“其御史台、开封府，在京应有刑禁之处，并得纠举。逐处断徒以上罪，于供报内未尽理及淹延者，并追取案牍，看详封驳。”[28] “凡大辟，皆录问。”纠察在京刑狱司实际上是对包括御史台在内的所有京城刑狱审断机关进行监察的总机构。纠察官遇事上殿，享有

---

〔23〕《宋史·刑法一》。

〔24〕《文献通考》卷六三职官一七。

〔25〕《宋史·刑法一》。

〔26〕《文献通考》卷六〇职官一四。

〔27〕《宋会要辑稿》刑法三之五三。

〔28〕《宋大诏令集》卷一六一。

“即赴内殿起居,仍免常朝”[29]的特权。

提点刑狱司,是宋朝主管司法事务路级监司之一,简称“提刑司”或“宪司”。其主要职权是监督本路的刑狱审断事务,据《宋史·职官志》载,其职权为:提点刑狱司“掌察所部之狱讼而平其曲直,所至审问囚徒,详复案牍,凡禁系淹延而不决,盗窃逋事而不获,皆劾以闻”。

司理参军、司法参军,是宋朝在州一级设的狱讼听断属员,也是州一级最主要的狱讼听断官员。司理参军负责收集证据,司法参军负责检法议罪。

此外,三司(北宋在尚书省户部之外的主管经济的度支、户部、盐铁三部门,设三司使统之。元丰改制时撤销三司,将其职权划归尚书省户部)有权审理经济纠纷案件,枢密院和殿前三司有权审断军人犯罪案件。

(二)狱讼审理机关设置的特点

宋代刑狱审断机关的设置有鲜明的特色:

第一,设置多个并列的机关,如大理寺、御史台、开封府(南宋为临安府)为并列的中央刑狱审断机关,《宋史·刑法二》载:“群臣犯法体大者多下御史台狱,体小则开封府、大理寺鞫治焉”;登闻鼓院、登闻检院、理检院、军头引见司、御史台为并列的受理直诉的机关;转运司、提点刑狱司、安抚司、提举常平司为并列的路级司法机关。

第二,同僚异事,即在中央和地方各级刑狱审断机关内部设置很多部门,分别负责一定的职事,同时,各部门间互相纠治其失。如大理寺下分左断刑和右治狱;刑部尚书、侍郎下设13案;刑部司下设左右厅;都官司下设五案;开封府下设左右厅、左右军巡院。如果在案件审理过程中发现有错或当事人翻供,即由内部一部门移送另一部门重新审理。比如,在大理寺,“有翻异,即左移右推,右移左推”。

第三,增设监察机关,加强对刑狱审断的监督。宋代的监察机关除御史台外,又增设了谏院、纠察在京刑狱司、监司、通判,他们既监察刑狱审断机关,又相互监察。

二、告诉及听断制度

宋律对狱讼听断的级别和程序都作了详细的规定。

---

[29]《宋会要辑稿》职官一五之四五。

（一）听断级别

宋朝杖刑以下的案件，由县审结。徒刑以上，由县收集证据后将犯人和案卷解送到州（府、军、监）。州（府、军、监）对所辖区域发生的徒刑案件，有完整的管辖权。对流刑或死刑有初审权，审结后经过路提刑司送交刑部复核。刑部复核大理寺所判案件及诸州（府、军、监）报送复核的流罪以上案件。流刑以下案件经刑部复核即可结案。重大疑难案件在北宋中期以前须送审刑院详议。审刑院复核刑部复核的死刑案件，报中书门下省详议后奏请皇帝裁决。

对民事案件，县衙有完整的管辖权。如果当事人认为县衙"断事不当"，可逐次向州（府、军、监）、监司、户部（元丰以前是三司）上诉，户部（元丰以前是三司）是民讼案件的终审机关。听讼官与当事人有某种利害关系，或者听讼官司久拖不决，故意留难，法律允许当事人越诉。民讼案件有务限，即十月一日到次年三月三十日以前，官府对有关田宅、婚姻、债务之类的民讼案件不予受理。

（二）刑狱审断制度

为了保证案件的公正审理，恤狱慎刑，宋朝规定了较前代更加严密的审断程序和制度，主要有：

长官躬亲制度。宋朝法律要求从中央到地方各级司法机关长官必须躬亲折狱听讼。如太宗至道元年（公元995年）六月诏："诸州长吏，凡决徒并须亲临。"〔30〕司法长官不躬亲狱讼，要受到刑事追究，如徽宗时规定："州、县不亲听囚而使吏鞫审者，徒二年。"〔31〕

法官回避制度。宋律继承了唐律中法官回避的内容，又有新的规定。表现在：回避的范围扩大，回避的种类有亲属回避、科举同年同科回避、职事回避、案发官回避，别勘官与前审官吏间也须回避。回避的程序更加严密，回避的提起分为自陈、当事人申请和他人告三种。

鞫谳判分司制度。宋朝在各审判机关内都将审、判职能分开，由不同的人员承担。如犯人到州（府）一般先交"司理院"（司理参军的衙门宋初为司寇院，太宗改为司理院）初审。如果案犯系州衙诸曹官吏，由掌"纠诸曹稽

〔30〕《燕翼贻谋录》（卷三），转引自张晋藩主编：《中国法制通史》（第5卷），法律出版社1999年版，第626页。

〔31〕《文献通考》卷一六七"刑六"。

迟”的“州院”(录事参军的衙门,府为司录参军)推鞫,传集人证,核实犯罪事实(鞫)。推鞫完毕,由司法参军检出可以适用该案的全部法律条文,提出定罪量刑意见,交知州、通判选择、参考(谳)。再由“当直司”(由辅佐知州的判官或推官组成)拟就判稿。最后,由知州(或知府)、通判决定判词,签署判决书(判)。

多重录问制度。每个案件经过初审后,另派官员复核口供的程序,如果犯人承认所供属实,别无异词,则进入“检法议刑”程序;如果犯人称冤,则须将案件交由他官重审。录问制度形成于五代。五代时期,对录问规定:(1)要求长吏亲自录问。(2)要求长吏当面、共同录问。(3)录问结果有异,即移司别勘。[32] 宋朝对录问规定得较细,县初审的案件,须由县正副长官集体录问;州初审的案件,从真宗时开始,要求从邻州选官录问;开封府的案件由御史台差官录问;而“御史台狱流、死罪,令给、谏以上录问”。[33] 设置纠察在京刑狱司后,在京之狱,“凡大辟皆录问”。

翻异别勘制度。在整个审断过程中,犯人若翻供或临刑称冤,则须将案件交由另一部门或其他机关审断,称为“翻异别勘”。其又分“移司别勘”和“差官别推”,前者是移送本审判机关内另一部门审断,后者则须送邻近司法机关审理。宋律规定的翻异次数,一般以三推为限,南宋孝宗时以五推为限,经五推后一般不再别推。若“见得大情不圆,难以便行处断,须合别行委官,即令邻路未经差官监司,于近便州军差官别推,不得讯追干连人。”[34] 如人犯妄为诬告称冤,则罪加一等。如确为冤枉,依所告“及称冤事状”对以前三推官吏具奏科罪。

疑难案件台省杂议制度。宋朝对在法律适用上争议大的疑难刑狱,还可以由有关部门奏请皇帝召集台省等朝臣集体讨论,称为“杂议”。宋代台省杂议最为典型的案例,当属禁军士兵安崇绪讼继母争夺遗产案。太宗端拱初年,广安军的安崇绪控告继母冯氏已与父亲冯知逸离婚,今夺父遗产与己子。大理寺认为崇绪诉母,罪死。太宗疑之,判大理寺张佖坚持前断,遂下台省杂议。太宗采纳左仆射李昉等43人的建议。

法官责任制度。宋代的法官责任制度继承了唐律的内容,又有很多新规

〔32〕《宋刑统·断狱》引。

〔33〕《续资治通鉴长编》卷四七。

〔34〕《宋会要辑稿》刑法五之四八。

定。如关于违法刑讯的,宋律在有关条文后的"起请条"中进一步规定:"今后如或有故者,以故杀论。无故者,或景迹显然,支证不谬,坚恃奸恶,不招本情,以此致死,请减故杀罪三等。其或妄被攀引,终是平人,以此致死,请减故杀罪一等。所贵不陷无辜,得惩奸弊。"

(三)民案听讼制度

宋律对民讼案件有一些有别于刑狱审断的特殊规定,主要有:

赋予百姓较大的诉权。首先,扩大了百姓的告诉权。当百姓民事权利被人侵犯时,即可向官府告诉,即便是亲属之间的纠纷,也可告诉,不受"同居相为隐"原则的限制。如《名公书判清明集》所辑的民事案件,绝大多数都是对近亲属提起的。甚至对直系尊亲属的侵夺财产的行为也可以告诉,如前述安崇绪讼继母案。其次,赋予百姓多级上诉的权利。当事人若不服官府的判决,可以上诉,直至上诉至皇帝。北宋规定为:"诉讼不得理,应赴省诉者,先诣本曹;在京者先所属寺监,次尚书省本曹,次御史台,次尚书都省,次登闻鼓院。六曹诸司、寺、监行遣不当,并诣尚书省。"南宋时规定:"人户讼诉,在法先经所属,次本州,次转运司,次提点刑狱司,次尚书本部,次御史台,次尚书省。"〔35〕最后,规定司法机关渎职,允许百姓越诉。在中国古代,一般不许越诉,但宋律规定,若官府逾期不给"断由",下户财产为豪强侵夺诉之于官而官府不予受理及官府对案件故做拖延不及时审断,百姓均可以越诉。若官府故意限制百姓的越诉权,或利用职权打击报复,要追究有关官员的法律责任。

对诉权的行使有严格要求。第一,诉讼主体必须符合法定条件,即必须与争讼事实有利害关系,老幼废疾诉讼须由家属代理,自毁伤肢体者不得告诉。第二,民事诉讼必须在法定期限内提起。与农业有关的婚、田、债务之诉,必须在务限之内提起;民事诉讼必须在法定的诉讼时效内提起。宋律规定的诉讼时效一般为三年,涉及不动产的为20年。超过时效,官府不予受理。

三、证据、检验及法医技术

宋朝已形成较完备的证据制度、检验制度,法医技术发达。

---

〔35〕《宋会要辑稿》刑法三之一九、二〇、三一。

（一）证据制度

宋律规定的证据种类有物证、书证、证人证言、原告人陈述、被告人口供、检验结论、鉴定结论。其中，刑狱案件以被告人口供和检验结论最为重要，民讼案件以书证最为重要。

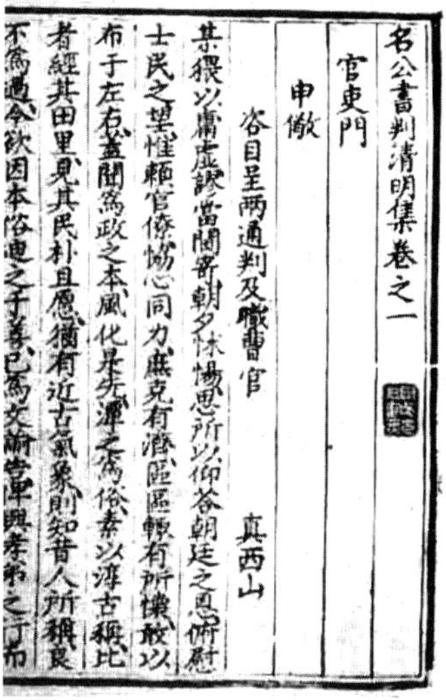
名公書判清明集卷之一
官吏門
申儆
咨目呈兩通判及職曹官　真西山
某猥以庸虛謬當閫寄朝夕怵惕思所以仰答朝廷之恩俯慰
士民之望惟賴官僚協心同力庶克有濟區區輙有所懷敢以
布于左右蓋聞為政之本風化是先潭之為俗素以淳古稱比
者經其田里見其民朴且愿猶有近古氣象則知昔人所稱良
不為過今欲因本俗迪之于善已為文諭告俾興孝弟之行而

图7－2　《名公书判清明集》书影

《名公书判清明集》是汇集南宋时期朱熹、真德秀、吴毅夫、陈子华、徐清叟、王伯大、蔡抗、赵汝腾等人判词的法学汇编，大致编纂于宋理宗景定二年（1261年）。

被告人口供。口供在封建社会都作为定罪量刑的重要证据，宋代也不例外，且特别重视口供的作用，若无被告人的口供或前后不一致，甚至不能定案（如被告人翻供则须别勘）。

书证。宋代民事行为中，契约已经普遍化、法律化，契约作为履行义务和行使权利的依据，若发生纠纷则又为主要证据。《名公书判清明集》中有不少判词都申明民事诉讼“交易有争，官司定夺，止凭契约”的证据原则。此外，官府的砧基簿、纳税凭证、官诰及百姓的遗嘱和分书等也是书证。书证为民事诉讼的“证据之王”。

鉴定结论。宋代对专门问题的鉴定，主要是针对字迹的鉴定。对字迹的法定鉴定机构是书铺。发生民事纠纷，如对契约之字迹有争议，则由书铺鉴定。《名公书判清明集》多处提到对书证的鉴定。

物证。物证一般只作为其他证据如口供的印证，“若赃状露验，理不可疑，虽不承引，即据状断之”。只有在事实非常清楚的情况下，物证才可以作为定案之依据。原告人的陈述，从《名公书判清明集》的内容看，不能作为定案的依据，只能与其他证据结合使用。

民讼、刑狱案件举证责任有别。在刑事诉讼中，证据由官府收集；在民事诉讼中，证据由提出主张者举示，与现代“谁主张，谁举证”原则相同。从史料看，证据主要由原告收集、举证，若证据不足，官府对原告的诉讼请求不予支持。

（二）检验制度

宋律对检验的范围、牒请，官员的差出，初检、复检，检验情况的报告及文书格式,法律责任等都作了详细规定。

检验范围。宋律规定:凡有杀、伤行为致人死、伤,及其他非正常性死、伤,对死、伤现场和尸、身,只要不属于免检范围的,都要进行检验。

检验的牒请、受理和差官。宋律规定:凡发现杀、伤,本人、尸亲特别是地保应及时向官府报案,请官检验。官府接到报案,均应受理,哪怕是"应牒近县而牒远县者,牒至亦受"。受理后应及时差官前去。应差的官,依次是司理参军、县尉、主簿、县丞、监当官、县令。复检应当另外差官,一般是县令、县尉、主簿等。所差之检验官,须是文官或识字武官,且须是无亲嫌干碍之人。

检验的内容、法律文书的填写及申报。宋律规定:被差去检验之官,对应检验的尸、身的情况必须做详细记录,并须确定要害致死之因,填写"验状""验尸格目",于当日向有关上级部门报告。为更准确地对尸、身的损害情况及致害之因做记录和鉴定,宁宗时,经江西提点刑狱徐似道提议,宋朝政府规定检验之官除须填写"验尸格目"外,还须填写"正背人形图"。

违反检验制度的法律责任。宋律规定:检验官吏若有应验而不验、延时不发、不定要害致死之因、因检验而受贿,及检验不实等违反检验制度的行为,均要承担法律责任,一般是以违制论,杖100。若有受贿,则按受贿罪处理。[36]

(三)法医技术

宋朝的法医学有很大的发展,仅南宋就有郑克的《折狱龟鉴》、桂万荣的《棠阴比事》、宋慈的《洗冤集录》等侦查学和法医学著作相继问世。《折狱龟鉴》《棠阴比事》中包含大量法医学的内容;《洗冤集录》吸收了前人法医著作的内容,又结合了作者长期担任司法官职所积累的经验,对各种疑难案件中难辨的伤、病、毒死等症状都列具了详细的分辨方法。《洗冤集录》问世后,被官府奉为尸伤检验的金科玉律。《洗冤集录》是中国第一部法医学著作,也是世界范围内的第一部法医学著作。

课后思考・关键词

宋刑统　编敕　折杖法　刺配　凌迟　审刑院　翻异别勘　鞫谳判分司　洗冤集录

---

〔36〕《宋会要辑稿》刑法六之二至七。

课后思考·问答题

1. 简述《宋刑统》与《唐律疏议》的异同。
2. 简述宋代罚制度的变化。
3. 宋代民事法律制度有哪些重要变化？
4. 宋朝刑狱审理制度有哪些重要创新？
5. 宋代证据制度有哪些创新？

案例阅读

1. 王元吉被诬　　2. 安崇绪讼继母

第八章　蒙元时期的法律制度

（1206—1368 年）

公元 10—12 世纪，中国北方广大的草原地区存在若干游牧政权。他们各自为政，互不统属。虽然蒙古崛起相对较晚，但它后来居上，迅速发展成一个强大的汗权政治实体，最终于 13 世纪初统一蒙古高原各部。此后，在华夏大地上建立起以蒙古族占主导地位，各民族多元一体、地域空前辽阔的多民族国家——元朝，实现了中国历史上继唐朝以后的又一次大一统。元朝融合游牧、农耕两大文明，交通东、西两种文化，对此后的中国乃至亚欧历史都产生了深远影响。

按明修《元史》的断限，自 1206 年成吉思汗在漠北建立大蒙古国，到 1368 年元顺帝出亡，都在广义上统称为元朝，共 163 年。循名责实，狭义上的元朝专指元世祖忽必烈 1271 年改国号“大蒙古国”为“大元”后，至 1368 年元亡。由于本章叙事范围兼跨两个“阶段”，故除可以确定的史实外，皆笼统冠以“蒙元”。蒙元时期政治、经济、军事、法律诸方面制度建设，以蒙、汉混合二元结构始终居于主导地位，建树颇多，且呈现出南北异制、诸制并举的格局。蒙元法制既吸取了唐宋辽金法制的内容，又保留了蒙古等民族的习惯，表现出浓郁的民族特色。

第一节　蒙元的法律思想与文化特色

基于稳固统治的目的，蒙元统治者逐鹿中原时逐渐接受了华夏文化，在立法建制活动中仿行汉制，从而加速了各民族法律文化的交融。同时，蒙古民族传统法律文化也在顽强地固守自己的领地，凭借占据统治地位的优势，对国家立法建制以致整个社会生活发挥影响，使蒙元法制呈现出多元化的色彩。祖述旧制、因俗而治;附会汉法、标榜文治,则是多元中最重要的二元,即蒙古民族法律传统与中原汉族王朝法律传统相结合,这是蒙元法律思想最集中的体现和法律文化最大的特色。

一、祖述旧制,因俗而治

成吉思汗、窝阔台、贵由、蒙哥四大汗时期,"视居庸以北为内地",[1]长期把中原地区作为边地而进行间接统治。窝阔台时期,虽由耶律楚材提倡"以儒治国",但屡遭排挤,以致政无纪纲,造成"汉地不治"的局面。1260年,忽必烈建元中统,提出了"祖述变通"思想。"祖述"即"稽列圣之洪规",也就是恪遵蒙古传统制度,对各民族依本俗而治。

就经济形态和生产方式而言,蒙元统治者不管是四大汗时期,还是南迁大都(今北京)后,一直坚守草原本位,难以完全调和游牧、农耕两种生产方式的矛盾,以致无法合理构建出一套适应两种生产方式和经济形态的治理模式。基于草原本位,采取不平等的民族政策,划分民族"等级",各依其本俗而治;赋予蒙古人特权;实行蒙古人为正官制、军事长官的世袭制,等等,这些都是"祖述"思想在政治和法律制度上的表现。

二、附会汉法,标榜文治

忽必烈即位后,在维持蒙古传统的同时,受到汉人的影响,开始逐步提倡"文治",采用"汉法"。"祖述变通"中的"变通",即附会汉法,"讲前代之定制",以成一代之制。如郝经主张"以国朝之成法,援唐宋之故典,参辽金之遗制,设官分职,立政安民,成一代王法";[2]徐世隆认为,"帝中国当行中国事";[3]许衡指出,"北方之有中夏者,必行汉法,乃可长久"。[4] 经过多年经营,自元仁宗开始,此后的元朝帝王汉文化修养有了逐步的提高,通过重用儒臣、修颁律令、恢复科举、设立"儒户"、兴建书院等措施,不断筑实崇儒尊孔这一"汉法"思想基础。终元一代,其法制建设基本是在忽必烈"祖述变通"思想指导下不断推进,众多维护蒙古贵族特权的法律制度也是在这一思想"庇护"下赖以生存。

---

〔1〕 袁桷:《清容居士集》卷二五《华严寺碑》。

〔2〕 《新元史》卷一六八《郝经传》。

〔3〕 《元史》卷一六〇《徐世隆传》。

〔4〕 《元史》卷一五八《许衡传》。

第二节 蒙元的立法沿革、成就与法律形式

元朝法制变迁经历了从早期的习惯法到援用金律,再到独立发展的过程,大致可分两个阶段:第一阶段是1260年以前,即四大汗时期。这一时期主要以蒙古民族的传统习惯法为主,但基于金代法制影响,司法实践已逐渐产生统一中原汉地刑法的潜在趋势。第二阶段是忽必烈即位(1260年)并建立元朝直至元末。其中,忽必烈统治初期基本上援用金《泰和律》;以致元八年(1271年)建立元朝并禁行金律为起点直至元末,随着《大元通制》等汇编性法典的不断颁布,元朝法律体系得以不断确立、发展和完善。

一、四大汗时期的蒙古习惯法传统

蒙古人自古以来就有许多世代相传的"约孙"(蒙古语"yusun"音译),通常汉译为"习惯"。"约孙"作为蒙古古老的社会习惯或行为规范,有"理""道理"的含义,其内容涉及蒙古先民的自然禁忌、民族宗教信仰、狩猎和战争规则等。

在统一蒙古各部建立大蒙古国的过程中,成吉思汗意识到"约孙"已不能完全适应新形势的需要,必须用严厉的"札撒"整顿和维护新的社会秩序。在蒙古语中,"札撒"是"札撒黑"(Jasag)的汉语音译简称,意为号令、法度、军法之意。以成吉思汗的名义,将这些法令用成文法的形式记载,并在重大典礼上宣布,称为"大札撒",通常汉译为《成吉思汗法典》。这是大蒙古国正式颁行的第一部成文法典,对后世蒙古社会的政治、军事、法律以及人民的生产、生活都具有极其深远的影响。

二、元朝建立以后的重要立法活动与成就

元朝作为中国古代法律体系变迁的重要一环,是秦汉以来所形成的律令法律体系向明清典例法律体系过渡的关键时期,留下了不少有名有实或无名有实的汇编性法典,以及名目繁多的"例"。通过这些法典,不仅可以了解元朝的立法编纂技术及特色,也可以加深对魏晋以来律典12篇传统模式向明清律典六部与目门结构转变过程的认识。

(一)金律的循用与废止

元朝政治法律制度大体上是在忽必烈在位时开始形成的。他在中统元年(1260 年)即位诏中阐明了“祖述变通”的立法方针;同年在建元诏中又宣称“稽列圣之洪规,讲前代之定制”,[5]表明忽必烈“祖述”与“变通”相结合的法制思想已经形成。元朝入主中原后,蒙古民族习惯法已不敷适用,遂在循用金《泰和律》的同时仿行汉法,参照宋、辽、金制,史称:“元兴,其初未有法守,百司断理狱讼,循用金律。”[6]至元八年(1271 年),忽必烈改国号为“大元”后诏令“禁行金律”,并以“国之成法”(蒙古旧制)为基础,“附会汉法”“参照唐宋之制”的思想指导下,开始编纂本朝法典,奠定了有元一代的立国规模。

(二)《至元新格》

至元二十八年(1291 年),中书右丞何荣祖将公规、选格、治民、理财、赋役、课程、仓库、造作、防盗、察狱等十事辑成一书,名为《至元新格》。《至元新格》已经散失,有 96 条佚文收录在《通制条格》《元典章》中。从篇目和内容来看,其主要是对官吏行为进行规范,多为原则性规定,正如元代人所评价的是思虑周密、制事合宜的“宏纲大法”。[7]

(三)《大元通制》

元英宗至治三年(1323 年),修成有元一代之典《大元通制》,其由断例、条格、诏制、别(令)类四部分构成。《大元通制》全书大部分已佚,其全貌今已难以复原;因为只有“条格”部分存世至今,所以一般称为《通制条格》。[8]作为元朝较为完备的法典,《大元通制》体例“一循古律篇题之次第,而类辑古律之必当从”;与“古律”相较,“文辞各异”但“意义多同”,“于古律暗用而明不用,名废而实不废”,[9]实际上继承了唐宋以来传统法典的基本精神。

(四)《大元圣政国朝典章》

《大元圣政国朝典章》,简称《元典章》。其“正集”有 60 卷,分诏令、圣政、朝纲、台纲、吏部、户部、礼部、兵部、刑部、工部 10 纲;记载自元世祖即位

---

[5] 《元史》卷四《世祖本纪四》。

[6] 《元史》卷一〇二《刑法志一》。

[7] 苏天爵:《滋溪文稿》卷六《序二·至元新格序》。

[8] 《元史》卷二八《英宗本纪二》。

[9] 吴澄:《吴文正公文集》卷一九《〈大元通制条例纲目〉后序》。

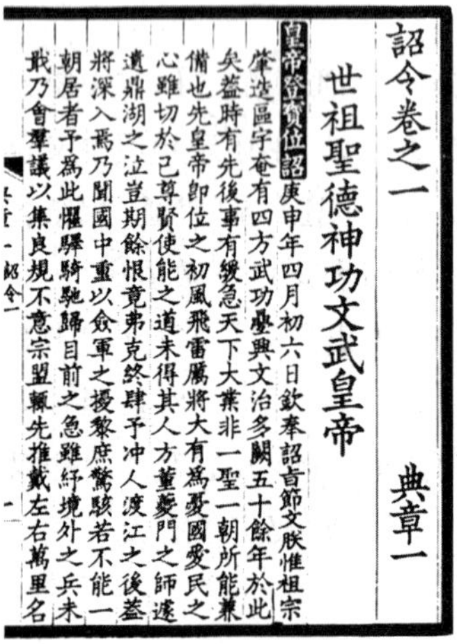
詔令卷之一　典章一
世祖聖德神功文武皇帝
皇帝登寶位詔 庚申年四月初六日欽奉詔旨節文朕惟祖宗
肇造區宇奄有四方武功迭興文治多闕五十餘年於此
矣蓋時有先後事有緩急天下大業非一聖一朝所能兼
備也先皇帝即位之初風飛雷厲將大有爲憂國愛民之
心雖切於己尊賢使能之道未得其人方董夔門之師遽
遺鼎湖之泣豈期餘恨竟弗克終肆予冲人渡江之後蓋
將深入焉乃聞國中重以僉軍之擾黎庶驚駭若不能一
朝居者予爲此懼驛騎馳歸目前之急雖紓境外之兵未
戢乃會羣議以集良規不意宗盟輒先推戴左右萬里名

图8-1 《元典章》书影

(1260年)至元仁宗延祐七年(1320年)的典章制度;另附“新集至治条例”(又称新集),续载英宗至治元年和二年(1321—1322年)的典制。据史载,元成宗大德七年(1303年),中书省根据江西奉使宣抚申呈,令各所属机构将中统建元以来所颁圣旨、条画和格例等,“置簿编写检举”,使“官吏有所持循,政令不至废弛”。《元典章》就是在这种背景下出现的,所以一般认为其是奉官刊布,以资官吏遵守的政书汇编,同时又系地方官府吏胥与书坊商贾合作编纂的产物。

(五)《至正条格》

元顺帝后至元四年(1338年),中书省臣奏请重新删定《大元通制》。[10] 至正五年(1345年)修订成稿,由制诏、条格、断例构成。至正六年(1346年),顺帝命将“制诏”部分抄藏于宣文阁、中书省、国史院;“条格”和“断例”则颁行天下。[11] 《四库全书总目》载:《至正条格》共23卷,凡祭祀、户令、学令、选举、宫卫、军防、仪制、衣服、公式、禄令、仓库、厩牧、田令、赋役、关市、捕亡、赏令、医药、假宁、狱官、杂令、僧道、营缮、河防、服制、站赤、榷货27个篇目。[12] 这与现知唐令、金令篇目大多相同。《至正条格》在明清时逐渐失传。2002年,韩国学者在韩国庆州江东面良洞村孙氏家族调查古文书时,发现了元刊残本《至正条格》2册,其中“条格”“断例”各1册。残本《至正条格》的发现,印证了《四库全书总目》记载的可信性。

三、元朝的主要法律形式

虽然元朝颁布了不少汇编性的法典,由于统治地域广阔、民族文化因素浓厚等特殊原因,每年新的条格、断例迭出不穷,导致元代法律的稳定性较差。就史料记载而言,元朝适用最为普遍的法律形式是断例、条格、诏制。

---

〔10〕 欧阳玄:《圭斋文集》卷七《至正条格序》。
〔11〕 《元史》卷四〇《顺帝本纪三》。
〔12〕 纪昀等:《四库全书总目提要》卷八四《史部四十·政书类存目二》“《至正条格》二十三卷”条。

(一)断例

“断例”是元朝的主要法律形式，普遍适用于司法实践中，且涉及范围十分广泛。《新元史·刑法志下》称：“断例则因事立法，断一事而为一例者也。”断例在蒙元有两种意义。一是指“断案事例”或“科断事例”，即以此前朝廷认可的断案成例，比附攀引后案。二是具有“画一之法”性质的“断案通例”或“科断通例”，指那些典型判例及中央官署对此发布的有关指令，经整理汇编后上升为对同类案件具有普遍约束力的通则性规定。从法律形式与内容来看，断例是成文法与“判例”的混合，其中虽然也援引了律文作为依据，但在性质上与成文法典形式的“律”是不同的。

条格和断例的主要区别在于，前者是有关行政方面的规范，后者则是有关刑事方面的规范。现存《大元通制》“条格”部分篇目与唐宋的“令”大体相似，但其内容则是由中央官署奏准的命令及事例的汇编，与唐宋的“令”是不同的。据此可知，《大元通制》中“断例”部分也只能是有关刑事方面的由中央官署奏准的命令及判例和事例的汇编。《元典章·刑部》所收录的“断例”，都是属于这方面的内容。残本《至元条格》的发现，进一步证明元代的“断例”除了有成文法形式的法律条文外，还有大量的具体条文是以“判例”的形式构成的。蒙元之所以广泛采用“断例”的法律形式，是由其特殊的社会政治、经济等状况决定的，是当时立法制度和立法技术最鲜明的特点。

(二)条格

元代条格是条画、条令与唐宋法律的令、格、式结合而成的法律形式。它主要是经皇帝亲自发布，或直接由中书省等中央行政机关颁发给下属部门的政令，故有时直呼其为“政令”。从内容上划分，元朝的条格，如《至元新格》等主要是行政方面的事例汇编。《大元通制》的条格共分祭祀、户令、学令、选举、宫卫、军房、仪制、衣服、公式、禄令、仓库、厩牧、关市、捕亡、赏令、医药、田令、赋役、假宁、狱官、杂令、僧道、营缮、河防、服制、站赤、榷货 27 个篇目，这些篇名与唐令、金《泰和令》在篇目、篇名及卷数上都大体相同。故元代的条格，基本上就是唐金法律体系中的“令”，同时也包含一部分“格”与“式”的内容。

元末《至正条格》虽然包括诏制、条格、断例等内容，但“条格”被单独提取出来作为法典的专属名称使用，这说明“条格”在元末立法中被赋予了更为广泛的含义，可以作为综合性法规汇编的名称，而非仅限于专指行政方面的事例汇编。

(三)诏制

蒙元的诏制(也称制诏),就是唐、宋及辽、金的敕。《习吏史学指南》解释“敕”称:“《唐·刑法志》曰:‘治于已然谓之敕。’宋曰申明,金曰敕条。凡律令阙文者,条陈奏裁,定为永格。”〔13〕这正符合蒙元诏制的特点。《大元通制》的第一部分即为制诏,共94条,《至正条格》的制诏增至150条。欧阳玄《至正条格序》称:“制诏,国文典常,尊而阁之,礼也。……请以制诏三本,一置宣文阁,以备圣览;一留中书;一藏国史院。”〔14〕由此可见,立法者的本意就是要将诏制“束之高阁”,以供朝廷官司衙门备查、参照。实际上,只有“条格”和“断例”才是“有司奉行之事”,故《至正条格》修成后,仅将它们刊刻颁行。

第三节 元朝的主要法律制度

史学家孟森说:“自有史以来,以元代为最无制度,马上得之,马上治之……于长治久安之法度,了无措意之处。”〔15〕“无制度”非指没有制度,虽然元朝在一定程度上偏离了唐宋以来正统制度、思想、文化发展的自然发展趋势,但基于文化差异和民族分治的需要,元朝的很多制度在兼采唐宋金制之余,已深深烙上了蒙古贵族统治意识的印记,表现出浓郁的民族特色和蒙汉杂糅的制度二元性。

一、刑事法律制度

(一)五刑制度的演变

蒙元五刑制度有别于唐、宋、金诸王朝。其演变经历了两个阶段:

一是蒙元统治者入主中原之初,对宋、金刑制进行变通的过渡五刑。明初叶子奇《草木子》曰:“元世祖定天下之刑,笞、杖、徒、流、绞五等。笞杖罪既定,曰:‘天饶他一下,地饶他一下,我饶他一下。’自是合笞五十,只笞四十

---

〔13〕 徐元瑞:《吏学指南·五科》,浙江古籍出版社1988年版,第54页。

〔14〕 欧阳玄:《圭斋文集》卷七《至正条格序》。

〔15〕 孟森:《明清史讲义》(上册),商务印书馆2011年版,第3页。

七;合杖一百十,只杖一百七。”[16]蒙元初期援用金律变通而成的过渡五刑,反映了金、元法制承袭亲缘关系,及新朝更始,刑用轻典的特点。它不仅未将辽、金已成为法定刑的凌迟列入,连流刑也用徒刑折代执行。

二是至元八年以后通过立法活动而形成新的五刑制度。《元史·刑法志》载:“其五刑之目:凡七下至五十七,谓之笞刑;凡六十七至一百七,谓之杖刑;其徒法,年数杖数,相附丽为加减,盐徒盗贼既决而又镣之;流则南人迁于辽阳迤北之地,北人迁于南方湖广之乡;死刑,则有斩而无绞,恶逆之极者,又有凌迟处死之法焉。盖古者以墨、劓、剕、宫、大辟为五刑,后世除肉刑,乃以笞、杖、徒、流、死备五刑之数。元因之,更用轻典,盖亦仁矣。”[17]

综合史籍记载,元代新五刑应为:笞刑六等,笞七,十七,二十七,三十七,四十七,五十七;杖刑五等,杖六十七,七十七,八十七,九十七,一百七;徒刑五等,徒一年杖六十七,一年半杖七十七,二年杖八十七,二年半杖九十七,三年杖一百七;流刑,无具体道里之制,远流东西南北各地,甚至流高丽、流吐蕃等地;死刑,有斩无绞,重罪凌迟处死。

(二)独具特色的死刑制度

蒙元入主中原汉地之初,沿用金代死刑之制,有斩亦有绞。至元八年禁行金律后,法定死刑存凌迟、斩而废绞,其初衷是将斩减一等的生命刑(绞),用杖一百七流远代之。《新元史·刑法志》认为:“至于死刑,有斩无绞,以绞斩相去不至县(悬)绝,且从降一等言之,斩之降即为杖一百七籍流,犹有幸不至死之理焉。”但元代法律条文中的死刑常用“死”或“处死”代之。在司法实践中,凌迟和斩刑亦不多见,而类似前世之杖杀的“敲”,则是元代的一种适用较普遍的死刑执行方法。其意图是用以代替斩首,从而减轻死刑的残酷性。[18]

(三)流刑的折代与变通

蒙元初期“循用金律”,对金代流刑进行折代变通。金代的流刑虽为法定刑之一,但实际上并未适用。《金史·刑志》载,明昌五年(1194 年)尚书省奏:“缘先谓流刑非今所宜,且代流役四年以上俱决杖。”[19]其以徒刑加决杖

---

〔16〕 叶子奇:《草木子》卷三下《杂制篇》。

〔17〕 《元史》卷一〇二《刑法志一》。

〔18〕 相关研究参见曾代伟:《蒙元法定死刑考辨》,载《法学家》2004 年第 5 期。

〔19〕 《金史》卷四五《刑志》。

代替流刑的具体规定是：流二千里比徒四年加杖九十，流二千五百里比徒四年半加杖九十，流三千里比徒五年加杖一百。蒙元初则将流刑折代为徒四年、徒四年半、徒五年。在《元典章》等史籍中，此类变通流刑的实例颇多。

二、具有民族特色的重要法律制度

蒙元法制在仿行唐、宋、金制度的同时，保留了较多的蒙古民族文化传统。其主要表现在以下几个方面：

（一）维护蒙古人特权，对各民族分而治之

蒙元则根据其征服的先后，把全国各族人民划分为四等，以达到"分而治之"的目的：第一等蒙古人。第二等色目人，主要指西夏、回族及西域各民族。第三等汉人，指统一中国前已属蒙古统治之下的汉族、契丹族、女真族等北方各民族，及归顺较早的云南、四川人。第四等南人，属原南宋统治地区的汉族及南方其他少数民族。元朝法律规定不同等级的人在法律上有不同的权利和义务，其中蒙古贵族则享有各种特权。

第一，维护蒙古贵族对国家权力的垄断。在官吏的任用上，元朝中央各官署的实权多操纵在蒙古人和色目人手中。中书省的长官右丞相、枢密院使都由蒙古贵族专任；监察机关御史台的长官御史大夫通常是"非国姓（蒙古贵族）不以授"。地方各级行政机关除原有官员外，均设蒙古掌印官"达鲁花赤"一员为监临官，掌握各级政府的最高权力。

第二，在法律权利方面，南人与汉人甚至连起码的人身权利也得不到保障。在蒙古大军进兵中原灭金及征服南宋的过程中，大批战俘及被掳掠的平民沦为奴隶，法律视其"与钱物同"。为了防止汉人反抗，元代法律严禁汉人持有兵器、弓矢；禁止汉人习武艺，甚至打猎；禁止汉人生产、制作可以充当或改制成武器的农具及家用器具。因马匹可用于军事目的，元统治者禁止汉人私养、私用，违者没官。

第三，在刑法上，对蒙汉等民族实行同罪异罚。元律"禁汉人聚众与蒙古人斗殴"，规定：蒙古殴打汉人，不准汉人还手，只许指出见证告官申理，否则便要治罪。汉人打死蒙古人，本人处以死刑，家属还要向死者赔偿烧埋银（烧埋尸体的费用）。蒙古人"因争及乘醉殴死汉人者"，仅"断罚出征""全征烧

埋银”了事。[20] 汉人南人的强、窃盗犯，一律处以黥刑，但蒙古人（后也包括色目人）有犯者，却“不在刺字之例”；如果司法官吏不遵照上述规定，“辄将蒙古人刺字者，杖七十七，除名”，并将“已刺之字去之”。[21]

（二）宗教僧侣享受众多法律特权

元代蒙古族大多信奉佛教，尤其是其统治者更是将佛教置于显赫的地位，并给予僧侣种种特权。在经济上，僧道可免除一定赋税和差役。元律规定：“其僧道种田作营运者，依例出纳地税商税，其余杂泛科差并行免放。”[22]元世祖时期，曾大量赏赐土地和钱物予寺观。这些土地、矿产、店铺等都可免税粮。在司法上，对僧道实行专门管辖：“诸僧、道、儒人有争，有司勿问，止令三家所掌会问。”“诸僧人但犯奸盗诈伪，致伤人命及诸重罪，有司归问。其自相争告，从各寺院住持本管头目归问。若僧俗相争田土，与有司约会；约会不至，有司就便归问。”[23]但若判徒刑以上须羁押的，还须上报管理少数民族及宗教事务机关宣政院复核，宣政院认为审理不当，可以驳回重审。

（三）保留蒙古特色婚姻家庭旧俗

蒙元社会以男性为中心，保留着浓厚的原始婚姻习俗，如有利于种族繁衍的一夫多妻制。按照风俗，平民也可娶有多妻；娶妻多寡，取决于其供养能力。故越是显贵的人，往往妻子越多。在史料中，一个贵族有几十个妻子的记载屡见不鲜；频繁的战争使大量男子丧生而同时又俘获了众多妇女，也为多妻制提供了条件。

此外，蒙古族有“收继婚”习俗。其法：父死，子妻庶母；兄死，弟妻诸嫂；伯叔死，侄亦如之，并称“国俗叔嫂相妻，盖欲守其家产”。[24] 至元八年（1271年），元世祖诏令“小娘（庶母）根底、阿嫂根底，收者么道”，[25]确认收继婚的合法性。收继婚因与儒家伦常观念格格不入，元朝统治者遂对其进行限制，禁止其他民族惯用此俗。如元文宗至顺元年（1330年）敕：“诸人非其本俗，敢有弟收其嫂、子收庶母者，坐罪。”[26]这“诸人”指的是汉人和南人。顺帝后

---

〔20〕《元史》卷一〇五《刑法志四》。
〔21〕《元史》卷一〇三《刑法志二》。
〔22〕《通制条格》卷二九《僧道》。
〔23〕《元史》卷一〇二《刑法志一》。
〔24〕《新元史》卷二一六《李士赡传》。
〔25〕《元典章》卷一八《户部·婚姻·不收继》。
〔26〕《元史》卷三四《文宗本纪三》。

至元六年(1340 年),又“禁色目人勿妻其叔母”。[27]

第四节 元朝的狱讼制度

一、司法组织体系

从“札鲁忽赤”到大宗正府。蒙古语“札鲁忽赤”汉译为“断事官”。成吉思汗建国时,任命失吉忽秃忽为也可札鲁忽赤,即大断事官,负责掌管属民的分配,审断刑狱、词讼。大蒙古国时期,也可札鲁忽赤实际上是国家最高行政长官,类似于汉人官制中的宰相。忽必烈改元以后,用宰辅制度取代了札鲁忽赤制度,札鲁忽赤的地位发生了变化,由总揽各种政务的官员变成了特殊的司法长官。它的机构衙门称为大宗正府。大宗正府“以诸王为府长”,同中书省、枢密院平列,不受御史台监察。大宗正府除管理皇族事务外,对蒙古王公犯罪案件、京师等地蒙古人和色目人的犯罪案件,以及汉人犯奸盗、诈伪、蛊毒、诱拐等罪案也有权审理。地方的蒙古人犯罪案件,则由各级政府的监临官“达鲁花赤”办理。从各级“达鲁花赤”到大宗正府,形成蒙古人、色目人司法管辖体系。除大宗正府外,元代中书省、枢密院、宣政院等中央机构也设有断事官一职,其设置是蒙元司法制度二多元特色的反映。

宣政院,是元朝管理少数民族事务和宗教事务的中央机关,同时对僧侣重大案件和僧俗纠纷案件进行复核。元朝僧道的一般刑民事案件,由僧道官审理;重大刑事案件,地方司法机关有权审理,但判处徒刑以上及需监禁者,须上报宣政院审核。因此,从僧道官到宣政院,形成僧道司法管辖体系。

枢密院是元朝最高军事机关和最高军事审判机关,设有断事官负责重大军事案件的审判。元朝实行军民分治政策。军人之家,世代为兵,编为军户,由“奥鲁”管理,军户的斗殴、婚姻、钱债、财产等案件由奥鲁审理;强盗、人命等重案,则由奥鲁会同有关司法机关共同审理。这样,从各级奥鲁到枢密院,形成军人军户的司法管辖体系。刑部“掌天下刑名,法律之政令。凡大辟之按覆,系囚之详谳,孥收产没之籍,捕获功赏之式,冤讼疑罪之辨,狱具之制

---

〔27〕《元史》卷四〇《顺帝本纪三》。

度,律令之拟议,悉以任之。”〔28〕从地方各级官府到刑部,形成汉人、南人的普通司法管辖体系。

二、诉讼审判制度

蒙元诉讼审判制度基本沿袭唐宋旧制,但为了与当时错综复杂的社会关系和民族关系相适应,出现了一些富于特色的变化。

蒙元时期诉讼活动中有一种前所未有的“约会制”,即为一例。凡不同户籍、不同阶层、不同民族及僧俗之间发生刑民词讼时,通常采用“约会”的方式处理,即由有关当事人的官长会同审理,实行“立会裁判”。蒙元“约会制”,有利于维护各民族、各阶层、各方面人们的权益,适应了元代对多民族国家治理的需要;同时也会致使词讼更为频繁,或使判决愈益迁延延。〔29〕

如进一步规范死刑案件的审核程序。中统元年(1260 年),忽必烈诏令:“凡有犯刑至死者,如州府审问狱成,便行处断,则死者不可复生,断者不可复续。案牍繁冗,须臾决断,万一差误,人命至重,悔将何及,朕实哀矜。今后凡有死刑,仰所在官司推问得实,具事情始末及断定招款,申宣抚司再行审覆无疑,呈省闻奏,待报处决。”〔30〕该令将蒙古建国以来死刑的终审和判决的权力正式收归中央朝廷,特别是皇帝之手。

又如,传统法医学和司法检验制度,自南宋取得突出成就以来,在元代也留下了浓墨重彩的一笔。忽必烈至元五年(1268 年),即对司法检验的官吏委任、实施操作、具结保证、覆检等进行规定。〔31〕大德八年(1304 年)颁布《检尸法式》(又称尸账),作为记载验尸结果和结论的法律文件。赵逸斋《平冤录》、王与《无冤录》,这两部著述与宋慈《洗冤集录》被称誉为“宋元检验三录”,为后世所重。实践中也存在官吏舞弊的现象,且检验工作往往授权给没有医学和法律知识背景的仵作,难免影响了检验成效。

从总体上看,蒙元时期立法与司法实践是严重脱节的。由于法律适用上各民族的“各依本俗法”“南北异制”和司法机关的“各领其事,不相统摄”,极

---

〔28〕《元史》卷八五《百官志一》。

〔29〕具体研究参见吕志兴:《元代“约会”审判制度与多民族国家的治理》,载《西南政法大学学报》2011 年第 4 期。

〔30〕《元典章》卷二《圣政二 · 理冤滞》。

〔31〕参见《大元尸检记》,载黄时鉴辑点:《元代法律资料辑存》,浙江古籍出版社 1988 年版,第 113—114 页。

易造成司法的混乱。加之游牧民族传统法文化的影响，司法官吏舍法任情、滥用酷刑、草菅人命等现象比较普遍。这些司法弊端也加速了官场腐败的风气，如至顺元年（1330 年）元儒吴澄批判："数十年来，风俗大坏，居官者习于贪，无异盗贼，己不以为耻，人亦不以为怪。其间颇能自守者，千百不一二焉"。[32]

在历史上，元朝是一个积极、消极两方面因素都很突出的朝代。它结束了长达数百年的南北分裂局面，使许多边疆地区归属中央政权管辖之下，实现了中国历史上前所未有的统一、多民族高度融合、中西文化深入交流，这是它最大的时代特点和历史贡献。作为中国法律制度发展史的一个阶段，元朝的法制其起步是"素胚勾勒"，其进程亦"笔锋浓转淡"，其成果如"传世的青花瓷自顾自美丽"，它必然起着承上启下的作用，绝非可有可无。

课后思考·关键词

《大元通制》 《元典章》 《至正条格》 断例 条格 四等人制 宣政院 约会制

课后思考·问答题

1. 元朝法制的民族多元特色表现在哪些方面？
2. 元朝法典编纂的沿革与特色有哪些？

案例阅读

1. 周自强调解息讼案 2. 不忽木不强制亲属作证案

[32] 吴澄：《吴文正公文集》卷二四《序·赠史敏中侍亲还家序（至顺庚午）》。

第九章　明朝的法律制度

（1368—1644 年）

元朝政权在将近五十年的农民战争的摧毁之下，加快了灭亡的步伐。1368 年，朱元璋在众多起义将领中一枝独秀，取得了最大胜利，建立起明朝政权。

对于处于中国传统社会晚期的明朝而言，从它诞生之日起就面临着各种社会矛盾。传统经济结构继续保留，但带有资本主义经济萌芽的新元素已经显现。专制主义中央集权制度的衰败之势日趋明显，但统治者又要极力守住皇权体制。故明朝的立章建制主要围绕着稳固中央集权制而展开。所以，明朝法制尽管源于唐律，但终因时移势易，法律有了较大的变化。各项制度更加成熟，极大地体现了中国传统社会晚期的时代特征，对清朝以及东亚地区其他国家的法律产生了直接影响。

第一节　明朝的法律思想

儒家思想在宋朝时期得到了最高程度的理论阐释。明朝建立后，继续沿用儒家思想作为其立法的总方针。其立法思想主要体现为三个原则。

一、刑乱国用重典的立法原则

刑乱国用重典思想出自儒家经典《周礼》。《周礼·秋官·司寇》提到：大司寇之职，掌建邦之三典，以佐王刑邦国，诘四方。一曰刑新国用轻典，二曰刑平国用中典，三曰刑乱国用重典。

建国之后，朱元璋按照刑乱国用重典的思想建立明朝的法律体系是有现实原因的。一是以元朝因法纪废弛，官吏腐败而覆灭的教训为鉴。在论及元朝灭亡的教训时，朱元璋认为“奈何胡元以宽而失，朕收平中国，非猛不可”。[1] 从而确立了明朝立法的基调。二是明初之时，边境战争、农民起义还未停止。元朝的旧势力在北方骚扰边境，东南沿海一带倭寇时常进犯，而农民因生活艰难起义不断。稳定高于一切成为要务，用重刑巩固政权即是现实所需。三是统治集团内部矛盾重重。农民出身的武将与地主出身的文臣之间的分歧日益严重，这威胁着皇权的巩固。朱元璋也只有以严厉的手段来确立自身的权威。在严峻的政治形势和复杂的社会问题面前，朱元璋认为“吾处乱世，刑罚不得不重”[2]，暗含着他采取严刑峻法的无奈。

朱元璋推行重典治理的对象既包括吏，也包括民。在重典治吏方面，明太祖朱元璋首先是惩治贪官污吏：废止了唐、宋法律中优待官员的“官当”“除免”等制度；大兴文字狱，强化文化高压政策；特别设立“奸党罪”等罪名打击官员结党危及皇权的行为。在重典治民方面，明朝严厉镇压犯上作乱的民众。

二、明刑弼教的立法原则

礼法结合是儒家一直坚守的法观念。朱元璋虽然强调刑典的惩治作用，但并不轻视礼的作用。他也是一位深谙儒家思想的皇帝，强调治国之道必须坚持“明刑弼教”的立法宗旨。朱元璋说：“朕仿古为治，明礼以导民，定律以绳顽”[3]，明刑弼教被朱元璋阐释为此处的“明礼以导民，定律以绳顽”的含义。朱元璋以“明礼”“定律”二词表达了他既重视礼的预防犯罪作用，又强调刑的惩治作用的观点。从本质而言，明刑弼教和德主刑辅是一致的，所不同的是朱元璋一改德主刑辅原则之下德为主刑为辅而强调明刑先于弼教的立场，这是朱元璋面对明初社会形势处于乱世作出的回应，也是对西汉以来形成的德主刑辅思想的进一步发展。

道德礼制层面的教化对人的影响是深远的，它可以将好人变得更好，将坏人变成好人。但这种影响却并非一蹴而就，需要长期的过程。为了充分发挥礼教的作用，将所有的民众有效地引领到趋善守法的正途上，朱元璋要求各州县在乡里设置“申明亭”，以“君臣之义”、孝道廉耻等内容开展宣教活动。

---

〔1〕《明太祖宝训》卷五。

〔2〕《明史》卷九三《刑法一》。

〔3〕《明史》卷九三《刑法一》。

三、法贵简当的立法思想

自魏晋以来,各朝立法呈现出减轻繁杂的趋势,唐朝立法的宽简特征尤为明显。朱元璋以宋元法律较为繁杂不利于法律的执行,也不利于百姓的知晓为借口,推崇唐代立法简约的风格,提出了立法简约的主张,要求法律条文通俗易懂。朱元璋在任命以左丞相李善长为律令总裁官等二十人起草《大明律》时,发布谕旨,说:"法贵简当,使人易晓。若条绪繁多,或一事两端,可轻可重,吏得因缘为奸,非法意也。夫网密则水无大鱼,法密则国无全民。"[4]朱元璋死后,立法的极简路线风格同样得到了遵守。明中期制定的《问刑条例》规定司法适用的条例必须做到"经久可行,明白易晓"。[5]

第二节　明朝的立法活动

一、明朝初期的立法

明初的立法可以从《明史·刑法志》一窥全貌。"明太祖平武昌,即议律令。吴元年冬十月命左丞相李善长为律令总裁官,参知政事杨宪、傅瓛、御史中丞刘基,翰林学士陶安等二十人为议律官,……每御西楼,召诸臣赐坐,从容讲论律义。十二月,书成。""吴元年"即是朱元璋称吴王的1367年。此"书"即是《大明律》,是年为明朝立法启动之年。在此以后,明太祖朱元璋统治时期颁布了《大明律》《明大诰》《大明令》以及榜文等法律形式。大明王朝法律体系的主干部分建立起来。

(一)制定不得修改的《大明律》

如前所述,《大明律》是在朱元璋全程领导下制定而成,为明代最基本、最重要的法典。从它的起草到最终定型经历了三十年的时间。

《大明律》初定于1367年。这部法典首先是在1367年朱元璋称吴王之时决定立法而出台的,有285条律文。朱元璋在吴元年冬十月,任命以左丞相李善长为律令总裁官的二十人律法起草小组,在秉承"法贵简当,使人易

[4]《明史》卷九三《刑法一》。

[5] 黄章建:《明代律例汇编》,"中央研究院"史语所专刊1979年版,第15页。

晓”的圣谕原则下，用时两个月制定出令145条、律285条规模的《大明律》雏形。朱元璋因担心律文不被百姓所知晓，命令大理卿周祯等人编成《律令直解》，印发全国。

洪武六年（1373年）第一次更定。自明朝正式建立后，朱元璋与大臣、刑部官员讨论唐律，欲以《唐律》为明朝法律制定的榜样。经过前期的充分准备，洪武六年，刑部尚书刘惟谦等人受命制定《大明律》，每完成一篇，明太祖就亲自裁定斟酌。洪武七年修订完成并颁布行天下。法律以唐律为模板，在篇目上保持一致，但内容上有所变化。

洪武二十二年（1389年）再一次修订。洪武九年，朱元璋考虑到已经颁行的律典有不当之处，乃命令丞相胡惟庸、御史大夫汪广洋等大臣对律典进行讨论，共有13条得到了修正。洪武十六年，刑部尚书开济受命制定《诈伪律》。洪武二十二年，刑部上奏，认为因条例增减不一而导致断狱失当，应对条例编类颁行。朱元璋即命刑部会同翰林院选取新增条例，分类编入《大明律》，以《名例律》冠于篇首，共有30卷460条。

洪武三十年（1397年）《大明律》正式颁行。在洪武二十二年修律后，朱元璋接受朱允炆的建议，修订律文74条。洪武三十年，朱元璋要求刑部将其编撰的《大诰》的主要条目附在律文之后，完善了洪武二十二年制定的律条，《大明律》的编纂工作全部完成。

《大明律》是以《唐律》为蓝本制定而成。无论是内容还是形式，《大明律》与《唐律》有着许多的相同之处，但《大明律》也有很多变化。

一是《大明律》打破了自北齐律以来的法典12篇体例的惯例，以中央六部即以吏、户、礼、兵、刑、工官制为篇目，篇首冠以名例律，形成七篇的新体例。《名例律》的内容基本与唐律相同。《吏律》由职制和公式组成，主要涉及惩治官吏职务犯罪行为。《户律》有户役、田宅、婚姻、仓库、课程、钱债、市廛七卷的内容，规定了有关的违法犯罪的条款与处罚。《礼律》包括祭祀、仪制两卷，规定了违背祭祀和礼仪制度的惩罚规定。《兵律》规定惩罚宫廷警卫和边防关津要塞等方面的犯罪，有宫卫、军政、关津、厩牧、邮驿五卷。《刑律》包括盗贼、人命、斗殴、骂詈、诉讼、受赃、诈伪、犯奸、杂犯、捕亡、断狱共十一卷。规定了惩治贼盗、杀人、斗殴等刑事犯罪的法律，也包括有关诉讼、审判等方面的内容。《工律》是关于工程营造和河防方面的法律规定，由营造、河防两卷组成。卷下又增加子目录，使律典的层次更加合理。我国古代法典编纂技术又前进一步。《大明律》的新体例,便于检索,有利于官员执法。

二是《大明律》增加了图表以阐释律典内容和精神。图表包括五刑图、狱具图、丧服总图。增设图表的立法形式体现了朱元璋在法典制定之时提出的法典通俗易懂,百姓易晓的要求。诚如朱元璋对其太孙所言:"此书首列二刑图,次列八礼图者,重礼也。顾愚民无知,若于本条下即注宽恤之令,必易而犯法,故以广大好生之意,总列《名例律》中。善用法者,会其意可也。"〔6〕

《大明律》的颁行标志着明朝法典的定型。它汇集了明朝三十年君臣关于法律的集体智慧,成为古代律典的典型。朱元璋为防止大臣以及继承者对律典的修改,下诏命令"子孙守之,群臣稍议更改,即坐以变乱祖制之罪"〔7〕。《大明律》不仅影响着清王朝的立法,而且对中国周边的其他国家产生了重要的影响。比如,朝鲜李桂成时期的《刑典》《刑法大全》,日本明治维新时期的《改定律例》,越南阮世祖时期的《嘉隆皇越律例》等的制定都曾受到《大明律》的影响。

(二)颁布特别刑法《大诰》

《大诰》是朱元璋亲自编纂的特别刑法。《大诰》制定之时,《大明律》已经基本完成。由于明初需要尽快地稳定社会秩序,恢复和发展生产,所以在吴元年、洪武六年、九年制定的律令定罪量刑上呈现出轻缓的特点,尤其是洪武九年的律文刑罚最轻。恰逢此时明朝统治阶层内部的斗争激烈,农民反抗时有发生。朱元璋认为此为乱世,需要用重典来治理,必须用法外加刑的手段才能惩治奸顽刁诈之徒。《大诰》由《御制大诰》《大诰续编》《大诰三编》《大诰武臣》四个部分组成,共计 236 条,其中《御制大诰》74 条,《大诰续编》87 条,《大诰三编》43 条,《大诰武臣》32 条。

"诰"在西周时期已经出现,原意是帝王对臣民发布的文告,含有训诫的意思。《尚书·大诰》记载周公东征殷商遗民时对臣民的训诫。"大诰"包含了"陈大道以诰天下"之意,朱元璋仿效周公的样式,告诫臣民,以此为训,防范和镇压民众的反抗,将自己亲自审理的官吏百姓犯罪案件予以汇集,并附上针对案件而发的言论,组合成训诫臣民严格遵守的特别刑法。《大诰》既是官民犯罪的案例汇编,同时也是一个训诫词的文本,集中体现了朱元璋重

---

〔6〕《明史》卷九三《刑法一》。

〔7〕《明史》卷九三《刑法一》。

典治国的基本精神。与《大明律》相比，它的显著特点体现在以下两点：

第一，律外酷刑。《大诰》规定了许多《大明律》没有的罪名，如诡寄田粮、鱼科扰民等，同时，广泛适用凌迟、枭首、墨面纹身、挑筋去膝盖、断手、刖足等数十种《大明律》中没有的酷刑。正如《明史·刑法志二》提到的，"凡三《诰》所列凌迟、枭示、种诛者，无虑千百，弃市以下万数"。在定罪量刑上，《大诰》比《大明律》重。

第二，严刑治吏。如果说《大明律》体现了明初重典治吏并治民的宗旨，那么《大诰》的主要目的在于强化对官吏的惩治功能。官吏涉嫌犯罪的行为主要表现为贪赃和科敛害民、乱政坏法和渎职行为、妄报水灾、欺瞒田粮和征税纳粮不时、违犯礼制和破坏人伦关系、违背《大诰》禁令等。据统计，《大诰》共收录了156个案例，其中官吏犯罪的案例有128个，且多为酷刑。共有87条的《大诰续编》涉及官吏和豪强作恶犯罪的案例就达70条之多。这体现了朱元璋希望通过打击贪官污吏，从改善吏治出发，达到强化皇权、提高国家统治效能的目的。

《大诰》除实现惩治犯罪的目的之外，更重要的是承载起教化臣民的功能。朱元璋要求各级官府大力宣传，做到家喻户晓。《御制大诰》颁行时，他宣布，"朕出是诰，昭示祸福，一切官民诸色人等，户户有此一本。若犯笞、杖、徒、流罪名，每减一等；无者每加一等。所在臣民，熟观为戒"。[8] 罪囚可以因为有《大诰》而减刑；持诰进京告诉的，也无须路引。由于受到朱元璋的高度重视，《大诰》成为各种学校的教材，科举考试也把《大诰》作为考试的内容，以至于出现"天下有讲读《大诰》师生来朝者十九万余人"的景象[9]。《大诰》得到空前的普及。

洪武三十年（1397年），《大诰》中的死罪条款被编为《大明律诰》，和《大明律》一起颁行，《大诰》中的酷刑和罪名被废除。《大诰》因朱元璋的倾力打造而得以盛行。当明太祖去世后，《大诰》的威力逐渐减弱，仅在审判之时才体现其作用，非死刑罪犯如家有《大诰》可获得减刑一等。《大诰》因人而兴，因人而废。明中叶后，附在《大明律》之后的《律诰》也废止不用。

（三）制定《大明令》

明朝立国之初，社会还处于纲纪废弛、法度不严、人心涣散的苦痛之中，

---

[8] 《御制大诰·颁行大诰第七十四》。

[9] 《明史》卷九三《刑法一》。

迫切需要建立一系列国家制度、稳定社会关系、维护封建统治者所确立的尊卑等级秩序。朱元璋认为“立国之初,当先正纪纲”[10],在这样的背景下,依赖具有“设范立制”功能的“令”无疑是当时较为理想的立法选择。因而在制定《大明律》的同时,《大明令》也得以出台,并先于《大明律》施行,成为明初主要的一项立法。

颁行于洪武元年(1368 年)的《大明令》按六部分篇,主要规范了国家政治、社会生活各方面的制度。条文比较简略,只有 154 条,一直沿用到明末而未作修改。这是中国法制史上最后一部以“令”为名的法典。

按中国令典编纂的传统,令一般由积极性规范构成,很少涉及刑事法律规范。但考察《大明令》内容,既有刑法总则的内容,也有定罪量刑之规定。同以前的令典相比,内容较杂乱,是编制体例和技术的退步。究其原因则是因为正在编定中的《大明律》缺失刑法总则功能的“名例”篇,所以“名例”篇的相关内容则只能规定在令典之中。当正式颁布的《大明律》有“名例”篇,《大明令》相关条文则失效,但其他条文仍有效。

在明朝的法律体系中,《大明令》无法超越《大明律》的地位。在中国传统社会的众多令典中,《大明令》也无法与前代令典相提并论。但在洪武三十年《大明律》正式颁行以前,《大明令》发挥着明朝立国之初消除元代法制混乱、构建法律秩序的重要作用,尤其在践行明太祖“明刑弼教”思想方面发挥着重要的作用。此作用就体现在《律令直解》的编写与“乡饮酒礼”的推行上。

《大明令》颁布后,朱元璋“恐小民不能周知,命大理卿周祯等取所定律令,自礼乐、制度、钱粮、选法之外,凡民间所行事宜,类聚成编,训释其义,颁之郡县,名曰《律令直解》”。[11] 讲读律令成为民间举行的“乡饮酒礼”中最重要的内容。《明史·礼志》提到:“举行乡饮非为饮食。凡我长幼各相劝勉,为臣竭忠、为子尽孝、长幼有序、兄友弟恭、内睦宗族、外和乡里、无或废坠、以忝所生。”

(四)《教民榜文》

洪武三十一年(1398 年),朱元璋为处理民间细故,减少民间词讼,发布诏令:“朕自混一四海,立纲陈纪,法古建官。内设六部、都察院。外设布政

---

〔10〕《明史》卷一《太祖本纪一》。

〔11〕《明史》卷九三《刑法一》。

司、按察司、府、州、县,名虽与前代不同,治体则一。奈何所任之官多出民间,一时贤否难知。儒非真儒,更皆猾吏,往往贪赃在法,倒持仁义,殃害良善,致令民间词讼,皆赴京来。如是连年不已。今出令诏示天下,民间户婚、田土、斗欧相争,一切小事须要经由本里老人、里甲断决。若系奸、盗、诈伪、人命重事方许赴官陈告。是令出后,官吏敢有紊乱者,处以极刑。民人敢有紊乱者,家迁化外。”此诏令表明了颁行《教民榜文》的初衷、榜文的基本原则和效力。

户部因此受命制定和颁行了《教民榜文》,共41条,集中规定了有关民事方面的内容,具体涉及户婚、田土、斗殴、争占、失火、窃盗、骂詈、钱债、赌博、擅食田园瓜果、私宰耕牛、弃毁器物稼穑、畜产咬杀人、早幼私擅用财、亵渎神明、子孙违纪教令、师巫邪术、六畜践食禾稼、均分水利等法律问题。

榜文是将皇帝的谕旨或者经皇帝批准的官府告示、法令、案例等公示于榜上,既可以悬挂在各衙门门前,也可以张贴在申明亭内。朱元璋时期发布的榜文包含了很多教育百姓遵纪守法的说教内容,所以又称“教民榜文”。榜文里规定老人里甲在处理民讼纠纷时,可在各里设立的申明亭里进行议决。榜文要求每乡每里设置木铎,选出年老者或残疾之人持铎循行本里,劝民为善,不犯刑法。所宣之词为:孝顺父母,尊敬长上,和睦乡里,教训子孙,各安生理,毋作非为。

《教民榜文》流行于太祖、成祖二帝时期。明成祖死后,榜文就停止使用。榜文充实了明朝有关户婚、田土方面的内容和乡村社会诉讼制度方面的内容,其内容贴近民间生活,反应了明朝市井生活日趋复杂的实情,在明代立法体系中占有特殊的地位。

二、明中期以后的立法

(一)《问刑条例》的编撰和修订

例,古已有之,是司法机关审理案件经过皇帝批准编撰而成的、具有法律效力的单行法条。明初,除《大明律》《大诰》之外,也存在例这种法律形式,一般称为条例。

条例的制定程序比较简便,一般是由臣下议定,皇帝批准实施。这种灵活的法律形式,可以弥补律文的不足。朱元璋也曾说过:“法令者,防民之具,辅治之术耳,有经有权。律者常经也,条例者一时之权宜也。”[12] 所以,明初的条例其实是一种尚未系统化的、可以予以修改的法律形式。明初主要的条例有“真犯杂犯死罪条例”“充军条例”“抄扎条例”“赎罪条例”等。

真犯杂犯死罪条例是关于死罪严重程度、量刑轻重和处刑时限的规定。“真犯死罪”指影响严重的死罪,为常赦所不原,减一等仍为流刑,且执行“决不待时”。“杂犯死罪”指某些影响不太严重的死罪,判刑后不是立即执行死刑,而要将犯人监禁起来,等候秋审、朝审时按具体情况再行处理,并可当作五年徒刑以适用赎刑。

充军是明代除死刑外最重的一种刑罚制度。《大明律》中充军罪为 46 条,较前代大大加重。但明太祖时又颁布“充军条例”22 条,是《大明律》所未规定的内容。

自洪武三十年后,《大明律》因“变乱祖制之罪”条款的保护从未被修改过。但明中期以后社会情势出现了很大变化:一方面,经济发展对封建秩序造成了一定冲击,宗藩、豪强对农民土地的兼并日益加剧,造成了大量的流民和社会的不稳定;另一方面,君臣在不愿触犯“变乱祖制”的罪名之下,遭遇到了“遵循祖制”与“度势立法”相互矛盾的难题。从明仁宗开始,朝廷只好以“令”“例”等形式规定《大明律》未尽事宜或修正《大明律》过时的法律规定。条例成为一种被广泛运用的法律形式。

条例大多是因事为例,且仓促而成。随着条例的逐渐增多,繁杂淆乱的弊端开始涌现:一是增加官吏掌握条例的难度;二是因条例前后不一极易滋生腐败。在明孝宗即位以前,解决此类问题的办法就是新皇登基,废除前朝条例,重新制定本朝条例。这非但没有解决问题,反而陷入恶性循环之中。虽然在明宪宗时期改变这种状况的呼声比较高,且有兵科给事中祝澜和刑科给事中赵艮先后上书明宪宗希望对所有条例进行整理,宪宗皇帝也表示赞成,但最后是无疾而终。

明孝宗即位后,改革条例弊端已成为朝臣共识。孝宗皇帝的即位诏书也不再宣布革除旧例,编撰《问刑条例》的步伐得到提速。弘治十三年(1500 年),《问刑条例》得以颁行,史称弘治《问刑条例》。弘治《问刑条例》共 279 条,对明律的修订主要体现在:一是严格限制宗藩权力;二是强化禁止贩卖官

---

〔12〕《太祖实录》卷二百三十七。

私引盐和盗掘矿产等方面的经济立法；三是扩大赎刑范围。弘治《问刑条例》打破因事起例，以例比事的旧制，辅助律条，“永为常法”，对统一法律起到了积极作用。

弘治《问刑条例》颁行后作为常法实行了五十年。明中叶社会矛盾继续发展，旧例中的一些规定不能解决新问题，许多新条例又被颁布出来。到嘉靖即位时，明朝再一次出现法令难行的局面，在部分群臣建议修订条例的推动下，嘉靖二十九年（1550 年），完成了对弘治《问刑条例》的修订，修订后的条例被称为嘉靖《问刑条例》。

比较弘治、嘉靖《问刑条例》，可以看到，嘉靖《问刑条例》对弘治《问刑条例》既有继承也有变化。弘治《问刑条例》的 248 条内容得到了保留。其变化也是明显的，主要表现在：第一，对皇族成员及各级官吏的法外特权进一步限制；第二，进一步强化封建礼仪和等级制度；第三，加强对边地沿海贸易管理和对流民的治理。更为重要的是在量刑上，嘉靖《问刑条例》的刑罚比弘治《问刑条例》重。

万历十三年（1585 年），《问刑条例》被第三次修订。万历《问刑条例》共 382 条，它废除十余款，新增 30 款，修正 161 款。它对《大明律》的修订，除沿袭嘉靖《问刑条例》的 163 款外，又新增加 5 款，合计为 168 款。依《大明律》律文后附条例所划分，万历《问刑条例》名例律为 91 款，吏律为 31 款，户律为 69 款，礼律为 9 款，兵律为 51 款，刑律为 123 款，工律为 8 款。万历《问刑条例》颁布之后，没有被编入的旧例一律废止。《问刑条例》的修订工作正式告罄。

《问刑条例》历经弘治、嘉靖、万历三朝的修订，是明代中后期主要的立法活动。它调和了《大明律》的僵硬性和社会生活的多变性之间的矛盾，开创性地解决了“祖宗之法不可变”原则下法律适应性问题，成为明中后期的主要刑事法律。它所开创的律例合编的新体例是中国古代法律编撰体例的更新，被清律的立法体例所继承。

（二）编撰《明会典》

朱元璋在建立明朝后大刀阔斧地进行政治改革，强化皇帝集权，废除中书省，引起明朝政权结构的重大变化。在行政官僚体系日益复杂化之下，为了调整行政关系、规范行政权力，仿效《唐会典》制定明朝的会典变得紧迫。从明英宗天顺年间到明宪宗成化年间均有阁臣提议比照《诸司职掌》编订会典,但都仅停留在动议而未成真。

明孝宗弘治十年(1497 年),大学士徐溥、刘健等受命进行系统纂修,十五年(1502 年)修成,名为《大明会典》,共 80 卷,直至孝宗驾崩,未及颁行。

明武宗正德四年(1509 年),大学士李东阳等重校,正德六年由司礼监刻印颁行,此为《正德会典》。《正德会典》180 卷,收录了明初至弘治年间发布的行政法规和典章制度。此后,嘉靖、万历各朝都进行了增补修定,编成了《嘉靖续纂会典》《万历重修会典》。

《明会典》以六部官制为纲,分别记述了各行政机关执掌和事例,各衙门的编制、职掌、隶属以及活动准则等。从《万历重修会典》结构来看,共 228 卷,首卷为宗人府,其下依吏、户、礼、兵、刑、工六部及都察院、六科与各寺、府、监、司等为序,计吏部 12 卷,户部 29 卷,礼部 75 卷,兵部 41 卷,刑部 22 卷,工部 28 卷,都察院 3 卷,通政使司、六科、大理寺、太常寺、詹事府、光禄寺、太仆寺、鸿胪寺、国子监、翰林院、尚宝司、钦天监、太医院、上林苑监、僧禄司各 1 卷,武职衙门 2 卷。

《明会典》是行政法规和事例的汇编,为明朝进行行政管理提供了法律依据,也是清朝行政法典的蓝本。

第三节　明朝法律的主要变化

一、建立更为完备的监察制度

(一)行政管理体制的集权化

明朝行政管理体制方面的变化是与专制主义中央集权制极端化相联系的。行政管理体制的最大变化是废除了自秦以来的丞相制度,逐渐形成了独具特色的内阁制度。

1. 废除丞相制,建立内阁制

明初继续沿用旧制,在中央设中书省统领全国行政事务。中书省位高权重,严重威胁到皇权。朱元璋为加强皇权,在洪武十三年(1380 年),借口左丞相胡惟庸谋反一案,乘机废除了中书省和丞相制度,将权利收归皇帝,同时下令以后不得再设丞相之职。在中国历史上存在长达 1500 年的丞相制度至此终结。丞相被废以后由中央六部掌政务。丞相被废后,皇帝直接管辖六部。由于政务繁忙,皇帝需要助手协助处理政务,明代的内阁制度开始萌芽。

最初的内阁只是“辅臣”,一般是由翰林院的文学侍从构成,有首辅、次辅与群辅之分,辅佐皇帝处理政事。内阁不是正式的国家机关,与六部没有直接的隶属关系,是为了维护皇权而设立的一个具有秘书性质的特殊机构。明朝中期以后,内阁制度日渐成熟:一方面,内阁组织日渐完善。内阁由内阁大学士、造敕房、制敕房组成,明英宗天顺年间组建形成首辅制度。另一方面,内阁的管辖权不断扩大。明宣宗宣德时期,内阁取得了票拟权。明英宗时期内阁独拥票拟权,其他行政权力也日益被认可。明武宗正德年间,内阁阁臣兼掌部院政务,直接处理六部部务。至明世宗嘉靖中叶,内阁位居六卿之上,虽无丞相之名却有丞相之实。

2. 设立五军都督府

为进一步巩固集权,从根本上消除对君权的威胁,明初军事方面也进行了改革,将都督府改为中、左、右、前、后五军都督府,分领在京各卫所及在外各都司、卫所,以中军都督府断事官为五军断事官。在行政监察方面,为进一步强化监察职能,朱元璋于洪武十五年(1382 年)将御史台改组为都察院,负责纠劾百官,肃正纲纪。

3. 确立省、府、县三级管理体制

明朝的地方行政管理体制分为省、府、县三级。为了加强中央集权,省级实行三司并立的分权制,即承宣布政使司主管行政,按察使司掌管省内的监察和司法活动,督指挥使司掌管省级的军事权。三司相互监督,直接向皇帝负责。这样的制度设计产生的弊端就是三司之间互相推诿,因权力受限导致指挥失灵。为解决此问题,明代中央政府派都察院的都御史、御史或其他官员到地方任总督或巡抚,赋予他们一定范围内便宜行事的权力。

通过上述调整,从中央到地方明朝以分权为改革方向实现了集权的政治目标,在中央形成的以内阁、六部、五军都督府、都察院为主体的行政管理体制代表皇权达到了前所未有的高度。

(二)监察制度的完备化

明朝的监察制度是以汉、唐、宋、元各朝的监察制度为基础建立的。同时,在重点治吏基本国策的影响下,作为“天子耳目、风纪之司”的监察机关的地位和职权有极大的提高,并有制度创新,较为完善的监察立法也成体系。

明朝在监察体制的建设上遵守旧制,仍然由中央和地方两个层面构成,但有变化有发展。

1. 改御史台为督察院

明朝建立之初,朱元璋沿袭元朝旧制,在吴元年(1367年)设立御史台,左、右御史大夫为最高长官。御史台与中书省、都督府鼎足而立。洪武十三年(1380年),因胡惟庸案御史台被撤销。洪武十五年(1382年)十月,督察院代替御史台重新恢复行政监察机关。从此以后,始于秦朝的御史台制度成为历史。

督察院又名风宪衙门,最高长官为左、右都御史,辅之以左、右副都御史及左、右佥都御史。其主要职责是"纠劾百司,辨明冤枉,提督各道,为天子耳目风宪之司。凡大臣奸邪,小人构党,作威福乱政者,劾。凡百官猬茸贪冒坏官纪者,劾。凡学术不正、上书陈言便乱成宪、希进用者,劾。遇朝觐,考察,同吏部司贤否陟黜。大狱重囚会鞫于外朝,偕刑部、大理谳平之。其奉敕内地,拊循外地,各专其敕行事"。[13]

2. 创立六科给事中

中书省被罢之后,六部地位得到提升。明朝在都察院之外创立了六科给事中制度,即在吏、户、礼、兵、刑、工六部分别设立给事中一名,对六部官员及其管理活动进行监察。其中,吏科负责对官吏的任命、考核等事项进行监督;户科主要监督国家钱粮的收支情况,并负责盘查仓库;礼科主要监督奏本封进、大臣封赠等事项;兵科主要负责监督武官的任命、考选、功次等事项;刑科主要通过复奏死刑及上报罪囚数目对审判进行监督;工科主要监督工部工程的营建及工料的使用。

作为监察机关,明朝法律赋予六科的权力是比较广泛的,包括封驳权、言谏权、劾奏权、稽察权、议政权、司法监督权。其中,最重要的是封驳权和言谏权。封驳权包括封还皇帝敕令以及驳正臣下奏章。言谏权就是凡是"朝政阙失,军民利病,皆得言之",还可以"与天子争可否,辨是非,正笏危论"。[14]

3. 创建巡按御史制度

巡按御史制度是总结明初地方政权机关运转中出现的弊端而产生的。洪武九年因中书省的废除不得不改革明初仿效元制的做法,废除行中书省,设置承宣布政使司、提刑按察使司和都指挥使司,合称"三司",分别行使行

---

〔13〕《明史》卷七三《职官志二》。

〔14〕徐学聚:《国朝典汇》卷二九《朝瑞大政·求言纳谏》,书目文献出版社1995年版。

政、司法和军事的权力。三司制度的弊端就是各省缺乏可以全面负责的机构,导致地方效能日益降低。从永乐年起,明朝不断探索中央对地方的管理制度。永乐十九年,26位廷臣受命巡行天下,此为巡抚制度的基础。仁宗即位后,巡抚已从临时差遣变为专职专设。在明宣宗时期,将全国分为十三道,设十三道御史110人,选派六部、都察院大臣以总督和巡抚的名义,定期巡查本道事务。总督因军务而履职,巡抚以"清吏治"为要务。巡按是"代天子巡狩",享有"大事奏裁、小事立决"可以灵活处置事务的权力。

明朝巡按御史制度是对汉唐以来中央监察地方历史经验的总结。从巡按御史的选派、点差到出巡监督的全过程均有严格的制度规则,它集中体现了明朝监察法制发展的成就。同时与原有的三司制度相互配合,形成了中央对地方的双重监察,对于监察地方官吏维护社会安定起到了积极的作用。

4. 完善监察法规

明朝监察制度的完备化不仅体现在监察体制的完备,也体现在监察法规的完善上。在继承宋元监察法的基础上,结合统治的实际需要,明朝的监察法规呈现出法律的细致化、法典化的趋势。明朝的监察法以单行法规的形式为主,如《纠劾官邪规定》《宪纲》《宪纲条例》《出巡事宜》《巡抚六察》《巡按七察》。此外,带有综合性的法典也有相应的法律规定,如《诸司职掌》及《大明会典》有专章规定都察院及六科的职责权限和活动原则。《宪纲》和《宪纲条例》最为重要。《宪纲》于洪武四年制定,是明朝最早的监察立法。《宪纲条例》是以明初监察法规为基础,经过成祖、仁宗、宣宗历朝增补,于英宗正统四年颁行,是明代最系统和完备的行政监察法规。

明代重视监察立法,使各级监察机关和官吏在行使监察权时有法可依,有助于规范监察官的活动。

二、刑事法律制度的变化

明朝的刑事法律制度基本上沿袭和继承了唐律。随着社会矛盾的尖锐、专制皇权的强化,明朝的刑事法律制度也发生了一些重大变化,主要表现在以下几个方面。

(一)实行"轻其所轻,重其所重"刑法原则

"轻其所轻,重其所重"并非是写明在明朝法典中的刑法适用原则,而是清朝薛允升对唐、明律内容比较后而得出的结论。他说"大抵事关典礼即风

俗教化等事，唐律均较明律为重；贼、盗及有关帑项、钱粮等事，明律又较唐律为重”。[15]

“轻其所轻”，即轻微违反典礼及风俗教化方面的犯罪，明律的处刑一般较唐律为轻。比较闻父母丧匿不举哀、子孙别籍异财罪、干名犯义的行为、同姓为婚几个罪刑的处罚，可以一窥究竟。

表9-1　明律较唐律“轻其所轻”

犯罪行为	唐律	明律
闻父母丧匿不举哀	流两千里	杖六十，徒一年
祖父母、父母在，子孙别籍异财	徒三年	杖一百
干名犯义(如告祖父母、父母)	实告绞刑，诬告斩刑	杖一百，徒三年。诬告绞刑
同姓为婚	各徒两年，并离之	各杖六十，离异

“重其所重”，即直接危及国家统治和重大经济利益的犯罪，即有关“贼、盗及有关帑项、钱粮等事”的行为，明律处刑普遍较唐律为重。

表9-2　明律较唐律“重其所重”

犯罪行为	唐律		明律	
谋反、大逆	本犯	首犯，斩	本犯	共谋者，不分首从，皆凌迟处死
	株连犯	父子年十六以上皆绞，十五以下及母女、妻妾、祖孙、兄弟、姊妹，若部曲、资财、田宅并没官。 男夫年八十及笃疾，妇人年六十及废疾者并免。 伯叔父母、兄弟之子皆流三千里，不限籍之同异	株连犯	祖父、父、子、孙、兄弟，及同居之人，不分异姓，及伯叔父、兄弟之子，不限籍之同异，年十六以上，不论笃疾、废疾，皆斩。 其十五以下及母女、妻妾、姊妹，若子之妻妾，给付功臣之家为奴。 财产入官
受财枉法	赃值十五疋绞		赃值八十贯绞	

[15]《唐明律合编》卷九。

续表

犯罪行为	唐律	明律
受财不枉法	赃值三十疋加役流	赃值一百二十贯,杖一百,流三千里
监守盗	赃满三十疋绞	不分首从,以赃论罪,一贯以下杖八十。四十贯处斩
强盗	计赃论罪。十疋以上及伤人者绞。不得财徒两年	凡已得财者不分首从皆斩。不得财,杖一百流三千里
常人盗仓库钱粮罪	无	赃满八十贯者绞

将唐、明二律加以比较,各自的风格跃然纸上,诚如薛允升总结的那样“唐律犹近古,明律则颇尚严刻矣”。[16] 尽管朱元璋在筹备起草《大明律》时,时常和朝臣讨论《唐律》,并效仿《唐律》,但《大明律》所继承的仅仅是《唐律》的“体”,《大明律》的“用”则更多地体现为朱元璋“重典治国”的立法思想。

明律之所以选择“轻其所轻,重其所重”的刑法原则,也与明朝所处的时代背景以及形势需要相关联。自宋以后,中国封建社会已进入晚期,政治制度呈现出绝对专制色彩。儒家所倡导的纲常礼教对人的浸润已到极致,“存天理,灭人欲”形成的约束力越来越强大。以皇帝为代表的专制权力和以官僚为代表的常规权力之间潜在的紧张关系更显突出。违反封建伦理道德和宗法关系的行为不再被视作为对政权稳定产生致命威胁的根源,因而适当减轻对风俗教化之类犯罪行为的惩罚力度,可以缓和社会反抗情绪。重惩以谋反、谋大逆、谋叛以及强盗重罪为典型的直接危害封建统治基础的犯罪行为,才能更好地保障皇帝的至上权威和君主的绝对专制。这一轻一重的变化调整符合《尚书·吕刑》规定的“刑罚世轻世重”精神,也是朱元璋所推崇的治国方略。

(二)构建犯罪体系维护皇权专制

明朝的罪名体系基本沿用《唐律》,但为了配合专制皇权的实现,一方面继承并发展唐律的相关罪名,另一方面又创设新罪名。

---

〔16〕 薛允升:《唐明律合编》卷九。

第一,创设“奸党”罪,严禁官员结党以捍卫皇权。

基于对皇权最大威胁来自于“女宠、寺人、外戚、权臣、藩镇、四裔之祸”的认知,结合唐宋两代官员结党导致皇权旁落的教训,朱元璋采取一系列措施以防止步唐宋之后尘,多次颁布禁令,禁止宦官干政以及大臣结党。为防止大臣交接朋党,明律创设了“奸党”罪。《大明律·吏律·职制》规定了五种行为属于奸党罪:一是“凡奸邪进谗言,左使杀人者”;二是“若犯罪,律该处死,其大臣小官巧言减免,暗邀人心者”;三是“若在朝官员,交接朋党,紊乱朝政者”;四是“若刑部及大小各衙门官吏,为不执法律,听从上司官主使出入任罪者”;五是“若有上言宰执大臣美政才德者”。《大明律》对奸党行为规定了严厉的处罚,不仅本犯处斩,还要株连亲属,妻、子为奴,财产入官。

为从源头杜绝“奸党”行为,明律对大臣擅权选官和内外官交接予以严惩,规定“凡除授官职,须从朝廷选用,若大臣专擅选用者斩。若大臣亲戚非奉特旨不得除授官职,违者,罪亦如之”。[17] 若官吏与内官及近侍人员“相互交结,泄漏事情,夤缘作弊”,不分首从,“皆斩,妻子流两千里安置”。[18]

“奸党”罪的确立,对明初巩固皇权起到了积极的作用,成为朱元璋实行极端专制主义统治的重要手段。但这一制度,也被君主作为杀戮功臣、消灭异己的工具。如朱元璋统治时期的胡惟庸、蓝玉案,以奸党罪名诛杀的文武官吏数以万计;明成祖“靖难之役”成功后,也以除“建文奸党”为名,大肆诛杀政敌,被处死的大臣也达万人。

第二,设置“六赃”罪,严惩贪污腐败。

严刑惩贪是明朝刑法的重要原则,也是重典治吏的主要方面。朱元璋认为“吏治之弊,莫过于贪墨”“不禁贪墨,则民无以遂其身”。[19] 故在洪武四年,朱元璋就定下了犯赃官员不赦免的刑事政策,即“若贪官之徒,虽罪小,不赦也”。[20]

《大明律》规定的“六赃”罪集中体现了明朝重刑惩贪的立法精神。明朝的“六赃”罪包括监守盗、常人盗、受财枉法、受财不枉法、窃盗和坐赃,是在《唐律》“六赃”罪名的基础上修改而成,又称明六赃。其中,监守盗、受财枉

---

〔17〕 薛允升:《唐明律合编》卷九。

〔18〕 薛允升:《唐明律合编》卷九。

〔19〕 《明太祖实录》卷三八。

〔20〕 《典故纪闻》卷三。转引自张晋藩总主编:《中国法制通史》(第七卷),法律出版社1999年版,第473页。

法、受财不枉法、坐赃四种犯罪行为的主体都是官员。

《大明律》关于六赃罪的制度设计明显区别于唐律。首先,《大明律》将“六赃”罪视为仅次于“十恶”的严重犯罪行为。其次,《大明律》将官吏犯赃罪以专章的形式加以规定,而《唐律》不设官吏犯赃篇目。在《大明律·刑律》专设《受赃》一门,其中包括《官员受财》《坐赃致罪》《事后受财》《官员听许财物》《有事以财请求》《在京求索借贷人财物》《家人求索》《风宪官吏犯赃》《因公擅科敛》《私受此公侯财物》《克留盗赃》11条。律条规范详细而完备。最后,明朝法律对犯赃官员的处罚重于唐律,除刑事处罚外,还规定官除名、吏罢役,永不叙用。唐朝对犯赃的官员则较为宽缓,犯赃官员经过一定的期限,还可以降级使用。

第三,借助《明大诰》特别刑法,强化重典治吏。

在以惩治官吏赃罪为主要内容的特别刑事法规《明大诰》236条中,惩治贪官污吏的条款达155条。其用刑比《大明律》更为严酷,其中多使用肉刑,如凌迟、枭首、刖足、墨面纹身挑筋去膝盖、阉割为奴等;最为残酷的是,如官吏所贪之赃满六十两,将被处以剥皮揎草的刑罚,即将该官吏押送到专设的“皮草场”剥皮,皮剥下后填塞稻草,摆在官府公座旁边,以起到杀一儆百的作用。

明初重刑惩贪的举措,产生了积极的效果,一方面,吏治得到了整饬,通过明初的大力整顿,官吏“一时守令畏法,洁己爱民,以当上指,吏治焕然丕变矣”,[21]出现了“吏治澄清者百年”[22]的局面。另一方面,由于重刑惩贪,一定程度上限制了过度的土地兼并,对社会经济的恢复和发展起到了促进作用,增加了国家的实力。但以重刑来惩贪只能起到暂时之功效,不能从根本上杜绝贪官污吏的社会现象。所以,明朝中后期,贪污腐败之风愈演愈烈。

第四,惩治窃盗、强盗行为,维护封建统治的经济基础。

《大明律》规定:“强盗,凡已得财者不分首从皆斩;不得财,仍杖一百流三千里。”[23]而《唐律》则规定强盗罪计赃论罪,十疋以上及伤人者绞,不得财徒两年。此外,为更有力地保护封建集权主义的经济基础,诸如像“白昼抢夺罪”“盗贼窝主罪”这些新罪名在明律中被确立。明律特别设置“常人盗仓

[21] 《明史》卷二八一《循吏传序》。

[22] 《明史》卷二八一《循吏传序》。

[23] 薛允升:《唐明律合编》卷一九。

库钱粮罪”,加强对国家财产的保护,在处罚上比普通的盗窃罪处刑更重。普通的盗窃罪赃满120贯杖100流3000里,而盗窃官府仓库钱粮,赃满80贯者绞。

(三)推行更为残酷的刑罚制度

明朝的刑罚制度由传统的法定刑和特别刑罚共同构成。传统的法定刑是沿用隋唐的五刑制度,在《大明律》的《名例律》和《大明令》的《刑令》中,都明确规定了笞、杖、徒、流、死五种刑罚。但由于“重典治国”政策的影响,在维护封建统治秩序,打击刑事犯罪方面,特别刑罚的适用更为突出。刑罚呈现出日趋严重的趋势。

首先,将凌迟作为法定刑。明朝的死刑除继续保留绞、斩二刑之外,最大的变化就是凌迟入律。《大明律》规定凌迟是惩治“谋反”“谋大逆”“恶逆”等严重危害皇权和国家统治犯罪行为的法定极刑。此外,明朝还大量采用法外酷刑,如《明大诰》中大量使用“族诛”“枭首”“剥皮揎草”等残酷的死刑。

其次,充军刑成为正式刑。充军,指的是强制犯人到边远地区屯种或充任军役的刑罚,它轻于死刑但重于流刑。充军刑在宋元时期即已出现,在明朝被发展成为正式刑罚。明代充军刑按地点分为极边、烟瘴、边远、边卫、沿海和附近六种,最远达四千里,最近也有一千里。按刑罚所及的对象和刑期,充军刑分为终身充军和永远充军两种。终身充军指本人毕生充军,死亡之时即为执行完毕之日。永远充军则指本人死后子孙接替,罪囚子孙也被视为罪犯,直至断子绝孙才算执行完毕。

充军刑的本质是以役代刑。明朝以役代刑制度颇具特色。除充军刑外,还可以用工役代刑。据《明会典》载,“杂犯死罪者免死,工役终生;徒流照年限工役”。[24] 由此可知,除真犯死罪以外,“遂无不充役之人”[25]。凡杂犯死罪以下的各罪都可以用工役抵赎,役限及种类按刑期执行。明朝之所以出现以役代刑是有其现实原因的。由于经济的发展,国家意识到利用囚徒从事劳役及其创造的价值,对国家有利无害,从而导致以役代刑制备受重视。以役代刑制顺应了当时工业、手工业和商品经济发展的需要,在一定程度上满足了社会对劳动力的需求。而且,与刑杀或单纯的羁押相比,这一制度无疑是一种进步。

---

〔24〕《明会典》卷一二七《刑部》。

〔25〕《明史》卷九三《刑法一》。

再次,增设了枷号刑。明朝在五刑之外增设了枷号刑。枷号,也称为枷示,或枷令,即强制罪犯戴枷于监狱外或官府衙门前示众的刑罚。枷上会标明罪犯姓名,所犯罪状,令其在监外示众,是集肉刑与侮辱刑于一体的刑罚。明代的枷号有断趾枷令、常枷号令、枷项发遣之分。刑期有五档,分一月、二月、三月、六月和永远。由于有的枷重达150斤,故罪囚往往熬不过数日而死亡。

最后,设立"廷杖"制度。所谓廷杖,就是根据皇帝的命令,在朝廷的殿陛下或午门外,对违抗皇命的大臣施以杖刑的制度,即在朝堂之上当众责打敢于违逆皇帝的大臣。历史上一些王朝都曾出现过廷杖大臣之事,但并未形成定制。自明初朱元璋形成定制后,有明一代,始终通行未废。廷杖一般由皇帝直接下令,由司礼太监监刑、锦衣卫施刑。廷杖制度是树立皇权威严的重要方法,但对明朝法制造成了恶劣的影响,使许多律不当死的大臣被当场击毙。如正德十四年(1519年),因谏武宗南巡,廷杖大臣146人,打死15人;嘉靖三年,因争大礼,一次廷杖大臣134人,打死17人。

除此以外,明朝还恢复了部分肉刑以适应"重典治国""重典治吏"的需要。《明大诰》中使用的刑罚,如"墨面文身挑筋去指""墨面文身挑筋去膝盖""剁指""断手""刖足""阉割为奴""剥皮揎草"等,无一不是残酷的肉刑。

三、完善民事规范,加强经济调控

明朝的民商事法律规范以律、令、诰、例、地方官告示以及习惯、习俗等为主要的法律渊源。如《大明律·户律》共设有"户役、田宅、婚姻、仓库、课程、钱债、市廛"七门,其中的内容大多涉及民事方面,并且均可独立成篇。其一改《唐律》将钱债、买卖作为"拾遗补阙"的杂事收入杂律的编撰传统,在立法上是一重大变化。此外,随着农业生产的恢复,手工业生产也得到了发展,商业活动也日益频繁。随着商品生产与交换的发展,国家为加强对社会经济的调控和干预,进行了频繁的立法活动,民商事法律规范比历代更趋完备。

(一)确立先占原则,保护财产所有权

明初,朱元璋推行旨在恢复经济的"休养生息"政策,其根本目的在于改变因长年战乱导致经济凋敝、土地荒芜的局面。为了发展农业生产,恢复社会经济,确保土地的有效使用,确立了先占原则。明太祖早在建国之初就下

诏令,规定凡逃弃荒田一律归先占开垦者所有。旧主只能要求返还房屋和坟墓,但无权要求归还土地。"兵兴以来,所在流徙。所弃田,许诸人开垦业之。即田归主,有司于附近拨给耕种,不听争,惟坟墓、房舍还故主,不听占。"[26]其后,朱元璋在洪武年间多次颁布诏令,确认垦荒者的土地所有权。为鼓励垦荒,政府还颁布了奖励垦荒的免税政策。如洪武二十七年的诏令就规定"额外垦荒,永不起科"。这些法令不仅否定了"溥天之下,莫非王土"这一传统观念,也废除了唐宋以来将无主土地视为国有土地的法律惯例。

明律除在土地所有权方面确立了先占原则外,在其他财产所有权方面也强调先占原则。如在处理遗失物时,明律一改唐宋以来法律否认拾得人和埋藏物发现人对相关物品的权利,更着重于保护拾得人与埋藏物发现人的权利。[27] 先占原则的确立,既是明代社会财产私有权观念的深化,也反映了明政府力求实用、简便的立法思想。

(二)简化契约规范,放松政府干预

在契约方面,明朝法律简化了宋元烦琐的不动产买卖、典当程序,仅保留必须签订书面契约、由官府加盖官印、缴纳"契税"、过割赋税(转换土地登记及纳税人)的基本程序。契约可以不使用官府统一印制的"契本",只要在民间契纸上粘贴已纳契税凭证的"契尾",骑缝加盖官印,即成为官府认可的"红契"。

至于典当,明律多沿袭宋元的法律,但对典契约定不得收赎的期限以及回赎的期限最长期限未作任何规定。明律规定一物不能两典,典当期满,有能力回赎的,典权人必须配合,若"业主备价取赎,若典主托故不肯放赎者,笞四十";没有能力回赎,可以立下绝卖典当契约,或将典当物卖与他人后归还典价。

(三)调整婚姻家庭制度,维护纲常礼教

明朝的婚姻家庭与继承方面,主要承袭了唐宋以来的制度。处于封建社会后期的明朝,在某些条款上也发生了一系列的变化,主要表现在:

在婚姻成立的条件上,《大明律·户律》"男女婚姻"条规定:"凡男女订

---

〔26〕《农政全书》卷三。

〔27〕《大明律·户律·钱债》"得遗失物"条规定:"凡得遗失之物,限五日内送官,官物还官;私物召人识认,于内一半给予得物人充赏,一半给还失物人。如三十日无人识认者全给";"若于官私地内掘得埋藏之物者,并听收用。"但"古器、钟鼎、符印、异常之物"必须送官。

婚之初，若有残疾、老幼、庶出、过房、乞养者，务要两家明白通知，各从所愿，写立婚书，依礼聘嫁。”

扩大禁婚的范围，规定府州县官吏不得在任期内与辖区部民通婚，监临官不得娶为事人为妻。鉴于元朝盛行的收继婚制度严重破坏了封建伦常，明代为恢复封建法统，不仅严禁收继婚，同时规定中表不婚，即姑舅与两姨表兄弟姊妹不得为婚。

在婚姻形式上，明律实行夫为妻纲的一夫一妻制，明确禁止重婚，规定“若有妻更娶妻者，亦杖九十，离异”。[28] 但明律在一定条件下允许娶妾，“其民年四十以上无子者，方许娶妾，违者笞四十”。[29]

在家庭方面，明律进一步强调父权与夫权，肯定并且维护家长的主婚权、训诫权以及财产权，明确了丈夫对妻子的监护权。

在继承方面，身份的继承沿袭西周以来的嫡长子继承制，但财产的继承则贯彻保护直系卑亲属继承权的原则。法律明确划分了财产继承人的范围和顺序，完全排斥了其他亲属继承遗产的可能性，着重保护直系卑亲属的继承权。这也是明朝财产私有权观念深化的反映。

（四）改革赋税制度，顺应经济发展

作为以农业经济为主的国家，明朝实行的赋税政策是以田赋（土地税）为主，丁税（人头税）为辅的方针。

明初，赋役制度仍实行唐宋旧制，以两税法为主。为加强赋税管理，政府加强了对户籍和土地的管理。明朝初年国家还出动军队，对全国的户籍、土地进行清查，编制了记载户籍的“黄册”和记载土地状况的“鱼鳞图册”。“黄册”，即户籍册，因以黄纸为封面而得名，详细登记各户户主、丁口及应负担的赋税等内容，是国家征发徭役的重要依据。“鱼鳞图册”，即土地登记册，因绘制的耕地地块如鱼鳞状而得名，登记各乡每块耕地的面积、等级、四至、地形、业主、应负担的田赋等内容，是国家征收田赋的依据。明律为保证赋税能及时征收，在户律专设了“脱落户口”“欺隐田粮”“纳粮违限”“多收税粮斛面”“赋役不均”“逃避差役”等条文，对相关犯罪行为进行惩处。

明中叶以后，张居正实行赋税改革，以一条鞭法代替两税法。明中叶后土地兼并之风日盛，加上长期不登造赋役册籍，造成赋役负担严重不均，赋役

---

[28] 《大明律·户律·婚姻·妻妾失序》。
[29] 《大明律·户律·婚姻·妻妾失序》。

征敛也非常混乱。“富者田连阡陌,坐享兼并之利,无公家丝粒之需;贫者虽无立锥之地,而税额如故,未免缧绁追并之苦。”[30]赋税制度的破坏严重影响了国家的财政收入。万历二十年(1592年),内阁首辅张居正通令全国实行新的赋役法——“一条鞭法”。“条鞭”是“条编”的讹称。其主要内容是简化税制,将徭役和田赋合并,按田亩征收银两。其基本特点是:赋役合并;以雇役制代替差役制;简化杂税;计亩征银;实行“官收官解制”。

“一条鞭法”是中国赋役制度史上的重大改革,它顺应了社会经济发展的趋势;结束了历代实物征税的方式,从实物税转向货币税;废除了传统的徭役制度,使人身依附关系得以松弛;而计亩征银,即以资产为征税的对象,有利于赋税负担合理化。

(五)严控商业活动,阻碍商业发展

明代商品生产和流通的扩大,使城乡市场空前繁荣。在传统的重农抑商思想的支配下,为维护固有的封建制经济,明朝政府采取了种种措施,对早已产生的资本主义萌芽进行摧残,使资本主义萌芽难以生长。这些措施包括:

第一,明朝继承了前代的禁榷制度,尤其对盐、茶的专卖更是严格。国家鼓励百姓告发私盐犯,允许私盐犯自首,打击奸商倒买倒卖的行为,以保证盐法的顺利实行。同时,明朝进一步完善了传统的禁榷制度,首次将“盐法”“茶法”正式纳入法典。《大明律·户律》中设立“盐法”“茶法”专条,明确规定:商人必须取得官府颁发的法定专卖许可证——“盐引”“茶引”,才能经营,否则即以贩私盐、私茶之罪,处罚极严。[31] 明朝尤其是对西北、西南边境的茶叶走私防范更严,定期派官员巡查关隘,对私茶出境和关隘失察,处罚也非常严厉,即使是皇亲国戚有犯,也严惩不贷。驸马都尉欧阳伦就因贩私茶而被处死。明朝严格的专卖制度,对破坏禁榷的行为处以重刑甚至是死刑,反映了国家对经济关系干预的加强,客观上妨碍了商品经济的发展。

第二,实行海禁政策。这是明政府强化经济干预的又一个重要的措施。明代一改宋元以来鼓励海外贸易的传统,严厉禁止民间海外贸易活动。洪武元年(1368年),明政府颁布了第一个禁止民间海外贸易的法令。其后两百

---

〔30〕《明经世文编》卷八一。

〔31〕《大明律·户律》“盐法”条规定,“凡犯私盐者,杖一百,徒三年。若有军器者,加一等;诬指平人者,加三等;拒捕者,斩;盐货、车船、头匹,并入官。引领牙人及窝藏、寄顿者,杖九十,徒两年半;挑担、驮载者,杖八十,徒两年”;“私茶”条规定:“凡犯私茶者,同私盐法论罪”。

多年,明朝多次颁布有关禁海的法令,禁止私人进行海外贸易,违者严惩。《大明律·兵律·关律》规定:"凡将马、牛、军需、铁货、铜钱、段疋、绸绢、丝棉私出外境货卖及下海者,杖一百;挑担驮载之人减一等,物货船车并入官,予内以十分为率,三分付告人充赏。若将人口、军器出境及下海者绞,因而走泄事情者斩。"《问刑条例》也规定,沿海军民如果私自出海贸易,则"正犯比照谋叛已行律处斩,仍枭首示众;全家发边卫充军"。如果将船卖给从事海外贸易商,船主也要被"比照私将应禁军器下海因而走泄事情律,为首者处斩,为从者发边卫充军",[32] 即使出租船只,也要"俱发边卫充军,番货并入官"[33]。

明政府允许的海外贸易是每三年一次的政治性贸易——朝贡贸易。朝贡贸易的贡物有明政府予以高额回赐,而进口货物则予以免税优待。这不仅加重了明政府的财政负担,而且更进一步限制了海外贸易的发展。明政府厉行海禁,造成严重后果。海外贸易走上了畸形的道路,致使海盗丛生,助长了"倭患",严重阻碍了社会经济的发展。

第三,创设了"牙行"制度,加强市场管理。明律规定,以"牙行"和"埠头"负责管理市场,充当商品交易的中介人,由国家选派有一定财产者充任,若未经官方许可,私充牙行埠头者,"杖六十,所得牙钱入官"。市场管理人员的责任包括严格评议物价,以杜绝商人高价牟利,对欺行霸市的商人,严惩不贷。[34] 为营造公平竞争的氛围,明朝还颁布了度量衡方面的法令。

第四,重征商税,限制商业活动和商品流通。商业税是明政府除田赋以外另一个重要的税收来源。为加强对商税的管理,明律中设有"税法"专条,对偷漏税行为予以严惩。《大明律·户律·匿税》规定:"凡客商匿税,即卖酒醋之家不纳课程者,笞五十。物货酒醋一半入官。于入官物内,以十分为律,三分付告人充赏。"明初也曾实行从轻从简的商税政策,以恢复社会经济,如洪武年间有"军民嫁娶丧祭之物、舟车丝布之类,皆勿税";"罢天下抽分竹木场"[35] 的规定。明成祖永乐年间再次规定"嫁娶丧祭时节礼物、自织布帛、

---

〔32〕《海防纂要》卷一二。

〔33〕《海防纂要》卷一二。

〔34〕《大明律·户律·市廛》规定:"凡买卖诸物,两不合同,而把持行市,专取其利,即贩鬻之徒,通同牙行,共为奸计,卖物以贱为贵,卖物即以贵为贱者,杖八十;若见人有所买卖,在旁高下比价,以相惑乱而取利者,笞四十;如果已得利物,计赃重者物,准窃盗论,免刺。"

〔35〕《明史》卷八一《食货五》。

农器、食品及买既税之物、车船运已货物、鱼蔬杂过非市贩者,俱免税”。[36]但永乐以后明政府的商税名目日渐增多,税率也不断加重,形成“行赍居鬻,所过所止各有税。其名物件析,榜于官署,按而征之,为农具书籍及他不鬻于市者勿算,应征而藏匿者没其半。买卖田宅头匹必投税,契本别纳纸价”[37]的局面。明晚期杂税更是多如牛毛,对手工业者的掠夺更甚,地方官之间也彼此抢征,以至于出现了“百里之内,辖者三官,一货之来,榷者数税”[38]的情形。

(六)制定金融法规,稳定金融秩序

随着商品经济的发展,宝钞和铜钱成为主要支付货币,为稳定金融秩序,明朝制定了较为完备的货币金融法规——钱法和钞法。明朝专门设立了发行铜钱和宝钞的机构,“宝钞提举司”是管理和发行宝钞的机构;宝源局则负责铸造发行通宝铜钱等事宜。明律的钱法和钞法都规定宝钞、铜钱由国家统一发行,严禁伪造宝钞和私铸铜钱。如明律规定,凡伪造宝钞,不分首从、窝主及知情人,皆斩;凡私铸铜钱的本犯及匠人处绞刑,从犯、知情人、使用者减等处罚。

第四节　明朝狱讼制度的变化

明朝建立以后,无论是政治制度还是司法制度,都奉行一个原则,即极力恢复唐宋旧制。但在历经元朝近百年的统治之后,唐宋旧制已是模糊不清,所以明朝的司法制度貌似恢复了唐宋旧制,但事实上创制了明朝特有的狱讼制度。

一、司法机构的变化

(一)传统司法机构的变化

1. 中央司法机构的变化

明朝中央司法机构仿效唐制,由刑部、大理寺、都察院三个机构组成,号

[36]《明史》卷八一《食货五》。
[37]《明史》卷八一《食货五》。
[38]《明史》卷八一《食货五》。

称“三法司”。三法司的职掌与唐宋相比略有不同，其中“刑部受天下刑名，都察院纠察，大理寺驳正”[39]。

由于丞相制的废除，刑部作为中央六部之一，其地位随着六部地位的上升而得到提高，自然成为中央最高审判机关，“总掌天下之刑名及徒隶关禁之政令”。刑部享有的权力包括：受理地方上诉案件、审核地方重案、审理中央百官和京师地区的案件；处决流刑以下案件，但定罪后须送大理寺复核后再具奏行刑，死刑案件还要奏请皇帝批准。刑部最高长官是尚书，以左、右侍郎为辅；下设十三清吏司，每司负责一省上报案件及在京、直隶地方上报的案件。

大理寺在元朝被废除，明朝时再度恢复，其执掌的权力由唐宋时审判权转为复核权。“掌审谳平反刑狱之政令”，即复核刑部及都察院所判的案件。长官为大理卿，由左、右少卿辅助，下设左、右二寺，分理复核案件。

明朝中央司法机关的最大变化表现为中央监察机关的设置。明代中央监察机关由都察院和六科共同构成。

都察院是在御史台的基础上扩展而来的监察机关，负责监察百官，也享有一定的司法权，设左、右都御史。洪武十三年（1380 年），御史台因胡惟庸案被罢。在洪武十五年（1382 年）十月，行政监察机关又重新恢复，扩大了原有的御史台机构设置及其监察范围，将御史台改为都察院，强化了监察权的行使。都察院左、右都御史为最高长官，左、右副都御史及左、右佥都御史为辅佐，下辖有直属机构和内外御史。都察院的主要职责是“纠劾百司，辩明冤枉，提督各道，为天子耳目风宪之司。凡大臣奸邪，小人构党，作威福乱政者，劾。凡百官猬茸贪冒坏官纪者，劾。遇朝觐，考察，同吏部司贤否陟黜。大狱重囚会鞠于外朝，偕刑部、大理谳平之。其奉敕内地，拊循外地，各专其事行事”。[40] 都察院有权监督刑部的审判和大理寺的复核，并参与会审有关官员犯罪的案件。遇有重大疑难案件时，中央三法司共同审理，即“三法司会审”。

明朝在都察院之外创立了六科给事中制度，即在吏、户、礼、兵、刑、工六部，分别设立相应的给事中一名，专门负责对六部官员及其行政管理进行监察。作为监察机关，六科有一部分权力是可以共同行使的，这些职责包括：

---

〔39〕《明史》卷九四《刑法二》。
〔40〕《明史》卷九四《刑法二》。

(1)复奏封驳权,也称"科参",即凡六部奏请施行之事必经给事中审查,如有不当可以驳回,可见其权力之重。(2)纠劾权,六科给事中有权上书弹劾朝廷百官的违法行为。《明会典》规定"凡两京大臣方面等官有不职者,具得核奏"。(3)参议权,即六部参与大臣会议的权利。"凡礼仪、边务等事及军民人等陈言有关大体者,掌科官奉旨同文武大臣会议";"凡内阁及吏兵工部尚书,在外总督、总兵奉旨会推,掌科官皆预";"凡三法司奉旨于午门前鞠问罪囚,掌科官亦预"。[41] (4)稽核权。六科对六部奉旨执行工作实际执行情况的监察。通过这项权利,六科时刻监察政务的实行。

2. 地方司法机关的变化

明朝地方司法机关仍然实行司法与行政合一体制。由省、府、县三级行政长官兼理司法。其中省设有专门负责司法工作的机构——提刑按察使司,执掌"一省刑明按劾之事",有徒刑以下案件的终审权,以及府县的上诉案件。县一级只有杖一百以下案件的终审权。此外,明朝还在乡里设有"申明亭",作为最基层的司法组织,负责调解民间纠纷和轻微刑事案件。

明朝实行军户与民户严格区分的制度,因此,在司法管辖上也有不同。军人犯罪设有专门的审理机构,"凡军官军人有犯人命,管军衙门约会有司检验归问;若奸盗、诈伪、户婚、田土、斗殴与民相干事务,必须一体约问;与民不相干者,从本管军职衙门自行追问"。[42] 也就是说,军人有关职务方面的犯罪,由军事机关审理,军事审理机关由各所镇抚、卫镇抚司、省都指挥使司断事司组成。军官犯罪,则由本官衙门开据事因,呈报五军都督府或兵部奏闻皇帝裁决。涉及军民交叉诉讼,则由军事机构的司法官会同当地司法官会同审理。

(二)特别司法机构——厂卫组织

明朝废除丞相制度以后,皇权空前膨胀,对司法的控制也进一步加强,出现了明朝特有的服务于皇权的司法组织——厂卫。《明史·刑法志》指出,明代刑法"不衷古制者,廷杖、东西厂、锦衣卫、镇抚司狱是矣"。

厂,是指由宦官组成的东厂、西厂、内行厂。中国历史上,宦官干政屡见不鲜,但与汉唐不同的是,明朝宦官干预政事是由皇帝授权的。明代的东厂

---

〔41〕《明会典》卷二一三《六科》。

〔42〕《大明律·诉讼》。

就是皇帝敕令设立的,[43]由司礼太监[44]直接掌握的特务机关,兼有审判、复核及监察诸方面的司法职能。东厂建立有庞大的特务网,监视贵族官僚的日常活动,刺探社会各阶层的情况,即"大事件"。东厂不分昼夜将所得情报向皇帝直接汇报,经皇帝批准后可秘密逮捕、羁押、审判。皇帝通过东厂可以达到镇压反逆、妖言及整肃政治反对势力的目的,因此极受倚重。东厂几乎与明朝相始终,设置期间长达224年,对明代的政治及司法产生严重的破坏,是造成明代政治腐败的原因之一。

此外,明朝在明宪宗成化十三年(1477年)正月,设置西厂;明武宗正德三年(1508年)正月,又设立内行厂。西厂和内行厂皆为临时性机构,影响不及东厂。

卫,指锦衣卫。明朝称锦衣卫狱为诏狱,即锦衣卫狱一方面是指奉皇帝令监禁人犯的监狱,另一方面是指奉皇帝诏令审理的案件。锦衣卫本是负责皇帝及皇宫的护卫工作,又称亲军,不隶属于五军都督府,朱元璋将它的权力扩展到司法领域。锦衣卫是明朝君主专制制度下的创制,也是明朝又一大弊政。锦衣卫下设南、北镇抚司,其中南镇抚司建立本卫刑名等事;而北镇抚司则专理诏狱,并兼掌"缉捕刑狱之事",直接承办皇帝交办的重大刑事案件,也可以插手其他案件的侦讯、审理工作。锦衣卫插手司法工作始于明太祖时期。明太祖朱元璋常以锦衣卫的镇抚司为法庭,审理案件;明成祖时期除派遣锦衣卫军士负责政治性案件及重大案件的侦缉外,又增设了"北镇抚司",负责审理皇帝交办的案件。原镇抚司改为"南镇抚司",专门负责本卫的诉讼案件。明宪宗成化十四年(1478年),明朝又规定北镇抚司审理皇帝交办的案件必须直接向皇

图9-1 明锦衣卫指挥使象牙圆牌

[43] 明成祖永乐十八年(1420年),下诏建立东厂。

[44] 明朝宦官的组织极为庞大,有十二监、四司、八局,总称二十四衙门,以司礼监为首。司礼监与内阁共同协助皇帝处理政务,都是皇帝的秘书机关,其中司礼监主内,可以代表皇帝行使朱批权。因此也称为"秉笔太监"。

帝报告,锦衣卫指挥使不得插手,北镇抚司正式成为直属皇帝的刑事特别法庭。由于锦衣卫是由皇帝直接领导的机关,其任务又是确保皇权,镇压一切不利于皇权的势力,因而深受皇帝的信赖,其存在时间长达263年之久。

东厂权力在锦衣卫之上,厂权重于卫权。厂卫在组织上相互渗透,在行动上相互配合,控制了审判,参与并干预三法司的司法审判活动,其判决三法司无权过问。厂卫不依照正常的司法程序,不受任何法律的约束,荼毒官民,横行不法,任情生杀,法外用刑,严重破坏了封建法制。可以说明朝司法审判的败坏与政治的腐败,都与厂卫制度有密切关系,因此有人说"明不亡于流寇,而亡于厂卫"〔45〕。

二、调解制度

明朝的诉讼审判制度大多承袭了宋元旧制,但也有了一些重大的变化。如对诬告的行为采取了更严厉的处罚行为,规定诬告要加等反坐;鉴于明初朱元璋为贯彻"重点治吏"的政策,曾鼓励百姓直诉京师,但却造成了中央及地方的混乱的后果,为保证司法机构的正常运转,规定了严禁越诉的制度。在明朝的诉讼审判制度中,最具特色的是调解息讼制度和会审制度。

调解息讼是受儒家传统思想影响的结果。儒家传统思想提倡"贵和尚中",其中"无讼"更是其所追求的目标。各地方长官以自身的楷模行动宣传教化,和息争讼,也通过裁决文书的形式,"寓教于判",使境内百姓重伦理道德,止讼、息讼。教化的作用常常超过了简单的依法判决。诉讼案件的多少还是衡量官员政绩好坏的标准。由于崇尚无讼,调解处理则是实现息讼、无讼的重要手段之一,明朝政府将儒家无讼的思想贯彻于具体的制度之中。其中,较为常见的措施就是半官方半私人的调解制度,而明朝推崇调解制度又是与朱元璋的个人喜好分不开的。

明朝的调解制度适用范围主要是田土婚姻等细故案件以及对国家不具危害性的轻微刑事案件。在《教民榜文》里规定:民间户婚,田土斗殴相争,一切小事不许辄变告官,务要经由本管里甲老人理断。若不经由者,不问虚实,先将告人杖断六十,仍发回里甲老人理断。

为了使调解制度真正发挥其功能,明初各乡设立申明亭,由本乡推举公

〔45〕 朱彝尊:《静志居诗话》卷二二。

正的老人三五人，报官备案，“凡民间应有词状，许耆老李章准受于本亭剖理”[46]。明初，民选报官的老人之所以能承担化解矛盾的重任，在于“老人里甲与乡里人民，住居乡接，田土相邻，平日是非善恶，无不周知”。[47] 申明亭成为基层司法单位，调解民间的纠纷，调解后如不愿和息，可再向官府起诉。

图9－2　申明亭

其是朱元璋设立的基层调解组织。

明中期以后，申明亭逐渐废弛，明朝政府又以“乡约”制度取代。每里为一约，设约正、约副、约讲、约史各一人，每半月集合本里人宣讲圣谕，调解纠纷。当事人同意和解，就记入专设的“和簿”；不同意和解，则可向官府起诉。乡约和申明亭一样，也被赋予了一定的司法工作的职能，不仅负责调解纠纷，同时还负有调查取证、勾摄人犯的责任。

明朝以民间半官方的组织进行强制性调解，反映出明朝争讼日繁的社会现实。面对这种情况，为防止胥吏之害和讼师把持词讼，需要赋予申明亭、乡约等基层社会组织一定的司法职能。这也是明朝政府贯彻“明刑弼教”法制指导思想的措施，同时也反映出明朝政府力图最大限度地集中法制武器，打击重大犯罪，以维护其统治地位的目的。

调解具有一定的社会作用，一方面，有利于社会秩序的稳定，有助于特定领域内人们相互关系的和谐，防止了胥吏的盘剥，减轻了诉讼当事人的讼累，传播了统治者所需要的纲常观念与法律意识。另一方面，调解息讼适应于封

---

〔46〕《大明律集解附例》卷二六。

〔47〕《教民榜文》一卷。

闭的小农经济和深厚的血缘地缘关系,依赖的是宗族势力和专制国家权力,凭借的是礼与法相结合的多种法律渊源,维护的是三纲五常的伦理秩序。调解的结果虽然体现了宗族与国家的愿望,却往往与当事人的意志相悖,有时甚至是一种伤害。对于生活在专制权力下从事自然经济的民众来说,调处息讼培养的不是“法律意识”,而是传统的道德伦理观念。调处息讼始终贯穿着“息事宁人”的思想因素,顿挫了民众为自己的权益而斗争的精神。同时,申明亭、乡约往往被当地的土豪劣绅把持,成为他们称霸地方的工具。

三、会审制度

随着明朝君主专制权力达到巅峰,司法审判制度也深受影响。明朝政府为加强对司法的控制,对重大疑难案件以及死刑复核案件实行会审制度。明朝会审制度是在前代的基础上发展而来。其从洪武年间开始,到宪宗成化年间终于定型,形成完备的体系。

1. 三司会审

三法司会审制度源于唐朝的“三司推事”制度。唐朝“三司推事”并非常置,即在少数特别案件中适用,至明朝才将这一制度进一步制度化,形成了凡遇有重大案件,由刑部尚书、大理寺卿、都察院左都御史会同审理,并报皇帝最后裁决的制度。随着中央审判权的扩大,地方审判权日益缩小,死刑案件也必须由三法司复审,奏闻皇帝,俟皇帝裁决。

2. 会官审录

会官审录制度始于明洪武三十年(公元 1397 年),是明太祖命五军都督府、六部、督察院、六科、通政司、詹事府,有时驸马都尉也参与共同审理大案的制度。死罪和冤案要奏闻皇帝,死罪而无冤屈的案件依律审断。杂犯死罪允许赎罪。永乐十七年,明朝要求在京师以外的死罪重囚,押赴京师进行审录。

3. 九卿会审

九卿会审,又称“九卿圆审”,是由三法司会同吏、户、礼、兵、工各部及通政使司共九人对秋后即将处决的死刑犯的案件进行联合审理,审理的结果须报皇帝裁决。九卿会审在每年霜降后举行。这一制度最早可以最溯到明太祖时期。《明太祖实录》载:“洪武三十年八月戊戌,都察院奏:‘狱囚律应死者二十四人,请以时决之。’上曰:‘尔等仓卒论决,其中岂无情可矜、法可疑者？古人去求其生而不得，则死者与我皆无憾也。苟遽置于法，一有不当，误伤任命。'"遂命群臣审录，果得其不当死者，皆徙戍边。[48]

在明英宗天顺三年(1459 年)，九卿会审成为定制。英宗认为"人命至重，死者不可复生"，所以规定："每至霜降后，但又该决重囚，著三法司奏请，会多官人等，从实审录，庶不冤枉，永为定例"。[49] 九卿会审号称"重视人命"，但重大罪犯已经"决不待时"了。

4. 朝审

朝审始于明英宗天顺三年(公元 1459 年)，在每年农历霜降后由吏部尚书主持，会同三法司及公、侯、伯爵、驸马、内阁学士、五军都督等审理已决死刑案件。朝审对可疑、可矜案件详加审理，奏请皇帝裁夺。

5. 大审

大审，又称"五年审录""五年大审录"。审理的对象是现监囚及累诉冤枉者，每五年举行一次。大审由汉唐录囚制度发展而来，始于明宪宗成化十七年(1481 年)。[50] 大审由司礼太监主持，会同三法司共同审理，司礼太监权力极大，三法司也不敢忤逆。《明史·刑法志》载，成化时，会审有弟助兄斗，因殴杀人者，太监黄赐欲从末减。刑部尚书陆瑜等持不可，赐曰："同事斗者，尚被发缨冠救之，况其兄乎？"瑜等不敢难，卒为曲法。

6. 热审

热审是在每年暑热天审理在押囚犯的制度，始于明永乐二年(1404 年)，目的是在暑热季节及时疏理牢狱，宽待罪囚。热审最初仅限判决并发遣轻罪犯，若有暂不能决的，也先让其出狱等候查明案情，后放宽至徒流刑以下的罪犯。热审一般笞、杖刑即时行刑，刑毕释放；徒流罪可减等发落；重罪则须请旨发落。热审每年小满后十日举行，一般京城附近的在押罪囚由司礼太监会同三法司审理，至六月结束。各地在押罪囚由省城内的巡按御史会同布政使、按察使、都指挥使审理；各府、州、县则由分巡道会同知州、知府、知县审理。

明朝的会审制度独具特点，首先是参与的官员级别很高，一般都是中央

---

[48] 《明太祖实录》卷二五四。

[49] 《明史》卷九四《刑法二》。

[50] 《明史》卷九四《刑法二》载："(成化)十七年辛卯，命太监怀恩同法司录囚。其后审录必以丙辛之岁。弘治九年不遣内官。十三年易给事中邱俊言，复命会审。"

高级行政官员,尤其是监察官员,在会审中都起重要作用。会审只为皇帝的最终裁决提出参考性意见,为加强对会审的控制,皇帝还派出太监等前往参加,主持会审,对会审进行全面的控制。会审制度虽然有利于皇帝控制司法审判,但对清理冤狱,慎刑、恤刑有积极的意义,对于监督司法也有一定的作用,对清朝的司法制度产生了深刻的影响。

课后思考·关键词

《大明律》　明大诰　申明亭　充军　奸党罪　轻其所轻,重其所重　一条鞭法　厂卫　廷杖　三司会审　九卿圆审

课后思考·问答题

1. 试述明初重典治国的法律表现。
2. 试比较唐明律典体例的异同。
3. 试析"例"在明代法制中的地位和作用。
4. 试述明朝强化专制皇权的措施有哪些?
5. 试述明初重典治吏的主要规定。
6. 明朝调整经济关系采取了哪些重要法律措施?
7. 试述明朝的会审制度的内容。

案例阅读

1. 空印案

2. 郭桓案

第十章　清朝前期的法律制度

明朝后期,居住在我国东北白山黑水之间的女真族重新崛起。1616 年,建州女真首领努尔哈赤在赫图阿拉(今辽宁省新宾满族自治县)建立政权,国号“金”(史称“后金”)。1626 年,皇太极继位,10 年后改国号为“清”,改族名为“满洲”,定都盛京(今沈阳),将其主要精力用于对明发动战争。1643 年,福临代立,是为顺治。1644 年,清军入关,击败占领北京的大顺军队,乘胜南下,攻城略地;1661 年,实现对全国的统治。

清入关前,法制至简,虽然开国诸君多有创制,但尚无系统性的法律规范可言。甫一入关,多尔衮即以摄政王之令宣布“问刑衙门准依明律治罪”,从而开启“清承明制”之进程。清朝法律虽“承明之遗业”,但由于所处的历史环境不同,其法律呈现出明显的时代特征:思想上,正统法律思想日益保守和僵化,走向衰落,孕育出新的法律批判思想;立法上,法律形式多样,法律体系完整,法律内容丰富,涵盖范围广泛;狱讼制度方面,审级明确,程序严格,会审制度更加完善,对明朝弊法如刑罚酷滥、宦官与厂卫干预狱讼事务的现象有所纠偏。由于统治者本身为入主中原的少数民族,再加之疆域辽阔,民族众多,清朝法律还具有鲜明的民族特征:推行“满汉畛域”,维护满人在政治、经济和司法上的特权;在维护中央司法管辖权的前提条件下,“因俗从宜”,认可民族地区的风俗习惯并将其制度化,有效地实现对民族地区的法律治理。

清入关后到其中叶的法制由历代法制,特别是明代法制辗转相成而来,集历代法制之大成,无论从内容还是形式上看均已达到相当完备的程度,为康乾盛世的出现奠定了法律基础。乾隆朝以后,因为吏治腐败、思想文化僵化,法制未能更化,不能适应社会发展的需要。人民不满之声不绝于耳,先后发动多次起义,清政权走向衰落。与此同时,西方帝国主义列强为倾销其工业产品,挟坚船利炮,叩开中国大门。1840 年鸦片战争,清廷战败,被迫签订一系列丧失法权的不平等条约。一批仁人志士向西方寻求救亡图存的道路，引进西方法律思想与法律制度。西方法律文化的传播拉开了中国法制近代化的序幕。以鸦片战争为界，清朝法律可以分为两个阶段，本章介绍鸦片战争以前清朝的法律状况。

第一节 清朝的法律思想

清朝前期处于社会大变革的前夜，为正统法律思想的进一步发展和新法律思想的孕育提供了沃壤。一方面，萌芽于明末的法律批判思潮在民族矛盾和阶级矛盾交织混合的局面中完成了思想的体系化。法律批判思想吸收历史上民本思想的精华，又将历史上的专制思想清算。另一方面，满族政权入关统一全国后，也面临维护社会稳定的难题。统治集团极力宣扬孔孟之道所提倡的三纲五常等伦理道德教条，以为自己的统治提供理论依据。他们热衷于学习继承并发扬封建正统法律思想以安定改朝换代所带来的社会动荡，为处于衰落之中的封建正统法律思想续命。

一、清初的法律批判思想

明朝中期以后，皇帝颟顸昏庸，不理政事，恣意妄为，君臣离心；宦官专权，狐假虎威，滥杀无辜，侵夺民财；官吏贪赃受贿，卖官鬻狱，胡作非为，鱼肉百姓；豪强仗势欺人，兼并土地，欺男霸女，横行乡里。这些行为导致民不聊生，农民暴动和农民起义层出不穷，社会十分动荡。建立在封建正统法律思想上的秩序体系崩塌，一批眼光敏锐、见识卓越的知识分子开始对封建专制制度进行反思，形成反封建专制的批判思潮。清入关后，对反抗激烈的江南地区屠城，满清政权的暴政使广大人民陷入民族灾难之中，使知识分子彻底认清“一家之法”的危害，促进法律批判思潮的体系化。批判法律思想的主要代表人物为黄宗羲、王夫之、顾炎武、唐甄等人。

黄宗羲、王夫之、顾炎武、唐甄等法律批判思想家均生活于明清之际改朝换代的时代背景中，对封建帝王的恣意妄为、官吏的腐败无能、社会的动荡都有所耳闻目睹或亲身经历；除王夫之外，他们都生活于资本主义萌芽的江南地区，认识到专制皇权对社会的戕害和对经济的阻碍作用；他们均对封建正统法律思想猛烈抨击，对君主专制、一家之法和聚敛无度的坏法行为进行严厉批判，并提出解决问题的构想。之所以将他们的法律思想称为“法律批判思想”，而不是通常所谓的“启蒙法律思想”，是因为这些思想家的法律思想还没有完全冲破正统法律思想的窠臼。他们仍然以儒家经典文献作为评判政治好坏的标准，他们的诉求仍然是恢复三代之制，而且所使用的手段仍是“托古改制”。萨孟武对黄宗羲的《明夷待访录》评价可谓一语中的，他认为：“黄宗羲所著《明夷待访录》，多依方孝孺的学说，而辟明之。其中所写，多惩明代之失，而讲求矫正之法，然其矫正之法，亦多依古代学者之言，殊少创建。”[1]

（一）“天下为公”的法权起源

自汉代董仲舒的新儒学被确立为封建正统法律思想以来，历代统治者均推崇“君权神授”的法权起源论，认为君主受命于天，代表上天统治人间，君主“口含天宪”“朕言即律”，操生杀予夺之大权。总之，君主拥有单向度的最高权力，其他权力均从君权派生而出。批判法律思想家重新祭起周公、孔孟和儒家经典《礼记》所提倡的“天下为公”思想，认为天下乃天下人之天下，非帝王一姓之天下，统治权和法律均起源于天下人们的共同需要，目的是维护天下人的共同利益，这样就动摇了封建正统法律思想的法权基础，揭开了其神秘面纱。

黄宗羲认为君主与法律是调节“公利”与“私利”的产物，是人类社会组织的产物，是顺应时代发展的结果。他说：“有生之初，人各自私，人各自利也，天下有公利而莫或兴之，有公害而莫或除之。有人者，不以一己之利为利，而使天下受其利，不以一己之害为害，而使天下释其害。”[2]公权力兴起的目的是兴公除害，调节“公利”和“私利”之间的矛盾，创设国家法律，建立社会秩序。黄宗羲认为尧舜等“二帝三王”就是这样的君主，他们被推举出来为天下立法，从而产生了政府和法律等公权力。

顾炎武认为君主的权力来源于天下，君主只是天下权力的总执行人而已，也就是说，君主权力是一种治权，而非政权，政权属于天下之人。君主是法权系统链条中关键的一环，拥有完整的治权，但君主不直接行使治权，而是将治权“分寄天下之人”，即任用各级官吏分别相应的权力。他说：“所谓天

---

[1] 萨孟武：《中国政治思想史》，东方出版社2008年版，第432—433页。

[2] 黄宗羲：《明夷待访录》，中华书局2011年版，第6页。

子者,执天下之大权者也。其执大权奈何?以天下之权寄天下之人,而权乃归之天子。自公卿大夫至百里之宰,一命之官,莫不分天子之权,以各治其事。"[3]顾炎武还认为"天下"与"国家"这两个概念具有本质的差异,所谓"国家"指一家一姓之政权,而"天下"指亿兆百姓之天下。他说:"有亡国,有亡天下。亡国与亡天下奚辨?曰:易姓改号,谓之亡国。仁义充塞,而至于率兽食人,人将相食,谓之亡天下。"[4]顾炎武对君主权力以及区分"天下"与"国家"的认识达到前所未有的高度。

王夫之虽然没有直接论述法权起源的问题,但从他对法律发展趋势的预测及法律宗旨的论述中仍可以看出其唯物主义法权起源观。他认为法律必须"趋时更新",随着社会发展变化而不断变化,不存在所谓的"正统论",但"天下有定理",法律的制定"必循天下之公"。他说"天下之大公至正之是非焉","大公"取代"大私"是法律发展的必然趋势,"圣人莫能违也"[5]。王夫之认为法律应该秉承"安民""保类""卫群"的宗旨。所谓"安民",即立法要以稳定社会、发展经济和取民有制为目标。他说"天下有定理而无定法。定理者……安民而已矣",[6]由此可见"安民"是立法的根本宗旨。所谓"保类""卫群",即维护领土完整、边境安宁,各民族互不侵扰、各自为安。王夫之强调要将"保类""卫群"作为判断君主及其法制是否合格的标准。他说"保其类者为长,为其群者为君",为"保类""卫群",君主之位是"可禅"、"可继"或"可革"的。[7] 从中可以看出,法权起源于维护社会公共利益的需要,而非神授。

(二)专制君主及其法制的危害

法律批判思想家都有亡国破家的切肤之痛,都对专制君主的荼毒及其对社会发展的阻碍作用有深刻的认识,他们认为君主专制及其"一家之法"是残害天下百姓的渊薮。黄宗羲认为专制君主颠倒"天下为主,君为客"的正常关系,给天下百姓带来极大伤害,他指出"为天下之大害者,君而已矣"。他又说:"今也以君为主,天下为客,凡天下无地而得安宁者,君也",专制君主导致天下混乱、民不聊生。他认为秦汉以来,"家天下"思想流布,君主日

[3] 顾炎武:《日知录》卷九,道光十二年鄂山刻本。
[4] 顾炎武:《日知录》卷一三,道光十二年鄂山刻本。
[5] 王夫之:《读通鉴论》叙论二,光绪二十五年风池书院刻本。
[6] 王夫之:《读通鉴论》卷二,光绪二十五年风池书院刻本。
[7] 王夫之:《黄书》,宣统二年寓庐精刻本。

益偏离社会管理者的正常轨道而窃居高位,形成以君主为首的食利集团,他们视天下为私产,欲多得花息,只好"敲剥天下之骨髓,离散天下之子女以奉我一人之淫乐"。简言之,即"打天下,坐天下,吃天下"。后世君主往往不知餍足,加重剥削,民不聊生,人民不堪忍受而起义;而且,私天下之巨利无时无刻不对"野心家"具有强大诱惑,篡杀之事无穷,终致改朝换代,导致古代中国在治乱中循环。他还指出君主集大权于一身,使官吏成为君主的附属物,造成选官任职方面"任人唯私"的现象,君主以个人好恶为标准选官,所选之人均为"仆妾"(奴才);另外,君主专权还会导致"阉臣之祸",即宦官专权,所以"天下之人怨恶其君,视之如寇仇"。[8]

黄宗羲批判封建之法是"一家之法",而非"天下之法"。"一家之法"的目的是延长封建君主家族祚命、保佑其子孙,因此是"非法之法"。黄宗羲进而分析"一家之法"的危害:一是导致法令滋彰,社会混乱,即其所谓"故其法不得不密,法愈密,而天下之乱即生于法之中";二是导致任情坏法,弄法残民,即其所谓"前王不胜其利欲之私以创之,后王或不胜其利欲之私以坏之",上行下效,胥吏狱卒亦"创为文网以济其私";三是危害最大,"一家之法"禁锢人的思想,束缚才能的发挥,阻碍社会发展,即其所谓"非法之法桎梏天下人之手足,即有能治之人,终不胜其牵挽嫌疑之顾盼,有所设施,亦得就其分之所得,安于苟简"。[9]

顾炎武认为专制君主制度对天下有两大危害:一是将天下人之财富据为己有,导致天下百姓日益贫困,贫困会使天下大乱,最终导致王朝覆亡。他说:"今之君人者,尽四海之内为我郡县犹不足也……而无肯为其民兴一利害者,民乌得而不穷,国乌得而不弱。"[10]二是专制君主垄断国家政治、经济、军事、社会等方面的管理大权,导致法网浸密,刑法严酷,君主凌驾于法律之上,即其所谓:"权归于上,一兵之籍,一财之源,一地之守,皆人主自为之也。欲专大利而无受其大害,遂废人而用法,废官而用吏,禁防纤悉,特与古异,而威柄最为不分……尽天下一切之权而收之在上,而万几之广,固非一人之所能操也。"[11]顾炎武指出专制君主不仅不能治理好天下,反而是天下混乱的

---

〔8〕 黄宗羲:《明夷待访录》,中华书局2011年版,第8—10页。

〔9〕 黄宗羲:《明夷待访录》,中华书局2011年版,第21—25页。

〔10〕 顾炎武:《亭林文集》卷一,光绪三十二年山隐居刻本。

〔11〕 顾炎武:《日知录》卷一九,道光十二年鄂山刻本。

根源。

唐甄对封建君主专制的批判和揭露最为彻底和大胆。首先,他把封建君主从神坛上拉下来,将其还原为人。他说“天子之尊非天帝大神,皆人也”,〔12〕通过褫夺笼罩在君主身上的神秘面纱,向众人展示君主作为一般人的本来面目,这样就从根本上动摇了“君权神授”理论的基础。其次,他从三个方面总结君主势尊之弊端:一曰“贱视其臣民……贤人退,治道远”;二曰“瞽于官,聋于民……耳目之不辨”;三曰“养隆而孝衰,教疏而恩薄……不和于家”。〔13〕君主势尊自蔽,导致是非不明,赏罚不分;君臣日益疏远,最终国破家亡。因此,不应该赋予君主绝对权力。最后,他总结认为“自秦以来,凡帝王皆为贼”,封建君主靠杀天下人而掠夺天下之财货是为民之贼也。他反问道“杀一人而取其布粟,犹谓之贼;杀天下之人而尽有其布粟之富,而反不谓之贼乎”,〔14〕认为专制君主靠杀人而据有天下,是贼害天下人的罪魁祸首。他揭示出天下混乱的终极根源在于君主专制。他说:“君者,利之源也,奸之的也。人皆的之,皆欲中之。”〔15〕

(三)限制君权的构想

批判不是目的,批判的目的是重构奠定基础。法律批判思想家在认识和揭示君主专制和“一家之法”危害的同时,通过对先秦儒家经典文献和史料的梳理与重述,返本开新,提出改革弊政的构想,这些构想都围绕限制君权而展开。

首先,主张法律必须返回“天下为公”的宗旨。黄宗羲认为,设立君主和法律最初均是为了防止由于人们自私自利对他人利益造成损害而形成的,是调节“公利”与“私利”的产物,因此法律不应该是“一家之法”,而应该是“天下之法。“天下之法”要为民除害,就应当严禁任何为专制君主谋私利的行为。“天下之利”往往直接表现为经济、政治、文化和社会等权利,因此法律应该以保障这些权利为宗旨。“授土”、“授地”、学校、婚姻应该是“天下之法”的主要内容。为此,他主张废除封建土地所有制,“重定天下之赋”,“工商皆本”和实行全民性的普及教育。他认为“法”的作用大于“人”的作用,提

〔12〕 唐甄:《潜书》,四川人民出版社 1984 年版,第 211—212 页。

〔13〕 唐甄:《潜书》,四川人民出版社 1984 年版,第 212—213 页。

〔14〕 唐甄:《潜书》,四川人民出版社 1984 年版,第 530 页。

〔15〕 唐甄:《潜书》,四川人民出版社 1984 年版,第 350 页。

出“有治法而后有治人”的观点，主张制定“天下为公”的法律。包括帝王将相和庶民在内的天下人一概严格遵守奉行法律，便能达到天下大治。

王夫之反对君主独裁，主张法律“必循天下之公”，去“一姓之私”。他说：“天下之事，自与天下共之，智者资其谋，勇者资其断，艺者资其材。”[16]法律所循之公乃为“天下之大公”，不以一人之意志为转移，秦以来的历代统治者，一反“天下为公”的宗旨，最终“祸速者绝其胄，祸长者丧其维……岂不哀哉”。王夫之期待制定法律，“大公于天下，而上下、前后、左右皆一矩絜之而得其平”。[17]

其次，提倡以平等权作为法律的基本精神。黄宗羲指出“三代之法藏天下于天下”，“贵不在朝廷，贱不在草莽”，无论其出身、职业，都享有平等的政治、经济、文化和社会权利。君主与官吏之间也是一种平等关系，“官者，分身之君也”，[18]但秦汉之后设置官吏的精神被扭曲，后儒将君臣关系提升到为三纲和天理的高度，并美其名曰“君臣之义”。黄宗羲否定君臣之义，对宋儒将君臣之义视为“天经地义”的观点大加驳斥，认为其行状“不异夫腐鼠”，君臣均为天下所设，君臣关系应以平等为原则。基于此，黄宗羲对汤武革命的行为以及孟子“暴君放伐”的言论赞赏有加，认为均是圣人明天下之义的圣举，其目的均是为除“天下之害”。

顾炎武通过对各种传世文献的考证，认为“君”本为上下之通称，上至天子，下至大夫均可称“君”，而且奴仆称其主人、女称其父、妇称其公也可用“君”。君主与公、侯、大夫及庶人在官者地位平等。君主的权力来源于天下，非“绝世之贵”，所以君权并不是神圣不可侵犯。顾炎武对“君”字的词义考古和君权的历史溯源，还原“君”的本来面目，拨开秦汉以后儒家添附在封建帝王身上的层层面纱。

唐甄认为“势尊自蔽”必然有亡国之祸，因此应抑君尊臣，提高臣子的地位，使君臣之间达致权力平衡。由于唐甄一生贫穷，生活清苦，与下层民众接触频繁，他的平等思想主要体现在社会平等方面。他观察到当时严重的贫富差距等社会不平等问题，认为社会上的贫富差距并非由于个人条件和努力程度的差异所致，而是因为机会不平等引起的，因此统治者应该“养民”“富民”

---

〔16〕 王夫之：《读通鉴论》卷二二，光绪二十五年凤池书院刻本。

〔17〕 王夫之：《黄书》，宣统二年寓庐精刻本。

〔18〕 黄宗羲：《明夷待访录》，中华书局2011年版，第27页。

以消除贫富不均的现象，以应天道。他说："天地之道故平，平则万物各得其所。"[19]

最后，提出限制君权的"分权分治"方案。君主集大权于一身是一切问题的根源，只有分化瓦解和限制君主的权力才能解决问题。批判法律思想家都有不同程度的"分权分治"思想，并设计出具体方案。黄宗羲提出的解决方案为：(1)恢复明初已经废除的宰相制度。宰相不仅可以与君主共商国是，还直接领导"政事堂"，管辖行政事务，即其所谓"凡章奏进呈……给事中以白宰相，宰相以白天子，同议可否……宰相设政事堂……列五房于政事堂之后：一曰吏房，二曰枢机房，三曰兵房，四曰户房，五曰刑礼房"。(2)设立学校。在"养士"(培养官吏)的同时，使其成为舆论和监督机构，即其所谓"天子之所是未必是，天之所非未必非，天子亦不敢自以为非是，而公其非是于学校……祭酒南面讲学，天子亦就弟子之列，政有缺失，祭酒直言无讳"。(3)实行地方分治。方镇具有独立的行政权、财政权和军事权，即其所谓"务令其钱粮兵马，内足自立，外足捍患；田赋商税，听其征收，以充战备之用；一切政教张弛，不从中制；属下官员亦听其自行辟召"。[20]

王夫之的"分权分治"思想与黄宗羲类似，但更主张通过法律来划分君主与宰相、中央与地方的权限，"宰相以条例行之部寺，部寺以条例行之镇道，镇道以条例行之郡邑，郡邑以条例行之编氓"，"天子之令不行于郡，州牧刺史之令不行于县，郡守之令不行于民"。[21] 顾炎武亦主张政体上将封建制(分封制)与郡县制相结合，"寓封建之意于郡县之中"，即以分权于地方来制约中央，限制专制君主的绝对权力。

二、帝王的正统法律思想

清朝前期及其中期的历朝帝王励精图治，在保留满族传统文化的同时，积极学习中原汉族文化。在法律上，他们吸收封建正统法律思想，特别是程朱理学中的法律思想，竭力宣扬"君权神授""尚德缓刑""君臣之义"等传统纲常伦理道德教条，重新扬起"三纲五常""忠孝节义"的旗帜，为自己统治的正当性提供理论依据，从而达到统治思想的目的。帝王的法律思想乃官方意

---

[19] 唐甄：《潜书》，四川人民出版社 1984 年版，第 285 页。

[20] 黄宗羲：《明夷待访录》，中华书局 2011 年版，第 27—92 页。

[21] 王夫之：《读通鉴论》卷一六，光绪二十五年凤池书院刻本。

识形态,对当时的法制影响巨大。清一代共历十二帝,各个帝王的法律思想有同有异,现就其相同之法律思想简述于后。

(一)天人感召,应天顺人

神权法思想在我国历史悠久,影响深远,历代帝王都宣称自己受命于天,恭行天罚,清朝帝王也不例外。努尔哈赤早期的天命观来源于萨满教,“天”乃独立于人事之外的自然存在。随着他所知道的汉族历史故事的增多,其“天命观”开始受到新儒学“天人感应”思想的影响。“天”不仅是“自然神”,还具有“人格神”的属性,主宰人间兴衰治乱和政权更替。他认为明“受天谴”而衰落,金“承天佑”而兴起,将自己打扮成天在人间的代言人。努尔哈赤认为法产生于天,将其称为“天纪”或“天道”。统治者依据天意立法,其言行及其与女真其他部落、外藩蒙古之间的盟誓是天纪在人间的体现,具有最高法律效力。

皇太极也声称满洲政权和他自己“受命于天”。他说:“天运循环,无往不复。有天子废为匹夫者,亦有匹夫起为天子者。此皆天意,非人之所能为也。”〔22〕他还接受周公“以德配天”思想,指出“皇天无亲,善者培之,否者倾之”,只有有德的君主才配称“天子”。他批评汉族史官说:“称其君者,无论有道无道,概曰‘天子’。殊不知‘皇天无亲,惟德是辅’,必有德者乃克副‘天子’之称。”〔23〕

入关后的帝王基本上均沿袭努尔哈赤和皇太极的天命神权观,将满族“敬天”的自然观念和中原的神权法观念结合起来以赋予统治的神圣性,但他们更加注重人事,认为人事对兴衰治乱具有关键性影响。康熙认为王朝兴替基于天命,他说:“从来帝王之治天下,未尝不以敬天法祖为首务”,〔24〕天地不言,上天通过“民意”考察人间统治者,“民为邦本”。他还说:“朕惟天人感召,理有固然。人事失于下,则天变应于上”,〔25〕这样就将天命与人事,特别是人心背向紧密联系起来,在赋予统治和法律正当性的同时,也给皇帝和各级官吏的权力戴上笼子。康熙所谓的“天”还具有义理之内涵,吸收程朱理学的“天理”观,即要奉行封建礼义和法度,并以“三纲五常”“存天理,灭人

〔22〕《清实录》(第二册),中华书局1985年版,第80页。
〔23〕《清实录》(第二册),中华书局1985年版,第303页。
〔24〕《清实录》(第六册),中华书局1985年版,第695页。
〔25〕《清实录》(第六册),中华书局1985年版,第960页。

欲”作为立法和司法的根本原则。

（二）重视法制，秉公执法

满洲政权兴起时就十分重视法律的治国作用，强调要秉公执法，不徇私情。努尔哈赤认为明朝衰落的原因就是因为执法不公平，他曾告诫明朝降臣曰：“非若尔明国听事不公，殉情受贿，有财者虽非亦是，无财者虽是亦非，是则是，非则非，秉公而断。”为保证重大案件秉公审断，他要求“人命案件，不可独断，当由公众论断”。[26]

崇德二年（1637 年），在迁都沈阳后不久，皇太极把制定法律作为征伐之外的头等大事，提出“自今以后，宜思所以宣布法纪，修明典常”，还要求“立法惩众，不辞烦切”。皇太极已经认识到关系到国家存亡，他说：“励精图治，法制详明者，国祚必永；怠于政事，废弛纲纪者，国势必危。”[27]皇太极不仅重视法律的制定，而且自己带头严格遵守法律，规定“若有违礼者，由礼部贝勒查实，连同汗在内，每次罚养一只”。天聪六年（1632 年），皇太极出行违礼，他主动认罚，并说道：“朕若废法，谁复奉法。”[28]

清初帝王强调法制的治国作用、重视法制建设的精神在后世帝王中基本得到遵守。清一代帝王，特别是康熙、雍正和乾隆诸帝均恪勤匪懈，锐意进取，积极立法，终成一代之法制煌煌巨典，可谓历代典章制度莫备于清。后世帝王也一再强调公正执法的理念，康熙多次谕令地方官“必以中正之心，行平恕之道，使法蔽其事，毋枉毋纵，必得真情，始免冤抑”[29]，认为只有执法公正、不徇私情、不阿权贵，才会“人心自服”。旗人史书辱骂顺天府丞王维珍，刑部议罚史书枷号一月、鞭一百。康熙认为处罚较轻，要求从重治罪，并处史书之主人。史书的主人为康亲王杰书，杰书乃开国八大铁帽子王之一的代善之嫡孙，位高权重，大臣们不敢处罚。康熙却说道：“朕只论是非，不论其为何人也。”[30]康熙的公正观不会因贵贱、民族而改变。

（三）明刑弼教，恤刑慎杀

孔子曰“不教而杀谓之虐”。封建正统法律思想主张德主刑辅，明刑弼

〔26〕 中国第一历史档案馆：《满文老档》（上册），中华书局 1990 年版，第 188 页。

〔27〕 《清实录》（第二册），中华书局 1985 年版，第 485 页。

〔28〕 《清实录》（第二册），中华书局 1985 年版，第 155 页。

〔29〕 《清实录》（第五册），中华书局 1985 年版，第 326 页。

〔30〕 《清实录》（第五册），中华书局 1985 年版，第 310 页。

教,教化为先。清入关后的历朝帝王受儒家的影响,强调教化为先,将刑杀作为达致教化的辅助手段。康熙认识到"法令禁于一时,而教化维于可久",因此主张"以德化民,以刑弼教",也就是说,治国要用德教和刑罚两种手段,二者是一种主次关系。

教化是治国的主要手段,通过教化可以化民成俗,形成良好的社会风尚。康熙可谓清朝帝王中推行教化的典型代表。他亲手拟定"圣谕十六条",规定教化的具体内容及其目标:"敦孝悌以重人伦,笃宗族以昭雍睦,和乡党以息争讼,重农桑以足衣食,尚节俭以惜财用,隆学校以端士习,黜异端以崇正学,讲法律以儆愚顽,明礼让以厚风俗,务本业以定民志,训子弟以禁非为,息诬告以全良善,诫匿匪以免株连,完钱粮以省催科,联保甲以弭盗贼,解雠忿以重身命。"〔31〕康熙希望通过儒家礼仪、法律制度等的教化,使人们树立起伦常观念、尊卑等级和基本秩序规范,从而预防和减少犯罪。为此,康熙尊崇儒学,重建孔庙,表彰孔子,开办学校,宣扬孝道,恢复宗族组织,提倡民间调解。

刑杀是治国的辅助手段,清代帝王本着"仁政"精神,主张"用法宽简",做到"恤刑慎杀"。与明朝相比,清朝刑罚没那么酷滥,无厂卫干预司法的现象,司法上创制重视人命的秋审制度。康熙提出"尚德缓刑",他说:"国家刑法之制,原非得已,然惩警奸慝,又不可无。朕每于刑法,必反复详慎,期于至当,未尝一事有所轻忽。"〔32〕确实,每逢"秋谳大典",他必取罪案逐一亲阅,再三详研,只有断无可恕者,才定情实,谓曰:"情有可原,即开生路。"〔33〕康熙还认识到刑讯逼供的弊端,他认为除重大案件可以刑讯外,其他情况下刑部官员应"凡事只宜细鞫真情,不宜全凭夹讯"。〔34〕

(四)参汉酌金,满汉畛域

天聪七年(1633年),后金文馆大臣宁完我提出依照《明会典》修订后金政典。他说:"参汉酌金,用心筹思,就今日规模,立个《金典》出来。每日教率金官到汗面前担当讲说,各使去因循之习,渐就中国之制。"〔35〕皇太极采纳了宁完我的建议,确立"参汉酌金"的立法指导思想。所谓"参汉",就是指要

---

〔31〕《清实录》(第四册),中华书局1985年版,第461页。

〔32〕《清实录》(第四册),中华书局1985年版,第511页。

〔33〕《清史稿》,中华书局1977年版,第4210页。

〔34〕中国第一历史档案馆:《康熙起居注》(第一册),中华书局1984年版,第40页。

〔35〕辽宁大学历史系编:《天聪朝臣工奏议》,1979年印,第71页。

参考以明朝法制为代表的中原汉族法制；所谓“酌金”，就是指在制定新法律的过程中要整理提炼后金原有的习惯法及旧法令，保留民族传统，根据本民族的实践和需要来建立自己的法律体系。

虽然“参汉酌金”的法律思想是在皇太极在位时提出的，但事实上的“参汉酌金”行为却始于努尔哈赤当政时期。天命六年（1621 年），努尔哈赤就要求归顺的汉官“将明国所定诸项章典，具缮文陈奏，以便去其不适，取其相宜”[36]，也就是说，因为后金法制简陋，正处于习惯法向成文法过渡之中，需要有选择地学习明代的法制。虽然有大臣提出反对意见，但却不能阻挡学习汉族法制的步伐。入关之前，满洲已经在服制、等级制度和婚姻制度方面已经完成“参汉酌金”的进程。天聪五年（1631 年）皇太极颁布诏令，推行汉族婚制，禁止“同族婚娶”，废除女真人盛行收继婚旧习。“参汉”不忘“酌金”，在“渐就大清之制”的同时，也使一大批汉人、蒙古人逐渐被满族化。天聪八年（1634 年），皇太极下令把后金的“官名及城邑名”，俱“易以满语”，即将总兵、副将、参将、游击、备御等官名改为昂邦章京、梅勒章京、甲喇章京、牛录章京等。

“参汉酌金”突出法律的民族特色，为“满汉畛域”“民族分治”埋下伏笔。入关前，努尔哈赤和皇太极虽口头上宣称满汉一体，如努尔哈赤曾说“诸申（女真自称）与汉人皆为汗民”“诸申与汉人俱为一体”[37]，但实际上汉人与满人的地位并不平等，他们不信任甚至贱视投诚的汉族官员。入关后，曾以“八旗户口未臻蕃盛，丁壮俱隶军籍”为借口，给予满人特权，从而形成一系列建立在“满汉畛域”原则基础上的法律制度。

另外，清政权境内民族众多，各民族风俗习惯信仰有异，实行“民族分治”更有利于维护统治，于是颁布了一系列适用于少数民族地区的法律，而不用内地之法治之。康熙曾说：“治天下当宽裕仁慈，以人性不可拂逆也，如满洲、蒙古各方之人，饮食日用其性各殊，必欲一之则乱，亦断不可行。”[38]

---

〔36〕 中国第一历史档案馆：《满文老档》（上册），中华书局 1990 年版，第 189 页。

〔37〕 中国第一历史档案馆：《满文老档》（上册），中华书局 1990 年版，第 260 页。

〔38〕 《清实录》（第六册），中华书局 1985 年版，第 560 页。

第二节　清朝的立法概况

满洲兴起之时"民淳法简"，虽在皇太极时期进行过史称"盛京定例"的立法活动，但亦不过是对其所沿袭的蒙古习惯法成文化，尚未形成系统的法律体系。入关后，清朝继受明朝法制，开始大规模立法活动，经过百年建制，渐成完备的法律体系。清朝的法律体系由"律""例""会典""则例"等法律形式构成。"律"乃极为稳定的法律制度形成的法典，以刑法为主，"条例"附在"律条"之后，形成"律例"合编的法律形式。

一、《大清律例》的制定

顺治元年(1644 年)摄政王多尔衮带兵占领北京，剿灭李自成起义军，取得政权。为实现对广大汉族地区的统治，多尔衮一方面宣布"准依明律"治罪，另一方面又在"详译明律，参以国制，增损剂量，期于平允"的思想指导下开始清律的制定工作。顺治二年(1645 年)，清廷成立律例馆，负责修律。顺治三年(1646 年)修成《大清律集解附例》30 卷 457 条，刊行全国，是清朝颁布的第一部律典。所谓"集解"，即将当时通行的注释用小字方式附在律条之下；所谓"附例"，即在律条之后附上"条例"，《大清律集解附例》所附条例有 321 条。由于制定匆忙，《大清律集解附例》几乎照搬明律的律条、注释和条例，仅删去明律中有关宝钞的法律条文，增加边远充军的条文，甚至有"允依《大诰》减等"之语。顺治十二年(1655 年)，考虑到满人多不识汉字会使法律的实施效果有限，将其译为满文，于次年译成颁行。

康熙帝继位后，针对疆域的扩大以及协调立法和司法之间的矛盾，于康熙十八年(1679 年)"著九卿詹士科道会同详加酌定"新旧条例，于次年颁行《刑部见(现)行则例》，并令尚书图纳、大学士张玉书等"将《见行条例》添入律内"。康熙四十六年(1707 年)，图纳、张玉书完成编纂工作，但圣祖"留中未发"，所以终康熙一朝，真正适用的刑法是《刑部现行则例》。

雍正帝登基之初，鉴于《刑部现行则例》存在"从重改轻，从轻拟重"或"先行而今停，事同而法异"等弊端，命大学士朱轼等为总裁，对顺治康熙时期的律例进行修订。雍正三年(1725 年)书成，两年后颁行，名曰《大清律集解附例》,共7篇30门436条。新《大清律集解附例》与旧《大清律集解附例》相比有两点重要变化:(1)解决原《大清律集解附例》与《刑部现行则例》相分离的问题,《刑部现行则例》纳入新《大清律集解附例》的"条例"中,刑部不再颁行则例,实现整个刑事法律的有机整合;(2)新《大清律集解附例》所附例分为三类:"曰原例,系累朝旧例,凡三百二十一条;曰增例,系康熙年间见行例,凡二百九十条;曰钦定例,系钦奉上谕及内外臣工条奏,凡二百又四条。"[39]

乾隆元年(1736年),清高宗命令律例馆总裁三泰组织何瞻、岳泰等人对原有律例"逐条考证,重加编辑,又详校定例,折衷损益,统名之为条例",又删除律后总注,增加小注,最后由高宗亲自厘定,定名为《大清律例》,于乾隆五年(1740年)颁行天下。至此,清朝制律工作经过近百年终于定型。《大清律例》的名称一直沿用到1910年《大清现行刑律》颁布为止。

《大清律例》在篇章上与《大明律》相同,由名例律、吏律、户律、礼律、兵律、刑律和工律七篇构成,分为30门,47卷,律文436条,附条例1049条。律文作为"祖宗成宪",自乾隆五年后不再变动;例文可以不断增加,以弥补律文之不足。乾隆元年确立每隔三年纂修增补条例一次的原则,乾隆十一年(1746年)"五年一小修,十年一大修"成为定制,此后有记载可考的修例活动达23次之多,以致条例不断增加,至同治九年(1870年)清廷最后一次修例,例文已有1892条。

《大清律例》实行"律""例"合编体例,"律垂邦法为不易之常经,例准民情因时以制宜"。"律"为纲,保证法律的稳定性与连续性;"例"为目,性质较为灵活,保证法律的灵活性与适应性,弥补"律"的不足,二者互相依存,"例"对"律"有修改、补充、废止或更新的作用。

二、会典与则例的编纂

(一)《大清会典》

"会典"为"会要"与"典章"的合称,为中央各部门就本部门职官管理等事务编纂的法典。早在关外时期,满洲就有编纂会典的打算。天聪七年,宁完我就建议仿照《明会典》制定"金典"。崇德元年(1636年),皇太极曾召集

---

〔39〕《大清律集解附例·凡例》,载《四库未收书辑刊》(第一辑第二六册),第16页。

大臣议定会典,但入关前会典修撰一直未成。康熙二十三年(1684 年),为提高国家统治效能,加强行政管理,使中央各部、院、寺的活动有法可依,在总结清初立法经验的基础上,仿照《明会典》起草清会典,历时六年完成,史称《康熙会典》,共 162 卷。雍正朝续修,于雍正十年(1732 年)纂成《雍正会典》100 卷。高宗鉴于"例可通,典不可变"的原则,将典、例分别编纂,纂成《乾隆会典》100 卷和《乾隆会典则例》180 卷。嘉庆十七年(1812 年),编成《嘉庆会典》80 卷和《嘉庆会典事例》920 卷。光绪二十五年(1899 年),编成《光绪会典》100 卷和《光绪会典事例》1220 卷。康熙、雍正、乾隆、嘉庆和光绪时期编纂的五部会典合称"五朝会典",总称《大清会典》。

《大清会典》以中央各机关为纲目,"以官统事,以事隶官",记述清朝从开国至当朝各级机关的建制、编制、品秩、职掌、权限等活动细则,并考其沿革,涉猎极其广泛。乾隆曾谓之曰:"凡职方官制,郡县营戍,屯堡觐飨,贡赋钱币诸大政,于六曹庶司之掌,无所不录。"〔40〕会典的内容"以各衙门开造文册(档案)为凭",还从历朝实录、官书、政书和律例中取材,也会收录皇帝的谕旨及御批的臣工奏议。因由皇帝批准编纂并经皇帝批准颁行,因此会典的采编具有法律编纂的性质。会典具有法律效力,康熙曾赞誉会典是"炳耀日星的大经大法"。清人认为"《会典》乃当代宪章,与律令相表里。"〔41〕

(二)则例

邓之诚谓:"清以例治天下",诚然。清一代,"例"的种类繁多,包括"条例""事例""则例""省例"。"条例"是从典型案例中抽象出来,经过臣工起草上奏并交皇帝批准的新法律规范,以刑法为主,经过"五年一小修,十年一大修"而编入律典中。"事例"是指朝廷处理各类政务的先例,包括皇帝发布的上谕及其对臣工奏本的批示等,事例经过"五年汇辑为小修,十年重编为大修"而汇纂入则例。"省例"是地方性官府编纂的地方性事务规范,现存省例有《治浙成规》《晋政辑要》《广东省例》《四川通饬章程》等。

作为专有名词的"则例"最早出现在唐穆宗长庆三年(公元 823 年)李德裕的《论丧葬逾制疏》中,其疏曰:"本朝旧例:检校官一品二品请同五品,三品以下并请同九品……仪如升朝官者,请据本官品第升降则例",〔42〕此处"则

---

〔40〕《御制序文》,载《大清会典》(乾隆朝),凤凰出版社 2018 年版。

〔41〕转引自黄源盛:《中国法史导论》,广西师范大学出版社 2014 年版,第 307 页。

〔42〕董浩等编:《全唐文》,中华书局 1983 年影印版,第 7197 页。

例”一词为“标准”“准则”之意。唐朝以后，“则例”的含义不断发展，到清朝把确立标准、准则的法律形式也称为“则例”，指中央各部门汇编的处理本部门政务所形成的各种事例，经过皇帝批准实施的法律规范。清朝“则例”由汉唐的“令”发展而来，作为会典的实施细则和补充，具有法律效力。清朝汇纂的则例多达百余种，名目繁多，内容丰富，就其编纂标准可分为两种：

1. 事类则例

即根据其所调整的政事类别而汇纂，如《八旗则例》《督捕则例》《军器则例》《捐纳则例》《科场则例》《武场则例》等。另外，《赋役全书》《学政全书》《漕运全书》等，虽无则例之名，亦属此类。此类则例所调整之政务，往往非一个部门所能完成，清朝中后期为防止部门推诿，对部分事类则例进一步细化，如《军需则例》分解为《兵部军需则例》《户部军需则例》《工部军需则例》。

2. 部门则例

简称“部例”，即依照部门职责及其所处理事物的范围来汇纂，如《吏部则例》《户部则例》《礼部则例》《中枢政考》《刑部现行则例》《工部则例》《都察院则例》《大理寺则例》《宗人府则例》《理藩院则例》等，中央部门均有自己的则例。兵部和刑部的部门则例比较特殊，兵部的则例不叫《兵部则例》，而叫《中枢政考》。刑部在顺治康熙时期有本部门的则例，名为《刑部现行则例》。雍正三年，将《刑部现行则例》及其后出现的条例编入《大清律集解附例》，此后，刑部不再颁布则例，亦无专属于本部之则例。

（三）会典与则例的关系

康熙五十四年（1715 年），李珍璘编纂的《定例全编》（亦称《典例全编》）以会典为纲，则例为纬，为乾隆朝编纂《大清会典则例》奠定基础。乾隆采纳张廷玉建议，将会典和则例分纂。乾隆朝后期改“会典则例”为“会典事例”，但就其性质和内容而言并未发生根本变化。会典和则例一道构成清朝行政机关法律规范体系，把国家机关及其日常活动纳入法制的轨道。会典与则例的关系具体表现为：

一方面，会典为纲，从总体上规定国家机关的组织、职责及其活动应遵循的基本规则；则例为目，根据会典的精神和原则，将各部、院、寺及其之间应遵循的工作规则和职责程序化。梁启超谓曰：“会典其大纲大法，而则例其细目法也，行政法之以例辅典，犹刑法‘以例辅律’也。”[43]

另一方面，会典“所载必经久长行之制”，所以会典的内容相对较为稳定；则例“为随时损益之法”，具有较大的灵活性，各部、院、寺定期修订则例，适应社会发展变化之需要。会典与则例的结合类似律与例的合编，不同之处在于律例为合编体例，会典与则例为分编体例，但这样照样保证了职官管理法规的稳定性与灵活性。

三、民族法制的创立

清朝疆域辽阔，境内生活着众多风俗习惯不同、宗教信仰各异的民族。入关前后，清廷通过武力，如努尔哈赤用兵蒙古、康熙三征噶尔丹并出兵占领西藏、乾隆平定大小和卓叛乱、征服大小金川、平定苗疆，实现开疆拓土和祖国统一。但清朝帝王深知马上杀伐不能取得长治久安，同时他们也充分认识到民族地区治理的特殊性，本着“因俗从宜”的原则，清廷创制一系列民族法规。清朝的民族立法无论在内容上还是技术上，都达到新高度。

（一）《理藩院则例》

理藩院是清朝中央管理蒙、回、藏等民族事务和与属国及外国交往等外交事务的机构，其职责为“掌外藩之政令，制具爵禄，定其朝会，正其刑罚”。理藩院在编纂民族民族法制方面具有重要地位，理藩院所编纂的《理藩院则例》是清代的民族基本法，集清朝民族立法之大成。现存《理藩院则例》有乾隆内府抄本、嘉庆二十二年（道光六年、光绪十七年）刊本。内府抄本以司属机构为纲、以具体职掌为目按照时间先后顺序理藩院事例。刊本共64卷713条，分“通例”和“旗分”两部分。“通例”规定理藩院官制、编制及其职责；“旗分”50门，分类规定民族地区和俄罗斯的具体事务。《理藩院则例》的范围十分广泛，涵盖政治、宗教、经济、军事、文化、交通、婚姻、刑法和对外关系等各方面，在清朝民族立法中内容最丰富、适用的民族最多。

（二）民族地区立法

对民族聚居区，清朝先后有针对性地编纂适应当地风俗习惯、宗教信仰和经济文化发展水平的单行法规。在内外蒙古，早在入关前的崇德八年（1643年）颁行“蒙古律书”，此后多次修订，于乾隆六年（1741年）编纂《蒙古

---

[43] 梁启超：《中国成文法编制之沿革得失》，载范忠信编：《梁启超法学文集》，中国政法大学出版社2004年版。

律例》,认可蒙古习惯中的罚牲代刑、顶经发誓的效力。在信仰伊斯兰教的回疆地区(今天山南北的维吾尔、哈萨克、回族聚居区),乾隆平定大小和卓叛乱后,开始系统立法,后于嘉庆十九年(1814 年)颁行《回疆则例》,确认"伯克"制度,规定朝觐、货币、驻军和刑事管辖制度。在西宁将军办事处辖地(今甘肃青海的蒙藏等民族聚居区),于雍正二年(1724 年)制定《青海善后事宜十三条》和《禁约青海十二条》,雍正十三年(1735 年)颁布《西宁青海番夷成例》,认可番民习惯,延展清律的适用期。在藏区(今川滇藏的藏族聚居区),先后颁行《酌定西藏善后章程》《设站定界事宜十九条》《酌议藏中各事宜十条》和《钦定西藏章程》等法规,其中乾隆五十八年(1793 年)制定的《钦定西藏章程》最重要,创立活佛转世灵童金瓶掣签制度,明确规定驻藏大臣与达赖、班禅地位平等,共同协商处理西藏地方事务,强化中央对藏区的治理。在苗疆(今云贵川湘桂各省的苗、瑶、土家等民族聚居区)于乾隆年间颁布《苗疆善后事宜》《苗犯处分例》等禁约,规定"苗民风俗与内地百姓迥别,嗣后苗众一切自相争讼之事,俱照'苗例'完结,不必绳以官法"。

第三节　清朝法制的变化

"清承明制",清朝法制多承袭明朝法制而来,世祖曾说"明太祖立法可垂永久,历代之君皆不及也",但因政治、经济、民族与社会环境的不同,清朝对明朝法制有所损益,使其呈现出鲜明的民族特色与时代特色。

一、确认旗人特殊地位的法制

为保证兵员和战斗力,清朝实行"出则为兵,入则为民"的八旗制度,将满人编入八旗,太宗时增加蒙古八旗和汉军八旗。入旗之人被称为"旗人",包括满族、满族化的蒙古人和汉人。旗人是清朝统治的基础,因此法律上赋予他们政治、司法和经济上种种特权。

(一)满洲贵族政治地位优越

清入关后,为保证对广大汉族地区的统治,顺治、康熙宣布满汉"视同一体"的政策,但实际上满汉官员贵族的地位并不平等。中央六部设满汉复职,但实权却操纵在满洲贵族手中。而且,由于皇帝对汉官的不信任,中央重要部门如宗人府、内务府、理藩院及掌管钱粮、弹药武器的部门,地方武职如驻防将军、都统、参赞大臣等,全由满蒙贵族充任,汉族贵族不得补缺。其他中央和地方满官出缺,汉官不得补任;汉官出缺,满官却可补任。通过这些制度,终清一代,满洲贵族都将国家政权把持在自己手上,即使清末官制改革欲消除"满汉畛域"亦不可行。

(二)旗人享有司法上的特权

旗人司法上的特权主要表现在管辖权和刑罚适用两方面。旗人犯法,普通司法机关无权擅断,要由特别机构审理,形成复杂的管辖关系。满洲贵族(分宗室和觉罗)犯罪由刑部会同宗人府审理,亲王、郡王不适用刑讯,也不必到庭。内务府所辖旗人犯罪由内务府慎刑司审理,徒刑及以上报刑部。京城普通旗人犯罪由本族佐领与步军统领衙门审理,杖刑以下自决;地方普通旗人犯罪由满洲将军和副都统审理,徒刑及以上报刑部,州县官员不得擅断旗人涉讼案件,否则依律治罪。

旗人犯罪所适用的刑罚也异于汉人,享有"换刑""减等"的特权。《大清律例·名例律》"犯罪免发遣"条规定:"凡旗人犯罪,笞杖各照数鞭责,军、流、徒免发遣,分别枷号。"旗人处笞杖刑照数换成鞭刑;徒刑一年换成枷号20日,每等递加5日;流刑2000里枷号50日,每等亦递加5日;充军附近枷号70日,近卫、边远80日,极边烟瘴90日。宗室、觉罗犯罪,特权就更明显,笞杖换罚"养赡银";枷、徒、军、流则换为板责加圈禁。另外,旗人犯罪在量刑时可直接减一等处罚。

(三)旗人财产受到特别保护

为保证八旗官兵的经济来源,清初圈占大量土地授予旗人;同时为保障旗人财产不至于流散,以免削弱统治基础,法律禁止旗民交产,民人(主要指汉人)不准典买旗地旗产,否则按"盗卖官田"罪论处,杖100,土地房屋及价银没官。但由于"旗人不习耕种,生齿日繁",康熙后期已经出现私自典卖田产给民人的现象。于是在雍正七年(1729年),清朝发布上谕重申:"八旗地亩,原系旗人产业,不准典卖与民,自有定例。"清政府甚至动用国家财政强制赎回已经典卖的旗地旗产,红契全价赎回,白契半价赎回。此后直至同治朝,清廷仍不断重申严禁买卖旗地旗产的禁令,规定"(旗地)无论旧圈自置,概不准售与民人""若典鬻旗地,从盗卖官田律,授受同惩"。光绪朝鉴于旗民交产行为势不可挡,于是废除禁令,规定除奉天外的旗地旗产只要照例缴纳契税均可自由买卖,不再治罪。

二、适应社会变化的刑罚制度

清朝正刑沿袭唐以来的五刑制度,有笞、杖、徒、流、死五种二十等,但五刑的具体执行方式有变。此外,实际上的刑罚并不限于五刑,另外增加有法外之刑。

(一)笞杖刑改轻

清朝入关前,刑罚在“大辟之外,惟有鞭笞”,无笞杖刑。入关后,“准依明律”,沿用隋朝以来就已经定型的笞杖刑十等刑制度。康熙朝本着“以德化民”“修德安民”“明刑弼教”的精神对笞杖刑进行改革:一是将笞杖刑的刑具由荆条改为竹板;二是将笞杖刑的决数由多改少。笞杖刑的决数实行“打四折,以五为等差,去零头”的计算方式,即原来的笞十改为笞四,原来的笞20改为笞五,以此类推,原来的杖100改为杖40。总之,笞杖刑由重改轻意味着对社会危害较小的犯罪行为处罚减轻,这样既不会放纵严重危害统治的犯罪行为,又达到笼络人心的教化效果。

(二)徒流刑的发展

清朝沿袭隋朝以来的徒刑制度,即徒刑服役期限一年起至三年止,每半年为一等,共五等。徒刑的执行方式为“发本省驿递,其无驿县,分拨各衙门充水火夫各项杂役”。在定制之外,另有“准徒”。所谓“准徒”,即允许杂犯死罪与杂犯流罪分别折抵为五年徒刑和四年徒刑。

清朝沿袭唐朝以来的流刑制度,里程分为流2000里、2500里、3000里三等,均附加杖刑100。清初,流刑按照里程酌情发往各处荒芜或凭海州县,后因各省流囚数量不均,乾隆八年(1743年),刑部汇纂《三流道里表》,此后流囚分拨按表即可。

三流之外,清朝还有充军、发遣等流刑的加重形式。清朝充军分附近、近边、边远、极边、烟瘴五等。犯人定罪后由兵部发配,初时亦有分配不均问题。乾隆三十七年(1772年),兵部制定《五军道里表》解决问题。清朝充军与明代不同,罪犯不再编入军户,因此也就无“终身充军”和“永远充军”之别。除充军外,还有发遣,即将罪犯发配到东北、外蒙和新疆等苦寒之地给驻防士兵做奴隶。

（三）死刑制度的变化

清朝死刑制度在隋朝以来的绞斩二正刑的基础上发生两点变化：一是死刑执行明确分为“监候”和“立决”两类，即立即执行的“立决”和暂缓执行等候发落的“监候”。立决多针对反逆、命盗等真犯死罪，监候多针对性质略轻的杂犯死罪。《大清律例》明确规定：凡律中不注监候、立决字样者，皆为立决；例中不注者即为监候。二是死刑更加残酷。死刑的残酷化表现在沿袭明朝的凌迟、枭首、戮尸等极刑，并将其适用范围扩大。清朝不仅全部继承明朝律例中适用凌迟的罪名，还将其适用扩大到劫囚、发冢、谋杀、杀一家非死罪三口、殴受业师、殴父母、殴祖父母等犯罪中。

（四）扩大刺字的适用范围

刺字即三代之墨刑，“其所从来久矣”。汉唐法定刑中无刺字，五代两宋将其作为配役、配军的附加刑，刺字得以复活。清初，仅盗贼、逃人才附加刺字，以防犯人再犯和便于侦查缉捕。乾隆朝及其以后，定例日多，凶犯、逃军、逃流、发遣、改发等都要附加刺字，刺字成为常用附加刑。初犯刺右臂，再犯刺左臂，更犯刺面颊。刺字的内容有所犯事由和发配地方之别，还有满汉文字之异。

三、保障专制统治的严刑峻法

满洲政权兴起于关外，缺乏文化自信；作为异族政权，入关之际就遭到汉族为主的多民族多种形式的反抗斗争；处于天崩地解的社会大变革前夜，各种思潮不断涌现，诸如结社定盟、宣教结众和罢市叫歇等社会运动也层出不穷。为挽救统治危机，化解复杂的阶级矛盾、民族矛盾和社会矛盾，清政府不惜以严刑峻法推行政治、文化和社会高压政策。

（一）推行政治高压统治

1. 严厉打击谋反谋叛谋大逆行为

清朝法律以维护专制皇权为根本任务，沿袭隋唐以来将对封建政权危害最大的谋反、谋叛、谋大逆等三谋之罪列入“十恶”、特标律首的传统，作为律例重点打击的对象。与历代相比，清朝律例扩大三谋之罪的适用范围，加大惩罚力度。

《大清律例·刑律·贼盗》门所附条例中，将纠众杀官、监狱暴动、异姓歃血为盟、结拜兄弟、聚众抗粮、罢考罢市、“传徒惑众”视同反逆罪。司法实践中将“奏疏不当”“犯圣讳”加以“丧心病狂”“妄议朝政”之名，比照谋大逆治罪。

清朝律例对反逆罪处刑极重，凡共谋者不分首从皆凌迟处死，父子、兄弟、同居之人（包括异姓）、叔伯、兄弟之子（不限籍之异同）年 16 岁以上皆斩；15 岁以下男亲属及所有女眷交功臣为奴，财产没官。尤为残酷的是，清朝律例规定正犯子孙年 11 岁以上者，无论知情与否，均要阉割并发往新疆给官为奴。

2. 严惩宦官干政和大臣结党行为

鉴于明朝宦官专权与朋党之争导致政权覆亡，清朝统治者吸取教训，以法律手段进一步强化皇权，用铁的手腕惩罚宦官干政和王公大臣结党营私的行为。顺治帝曾立铁牌，规定太监干政、结纳官员、擅奏外事者皆凌迟处死，并允许地方官监督外出太监行踪。

《大清律例·刑律·奸党》沿用明“奸党罪”与“交结近侍官员”条文，以杜绝大臣“私植党羽”“蠹害国政”的隐患。其还规定各族王公不得与现居外官的旧属人员继续交往，否则杖 100；攀托“馈送”者，计赃从重论处，该王公交宗人府议罪。

（二）大搞文化思想专制

清入关后，为压制明末以来反对、怀疑君主专制制的思潮，扑灭汉族士大夫的反清意识，清朝统治者有计划地实施了一整套思想文化专制政策。

1. 屡兴大案打击江南士大夫集团

清入关后遭到江南士人的反抗，顺治以三大案打击江南士大夫集团。顺治十四年（1657 年）科场案，以江南科举出现受贿、舞弊为由，捕捉、流放、杀死士大夫数百人。顺治十八年“奏销案”，捕捉江南积欠赋税的士大夫三千余人，革功名，枷号示众，尤以探花叶方霭为最，其所欠不过一文。同年“哭庙案”，苏州秀才抗议县官贪墨，趁顺治丧举行“哭灵大典”之机聚于文庙哭诉，被责为“惊先帝之灵”，全数被捕处死。

2. 大兴文字狱禁锢读书人的头脑

所谓“文字狱”，即统治者认为文章著书或奏章中含有妄议朝政、“追思旧国”等“逆词恶言”，进而大肆株连所造成的冤狱。清朝文字狱起于顺治朝，集中在康雍乾三朝，共一百多起案件，株连士人过万，比较著名的文字狱有明史案、《南山集》案、《字贯》案、曾静案等。文字狱往往不由法司审理，而由皇帝亲自过问,皇帝“原心定罪”,比附反逆罪论处,极易造成冤案。文字狱禁锢读书人的头脑,扼杀思想自由,导致思想僵化、文化凋零,严重阻碍社会的发展,延缓中国近代化进程。

(三)严惩危害社会秩序罪

清朝中叶以后,承平日久,人口增多,贫富差距增大,经济的发展赶不上人口的增长,流民日益增多,犯罪行为增多,还出现了新型犯罪。为稳定社会秩序和维护统治,清政府增设新例,增加新罪名,对新型犯罪加以严厉打击。

1. 创设“光棍”条例

明朝后期虽已经出现“光棍”罪名,但还未成为明确的条例。顺治十三年(1656 年),清廷为惩治“光棍”犯罪,专门制定一则条例。该条例经过多次修改,至乾隆年间定型,纳入《大清律例·刑律·恐吓取财》门中,人称“光棍条例”。“光棍条例”打击“设法索诈官民财物”的流氓行为,“不分曾否得财,为首者,斩立决;为从者,俱绞监候”。此后,清廷陆续将鸡奸、强奸幼女、积惯讼棍等犯罪按照“光棍条例”处刑。

2. 确立“倡立邪教”罪

朱元璋对白莲教推翻元朝政权有深刻认识,在《大明律》中增加“禁止师巫邪术”条,规定:“凡师巫假降邪神…… 自号端公、太保、师婆,及妄称弥勒佛、白莲社、明尊教、百云宗等会……为首者绞;为从者各杖一百,流三千里。”清朝除沿袭明朝律条外,还明确提出“邪教”概念并对其加以界定,确立“倡立邪教”罪。雍正帝认为“所谓邪教者,非指世俗寻常僧道之流而言,大抵妄立名号,诳诱愚民,或巧弄纪术,夜聚晓散。此等之人,党类繁多,踪迹诡秘。”乾隆十三年(1748 年),清廷在“禁止师巫邪术”条中增加惩治“倡立邪教”犯罪的条款,后经进一步修改,汇纂入《大清律例·礼律·祭祀》门中。其文曰:“其有人本愚妄,或希图诓骗财物,兴立邪教及挟仇编造邪说,煽惑人心,比照反逆定罪之案”,之所以比照反逆定案,因为在统治者看来“倡立邪教,传徒滋事,非叛逆而情同叛逆者也”。清政府还强调查禁邪教,“要在宽严得中,轻重合宜,如邪教党羽有纠合匪类,图谋不轨,自当严行惩究,毋令漏网,若不过乡曲小民,持素奉佛念经礼忏,所在有之”。

四、遏制商品经济发展的法制

清朝统治者为维护其赖以生存的封建自然经济基础,继续奉行传统的重农抑商政策，千方百计遏制商品经济的发展。

（一）厉行海禁，严控对外贸易

清初为孤立郑成功领导的台湾反清力量，顺治十三年（1656 年）颁禁海令，规定沿海地区片帆不得下海，凡有商民入海与郑氏贸易，一律奏闻处斩，货物没官，家产付告发人充赏。顺治十八年，又颁布“迁海令”，强迫江南、浙江、福建、广东沿海军民内迁 30 里（后扩至 50 里），对郑氏反清武装实行坚壁清野的政策。迁海令实行了 33 年，直到 1683 年台湾归顺清廷，才于第二年允许开海，也仅允许百姓回迁，仍严禁百姓私自出洋经商，违者处斩立决。

清朝对海外贸易有严格的限制，规定：凡马牛、军需、金、铁、铜、锡、铅、硫磺、书籍、粮食均不允许出口；允许出口的丝绸、茶叶、大黄也有严格的数量限制。如《大清律例·兵律·关津》门规定：“商渔船内夹带违禁硝磺、钉板、樟板等物接济外洋者，船户以通贼论斩。”清政府只允许广州一口通商，而且必须通过官方指定的垄断代理商（十三行）贸易。

（二）扩大禁榷范围，重征商税

清朝扩大了禁榷范围。除盐、茶、矾之外，金银等贵重金属及硝、硫磺、铁等重要物资均被列入国家专营范围，严禁私自买卖。《大清律例》增加“禁榷”例，雍正至道光年间，惩治私盐的“盐法”条例增加了 28 条。

广设钞关，重征商税。《户部则例》规定：“关税短缺，令现任官赔偿”，即对偷越关卡与偷漏税的行为，不仅客商要按律治罪，地方官也要一并议处。这促使各钞关官弁以增课为能事，肆意苛求。除此之外，清政府还征牙税、落地税、盐税、茶税、酒税等。胥役也借机勒索，致使广大商人不堪忍受重赋。

（三）推行官营手工业，压制民间手工业

顺治三年清政府明令废除明朝的“匠籍制度”，“除匠籍为民”，匠户编入民籍，与民人一样纳税当差，禁止官府无偿役使手工业工人。这些政策客观上有利于民间手工业的发展。但为满足皇室、官府及国防之需，清朝推行官营手工业制度，规定武器、铸币、内庭所需织造及瓷器，都由官府所属各类作坊生产经营。另外，为了防止商品经济对其赖以存在的经济基础造成冲击，对民间手工业设置许多苛刻的限制性规定，对纺织业及造船业的限制尤为明显：限制机户的规模（不得逾百张），并征税极重（每机“50 金”），且要由官衙批准发给“文凭”（执照）；造船必须事先报请州县官府，并查取户族、里长、邻居的“保结”才获批准，造成后又得报官验证，并登记在船人年貌籍贯，发给执照，才能取保候用。

(四)加强对矿冶业的限制，限制民间开矿

清朝严格控制矿冶业，对金、银、铜、铁等贵重金属的开采与冶炼的控制尤甚。其控制方式有四：一曰“启闭”。《光绪会典》规定：“凡矿政，即山置厂，办五金之产而采之，启闭必以闻”，即各省采矿必须由巡抚大员“会勘”，然后奏请皇帝批准开厂，年久应废老矿必须也由督抚奏闻才能封闭。二曰官方垄断。贵重金属如金银的开采一律由国家进行，私采则正犯处以极刑，家人迁居化外。三曰“预借工本，官收铜斤”，即由私人借官本开矿，再由官方低价收购，垄断买卖。四曰登记重税，即要求厂商对炉数、产量进行详细登记，并据此征收20%的税收。清朝严厉控制矿冶业的重要原因就是防止人们利用偏僻的矿山聚众谋反，即《东华录》所谓“恐其中潜藏匪类，致生事端”。另外，君主认为矿冶业对地方经济没多大益处也是原因之一，如康熙四十三年曾下谕：“开矿事情，甚无益于地方，嗣后有请开采者，俱不准行。”

五、典卖与继承法制的完善

(一)完善典卖制度

首先，明确典当与买卖契约的区别。典当、契约是我国特有的契约形式。在清朝以前，典当与买卖之间并没有明确的界限，所以典又被称作“活买”“赊买”等。乾隆十八年(1753年)条例规定：“嗣后民间置买产业，如系典契，务于契内注明‘回赎’字样；如系卖契，亦于契内注明‘永不回赎’字样。”可见清代以是否允许回赎为区别典当与买卖的重要标准。清继承了明代“私契自由”的原则，规定典当契约无须经官府加盖官印、缴纳契税，同时也无须到官府“过割”赋税。

其次，明确规定典当的回赎年限。清朝以前的法律允许典当可以回赎，但未对回赎年限作任何规定。乾隆三十五年(1770年)修纂的事例建议典当契约统以10年为限，后载于《户部则例》，即“民人典当田房，契载统以十年为限，限满听赎”。

最后，明确房屋出典后的风险责任。清朝以前的法律对房屋出典后的风险责任由谁承担并无任何规定。乾隆十二年定例规定出典房屋失火烧毁，在限内，由为业主(出典人)和(钱主)承典人各出一半合伙起造，典期延长3年，3年后业主仍以原价取赎。若业主无力出资，由钱主出资建造，典期仍延长3年,3年后业主按原典价的140%(加四)取赎;相反,若钱主无力出资,由业主出资建造,期满后,业主以原典价的60%(减四)取赎。

(二)认可兼祧继承

所谓"兼祧",指在宗法制度下,一个男子同时继承两个及以上家庭宗祧的习俗。兼祧人不脱离原来家庭的裔系,兼做所继承家庭的嗣子。清朝以前,虽然民间存在兼祧习俗,但基于"岂可舍抱养之家,绝父之后,反欲为他人之嗣"的认识,"独子不得出继"成为继承制度的一项基本原则,因此民间的兼祧继承习俗并未被国家认可,不具有法律效力。

清入关后,为笼络汉族地主阶级和维护自己的统治,赋予宗族组织一定的自治权,给予族长在"劝导、风化以及户婚田土争竞等"民间细故方面有调处与裁判的权力,从而变相地认可"兼祧继承"具有法律效力。随着宗族力量的强大,宗族组织与家规族法对国家政权的破坏性增大,清高宗开始对宗族组织与家规族法进行限制,对国家政权有负面影响的家规族法被禁止,而有利于维护政权的家规族法却被国家法律所吸收。乾隆四十年(1775年),上谕宣示"一人承两房宗祀",即俞樾所谓"一子两祧,为乾隆间特制之条"《俞楼杂纂·丧服私论·论独子兼祧之服》,正式以将兼祧习俗上升为国家法;同时严格限制兼祧的条件,即独子出继的两房应为同父兄弟,且须经双方同意,并有全族的书面保证意见。此后,关于兼祧继承的法制进一步完善,如道光年间议定大宗子兼祧小宗的服制"为所生父母斩衰三年,而为兼祧父母齐衰不杖期"。

第四节 清朝的狱讼制度

清朝的狱讼制度承袭明制而来。仿照明朝,清朝在中央设置三法司,负责专门狱讼工作;在地方案件逐级审转,幕宾、胥吏左右狱讼;创立"秋审"制度,并对历代会审制度辗转相承,形成完备的会审制度体系。

一、中央狱讼机关及其关系

(一)中央狱讼机关及其职掌

清朝中央狱讼机关与明朝相同,由刑部、大理寺、都察院三法司构成,三法司的组织构成及其职掌分别如下：

1. 刑部

刑部为专门负责审判的最高中央机关。刑部由清吏司（分管各省司法的司级机关，初设 14 个，后增设为 17 个）、督捕司（追捕“逃人”，初隶兵部，康熙三十八年改隶刑部）、秋审处（办理秋审事务）、律例馆（修订法律）、提牢厅（管理京城南、北监狱）等十多个部门组成。

《光绪会典》谓刑部“掌天下刑罚之政令，以赞上正万民。凡律例轻重之适，听断出入之孚，决宥缓速之宜，赃罚追贷之数，各司以达于部。尚书侍郎率其属以定议，大事上之，小事则行，以肃邦犯。”具体而言，刑部的职掌有三：一是在皇权之下行使最高司法审判权，即审理京师徒刑以上案件及京官犯罪案件，批结全国流刑、充军、发遣案件，办理秋审、朝审事宜，核拟死刑案件；二是行使最高司法行政权，即核办黄册进行司法统计，主持全国狱政工作，负责本部官员考核；三是负责刑事法律的修订，即积累案例，拟定条例，定期开馆修律。

2. 大理寺

清入关前，不设大理寺。入关后，清朝仿效明朝，在中央设立大理寺。大理寺的长官为卿与少卿，卿与少卿之下设左、右二寺。

《大清会典》谓大理寺“掌平天下之刑名，凡重辟则率其属而会勘。大政事下九卿则与焉，与秋审、朝审”。具体而言，大理寺的职掌有二：一是复核刑部问拟的死刑案件，对拟判不当者予以驳回；二是参与主持重大案件的会审，如参与秋审、朝审，主持热审。总之，清朝的大理寺为中央慎刑机关。

3. 都察院

清朝于崇德元年（1636 年）在盛京设立都察院。入关后，清朝仿明制，在都察院之外另设吏、户、礼、兵、刑、工六科，监督六部政务。雍正元年（1723 年），六科并入都察院，设给事中，其中与司法事务关系比较密切的是刑科给事中。顺治时期，全国分为十五道，每道设监察御史监察本道政务，并稽查京内各衙门事务，从而形成科道并立的监察制度。

《大清会典》谓都察院“掌司风纪……凡重辟则会刑部、大理寺以定谳，与秋审、朝审”。具体而言，都察院在司法方面的职掌有二：一是会谳，即与刑部、大理寺共同审理、复核死刑案件；二是参与秋审、朝审，负责复奏和拟定勾到题本。京师死刑案件会谳由刑部“现审”，都察院、大理寺参与会审，有“会大法”与“会小法”之别。所谓“会小法”即由大理寺委派丞或评事、都察院委派御史到刑部承审司会审，狱成呈堂，然后再由三法司堂上官（即长官，正副皆可）会审定谳，后者谓之“会大法”。

（二）三法司之间的关系

顺治时期，大理寺卿魏琯曾将三法司之间的关系概括为：“持天下之平者，部也；执法纠正者，院也；办理冤枉者，寺也。”魏琯之言提及三法司职权运行的理想状态，但因明清以来“部权特重”，因此实际运行中刑部主审判、都察院监督、大理寺复核的制衡关系几无可能。《清史稿》谓“外省刑案，统由刑部核覆。不会法者，院寺无由过问；应会审者，亦由刑部主稿。在京狱讼，无论奏咨，俱由刑部审理”，可见清代，刑部在三法司中权力独大。从制度设计上看，凡会审案件，都察院和大理寺可以提出异议，向皇帝提出奏议，但实际上却无例证。

二、地方狱讼制度

（一）审转层级与复核

清朝的审转复核制度以审转层级为基础，审转层级类似于今日之审级。其审转层级与地方行政区划有一定关系，但并不完全对应。清朝普通的地方行政机构层级为县（属州、属厅）、府（直隶州、直隶厅）、道、省四级。普通的审转层级为县、府、司（省按察司）、院（总督、巡抚）四级；直隶州、直隶厅的审转层级为直隶州或直隶厅、道、司、院四级；直隶州、直隶厅属县的审转层级为县、直隶州或直隶厅、司、院四级。

一般而言，第一审转层级为州县，所有案件都必须经过州县的初审。“拟律”，即根据律例条文作出判决。若判处笞杖刑，则产生法律效力；若处徒及其以上刑罚，则不立即发生效力，需要上一层级，即知府审理，是为第二层级。知府审理后，拟律，再转报更上一层级，即由按察使审理，是为第三层级。按察使审理后，拟律，再报院，即由总督、巡抚审理，是为第四层级，总督、巡抚对徒刑有决定权。若判处流刑、充军或发遣，则报刑部覆核批结；若为死刑，则由刑部和三法司奏报皇帝裁决。清朝的审转覆核自动启动，不受当事人上诉与否的影响。所有案件都从州县开始初审，逐级审转复覆，到有决定权的层级才停止，该层级的审判即是终审。

(二)刑名书吏与幕宾

清朝地方狱讼秉承行政兼理狱讼传统,法律明确要求地方长官亲自审案,规定“凡非正印者,不得受民词”。但地方官多为科举出身,有“读尽诗书不读律”的癖好,因此,他们对地方法律事务并不了解,于是只好倚重书吏和幕宾。书吏,又称“胥吏”,指官府中“熟于律例,工于写算”的佐职人员,其中协助刑案审理者称“刑名书吏”。幕宾,又称“师爷”“幕友”“夫子”“先生”,为正印官私人聘用的参谋或助理,其中以刑名、钱粮师爷最为重要。刑名书吏与幕友弥补了地方官法律知识和技术上的缺陷,对地方狱讼产生积极影响;但一些刑名书吏与幕宾为谋私利,长期把持地方狱讼事务,舞文弄法,“曲直颠倒”,刁难百姓,弄得当地狱讼乌烟瘴气。

三、完备的会审制度体系

清朝会审制度远宗汉唐,近承明朝,但有所发展。清朝的会审形式多样,有秋审、朝审、三司会审、热审之别。各种形式的会审分工明确,形成完备的会审制度体系。

(一)秋审和朝审

清朝的秋审和朝审渊源于明朝的朝审。在清朝,凡死刑监候案件皆列入秋审或朝审。秋审和朝审是九卿、詹事(通政使)、科道(六科给事中和各道御史)、各院寺官员会审和复核死刑监候案件的制度。

秋审又被称为“秋谳大典”,是中央复审外省死刑监候案件的会审制度,因在每年秋季举行,故名。清朝秋审形成于顺治年间,完备于乾隆年间。秋审的程序首先是督抚汇题,即每年五月中旬以前,各省督抚将本省监候案件,分别按犯罪性质、情节分情实、缓决、可矜、留养承嗣四种类型上报刑部并奏报皇帝(督抚汇题)。其次是刑部看详与核拟,即刑部分清吏司、秋审处、堂官三个层次分别审核案卷,并在五月中旬前拟定实、缓、矜、留意见(部拟);待各省汇题到齐,再查阅外勘与部拟不符者,再下司议、堂议,再形成部拟意见,分实、缓、矜、留奏准。再次是九卿会审与具题,即在每年八月某天,在天安门外金水桥西朝房,由刑部主持,汇集九卿、詹事、科道、各院寺官员进行为时一天的集议。因时间太紧,往往采用变通方式,即由刑部官员按招册“逐一唱报,会同审核后”,分实、缓、矜、留奏报皇帝。最后是复奏与勾决,即将奉旨入于情实者向皇帝复奏(清初秋审不需复奏,雍正时三复奏,乾隆时改为一复奏)，在死刑执行前还要奏请"勾决"，奉旨勾决者才能处决。

图 10－1　长安右门内的西千步廊

清朝秋审、朝审的所在地。

京师地区民事案件和处笞杖刑的轻微刑事案件，由设于京师东西、南、北、中五城的五城察院管辖；步军统领衙门主要负责维护治安，对巡查中缉捕的罪犯，有权审结笞、杖之罪；刑部直接受理京师地区徒刑及其以上的案件，处徒、流、军、遣刑的判决交顺天府执行；死刑监候案件则由三法司会审具题进入朝审。朝审是中央复审京师地区死刑监候案件的会审制度。自三法司会审具题后，朝审与秋审的程序基本相同。

朝审类似于秋审，但有所不同。它们的相同之处有：(1)性质相同，均是复审死刑监候案件的会审制度；(2)参加会审的人员基本相同，均为九卿、詹事(通政使)、科道(六科给事中和各道御史)、各院寺官员；(3)会审结果相同，均分为情实、缓决、可矜、留养承嗣四种类型。他们的不同之处有：(1)会审时间有所不同，清初秋审在前，秋审在八月中上旬，朝审于霜降后十日内举行，在八月中下旬，嘉庆时期颁布《秋审条例》，规定朝审在秋审前一天举行；(2)被审理的对象不同，秋审审理的是地方督抚问拟的各省死刑监候罪犯，朝审审理的是刑部问拟的京师地区死刑监候罪犯；(3)审理的方式不同，秋审采用形式审，通过阅卷进行，朝审为事实审，刑部要将犯人"唱名过堂"；(4)办理会审的部门不同，秋审由刑部四川清吏司办理，朝审由刑部广西清吏司办理。

(二)热审

热审，即在每年小满之后十日到立秋前一日，由大理寺左右二寺官员，会同都察院各道御史及刑部承办司官员，共同审录京师在押处以笞、杖刑的罪囚，轻微者可以被减免刑罚或及时释放。因在暑热季节举行，故名"热审"。

康熙时规定地方与京师同时举行热审。

课后思考·关键词

参汉酌金 《大清律例》《大清会典》《理藩院则例》 文字狱 光棍例
倡立邪教罪 刑名幕友 热审

课后思考·问答题

1. 批判法律思想家提出了哪些限制君权的制度构想?
2.《大清律例》中的"律"和"例"之间的关系及效力如何?
3. 清朝法制的民族性体现在哪些方面?
4. 清朝采取了哪些遏制商品经济发展的法律措施?
5. 试比较清朝的秋审与朝审制度。

案例阅读

明史案

第十一章　清末变法修律

中国法制现代化的历史离不开文化史的视野,陈顾远先生在回顾中国法制历史时指出,中国文化在历史上有两次重要的转变:其一,在观念层面上,东汉佛教传至中国,唐代又崇奉道教,后又演变而为宋明理学,社会礼仪,受其熏陶,循吏用法,蒙其影响;其二,在法律层面上,中国法律以儒家思想为灵魂,借用法家之体躯,完成中华法系之生命。[1] 而这一切都在清末"被欧美势力所笼罩,不得自拔"。

陈顾远对中国法制史的概念从广义和狭义两个方面进行了精辟的阐释:广义上的法制史不限于法律,凡是有关典章文物刑政教化,莫不为其对象;狭义上的中国法制史的范围,只以法律上之制度为限,举凡制之不入于法者,换句话说,制之无关于刑狱律令者,皆除外。陈氏又认为这些都不过是编著体例上的争论,还不是中国法制史的重要问题。他主张法制史的概念是"及现代之法理、政理而言,制度之条文固可曰法,制度之见诸于明令、为众所守,虽未定于律、入于刑者又何尝非法;即认为以法统制,亦应两者并举,不能以狱讼为限,故愚从广义焉"。[2]

1901 年至 1911 年是清王朝统治的最后 10 年,这 10 年与其说是旧王朝的崩溃期,倒不如说是新时期的萌芽。社会制度与风气的变革早已开始,而政治灾难的到来则往往在最后。事实上,直到 1911 年,中国政府一直遵守着 19 世纪 90 年代曾经宣喊过的路线亦步亦趋地前进着。1898 年,以慈禧太后为代表的保守势力已从光绪帝和康有为手中夺取了统治权。1901 年后,他们继续着手实施那些激进的改良措施,因为除此之外,已再无其他任何选择的余地。庚子战争已显示出单纯排外政策的破产,而反清叛乱的潜在威胁促

---

〔1〕 陈顾远:《中华法系之回顾及其前瞻》,载范忠信等编校:《中国文化与中国法系——陈顾远法律史论集》,中国政法大学出版社 2006 年版,第 540—550 页。

〔2〕 陈顾远:《中国法制史》,商务印书馆 1934 年版,第 2—3 页。

使清政权不得不采取富有建设性的步骤来拯救自身。于是,保守改良便成了中国社会戏剧中最主要的一幕。[3]

图 11－1　会审公廨

图 11－2　原法租界会审公廨旧址

今上海市建国中路 22 号。

第一节　清末制宪的因由

钱穆先生曾将中国史比作一首诗,而将西洋史比作一出剧。"前者总在和谐和节奏中按照同一个规律转移到新的阶段,而后者则从一幕转到另一幕,剧情时在变换。"[4] 如果将这一比喻用于近代中国史,这首诗最引人注目的节奏变化应该是由理解历史到创造历史的转变。

李鸿章曾提出"数千年未有之变局"和"数千年未有之强敌"的命题。早在 1865 年,李鸿章就曾致函朱久香说:"外国猖獗至此,不亟亟焉求富强,中国将何以自立耶? 千古变局,庸妄人不知,而秉钧执政亦不知,岂甘视其沈胥耶? 鄙人一发狂言,为世诟病,所不敢避。"1872 年和 1874 年,李鸿章又两次上奏朝廷说:"欧洲诸国百十年来,由印度而南洋,由南洋而东北,闯入中国边界腹地,凡前史之所未载,亘古之所未通,无不款关而求互市,我皇上如天之度,概与立约通商,以牢笼之,地球东西南朔九万里之遥,胥聚于中国,此三千余年一大变局也。"这个为人熟知的表述不仅仅源于当时中国惨败于英国以致门户洞开的惊叹,更重要的是向国人提出一个尖锐的问题:如何应对"自帝

[3] [美]费正清等:《东西文明:传统与变革》,天津人民出版社 1992 年版,第 740 页。

[4] [美]邓尔麟:《钱穆与七房桥世界》,蓝桦译,社会科学文献出版社 1998 年版,第 58 页。

国之世界进入列国之世界”的新局面。[5]

面对“三千年未有之大变局”，晚清思想界集中关注的不再是“历史的遗产”，而是如何迎合时代的潮流并创建“具有远见的体制”[6]，清末制宪就是在这样的背景下发生的。庚子事变以后，清政府先是施行新政，继而宣布立宪。

清政府希望借鉴西方的宪制改造中国传统的政治制度，从而摆脱困境。正所谓“立宪则安，不立宪无以挽危机；立宪则强，不立宪无以图治理”。[7]在这一过程中，在朝在野的儒家知识分子，有的坚决抵制立宪、“死守善道”；有的意识到大势所趋，求变通、求发展；有的则开始了对儒家传统事实上的叛变。经过了长期努力与挣扎之后，立宪改革在辛亥革命的浪潮中宣告失败。

一、庚子国变与新政

当西洋的舰船越发频繁地出现在大清沿海甚至沿江之时，中国才具体而真切地体会到来自西洋的压迫。19 世纪中叶以后，士人对于国情的忧虑多集中于太平军和“洋人之势”。梁启超认为：“‘鸦片战役’以后，渐怵于外患。洪杨之役，借外力平内难，益震于西人之‘船坚炮利’。”[8]于是，即使是最热衷于青灯黄卷的知识者也不能再安然独享书斋生活了。

“洋务”逐渐成为流行的话语。“洋务”原称“夷务”，因为中国人认为西洋是属于夷狄之故。它是甲午战争之前所通用的名词，其意大约指关于洋人的事务而言。直到甲午战争后，变法论成为新的自强思潮，“洋务”才不再流行。[9] 值得注意的是，重洋务绝不意味着初遇西洋的中国仅仅是被动地响应。

当时的中国确实正经历着政治和军事上的挫败，但同时也在储存着种种案例的政治经验，而且主要集中在传统的意义上进行，这或许就是变法论后

---

〔5〕 李鸿章：《复朱九香学使》《筹议制造轮船未可裁撤折》《筹议海防折》，载《李文忠公全书》，以及汪荣祖：《晚清变法思想论丛》，我国台湾地区联经出版事业公司 1980 年版，第 2—3 页。

〔6〕 [美]邓尔麟：《钱穆与七房桥世界》，蓝桦译，社会科学文献出版社 1998 年版，第 20 页。

〔7〕 1906 年《东方杂志》临时增刊：《述宪法种类第二》。

〔8〕 梁启超：《清代学术概论》，上海古籍出版社 2005 年版，第 81 页。

〔9〕 参见萧一山：《清史大纲》，上海古籍出版社 2005 年版，第 172 页。

来居上的主要动力。[10] 也正是因为这个传统的原因,梁启超甚至认为数十年中,思想界无丝毫变化。[11]

在传统中国社会里,作为“人文文化娴雅的继承者”(列文森语),士人负责统治和教化普通民众,明代至清初的知识者也是如此,所谓“士谋道而不谋食”,其所谓道,上则从事政治,下则从事教育。[12] 士的职责就是用圣人的政治教化,尤其用传统的民本和德治思想进行统治,并且在政治世界里对这些价值加以解释和维护,即便是在书斋的宁静被打破之后,他们仍坚定地维护着传统的立场。

道光二十五年(1845 年),举人段光清在赴任途中偶遇乡村书馆教师,体制内外的两个士大夫关于“通达民情”的对话颇能反映这种立场和当时的语境。余因询:“不欲民变,官何法处之。”其师曰:“官达民情,犹可不至于变也。”余谓:“书言民情大可见……今日居官欲达民情从何着手。”其师亦笑曰:“民情未变,果达其情,变必不生;民情已变,不达其情,变更不止。”余入睡时思虑感叹“通达民情”一词最为重要,不能说山林秀才不会留心世务。[13]

段举人这一为通达民情而思虑慨叹的居官者形象颇具代表性,却也颇为奇特。即将荣任父母官的举人为何要向在野的“山林秀才”因询请教呢？事实上,在“尊西人若帝天,视西籍如神圣”(邓实语)的崇洋时代到来之前,事君治民之术对于当时的读书人而言仍然是至关重要的学问。于是,后辈向同属一个儒学知识共同体的前辈请教也就不足为奇了。

虽然这则日记写于中英战争刚刚结束之后的 1845 年,但是在谈论重大的政治问题(民变)时,段举人的叙事模式乃至思维模式似乎并没有任何“西方冲击”的痕迹。“民情”而非“洋情”仍然是体制内外知识者“寝而思之”的关键所在,它是统治合法性与好坏的关键并由此获得语境的意义。同时,这一段对话也向我们传达了如下信息:一方面,治平与变乱全系于民情,因为“通达民情一语最为扼要”,它是由始至终左右对话参与者的核心议题(issue),据此我们可以把这一段对话视为清代民本话语的一部分;另一方面,虽然“通达民情”很难,居官者也认识到其重要性,但是并没有有效的制度或

---

〔10〕 参见[日]小野川秀美:《晚清政治思想研究》,时报文化出版事业有限公司 1982 年版,第 2 页。

〔11〕 参见梁启超:《清代学术概论》,上海古籍出版社 2005 年版,第 81 页。

〔12〕 钱穆:《国史新论》,生活·读书·新知三联书店 2005 年版,第 114 页。

〔13〕 (清)段光清:《镜湖自撰年谱》,中华书局 1984 年版,第 7—8 页。

方式使“民情大可见”,以至于连举人都要“寝而思之”。由此可见,当时的知识者恐怕已经发现了传统民本思想的缺陷并为之苦苦思索。

1894 年甲午中日战争,中国惨败于“蕞尔小国”日本,李鸿章苦心经营数载的“北洋水师”全军覆没。光绪帝在各界呼吁下决心变法,于 1898 年 6 月 11 日颁布《定国是诏》,“戊戌变法”正式开始。随后的百日内,政府总共颁布了三十多道诏书发布改革政令,在军事、经济、政治、文化各个方面发动了维新运动。尽管此次变法前后仅持续 103 天,但它涉及政治、经济、军事和思想文化各个领域,是一次影响深远的政治变革。例如,民众首度获得一定程度的言论、出版、集会、结社自由;私人企业首次获得法律承认;民权思想得以传播;民间开始办报。

康有为在第二至第五次上书中,均提到“立宪法、设议院”的政治主张,晚清知识者所关注的“议院”“民权”“民主”等词汇是当时思想论说中频繁出现的关键词。新的政治词汇的出现表明,中国已经不再拥有一个无须解释的过去。日本学者三石善吉认为,晚清的议院观“表现了古老中国政治现代化的独特性”,因为“中国人把议院当作渡过‘奇局’的‘举国体制’的关键”。[14]

在黄克武看来,西方的观念或词汇在西方思想脉络中的意义与其搬移到中国后在中国思想脉络中的意义是有许多重要的差别的。这种问题意识提示我们一种关于思想史的研究方法,即墨子刻所谓的“开箱取物”。这个比喻是说,一些重要的西方观念或词汇就像一个大箱子,西方人和中国人在里面放的东西并不完全一样。于是,研究者的任务就是开箱取物,再分门别类,以辨清两者的异同。否则,我们就无从知道如严复等开明知识分子的自由或民主观念是他们所接受的西方观念,还是其固有理想在西方观念上面投射的结果。[15]

中国近代宪制史和法制史的研究不能忽视甚至遗忘跨语际实践(Translingual Practice)的历史。翻译、改写、挪用、修辞策略、话语组成、命名实践以及其他与西方相关的跨语际实践,或许可以帮助我们从语言学的视角对近代中国的宪制话语及其实践作出有效而合理的诠释。

---

〔14〕 [日]三石善吉:《传统中国的内发性发展》,余项科译,中央编译出版社 1999 年版,第 65 页。

〔15〕 黄克武:《自由的所以然——严复对约翰弥尔自由思想的认识与批判》,上海书店出版社 2000 年版,第 4—5 页。

当人们围绕某议题展开讨论，进行辩论和对话，甚至出现争论，争论一旦扩大时，就形成了所谓的“话语”(discourse)。[16] 纵观中国近代宪制史可知，清末以来，宪法和宪制在成为政治实践和政治现实之前，正是在“话语”的意义上被体验着的。诚如费约翰所言，新词汇为中国理解世界提供了一种新的方式，也为政治行为提供了新的基础。[17] 因此，对于试图反思或重述这段历史的阐释者而言，语言本身就是一个问题，而这个问题无论如何都不能单纯地在西方的语境中被提出和解决。

事实上，翻译本身就是一种阐释。“当概念从客方语言走向主方语言时，意义与其说是发生了‘改变’，不如说是在主方语言的本土环境中发明创造出来的”，[18] 在此意义上，回到中国的语境才不至于忽视问题的深度。但这种立场决不是要事先预设中国的独立与自足，因为它无论如何都区别于“天朝君临四方”的世界观，同时也区别于那种刘禾所说的“遗产”中国学，即中国传统的汉学似乎以一种“中国传统”的理想主义去对抗西方，认为中国如果不比西方伟大，至少也和西方一样伟大。这种看似令人崇敬的“摒弃西方”之观念其实重复了它所摒弃的霸权色彩。[19]

白哲特的《英国宪制》成书于 19 世纪中叶。他集中精力阐释的一项原则就是：英国政治的全部生命力所在就是内阁同议会之间的作用与反作用。而“那些认为议会政府是一个简单的事情、自然的事情、不需要解释的事情的人不会理解议会政府”。在他看来，议会政治是一个真正的奇迹：辩论舞台、大众教化和政治争论的发动机就是立法议会。政治家在那里发表演讲、由政治联合进行政党活动，这些是教育人民的最佳方式。内阁制保证了这种辩论，因为它使辩论成为一种手段，政治家可以借此为了未来宣传自己，并在现今的政府中巩固位置。它带来愿意讲话的人，并给了他们讲话

〔16〕 参见林同奇：《他给我们留下了什么——史华慈史学思想与人文精神初探》，载《世界汉学》第 2 期。

〔17〕 [美]费约翰：《唤醒中国——国民革命中的政治、文化和阶级》，李恭忠等译，生活·读书·新知三联书店 2004 年版，第 231 页。

〔18〕 刘禾：《跨语际实践——文学、民族文化与被译介的现代性(中国，1900—1937)》，生活·读书·新知三联书店 2002 年版，第 37—38 页。

〔19〕 刘禾：《跨语际实践——文学、民族文化与被译介的现代性(中国，1900—1937)》，生活·读书·新知三联书店 2002 年版，第 40 页。

机会。[20]

同样是在19世纪中叶,马建忠曾在法国的“政治学院”读书,系统地学习过西方国家的政治法律理论。像王韬一样,他也认为“求强者,以得民心为要”,而“得民心”在“立议院”,然后“下情可达”。但是等他入“政治学院”听讲,又与法国士大夫反复质证以后,对西方的议会政治产生了极大怀疑。马建忠发现,英国君主徒事签押,上下议院徒托空谈,而政权实际上由首相与二三枢密大臣操纵,遇有难事,则以议院为借口;美国的总统由民选举,似乎公而无私,但是每逢选举之时,贿赂公行,总统一换,政治人物也跟着改变。于是,他发出“法为民主之国,似乎入官者不由氏族矣,不知互为朋比,除智雄杰出之士如点耶诸君,苟非族类,而俗得一优差,补一美缺,戛戛乎其难之”的慨叹。

宋育仁在谈及“议院”时也有他独特的中国式理解:“先王创制之精,外国得其近似,遂以致治”,“古今张弛之用不同,而其求通下情则无所异”。[21]于是,西洋的代议民主制的议会在中国就变成了下情上达的朝堂,而君民共主,上下相通的君主立宪制则成了人们构建新政的目标。

事实上,清末的开明知识分子与传统在思想上的关系一直是中国近代思想史上的一个重要论题。经过多年来的讨论,多数学者持这样的一种观点:在某种程度上,中国知识分子拼命想摆脱传统拥抱西方,但始终未能跳出传统的思维模式。[22] 对此美国学者格里德尔有精彩的评述:晚清改革家与清初儒家专制主义批评者,甚至与政治激进派批评者都极为相似。他们论述了使君主和人民相脱离的巨大断层……和黄宗羲、顾炎武一样,相信他们的理论合于古法,能使儒家政体再次充满活力。复古的主题贯穿于这些改革家的著作中。[23] 对这一问题的意识,王人博教授也有独特的解读:在洋务运动中形成的开明知识群体不仅对西方文化存在隔阂,而且他们所掌握的西学

---

〔20〕 [英]沃尔特·白哲特:《英国宪制》,李国庆译,北京大学出版社2005年版,“第一篇”“第六篇”。

〔21〕 孙会文:《晚清前期变法论者对西方议会制度的态度和君主立宪主张的形成》,载《中国近代现代史论集第十二编戊戌变法》,商务印书馆1986年版。

〔22〕 余英时:《钱穆与中国文化》,上海远东出版社1994年版,第7—18页。[美]杰罗姆·B.格里德尔:《知识分子与现代中国》,南开大学出版社2002年版,第124—125页。

〔23〕 [美]杰罗姆·B.格里德尔:《知识分子与现代中国》,南开大学出版社2002年版,第124—125页。

议会知识也是粗浅的。因此,中国文化便成了开明知识群体观察、认识西方宪制最重要的文化资源。王人博教授指出这些群体确乎是戴着中国文化的古老眼镜去看到西方宪制文化的,这有利也有弊。利的方面是从"文化"意义上为当时的中国引进西方宪制文化提供了更多的机会并促进了西方宪制文化与中国本土文化相结合,而弊端则在于他们"误读"了西方宪制,因而可能使中国近代人们错误地认为"似乎西方的宪制就是西方富强的本源"。〔24〕

二、法制变革的重要背景:废科举

由于变法触及当权派的既得利益,1898 年 9 月 21 日,慈禧太后发动政变,囚禁光绪帝,处决谭嗣同等"戊戌六君子",再度垂帘听政。康有为、梁启超等被迫流亡国外。"百日维新"宣告结束。1901 年 1 月 29 日,被八国联军"炮火"赶到西安的慈禧太后发布了第一道"变法"上谕,其中写到"法令不更,锢习不破,欲求振作,当议更张,……参酌中西政要,举凡朝章国故,吏治民生,学校科举,军政财政,当因当革,当省当并,或了诸人,或求诸已,如何而国势始兴"。晚清"新政"终于拉开。但所谓"新政"只是几十年清洋务运动的强化而已,主要内容仍然是练兵、筹饷、育才。但"新政"也为清王朝带来了一支新式陆军,发展了资本主义事业,并于 1905 年废除了沿用了一千多年的科举制度,建立了新式学堂,派遣了大量留学生。

笔锋常带感情的梁启超在论及其所生之时代时曾发出这样的议论。他指出,他所处的时代是中国的过渡时代。这一时期的中国状况,"实如驾一扁舟,初离海岸线,而放于中流,即俗语所谓两头不到岸之时也"。从大的方面来说,"人民既愤独夫民贼愚民专制之政""士子既鄙考据词章庸恶陋劣之学""社会既厌三纲压抑虚文缛节之俗";从小的方面来说,"例案已烧""科举议变""元凶处刑""北京残破"。即便如此,但中国人并没有能力用新的制度去代替旧的状况,这是中国处在政治、学问、理想风俗,以及法律、教育、人才和都城的窘迫境况。〔25〕

科举既废,法典未成,中国在过渡时代付出了巨大代价。钱穆在《中国历代政治得失》一书中是这样评价废科举事件的:"中国的科举制度延续了一

---

〔24〕 参见王人博:《宪政文化与近代中国》,法律出版社 1997 年版,第 38—40 页。

〔25〕 梁启超:《过渡时代论》,载《清议报》1901 年 6 月 21 日。

千多年,凝聚了很多人的智慧。及至晚清,西方人还借鉴中国的科举制度来改良自己的政党选举。可是中国人却一口气吐弃了科举制度,真是一件可诧怪的事。"[26]事实上,我们不能一意否认科举制度在历史上的意义和作用。科举制度在中国历史上承负着整合传统社会生活,并维系社会内部的文化生态平衡的功能。它对传统中国的政治、文化、思想、教育、经济与社会生活的运行均起到枢纽与调节作用。

中国传统社会的精英阶层,主要是由地主、士绅与官僚这三部分构成的。这些社会阶层各自在经济、文化与政治上承担着维系社会生命体的组织功能。这三个社会阶层之间事实上存在一种独特的横向流动。而这种阶层之间的社会流动,主要是由科举制度来实现的。例如,地主与庶民子弟可以通过科举考试取得秀才、举人这样的士绅的身份,士绅则又可以进一步通过更高层次的科举考试而成为官僚政治精英。而官僚精英则可以利用自己的权势与影响,通过所授予的职分田以及通过购置田产,进而在经济上成为士绅地主。

在传统中国社会里,由于官僚的身份不是世袭的,一个官僚在退出仕途之后,在传统中国约定俗成的财产继承方式的制约下,他的田产又被几个儿子均分。这样,其后人则很容易在二三代以后又下降为平民。而平民又可以通过科举考试进而取得功名,从而再次进入上述地主、士绅与官僚之间的精英循环过程。

据余英时考证,当时朝臣奏罢科举的一个主要理由是说它"阻碍学堂",当时的社会舆论是以现代学校取代科举制度,士绅基本上都是持这样的看法。事实上,科举的起源与持续出于士绅阶层的要求,制度的设计与改进也操纵在他们的手中。晚清的士绅阶层,在政治取向上无论是渐进的或急进的,都知道传统体制已绝不足应付"三千年未有之变局"[27]。因此,他们"求变、求新"的方案彼此之间虽相去甚远,但在以现代学校取代科举这一具体问题上,却达成了一致。对此,余英时指出:"从社会结构与功能方面看,'士'在文化与政治方面占据的中心位置与科举制度分不开。通过科举考试,

---

〔26〕 钱穆:《中国历代政治得失》,生活·读书·新知三联书店2002年版,第235页。

〔27〕 参见李鸿章:《复朱九香学使》《筹议制造轮船夫可裁撤折》《筹议海防折》,载《李文忠公全书》,以及汪荣祖:《晚清变法思想论丛》,我国台湾地区联经出版事业公司1980年版,第2—3页。

‘士’的仕宦前程已取得制度保障。这是现代学校的毕业生所望尘莫及的。基于此,我们才能抓住传统的‘士’与现代知识人的关键区别。清末废止科举的重大意义便在此。”[28]

科举制的废除使朝廷失去了官僚体制自身的再造功能,朝野官民之间制度化的流通与平衡机制被破坏了。1905 年,中国历史上发生了两件大事:一是废止科举,二是同盟会成立。青年才俊纷纷出国留学,天高皇帝远,加上现代西方思想洗礼,海外留学就不是“留学科学”,而是“留学革命”。事实上,在维新时代就产生了“新的社会类型的人”,他们不同于传统的士大夫和读书人。“他们的出现,与新颖的思想风气、新的变革的组织工具以及正在成长的社会舆论一起构成了维新时代的主要遗产。”[29] 最初的同盟会员,绝大多数是“游学”的新式文人。

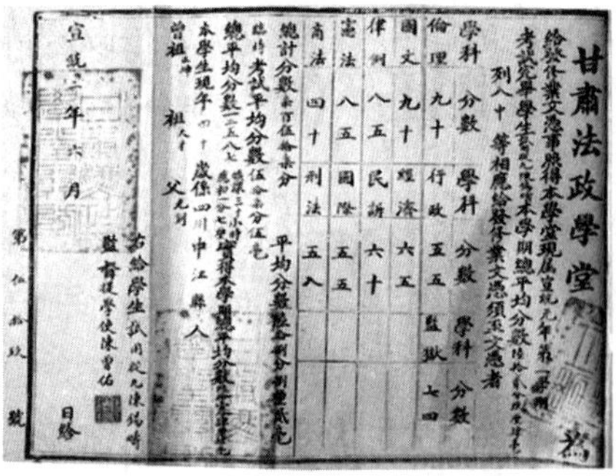
甘肅法政學堂
學科 分數 學科 分數 學科 分數
倫理 九十 行政 五五 監獄 七四
國文 九十 經濟 六五
律例 八五 民法 六十
憲法 八五 國際 五五
商法 四十 刑法 五八

图 11-3 宣统二年甘肃法政学堂毕业文凭

辛亥革命在一定程度上是留学生与海外移民输入的革命。而革命之后,那些受过西式教育的新兴知识分子,又成为共和政治中活跃的政治家。废止科举从旧官僚体制中断了传统文人的仕进之路,同时也为新的共和政治准备了现代政治家。传统的知识与道德,不再能为权力提供合法性,那么就只有暴力与阴谋了。袁世凯的保定军校、蒋介石的黄埔军校,培养了一批职业军事冒险家,他们掌握着中国的命运,主宰了军阀混战与国共战争。这正如钱穆在《中国历史上的考试制度》一文中所说,科举制被“连根拔去”之后,民国以来,政府用人便全无标准,人事奔竞、派系倾轧、结党营私、偏枯偏荣,种种病象,指不胜屈。不可不说我们把历史看轻了,认为以前一切要不得,才聚九州铁铸成大错。[30]

---

〔28〕 余英时:《士与中国文化》,上海人民出版社 2003 年版,“新版序”。

〔29〕 [美]费正清主编:《剑桥晚清中国史》(下卷),中国社会科学出版社 1993 年版,第 92 页。

〔30〕 钱穆:《国史新论》,生活·读书·新知三联书店 2005 年版,第 260 页。

三、五大臣的使命

清廷走上预备立宪的道路，是以1905年的日俄战争为导引的。在当时的许多中国人看来，这场战争不只是两国之战，更是宪制与专制之争。以此为契机，立宪思想发展成为一种社会舆论：泰西各国几绝专制之影迹，以故国无大小，莫不立宪法……中国苟能立宪法，益岂浅鲜哉。其一能使上下相通……其次能使民调和……又次能使筹款易于措置……若夫大者，则能公是公非，万人一心……舍立宪其曷以哉。[31]

1905年7月，慈禧太后在召见大臣时表示："立宪一事，可使我满洲朝基永久确固，而在外革命党亦可因此泯灭，候调查结果后，若果无妨碍，则必决意实行。"并决定派载泽、戴鸿慈、端方、李盛铎、尚其亨为考察政治大臣，考察日、英、美、德、法、奥、意、俄、比九国的政治。五大臣到日本后，便上书朝廷，盛赞日本的立宪政治，认为日本所行之宪法，是参考了欧洲宪政的结晶，至为致密。五大臣回国后，端方认为应仿效日本明治维新之先例，先宣布六条誓文。载泽等也认为为了防止革命，舍立宪而外别无他途。于是清廷下定决心，实行"宪制"。

清政府在光绪三十一年六月十四日（1905年7月16日）下了一道上谕，宣布派员考察西洋各国政治。这一事实表明清政府的政策将发生重大的变化，准备由政治闭关转向开放，由格守祖制转向改革，由"中体西用"转向"效法西体"。

1905年9月24日上午，考察政治五大臣载泽、徐世昌、绍英、戴鸿慈与端方一行启程，京师各学堂师生、绅商界人士，大小官员以及驻京各国公使均前往送行。五大臣肩负着改革中国的使命登上火车。十一点钟，火车正拟开动，忽然一声巨响，革命党的恐怖分子吴樾制造了炸弹爆炸恐怖事件，当场炸死和炸伤十余人。吴樾也被当场炸死，五大臣载泽受轻伤，绍英受伤严重。

第一次由清政府派出的考察宪制活动就半途夭折于恐怖活动中，中国的宪制改革又被迫推迟。《时报》评论说："五大臣此次出洋考察政治，以为立宪准备，其关系于中国前途最重且大，凡稍具爱国心者宜如何郑重其事而祝其行。乃今甫就道，而忽逢此绝大之惊险，虽五大臣均幸无恙，然此等暴徒丧

〔31〕《时敏报》，光绪三十年十月初六，参见《东方杂志》第一年，第12期。

心病狂已至于此，其罪真不容诛哉！”《大公报》亦惊呼“此真出乎人情之外而莫能索解”，同时提出政府不应畏难而退，而应“奋勇前进”，“急行其志，无俟踌躇”。端方在致上海报界电中说：“炸药爆发，奸徒反对宪制，意甚险恶，然益征立宪不可缓也。”[32]一些督抚、将军和出使大臣致电政府说：“此事必是革命党人中所为，盖恐政府力行新政，实行变法立宪，则彼革命伎俩渐渐暗消，所以行此狂悖之举，以为阻止之计。当此更宜考求各国政治，实行变法立宪，不可为之阻止。”[33]

1905年10月18日，为了预防革命党的破坏，清廷设立巡警部，任命徐世昌为尚书，徐一时难以脱身，而绍英创伤未愈，不便远渡重洋。同月，改派山东布政使尚其亨、顺天府丞和新任命出使比利时大臣李盛铎。11月25日，清政府下令设立了考察政治馆，这是一个在政务处直接领导下，研究、编选各国宪政资料，供朝廷参考的新型机构。

鉴于车站爆炸事件的教训，考察政治大臣商定分别出京，属员人等一律免送。12月7日，戴鸿慈、端方乘车出京，19日由上海放洋。载泽、尚其亨、李盛铎11日出京，1906年1月14日由上海放洋。随同考察的还有湖北、奉天、广东、湖南、江西等省派出的官绅。此次出访的重点是实行君主立宪制的英国、德国和日本，主要任务是考察政治。载泽、尚其亨、李盛铎一行于1906年1月16日抵达日本，后经美国赴英国，再赴法国，最后到比利时，6月6日考察完毕。李盛铎赴比利时任出使大臣，载泽、尚其亨7月12日回到上海。戴鸿慈、端方先到日本参观，1906年1月23日抵美，后取道英、法抵德国，继之考察奥、俄、意，并经丹麦、瑞典、挪威、荷兰、瑞士，其间于6月初在布鲁塞尔与载泽等会晤，商定回国后应行各事。7月21日回到上海，张謇、汤寿潜、赵凤昌等先后四次与之讨论立宪问题。8月6日到达天津，同袁世凯讨论了筹备立宪及改革官制等事，10日回京复命。

考察政治大臣出访为时半年左右，他们考察了14个国家，考察的范围很广，概括起来，活动有四个方面：一是参观，如议院、行政机关、学校、警察、监狱、工厂、农场、银行、商会、邮局乃至博物馆、戏院、浴池、教会、动植物园等，几乎无所不包；二是请政治家、学者讲解宪政原理；三是调查各项制度；四是搜集翻译各类图书和参考资料。

---

[32] 参见1905年9月29日《时报》。

[33] 参见1905年9月25日《时报》。

回国后，载泽等派人编辑书籍六十七种，并将其中三十种分别撰写提要，进呈慈禧和光绪阅览，另将四百余种外文书籍送交了考察政治馆。戴鸿慈、端方也带回许多资料。为供朝廷采择，他们赶写出《欧美政治要义》一书，简明扼要地介绍了欧美各国的政体和制度，以后又编撰了《列国政要》一百三十三卷。这些书籍和资料大致叙述了各国政治的源流和概况，不仅对于改革其政治和制度具有重要参考价值，而且也使慈禧和光绪帝等开始对世界大势有所了解，宪制知识有所增长，有利于当时国策的制定。不过清政府对宪制运动的影响也疑虑重重，甚至警告绅商不得干预政府事务，并指出在君主立宪的各国，主权是属于君上的，虽然“庶政公诸舆论，而施行庶政，裁决舆论，仍自朝廷主之”。[34] 这一表述说明清廷依然是在中国经验的基础之上进行着所谓的欧美式改革。

清中叶以前，中国的知识者对未来的发明与想象主要围绕“中国”的历史经验，然而，随着清中叶以来中西文化的相互影响，这一发明与想象的场域在空间上得到了延伸，透过传教士和中国知识者的译介，西方的历史经验（包括思想经验）被引入中国，它们和传统中国的历史资源一样，成为人们建构未来的素材。于是，像议院、宪法等新词汇出现了，新的政治词汇的出现表明，中国已经不再拥有一个无须解释的过去。因此，执着于一个无须解释的中国本土的过去，而削弱一个译介过来的西方的存在，或者仅仅视西方为近代中国历史的起点，这两种尝试都无法解释“现代”和“西方”在中国20世纪的政治—法律话语中获得合法性地位的过程。

对此，西洋的中国学学者柯文（Paul A. Cohen）提醒我们从中国语境中存在的中国问题（不管这些问题是由西方造成的，还是与西方毫无关系）开始，而不拘泥于外在的标准，也就是说，要从置身于中国语境（Chinese Context）出发来寻求中国史自身的“剧情主线”（Story Line），因为“这种新取向（指从中国内部研究的取向）的主要特征，是从置身于中国史境中的中国问题着手研究。这些问题有的可能受西方的影响，甚至是由西方造成的；有的则和西方毫无联系。但是不管怎样，它们都是中国的问题，其有两重含义：第一，这些问题是中国人在中国经历的；第二，衡量这些问题之历史重要性的准绳也

---

〔34〕《大清德宗实录》卷五八三，第4页；《大清光绪新法令》卷二，第25—32页。转引自［美］费正清主编：《剑桥晚清中国史》（下卷），中国社会科学出版社1993年版，第473页。

是中国的，而不是西方的”。[35]

事实上，当时的很多中国士绅也正是在中国经验的基础上思考西方式的新问题。光绪三十三年（1907 年），《新译界》刊载了汤化龙的《议会论》。在这位改良派的“进步”人士看来，“立宪政体之至理，固不外吾孔教所提倡之王道也”。为了诠释“立宪政体”不外“孔教之王道”，汤化龙打了一个比方。他将时代比作大沙漠，将社会比作沙漠中的旅人，将王道比作“呵须野斯”（即沙漠之绿荫），将霸术比作骆驼。社会发展之初霸术大行其道，如旅人在沙漠中骑骆驼前行。但后来社会混乱霸术无力，“乃低徊顾步，俯思王道”，如人与骆驼俱乏乃思绿洲。但是，当旅人的困意消失之后，又想着前进，如社会复苏之后统治者又钟爱霸术。当下，社会纷乱，正如人与骆驼俱乏向往绿洲之时。西方选择宪制与中国选择“王道”本质上是想通的。[36] 该阐释表明欧美只被中国视为某种手段，立宪也仅仅是解决治乱问题的新方法，“立宪政体者，永绝乱萌之政体也”。[37] 陈顾远先生认为，从法律层面来看，清廷“随同欧美”进行变法的根本目标在于：循王道，行霸术而后建立“中国本位的新法系”。[38]

第二节　预备立宪与宪法性法律文件

一、预备立宪与官制改革

1906 年 9 月 1 日，清廷发布“上谕”宣布预备立宪。“上谕”中说到，彼时中国“政令积久相仍，日处陆险，忧患迫切”，非变法革新，“上无以承祖宗缔造之心，下无以慰臣庶治平之望”。针对“官不知所以保民，民不知所以卫国”的弊端，仿照泰西各国施行宪制是最好的选择。[39] 诏书主要有三个方面的内容：（1）即时仿行宪制，大权统于朝廷，庶政公诸舆论，以立国家百年有

---

〔35〕［美］柯文：《在中国发现历史——中国中心观在美国的兴起》，林同奇译，中华书局 2002 年版，第 170—171 页。

〔36〕汤化龙：《议会论》，载《新译界》第 7 号，光绪三十三年（1907 年）十一月。

〔37〕梁启超：《立宪法议》，载《饮冰室文集》之五，中华书局 1989 年版，第 2 册。

〔38〕陈顾远：《中华法系之回顾及其前瞻》，载范忠信等编校：《中国文化与中国法系——陈顾远法律史论集》，中国政法大学出版社 2006 年版，第 549 页。

〔39〕《清末筹备立宪档案史料》，中华书局 1979 年版，第 43—44 页。

道之基;(2)因目前百废待兴,民智未开,故须改革官制以除积弊,广兴教育以启民知,厘财备武,以资立宪之基;(3)待预备工作初具规模,再为妥议立宪之期,期限长短俟机而定。11 月,颁禁烟章程,严禁鸦片;1907 年 7 月,下诏满汉平等;8 月,筹立资政院以为议院基础;9 月,新修刑律草案,命各省筹设咨议局,改考察政治馆为宪政编查馆。这道"上谕",可以说是清末预备立宪的"总纲"。

预备立宪的原则是"大权统于朝廷,庶政公诸舆论",也就是说,立宪的大政方针的决定权是掌握在清廷之手。首先,这表明清廷从一开始就紧紧控制了立宪的内容与进程,一切都是根据清朝统治者的意志和"需要"来进行的,这事实上决定了这场立宪的性质。其次,预备立宪的目的是"以立国家万年有道之基",也就是说,继续清王朝的专制统治。最后,预备立宪的步骤是先从官制改革入手,理由便是"规制未备,民智未开",因此先从制度改革,广兴教育入手,等取得成效之后,再行宪制。

二、立宪派关于筹备期的论争

筹备立宪是清末现代化过程中的核心问题之一,立宪派是这一问题的集中关注者和推动者。清末的立宪派和君主立宪思潮是在日俄战争爆发后兴起的。以 1905 年年底清政府派五大臣出洋考察宪政为界,在此之前,立宪思潮的讨论中心是以日俄战争的结局敦促清政府及早立宪;之后,立宪思潮的议论中心逐渐转到立宪步骤的探讨。立宪派的主张是缓进改革,其思想主要反映在以下几个方面:(1)国民教育问题。立宪应先教育国民,"先颁令于国中,以六年为期,实行立宪,庶全国人民,皆得有所预备"。[40] (2)地方自治论。"立宪之根本在地方自治",应"先立地方议会以富人民政治上之经验"。[41] (3)开明专制论。梁启超于 1906 年年初提出,中国国民程度不足,因此应由"开明专制"过渡到君主立宪。[42] (4)国民参政论。

1907 年 1 月,《中国新报》创刊。在《中国新报叙》中,杨度首次提出"立宪之事,不可依赖政府,而惟恃吾民自任之"[43]的观点。接着,在《致〈新民丛

〔40〕《论立宪与教育之关系》,载《东方杂志》1906 年第 12 期。

〔41〕《论立宪当有预备》,载《东方杂志》1906 年第 3 期。

〔42〕《开明专制论》,载《饮冰室文集》之十七,中华书局 1989 年版,第 77 页。

〔43〕刘晴波主编:《杨度集》,湖南人民出版社 1986 年版,第 211 页。

报〉记者》中，杨度又主张："余欲专以开国会之字告我国人民选举代表以议国事……以此唤起国民之政治思想，责望政府要求权利之心，必为较速。"[44]这就是所谓的"国民立宪"问题。[45] 立宪派的宣传与活动在很大程度上促进了改革与立宪的进行。

自1905年至1911年的清末筹备立宪过程中，积极立宪派与缓行立宪派之间在立宪问题上展开了激烈的思想论战，论战的焦点是何时立宪和如何立宪。研究这场思想论争，对于理解清末立宪运动的内在矛盾和困难，以及进一步认识中国法律现代化过程中的各种复杂条件和因素，具有十分重要的意义。筹备立宪宣布后，各方的观点仍有分歧。在1906年8月的廷臣会议上，虽然立宪派与保守的立宪缓行派的分歧已经大体上显示出来，但由于预备立宪尚未进行，与立宪改革有关的社会矛盾和问题尚未充分表现出来，这场有关立宪的论争还停留在是与否的简单层面上。[46]

在1906年9月清廷宣布预备立宪方针后的几年中，随着立宪改革的推进，各种相关问题和矛盾不断凸显。主张尽快实行立宪的观点为：实行立宪，颁布宪法可以"维国本，遏乱萌"，维护稳固清王朝的统治基础。两江总督端方在奏折中说，立宪可以缓解革命党人的排满情绪，若能"迅将我大清帝国宪法及皇室典范二大端，提议编纂，布告天下，必可永固皇基，常昭法守……乱党煽惑愚氓之力，当不敢而自销"。[47]

清王朝虽然宣布实行立宪，但仅仅只是"预备"而已，对于立宪实行的期限，也要等"数年之后，规模初具，查看情形，参考各国成法，妥议立宪实行期限，再行宣布天下"。对此，一些官员认为，立宪的期限不宜拖延，而应尽快实行。署理广西提学使李翰芬在奏折中认为实行宪制期限宜速也。他说："外人每以宪制之成否占中国之存亡，若必预备于十数年前，施行于十数年后，虽缓急不容不审，而收效实觉过迟。"对于"民智未开，不宜遽行立宪"的论调，李翰芬认为资格是在历练中获得，先预备后施行则有"苟且因循之患"。为此，他建议在五年之内颁布宪法，以"振刷精神，扫除积习，新中外之耳目，而慰薄海之人心"。[48]

---

[44] 刘晴波主编：《杨度集》，湖南人民出版社1986年版，第211页。

[45] 刘伟：《清末立宪派的"国民立宪"论》，载《史学月刊》1992年第6期。

[46] [美]费正清主编：《剑桥晚清中国史》（下卷），中国社会科学出版社1993年版，第450页。

[47] 《清末筹备立宪档案史料》，中华书局1989年版，第47页。

[48] 《清末筹备立宪档案史料》，中华书局1989年版，第299—300页。

主张暂缓实行立宪的观点则为：立宪之举事关重大，应预为筹备，循序渐进。他们以日本为例，认为日本维新之初，即宣言立宪之意。但是该国先学习了外国的一般性政治法律制度，诸如行政及司法制度、地方行政制度，后来才决定开设各级议会。但日本又以“教育未能普及，即与国民以参政权，最为危险”为由，又过了20年后才颁行宪法。因此，立宪宜缓不宜急，如果“冥行躁进，其关于政术者尤有害于治安”，只有预为筹备，循序渐进，才能收效于将来。[49]

三、《钦定宪法大纲》

1907年，宪政编查馆遵照清廷意旨，草拟宪法大纲，并制定了九年立宪计划。1908年8月27日（光绪三十四年八月初一），宪政编查馆会同资政院将《宪法大纲》《议院法要领》《选举法要领》《逐年筹备事宜清单》上奏。当日，朝廷批准颁布，并明定预备期限为九年。这部宪法大纲分为两个部分，第一部分“君上大权”14条，第二部分“附臣民权利义务”9条，两个部分合计23条。

《钦定宪法大纲》中17条抄自日本宪法，而删去的恰恰是日本宪法中用以限制天皇权力的条文。该文件规定大清帝国皇帝享有颁布法律、提交议案、召集及解散议会、统帅军队、订立条约、宣布戒严等广泛权力，同时还总揽司法权。《钦定宪法大纲》还规定，法律虽然经过议会表决通过，但未经皇帝批准颁布的，不能实施；皇帝掌握用人权，议员不得干涉；一切军事行动及外交行动都有皇帝全权负责，议会不得干涉。臣民有纳税、当兵、遵守国家法律的义务，有在法律范围内的言论、著作、出版、集会、结社等自由。故史家一针见血地指出其“只可算为保障君权的宪法”，[50]“不外永保君主地位，极度提高君主的权力”。[51]

这部宪法大纲和西方国家的宪法相比，固属等而下之，无丝毫值得夸耀的地方，然而，对于当时中国的集权专制政体来说，无疑“已为超越千古之举动”。[52]

---

〔49〕《清末筹备立宪档案史料》，中华书局1989年版，第305—306页。
〔50〕李剑农：《中国近百年政治史》，复旦大学出版社2002年版，第238页。
〔51〕郭廷以：《近代中国史纲》（上册），中国社会科学出版社1999年版，第375页。
〔52〕杨廷栋：《钦定宪法大纲讲义》弁言，商务印书馆1910年版。

《钦定宪法大纲》作为近代中国第一个宪法性文件，只是规定以后起草宪法原则和依据的纲领，而并非正式的宪法，无任何法律效力。《钦定宪法大纲》并不是正式宪法，这在宪政编查馆和资政院关于宪法大纲的奏折中就已经说得很清楚："宪法乃国家不刊之大典，一经制定，不得轻事变更，非如他项法律可以随时增删修改，故编纂之初，尤非假以时日详细研求，不足以昭慎重。惟条文之详备，虽非旦夕所能观成，而闳纲所在，自应预为筹定，以为将来编纂之准则"。[53]《钦定宪法大纲》等文件颁布后，多数立宪派表示接受，却普遍认为预备期太长。

四、《重大信条十九条》

1911 年 10 月 10 日，武昌起义爆发了。一时间，各省纷纷响应，清政府陷入四面楚歌之中。直隶滦州新军第二十镇统制张绍曾和第二协协统蓝天蔚等致电清政府，要求于年内召开国会，由国会制定宪法，组织责任内阁，内阁总理由国会公举。他们还建议取消皇族特权，皇族永远不得充当内阁总理及国务大臣。他们还准备联合保定新军第六镇统制吴禄贞采取军事行动，进攻北京。同一天，山西宣布独立，革命军集结于娘子关，准备出发东进。摄政王载沣在兵柬的威胁之下赶紧命令资政院迅速起草宪法，解除党禁，赦免自戊戌变法以来的政治犯。资政院仅用三天就制定并通过了宪法《重大信条十九条》（简称《十九信条》），11 月 3 日由清政府正式公布。

《十九信条》缩小了皇帝的权力，扩大了国会的权力。它规定皇帝的权力以宪法规定的为限；宪法由资政院起草决议，由皇帝颁布；宪法提案权归国会；总理大臣由国会推举，由皇帝任命；皇族不得担任总理大臣及其他国务大臣并各省行政长官；国际条约不经过决议，不得缔结；官制官规，由法律详加规定。

《十九信条》是中国历史上第一部具有宪法效力的文件，较之《钦定宪法大纲》有很大进步。《钦定宪法大纲》基本上照抄日本《明治宪法》条文，毫无立法技术可言。而《十九信条》则是吸收了英国宪法的精神，结合了实际的情况；《十九信条》规定国家实行责任内阁制，皇权大为削减，已经接近英国的君主立宪制。《钦定宪法大纲》只是拟定宪法纲要，本身并没有法律效力，

---

〔53〕《宪政编查馆资政院会奏宪法大纲暨议院法选举法要领及逐年筹备事宜折》，载《清末筹备立宪档案史料》（上册），第 55 页。

而《十九信条》虽也不是正式宪法，却是先行颁布的宪法重要条款，具有法律效力。后来的一些宪法学家对其也有不错的评价，如杨幼炯的《近代中国立法史》认为它是“有清一代之唯一宪法，亦我国历史上之第一次宪法也”，陈茹玄的《中国宪法史》引尚秉和语：“《十九信条》深得英宪之精神，以代议机关为全国政治之中枢，苟其施行，民治之功可期，独惜其出之太晚耳。倘能早十年宣布实行，清祚或因以不斩，未可知也！”

《十九信条》颁布以后，经资政院推荐，由皇帝任命袁世凯为总理大臣组织内阁，同时任命张謇为国务大臣。但这一切为时已晚，1912 年 2 月 12 日，清帝宣布退位，中国最后一个王朝在形式上覆灭了。武昌起义的烽火迅速燃遍中华大地。1911 年 12 月 29 日，孙中山当选为中国第一任临时大总统。

第三节 清末修律

光绪二十七年（1901 年）六月，刘坤一、张之洞会奏，提出改革法制事宜九条。次年，英日美葡允诺有条件放弃领事裁判权。于是，政府开始重视研习西方法律，任命沈家本等人为修订法律大臣，并于光绪三十年成立修订法律馆，先后制定了《大清现行刑律》《大清新刑律》等，吸收了西方法制思想的新型法律。法治派与礼教派的大论战也随之而起。

光绪二十七年（1901 年），刘坤一与张之洞合奏的《江楚三折》中，有停罢武科、裁撤绿营、练洋操、广军实等内容，对军队近代化改革有系统专门的论述。一折提出了设文武学堂、酌改文科、停罢武科、奖励游学等，二、三折中涉及教育方面的内容有广派留学生、广译东西各类书籍、破格起用人才、多办实业工艺学堂等。这三折成为清末实行近代化教育改革的总纲，自此而始的清末新政使维新时期的教育改革得到了恢复，并从真正意义上拉开了中国教育近代化的帷幕。庚子事变后，因董福祥、聂士成二军的瓦解，为拱卫京畿，刘坤一将江南自强军交给了时为鲁抚的袁世凯统带。由于江南再无巨款以练新军，刘坤一遂着手改革军制，改造旧军。他将辖内的军队按常备军、续备军及巡警营进行编制，一律练习洋枪，改习枪炮，所有旧兵器弓、矛、土枪一概停止。[54]

次年，他又制订江南三省制兵章程。原马战守兵全部改为巡警，按现存之额裁去二三成，使新其耳目，作其志气、化无用为有用。[55] 正当全面举行新政，开始着手军事近代化改革之时，不幸于本年10月，刘于任上逝。其后张之洞续任江督，于年底会同袁世凯编练新军章程。次年，中央设立练兵处，军队近代化改革进入新的阶段。在此期间，张之洞参预与英国的商约谈判，提出中国改革法律，英国放弃在华领事裁判权势的要求。

在取得英国代表马凯的首肯并列入条约以后，光绪二十八年(1902年)，清朝廷正式下达法律改革之诏，责成袁世凯、刘坤一、张之洞，"慎选熟悉中西律例者，保送数员来京，听候简派，开馆纂修，请旨审定颁行。"拉开了法律改革的序幕。

此外，为了"开启民智"，立宪派翻译编辑出版了上百种西方国家的政治、法学、财政、政党、历史、教育著作，其中重要的有：《民约论》《政治学》《宪法精理》《代议政体》《国家学纲要》《政治原论》《万国宪法志》《万国官制志》《英国宪法史》《英国制度史》《共和政体论》《政治学新论》《四大政治学说》《政治学及比较宪法论》《万国宪法比较》《宪法研究书》《宪政论》《日本宪法议解》《日本预备立宪过去史》《日本议会法规》《议会政党论》《十六国议院典例》《议院提要》《选举法要论》《自治论》《欧洲大陆市政论》《地方自治要鉴》《地方自治规范》《立宪国法制述要》等一系列著作。这些著作，在当时的中国对于建立最初的立宪体制起了积极作用。

与此同时，中国的学术思想也开始繁荣起来，维新运动最为成功的一项举措应算是报刊的创办。如立宪派除已创办的《东方杂志》《新民丛报》，又创办了许多新的杂志和报刊，如《中国新报》《大同报》《政论》《国风报》《自治学社杂志》《预备立宪公会报》《宪报》《宪政新志》《法政新报》《宪政旬报》《宪政述闻报》《自治公报》等，日报则有《时报》《大公报》《国民公报》《宪志日刊》《宪政日报》《西南日报》《中央日报》等。这些报刊，大张旗鼓地介绍西方国家新的政治学说、民主学说，宣传西方国家的民主、自由、平等，对促进当时中国法制现代化和政治进步起到了积极作用。这些期刊的主持及参与撰

〔54〕《绿营准备一律改习枪炮片》，刘坤一文集・奏疏，光绪二十七年九月十五日。
〔55〕《裁改三省制兵更定章程折》，刘坤一文集・奏疏，光绪二十八年七月十五日。

述者,多是有理想的知识者,想借助期刊传播知识,同时他们也积极从事实际的政治活动,或参与立宪事务,或鼓吹开设国会,期刊正是他们推动宪制实践的有力工具。

据统计,在清末民初创办的期刊杂志中,与法政知识传播和改革变法运动有关的期刊主要包括《时报》《时务报》《清议报》《新民丛报》等 12 种。[56] 中国政治、经济、社会、文化大变动的时代,期刊(杂志)既是促使这一大变动的动力,也记载了这一大变动的历程。

一、沈家本等人的贡献

沈家本是清末修律改革中的核心人物之一,事实上,清末的法律现代化进程主要由沈家本等新型士大夫推动。著名法史学家杨鸿烈盛赞沈家本为"媒介中西两大法系成为眷属的一个冰人"[57]。

图 11－4　沈家本像

从学术角度看,沈家本是一个律学大师,同时又是现代法学积极的倡导及传播者。早期的沈家本为一个单纯的律学家,但自从主持清末司法改革之后,开始积极学习、吸收西方法学之精髓,并大力倡导法学著作与法律法规的译介,在修律的实践活动中已经成长为一个博通中西的法学家。

沈家本于主持修律之初,即在中外法律之间抱持一种融通和求同的心态,力图使二者相结合。他曾指出:"当代法治时代,但若证之今而不考之古,但推学西法而不探讨中法,则法学不会,又安能会而通之,以推行于世?"所以,他在参酌各国法律方面,做了大量细致的工作。首先,翻译引进外国法律书籍,以有资可参。在翻译中,为避免"抉择未精,舛讹立见",他对每种法律都做认真考察研究,以防止翻译失实、导致参酌有误。其次,派员国外,考察外国法律。

---

〔56〕 参见张玉法主编:《清末民初期刊汇编(4)宪政杂志》,我国台湾地区经世书局 1985 年版,第 1—2 页。

〔57〕 参见杨鸿烈:《中国法律发达史》,商务印书馆 1930 年版,第 1078 页。

沈家本认为，若制定切合中国适用之法制，必须进行实地考察。“日本改律之始，屡遣人分赴法、英、德诸邦，采取西欧法界精理，输入东瀛，然后会萃众长，编成会典，举凡诉讼之法，裁判之方，与夫监狱之规则刑制，莫不灿然大备。用能使外国族居之人，感愿受其约束，而法权得以独伸。”[58]参考日本立法成功经验，派员国外，尤其是对日本进行细致地考察，以备立法之参酌。通过翻译考察，对外来法资源进行选择，以期能够适合中国国情，实现本土化，最终达到法律的近代化。

“以律名于时”的沈家本在其法律职业活动中，除了日常审判工作外，研读法律、钻研律意、推求法理，逐渐形成了类似于西方现代法律职业者的习惯和操守。沈家本本来热爱经史考证之学，法典律例本属于典章制度之规定，再加上业务工作的需要，自然就成了他学术研究的重点。在升任刑部侍郎之前，沈家本先后出版了《刺字集》《律例偶笺》《律例杂说》《刑法杂考》等律学著作，并推动了律学研究的风气，这使他在清末法制改革中的地位日益提高。

值得注意的是，当清末修律活动开始之后，清廷司法官员的构成发生了重要变化，除了采纳各地熟悉律例的人员之外，国外留学归国人员及其他精研外国宪政律令者，甚至是外国法学家，也被大量纳入司法场域之中。如江庸、王宠惠这样的留学生及冈田朝太郎、松岗义正等日本法学家都加入修律活动中。此外，在伍廷芳的建议下，沈家本、伍廷芳于1905年上奏请设京师法律学堂，并于1906年开学。以京师法律学堂的建立为标志，现代意义上的法律学校和法学教育也开始出现在中国。[59]

早在1896年，梁启超就以《论中国宜讲求法律之学》倡导法学，后来他又于1904年作《中国法理学发达史论》和《论中国成文法编制之沿革得失》。以此为契机，法律之学在中国开始成为中国实现强国之梦的显学。梁启超认为“文明野番之界虽无定，其所以为文明之根原则有定。有定者何？其法律愈繁备而愈公者，则愈文明”，而中国“今日非发明法律之学不足以自存矣”。对于中国与西洋法律之区别，梁启超也以精彩的评述表达了学习西方法学和寻求大同之梦的中国式诉求：自秦汉，此学中绝，法律日减，不足资约束……于是所谓条教部勒者荡然矣。自希腊罗马间，治法家之学者，继轨并作……

---

〔58〕《光绪朝东华录》光绪三十一年，第128页。

〔59〕参见贺卫方主编：《中国近代的法律教育》，中国政法大学出版社2001年版，第188—189页。

乃至布衣，主持天下之是非，使暴主不敢滋所欲，举国君民上下权限划然……使世界渐进于大同之域。[60]

二、礼法之争

清廷改革法律的宗旨，初期强调“参酌各国法律”，“务期中外通行”，重在取西法之长补中法之短，偏于西法之采用，颇有开明之面。等到统治危机稍有平息，清廷守旧的面目就又转变回来。

在改革中期以后，清廷强调法律本源“本乎礼教”，三纲五常“为数千年相传之国粹，立国之大本”，“旧律义关伦常诸条，不可率行变革，庶以维天理民彝之不敝”，并以此作为改革之“至要”宗旨。光绪三十二年（1906年），修订法律大臣沈家本、伍廷芳等人制定了修律中第一部法律，也是中国历史上第一本单行诉讼法规——《刑事民事诉讼法》。虽然“刑民合一”而编，但已严格区分于传统旧法“刑民不分”特点。该法上呈清庭后，清庭谕令各省督抚大臣“体察情形，悉心研究其中有无扞格之处，即行缕析条，据实具奏”。而立法者万没想到该法一出即遭到各地督抚将军的几乎一致批驳。广西巡抚林绍年奏称：“新纂刑事民事诉讼各法，广西尚难行。盖俗悍民顽，全恃法律为驭驾，闻以不测示恩威。若使新法遽行，势必夸张百出，未足以齐外治，先无以靖内讧，下所司知之。”而直隶总督袁世凯奏称：“新纂刑事民事诉讼法，内有扞格者数条，请饬再议。”

张之洞是对新法驳议最为猛烈的一个，他在《遵旨覆议新编刑事民事诉讼法》中对该法草案进行了全面的否定。如对父子异财、男女平等、律师制度、陪审员制度、废除比附法、规定控诉期限等都进行了批驳，随后这部新法即被清政府废除。这也是“礼法之争”的开始，可以说清末的修律自开始之时便伴随着“礼法之争”的争论。

对《刑事民事诉讼法》的驳议直接促成了清末法律改革中礼教派与法理派两大派别的形成，引发了长期的“礼法之争”局面。虽然《刑事民事诉讼法》未及公布便胎死腹中，但随之另一部更具有影响的法典《大清新刑律》出台了。

由于新刑律中体现了法律与礼教分离的精神，这部法典无可避免地遭到

---

〔60〕 梁启超：《饮冰室合集》（全12册），中华书局1989年版，第一册及第二册。

了以张之洞为首的礼教派的群攻，“礼法之争”进入高潮阶段。双方争论的焦点集中在《大清新刑律》是否应确定“无夫奸”“子孙违反教令”是否为罪以及“干名犯义”条存废、“存留养亲”是否应编入刑律、子孙卑幼对尊长可否行使正当防卫权等问题上。以沈家本、伍廷芳、杨度为代表的法理派与以张之洞、劳乃宣为代表的礼教派展开了激烈辩驳，最终以法理派的失败而告终。

经过“礼教派”和“法理派”的这场激烈争论，尽管双方都不能完全以自己的意愿主导修律，但在双方的合力之下，一方面，新律吸收了现代性的法律形式，建立起了近代法律体系，引进了现代意义上的法律原则、制度，删减了旧法律中落后与野蛮的内容。如《大清新刑律》删去了纲常名教的基础——《五服图》，主张尊卑、良贱、男女在法律上平等，实行“罪刑法定主义”；《刑事民事诉讼法》主张父祖子孙别籍异财、男女平等，否定了“宗法”“家族”“服制”的作用，并采取了律师制度和陪审员制度。另一方面，在礼教派坚持下，修律时最大限度地考虑到了礼教在中国的广泛影响，使礼教在新律中得以体现，如律后附《暂行章程》五条。由此，中国法律在中西融合的轨道上迈出了重要的一步。

伴着“礼教派”与“法理派”的斗争而修订的新律，虽然在清末多未能实行，但对其后的南京临时政府、北洋政府和南京国民政府时期法律的影响极大，有些是起草法律的根据或蓝本，有些则直接被沿用。“礼法之争”的结果也使中国在法律发展方面融入了世界，中国的法律不再独立于世界之外，而成为其中的一员。此后中国与世界法律的发展有了衔接，能够在结合国情的基础上及时吸收现代性的法律理论和原则。“礼法之争”在传播现代性的法律思想和理论上起到了一定的积极作用，对于以后的法制建设具有重要影响。

“礼法之争”关系到法律的起草、签注、修改、审议、表决各部门，其中有修订法律馆、宪政编察馆、法部、资政院、中央各部。参与者中不乏身居高位的硕学通儒或封疆大吏，还有一般官吏、士人及在华的外国人。双方为驳倒对方，在新律中贯彻己方的主张，精心演习法律，著书立说。同时，外国法典的翻译，中国法典的出版，法律学堂的设置，法学会的建立，法政研究所的举办，都一片繁荣。可以说，正是“礼法之争”双方对法律的争论和推演，有力地推动了现代性法律体系的建立和现代性法律意识的普及。

蔡枢衡先生曾经对晚清立法中的“礼法之争”做过一次比较深入的反省

和批判。通过剖析新法,对近代中国社会进行深入研究。他认为,使旧律与新法对立的只有几个基本原则。除此之外,若从另一方面观察,旧律和新法在形式上由单一体制变成五花八门的复杂体系。全部综合起来,新法对于旧律的内容,有抛弃的地方,有增加的成分,也有保留的因子。婚姻制度、亲属关系,财产制度和国家制度都是保存而又更加复杂严密了的部分。关于私有财产、社会的机能规律之部分,"十九"是新增的。抛弃的都是些历史的渣滓,不值得保存的。所以中国变法只算是中国法律历史自己的发展,并没有弃旧律如敝屣,更不是张冠李戴。

三、清末修律的成就

从变法修律运动开始之时,清政府和参与修律的士绅就关注外来法律的本土化问题。"参酌各国法律,悉心考订,妥为拟议,务期中外通行,有裨治理。"〔61〕这成为借鉴外国法律、推动法律近代化的指导方针,其中亦蕴含了外来法资源本土化之意。

在修律过程中,清政府强调要"参考各国成法,体察中国礼教民情"。〔62〕根据谕旨之精神,修律人员对传统法律习惯进行调查,以使与外国法律能够"融汇贯通,一无捍格"。

以商法为例,1903 年,因国内资本主义发展之急需,清政府编写了商人通例与公例(又称公司律)合计 140 条,定名为《钦定大清商律》颁行。该律颁行后,并未得到国内商人的积极响应,实施效果不佳。其主要是由于《公司律》搬抄外来法令,其内容大半仿自师法德国制度的日本,少半仿自英国,对国内传统商业行为规范较少,体现出"移植性"过强的一面。

由此可知,清政府在修律时,考虑到了外来法律本土化的问题。同时,清政府也初步建立起了一套现代性的法律体系。这一时期的立法成就和特点主要有以下两个方面:

(一)重本国的民情风俗

《大清民事诉讼律草案》,修订法律馆聘请日本法学家松冈义正起草,与《大清刑事诉讼律草案》同时完成,共 4 编 22 章 800 条。这是中国历史上第一部专门的民法典草案,但是未能正式颁布实施。1902 年,清政府决定修律

---

〔61〕《德宗实录》卷四九八。

〔62〕李贵连:《沈家本年谱长编》,成文出版社 1992 年版,第 247 页。

时，即有官员强调“风土人情”于制定民法、刑法的重要性。修律中，清政府亦颁布了以“现在民情风俗”为念的谕旨，不少官员亦就此提出了自己的看法。张之洞即曾指出：“东西各国政法，可采者亦多。取其所长，补我所短，揆时度势，诚不可缓。然必须将中国民情风俗，法令源流通筹熟计，然后量为变通，庶免官民惶惑，无所适从。外国法学家讲法律关系，亦必就政治、宗教、风俗、习惯、历史、地理，一一考证，正为此也。”

根据清政府的修律精神及参考了各方面的建议，沈家本等人于1908年上呈了民事习惯调查章程，指出“各省地大物博，习尚不同，使非人情风俗纤悉周知，恐创定民商各法，见诸实行必有窒碍，与其成书之后多所推求，曷若削简之初，如意慎重”。[63]

《大清商律草案》由修订法律馆聘请日本法学家志田钾太郎起草，也叫《志田案》，光绪三十四年十二月（1909年1月）完成，未颁布施行。它是中国第一部比较完备的商法典草案，内容包括总则、商行为、公司法、票据法、海船法5编，共计1008条。

清政府聘请外国法律顾问协助继续修订该商法，商部依然要求商会将各地商业习惯调查汇整后送呈商部，以备修法参考。《东方杂志》曾对上海的商业习惯调查进行了报道：法律馆派朱汝珍赴各省调查商习惯。至上海，发问题百余事。[64] 由引亦可说明法律馆在制定法律时，并未曾盲目地移植外来法律，而将外国法律适合中国本土视为重要之事。

（二）确立了现代性的法律体系

这一法律体系由以下的一系列立法组成：（1）《大清现行刑律》与《钦定大清刑律》，后者是是旧中国制定颁布的第一部近代意义的专门刑法典。（2）民商事立法，由《钦定大清商律》《公司注册试办章程》《商标注册试办章程》《破产律》《改订大清商律草案》等组成。（3）法院组织法与诉讼法，由《大理院审判编制法》《法院编制法》《各级审判厅试办章程》《大清刑事民事诉讼法草案》《大清刑事诉讼律草案》《大清民事诉讼律草案》等组成。（4）监狱立法。沈家本深受西方近代刑法理论的影响，认为刑事法律应该包括刑律、刑事诉讼律和监狱律。为配合刑律和刑事诉讼律的制定实施，光绪三十四年（1908年），他聘请日本监狱学家小河滋次郎开始起草监狱律。宣统二

---

〔63〕 李贵连：《沈家本年谱长编》，成文出版社1992年版，第277页。

〔64〕 《东方杂志》第4期。

年(1910年),《大清监狱律草案》完成。这是我国第一部仿效西方现代监狱制度制定的监狱法草案。该草案分总则、分则两编,共14章241条。它吸收西方近代教育刑法理论,规定监狱是执行自由刑、教育感化犯罪人的场所,并将监狱分为男监、女监和少年监。该草案因清政权的灭亡而未及颁行。

"清末新政"法制改革所完成的上述立法,构成了中国近代法制的基础。国民党政府的《六法全书》,也基本由此沿袭而来。以民法为例,《大清民律草案》的"五分法"体例、立法框架和基本内容,到北洋政府的《民法草案》,再到国民党政府的《民法典》,便一直延续下来,没有大的变化。

课后思考·关键词

《十九信条》 《大清现行刑律》 《大清新刑律》 《钦定宪法大纲》 预备立宪 沈家本

课后思考·问答题

1. 试析清末修律的动因。
2. 清末修律的特点有哪些?
3. 试比较《钦定宪法大纲》与《十九信条》。
4. 清末修律的成就有哪些?
5. 试论述清末修律中的"礼法之争"。

案例阅读

1903年《苏报》案

图书在版编目(CIP)数据

中国法律史 / 龙大轩主编. -- 北京 : 法律出版社, 2020(2023.1 重印)
ISBN 978-7-5197-4883-8

Ⅰ. ①中… Ⅱ. ①龙… Ⅲ. ①法制史-中国 Ⅳ. ①D929

中国版本图书馆 CIP 数据核字(2020)第 160651 号

中国法律史
ZHONGGUO FALÜSHI

龙大轩 主编

责任编辑 刘 琳
装帧设计 凌点工作室

出版发行 法律出版社
编辑统筹 法律教育出版分社
责任校对 郑怡萍
责任印制 刘晓伟
经　　销 新华书店

开本 710 毫米×1000 毫米 1/16
印张 19.75 **字数** 320 千
版本 2020 年 8 月第 1 版
印次 2023 年 1 月第 3 次印刷
印刷 三河市龙大印装有限公司

地址:北京市丰台区莲花池西里 7 号(100073)
网址:www.lawpress.com.cn
投稿邮箱:info@lawpress.com.cn
举报盗版邮箱:jbwq@lawpress.com.cn

销售电话:010-83938349
客服电话:010-83938350
咨询电话:010-63939796

书号:ISBN 978-7-5197-4883-8　**定价**:45.00 元

凡购买本社图书,如有印装错误,我社负责退换。电话:010-83938349